张旭昆 编著

理想主义思想史

Idealism: A History

ZHEJIANG UNIVERSITY PRESS
浙江大学出版社
·杭州·

图书在版编目（CIP）数据

理想主义思想史 / 张旭昆编著. —杭州：浙江大学出版社，2024.1（2024.10 重印）
ISBN 978-7-308-23978-3

Ⅰ.①理… Ⅱ.①张… Ⅲ.①社会学—思想史—研究—欧洲—近代 Ⅳ.①C91-095

中国国家版本馆 CIP 数据核字（2023）第 119533 号

理想主义思想史

张旭昆　编著

责任编辑	钱济平
责任校对	朱卓娜
封面设计	浙信文化
出版发行	浙江大学出版社
	（杭州市天目山路 148 号　邮政编码 310007）
	（网址：http://www.zjupress.com）
排　　版	杭州青翊图文设计有限公司
印　　刷	广东虎彩云印刷有限公司绍兴分公司
开　　本	710mm×960mm　1/16
印　　张	32
字　　数	430 千
版 印 次	2024 年 1 月第 1 版　2024 年 10 月第 2 次印刷
书　　号	ISBN 978-7-308-23978-3
定　　价	98.00 元

本书献给

　　一切为人类的自由、平等、尊严和幸福做过努力、做出牺牲的人！

前　言

　　自由、平等、效率、公平(正义)、民主、法治、安全、秩序(稳定)、和谐、文明、幸福(繁荣)——人们通常认为这些价值或目标,是理想社会所应当具备的、缺一不可的,是值得追求的。

　　然而遗憾的是,这些价值或目标之间存在着互相牵制的关系,某一项价值或目标的实现有可能在一定程度上妨碍其他价值或目标。例如,人们已经充分认识到的平等与效率之间可能发生的冲突,自由可能对秩序构成的威胁,等等。

　　这些价值或目标的准确定义,它们相互之间的关系(是互补,还是冲突),基于它们重要性的排序,以及实现这些价值或目标的手段,人们对于这些问题存在不同甚至对立的看法,这就形成了关于理想社会具体内容的各种不同观点。因此,人们很难对理想社会的具体内容达成一致意见。对不同类型理想社会的追求,就构成人类社会纷争不已的根源。

　　人们对于不同类型理想社会的构想和追求,往往与人们对于人性的不同判断和假设有关。这里所说的人性,包括三个方面。第一,人天生的伦理特征:人性本善(富有同情心甚至牺牲精神等),还是人性本恶(自私自利等),还是人性本中(无所谓善恶)? 第二,人的认知能力:(1)人类具有无穷的认知潜力,还是只有有限的认知能力? (2)不同个体认知能力相等相近,还是差异巨大? (3)个体认知能力在代与代之间是无差异的继承,还是会发生不同方向不同程度的变异? (4)不同种族、民族、阶层、性别,在认知能力上存在系统差异,还是没有系统差异? 第三,人的欲望:欲望的种类是固定的还是可变的? 某种欲望是有限的还是无限的?

近现代社会的一些基本思潮,如社会主义、自由主义、无政府主义、社会达尔文主义、种族主义、法西斯主义等,其思想观点和政策主张分歧的根源,都是对人性上述三个方面的不同判断和假设。

自由主义往往认为人与人之间的认知能力差别很小,亚当·斯密就认为"就天赋资质说,哲学家与街上挑夫的差异,比猛犬与猎狗的差异……小得多"①。因此,在他看来,现实社会中人与人之间的不平等地位,是由于一些人拥有各种各样的特权,而另一些人则被限制了自由。因此,只要废除某些人的特权,实现机会平等,实现自由贸易、自由竞争,就会实现人与人之间的自然的结果平等。

无政府主义以资源的丰富以及人人都有互助的天性为基本前提。② 如果所有资源都非常丰富,人与人之间将不会发生利益冲突,

---

① [英]亚当·斯密:《国民财富的性质和原因的研究》上卷,王亚南、郭大力译,商务印书馆1972年,第15页。

② [英]G.D.H.柯尔:《社会主义思想史》第二卷,何瑞丰译,俞大畏校,商务印书馆1977年,第227页。

人们自然很容易和谐相处,就不需要政府的管控。即便存在资源的稀缺性,但只要人人都有互助的天性,人们就可以通过自下而上的互助合作而重构整个社会,无须通过政府这个自上而下的权威来管理社会。克鲁泡特金的《互助论》,非常清楚地表达了这一观点。

社会达尔文主义认为个人的认知能力存在巨大差异,并且这种差异还会代际传递,因此现实社会中人与人之间的不平等地位是天经地义的,通过社会竞争把劣质个体及其后代淘汰出局是理所应当的,是人类进化所必须的。

种族主义和法西斯主义则认为不同种族、民族在认知能力上存在系统差异,因此面临有限资源时,就应当奴役甚至消灭落后种族、民族,以保证优等族群的生存和发展。

那么作为理想主义的社会主义思潮,对于人性有哪些判断假设呢?

一、平等:社会主义的核心价值观

现代意义上的"社会主义"这一名词,最早由意大利传教士贾可莫·朱利安尼于 1803 年提出,但其含义与后来毫不相干。① 1822 年,英国的

---

① 吴易风:"空想社会主义经济学说的几个问题",载《外国经济思想史讲座》,中国社会科学出版社 1985 年,第 159 页。徐觉哉:《社会主义流派史》,上海人民出版社 2007 年,第 5 页。

罗伯特·欧文又用了这个词。① 1827 年 11 月,它出现在英国欧文主义的《合作杂志》上,意指主张资本公有的观点。② 而"社会主义者"一词则首先出现在 1827 年欧文之子威廉·欧文的日记中,意指主张资本公有的欧文主义信徒。在法国,"社会主义"一词首先出现在 1832 年比埃尔·勒鲁主编的圣西门派机关报《地球》上,之后迅速传遍欧美各国。③ 而"共产主义"一词的出现还要晚一点,首先是 19 世纪 30 年代法国工人的秘密组织使用,当时主要指那些继承法国大革命时期的巴贝夫思想的社会主义。④

在经历了 200 多年的发展变化之后,要给"社会主义"下一个明确贴切的定义,是非常困难的。社会科学中的任何一个重要概念,都同样如此。⑤ 这也许就是社会科学比自然科学缺乏精密性的原因之一吧。

英国哲学家伯特兰·罗素认为:"社会主义意味着政府用民主方式实行土地和资本的共同所有制。它包含有指导的生产,其目的是使用而不是为了利润;产品的分配,如果不能实行人人平等,至少唯一的不平等

---

① [法]让·马雷、阿兰·乌鲁:《社会党历史——从乌托邦到今天》,胡尧步、黄舍骄译,商务印书馆 1999 年,第 8 页。

② [英]G. D. H. 柯尔:《社会主义思想史》第一卷,何瑞丰译,俞大畏校,商务印书馆 1977 年,第 7 页。

③ 吴易风:《空想社会主义》,北京出版社 1980 年,第 1 页注①。另一种略为不同的意见见徐觉哉:《社会主义流派史》,上海人民出版社 2007 年,第 5—6 页。

④ 吴易风:"空想社会主义经济学说的几个问题",载《外国经济思想史讲座》,中国社会科学出版社 1985 年,第 159—160 页。

⑤ [英]G. D. H. 柯尔:《社会主义思想史》第一卷,何瑞丰译,俞大畏校,商务印书馆 1977 年,第 7 页。

只是用公共利益原因来解释的不平等。"①

　　法国前总统,社会党人弗·密特朗定义的社会主义"就是寻找真正的政治民主、经济民主和社会民主。这就意味着,给每个人和所有人更多的自由、更多的责任、更多的知识。由国家掌握或控制生产资料,合理分配利润,不懈的民族团结,结束阶级特权"②。

　　社会主义者尤其是马克思主义者对于人性的判断或假设可以大致概括为三个方面。第一,人天生的伦理本性是善,起码是中性。第二,在认知能力方面,(1)人类具有无穷的认知潜力,恩格斯写道:"人的内部无限的认识能力和这种认识能力仅在外部被局限的而且认识上也被局限的个别人身上的实际存在二者之间的矛盾,是在至少对我们来说实际上是无穷无尽的、连绵不断的世代中解决的,是在无穷无尽的前进运动中解决的。"③(2)承认不同人的认知能力确有差别,恩格斯就认为不同的人在能力和素质方面是不一样的,这就导致了不平等,导致了指挥和服从的区别。④ (3)个体认知能力在代与代之间是会发生不同方向不同程度变异的;不过也有一些社会主义者相信"老子英雄儿好汉"的血统论。(4)不同种族、民族、阶层、性别在认知能力上不存在系统差异。第三,人的正常欲望有限。

　　根据这三方面的判断假设,社会主义者尤其是马克思主义者一般推断现实社会中人的恶劣表现只能是不良社会制度的结果,人与人之

---

① 转引自[法]让·马雷、阿兰·乌鲁:《社会党历史——从乌托邦到今天》,胡尧步、黄舍骄译,商务印书馆1999年,第8页。

② 转引自[法]让·马雷、阿兰·乌鲁:《社会党历史——从乌托邦到今天》,胡尧步、黄舍骄译,商务印书馆1999年,第9页。

③ [德]恩格斯:《反杜林论》,人民出版社1970年,第118页。

④ [德]恩格斯:《反杜林论》,人民出版社1970年,第96页。

间的不平等也同样是不良社会制度的结果。因此，只要建立了公有制，从小对儿童进行大公无私的教育，人的善意本性就将得到充分展现。同时，由于人类具有无穷的认知潜力，因此最终将通过事先制订的计划实现对社会全面最优的控制。而且，在公有制中，虽然不同人认知能力不相等，但由于所有人都大公无私了，善意本性充分表现了，能力强的人不再计较报酬高低，人与人之间将实现彻底的结果平等。并且，由于技术将充分进步，财富将充分涌现，而人的正常欲望有限，稀缺现象终将不复存在，按需分配最终得以实现。由于不同种族、民族之间在认知能力上不存在系统差异，因此应当实现普及全人类的大同社会。

从上述社会主义者对于人性的判断或假设出发，就可以从实证或实然的角度发现，社会主义思潮所追求的核心价值观是平等，是追求全世界所有人在经济、政治、社会、家庭等各个方面的平等。①

当然，社会主义思潮也有一些分支。如19世纪上半期法国的一些社会主义者以基督教为出发点，强调博爱是社会主义的核心价值观。不过由于他们把平等作为实现博爱的条件，所以还是可以认为他们的诉求以平等为核心。只是他们在实现博爱的目标时，更多强调通过教育。

如果不以一种狭隘宗派的眼界来看待社会主义，就会发现，虽然不同的社会主义派别对平等提出不同的定义，对实现平等的途径选择不同的方案，但是没有一个社会主义派别会否定平等是首选的价值

---

① 吴易风：《空想社会主义》，北京出版社1980年，第13—18页。吴强调指出："平等观是各种空想社会主义体系的一个极为重要的基本观点，平等是一切空想社会主义者的旗帜。"

目标。

平等的含义究竟是什么,应当如何实现平等这一目标,历史上的社会主义者并未达成普遍共识。因此社会主义只能作为一个定义富有弹性的概念①,大致包含逐步扩大的三层含义。

最狭义的社会主义等同于马克思列宁主义,其实现平等的核心纲领是生产资料的全民所有制、计划经济、公平(按劳、按需)分配三位一体的目标模式,以及实现这一目标的手段和途径——革命政党领导下的暴力革命和无产阶级专政。这种意义上的社会主义往往又被称作共产主义。按照最狭义的定义,几乎只有第三国际的共产党人才能称作是社会主义者。

更广义的社会主义包括一切主张公有制(包括各种形式)的思潮,包括马克思列宁主义,第二国际的那些所谓的修正主义者(早期),20世纪50年代以前发达国家的社会民主主义,马克思以前的所谓空想社会主义者,马克思同时代的那些所谓的社会主义者如法国的路易·勃朗、蒲鲁东等,德国的拉萨尔,美国单纯主张土地公有的亨利·乔治等。

"空想社会主义"一词,最早是由法国经济学家日洛姆·布朗基(法国19世纪社会主义者路易·奥古斯特·布朗基之兄)在其1839年发表的《政治经济学史》中提出的。② 马克思和恩格斯(以下一般简称

---

①　[德]马克斯·比尔:《英国社会主义史》上卷,何新舜译,商务印书馆1959年,导论第5页。"正和其他复杂政治力量的概括名词一样,'社会主义'一词的含义也极不相同。它不仅每个时代有所差异,而且上下十年之间都各不相同。"

②　[英]G. D. H. 柯尔:《社会主义思想史》第一卷,何瑞丰译,俞大畏校,商务印书馆1977年,第10页。

马恩)用这个词来概括在他们之前出现的一切社会主义、共产主义思潮①,以此表明他们的社会主义与前人不同,是科学的社会主义。有时他们也区分空想共产主义和空想社会主义,前者指那些主张完全实行公有制的思潮和人物,后者指那些主张保留一部分私有制的思潮和人物。但一般情况下,他们都用"空想社会主义"这个词。

历史表明,马恩的社会主义与他们之前的社会主义确有不同,但是远远没有达到他们所认为的"空想"与"科学"之间那么大的差异。因此,本书一般不再使用"空想社会主义"和"科学社会主义"这个术语,而是基本以时代为标志,采用中性的术语,如16世纪社会主义、17世纪社会主义,等等。

最广义的社会主义则包括一切主张改善收入分配状况,进而改善社会底层群众生活条件,实现社会平等的思潮。因此,它还包括那些虽然不主张公有制,但是对资本主义的弊端,尤其是财富和收入分配状况进行批判,并要求改善的人,如英国的约翰·斯图亚特·穆勒、费边社会主义者、霍布森、法国的瓦尔拉斯、德国新历史学派(讲坛社会主义)、俄国的无政府主义等等。

本书介绍的社会主义主要涉及第二种含义的社会主义,同时适当介绍一些最广义的社会主义。②

以往一些主张社会平等,但并不一定反对私有制尤其是小私有制

---

① 吴易风:《空想社会主义》,北京出版社1980年版,第2—4页。

② 新世纪以来,国内已经有学者开始拓展眼光,以一种包容的心态来看待社会主义思潮和运动,不再把社会主义局限在狭义的范围中,如徐觉哉所著,上海人民出版社2007年出版的《社会主义流派史》,就把各种社会主义思潮概括为25个流派。

的社会主义,往往被冠之以小资产阶级社会主义或其他社会主义的称谓。其实从今天的眼光来看,这些类型的社会主义同样值得我们注意和重视。

社会主义作为一种侧重追求人人平等的理想社会的思潮,如果以英国的托马斯·莫尔1516年发表《乌托邦》作为开端,那就意味着社会主义已经经历了500多年的历史。在这500多年的时间里,世界发生了翻天覆地的变化。

从500多年的风雨历程中可以看到,社会主义思潮的兴盛依存于两个基本条件:(1)社会贫富差距趋于扩大;(2)存在一批高智商的无业游民。

一个社会在一定的自然资源禀赋、科学技术水平、产业结构、经济和人口的空间结构、社会阶级结构、传统价值观念之下,往往会形成一种稳定的财富和收入分配格局、稳定均衡的贫富差距。在这种稳定均衡的贫富差距下,大多数人包括社会中的穷人,并不会对社会的现状和制度提出多大不满和挑战,而是会尽量在现存制度框架内设法改变自己的不利处境。

但是,一旦科技水平发生重大变化,就会牵动社会的产业结构发生相应变动,某些产业会衰退,另一些新兴产业会脱颖而出;伴随着产业结构的变动,社会的阶级结构都会发生改变,各种既定自然资源的相对重要性也会改变。在这个过程中,夕阳行业掌握旧技术的劳动者人力资本贬值、岗位丢失、收入下降;固执于夕阳产业的富人也同样难逃厄运。而掌握新技术及其所需资源的人则可能迅速致富。社会的贫富差距趋于扩大,社会的不满情绪趋于高涨。如果此时社会中存在一批高智商的无业游民(也是上述各种变动的产物),他们就可能在社会的被抛弃群体中掀起追求社会平等的社会主义巨浪。

随着科技重大变化引起的各种调整趋于完成,社会财富和收入的分配格局将再次趋向新的稳定均衡,由各种调整过程引起的过大的贫富差距也将同时趋于消失,社会将进入一种新的相对稳定期,社会主义思潮也将进入相应的退潮期,直到新一轮重大科技变革的发生。可以说,重大科技进步总是导致新一轮收入分配的库兹涅茨过程,与此伴随的就是追求平等的社会主义思潮的起落轮回。

从16世纪开始到现在,全人类起码经历了两个由科技重大进步引发的重大产业革命:(1)由航海技术的进步所引发的,在16—18世纪先后发生于西欧和中欧各国的商业革命;(2)以蒸汽机为标志的技术进步所引发的,在19—20世纪乃至今天先后发生于全球各国的工业革命。

商业革命引发了西班牙、荷兰、英国及法国的相继崛起;引起了英国和德意志在16—17世纪贫富差距的扩大,社会阶级矛盾的尖锐,英国16世纪的"羊吃人"现象和17世纪的革命,德意志16世纪的宗教改革和农民战争,从而形成社会主义思潮第一波冲击;引起了法国在18世纪的大革命和社会主义思潮的第二波震荡。

工业革命的影响范围更加深远和广泛。

英国的货币工资虽然从16世纪到19世纪一直上升,但实际工资的变化并不相同。17世纪上半期由于农业革命使得农民丧失大量土地,实际工资显著下降。17世纪后半期由于农业革命停止,实际工资才有所提高。尔后资本主义工商业在手工劳动的基础上发展起来,实际工资缓慢增长。由此形成一种看法(包括亚当·斯密都持有这种看法),即国家财富的增加必然引起工人生活的改善。

但是18世纪末、19世纪初的工业革命终止了实际工资上升的趋势,相反引起工人实际工资的大幅度下滑,"关于这个问题,有大量的文献记载,证明当时英国人民大众的经济状况急剧恶化。从教区领取救济金的贫民人数激增,一些最重要的劳动部门工资下降"。总之,在国民财富急剧增长的同时,收入分配状况严重恶化,工人阶级日益贫困化。①

从技术角度来看,工业革命导致产业结构和产品种类的巨大变化。工业替代农业成为社会的支柱产业。工业化过程中的技术进步又往往意味着掌握旧技术的农业劳动者人力资本贬值、收入下降;而掌握新技术和新技术所需资源——工业资本——的人迅速致富。

从经济角度来看,工业革命就是用工厂和公司这种新型的生产组织替代以往的家庭生产和小型手工作坊。家庭功能的弱化产生了许多以往不会发生的问题,而失去家庭温馨往往成为许多人心灵扭曲和创伤的直接诱因。

从社会角度来看,工业革命导致原有的大批手工工匠和小业主的破产贫困,以及相伴随的新兴工厂无产阶级的兴起,导致人口的城市化,和城乡在收入分配上差距的扩大,以及由于贫富悬殊和经济波动而引起的大量劳资纠纷。

苦难的经历以各种形式压在公众身上:对农民来说是失去土地;对工匠来说是失去工匠师傅的社会地位;对儿童来说是失去双亲的疼爱和童年的欢乐;对实际收入略有提高的工厂工人来说,失去的是安全保障和闲暇生活,以及老板的暴富给心灵的强烈刺激和戕伤。

虽然工业工资要优越于农业工资(否则无法解释人口从农村向城市的大规模迁移),但是工人的工作条件极其恶劣,一般要在毫无安全

---

① 〔俄〕M. N. 杜冈-巴拉诺夫斯基:《政治经济学原理》下册,赵维良、桂力生、王涌泉译,商务印书馆 1989 年,第 519 页。

和卫生可言的车间每天工作 12—16 小时。与资本家的利润相比较,工人的工资极其低廉。工人得到的仅仅是勉强维持生存的工资,一旦遇到经济衰退,就连这点菲薄的工资也将由于失业而丧失。当时许多有良心的学者、工厂视察员,甚至企业家都对此有大量文字记载。

这一切,可以称作工业化之殇。

技术、经济、社会诸方面的巨大变化,引起经济资源在城乡和不同阶级中的重新分配,原有的收入和财富的均衡差距被打破,新的令人难以容忍的分配差距到处显现。心灵扭曲的受伤者、心怀不满者比比皆是。英国当年出现了多少密谋暴动,法国从大革命到巴黎公社发生了多少次起义和革命,德国 19 世纪后半期社会主义运动的波澜壮阔,美国 19 世纪的平民党运动,俄国 19 世纪末兴起的共产主义运动,等等,都是工业化和城市化进程中某一阶段社会下层对工业化之殇的反抗,社会主义思潮在这些国家先后掀起高潮。

从世界范围来看,几乎所有的农业社会在工业化和城市化进程中的某一特定阶段上,都出现过类似的社会主义高潮。英国大致是 18 世纪末工业革命开始到 19 世纪中期《谷物法》被废除。法国大致是从拿破仑战争到普法战争。德国大致从 19 世纪 30 年代建立关税同盟到 20 世纪初。美国大致从 19 世纪中期南北战争结束到 20 世纪初。俄国大致从 19 世纪中期废除农奴制到 20 世纪初。日本大致从明治维新到 20 世纪中期。

这些国家在相应时期出现的文学作品往往也反映了工业化、城市化过程特有的症状:社会贫富差距的扩大,商人之间的尔虞我诈和无情竞争,城市下层群众悲惨苦难,小知识分子的郁闷心酸,失地农民的愤怒与无助……英国的狄更斯(《雾都孤儿》《双城记》)、法国的雨果(《悲惨世界》)和巴尔扎克、德国的海涅和托马斯·曼(《布登勃洛克家族》)、俄国的陀斯妥耶夫斯基(《被污辱与被损害的》《罪与罚》)和高尔基(《母亲》)、美国的德莱塞(《美国的悲剧》)、日本的夏目漱石(《蟹工船》)、中国的鲁迅和夏衍(《包身工》)……他们的作品描写了多少心灵扭曲和创伤的各类人物。而与这些文学作品同步的就是社会主义思潮的高涨。

500多年的风雨历程中,社会主义思潮和实践一直绵延不绝,各种各样的社会主义思潮,此起彼落,潮起潮涌。从16—19世纪被称作是空想的社会主义,到19世纪被称作是科学的马克思主义,以及各种各样其他社会主义。20世纪以马克思列宁主义为代表的社会主义思潮,一度达到非常兴旺的阶段,几乎席卷半个地球和全球半数人口。

然而随着东欧剧变、苏联解体,以马克思列宁主义为标志的狭义社会主义一时转入低谷。

狭义的社会主义和部分属于中间范畴的社会主义,往往以为只有公有制才是实现平等目标的不二法门。这种观念可以看作是社会科学中的"托勒密地心说",因为他们对于社会现象的因果关系做出了误判,以为只有私有制才需要对社会中的各种不平等现象负全部责任。于是铲除私有制就成为这些社会主义者的终极目标。其实,为了实现社会平等,社会主义并不一定要排斥私有制,当然它一定要限制私有制。

狭义的社会主义看到了人的特定欲望的有限性,但是错误地把这种有限性推断为人的欲望种类变化的有限性。个人对于某种特定欲望的追求确实是有限的,存在边际效用的递减法则;但是欲望种类的变化却是无限的。于是稀缺现象将永远存在,资源永远需要根据其稀缺程度合理配置,完全彻底的按需分配永远无法实现。

狭义社会主义思潮的两大问题:(1)目标的相斥性:平等、效率、自

由、秩序、繁荣等目标难以兼顾,自由人联合体与计划经济不可并存;
(2)目标的可实现性:共产主义运动作为一种追求平等的运动,最终却
导致新的不平等。

但是,马克思列宁主义的狭义社会主义进入低谷,是否就意味着
追求平等理想的社会主义思潮寿终正寝了呢?回顾500多年的风雨历
程,可以看到,作为侧重追求平等的社会主义,并非只有一种品牌和型
号。某种品牌和型号的社会主义的衰退,并不代表整个社会主义思潮
的终结,它往往是其他类型的社会主义兴起的预兆。

广义的社会主义作为一种追求人类平等的思潮,仍然具有旺盛的
生命力。虽然作为追求人类平等的某些具体方案的狭义的社会主义
已经或正在消亡。

社会主义500多年的思潮和实践,给予我们的最大启示莫过于:要
永远坚持平等的价值观,同时要不断根据时势变化而改变实现平等目
标的具体方案。任何主张某种具体方案的社会主义派别都不要自封
为科学的最终真理,是诠释和实现平等的唯一权威。

面对人类漫长的过去和遥远的未来,每一个真正的社会主义者都
应当谦恭地承认,在追求人类平等的艰难道路上,永远需要无止境的
摸索和探讨。

站在新千年的开端,回顾社会主义思潮在过去500多年时间里经
历的风风雨雨,沉思社会主义思潮追求平等的历史使命,展望人类社
会不确定的未来和实现平等的艰巨任务,深感需要继续探索人类的理
想社会,并为建立一个更加平等的社会而继续努力。

本书侧重但不单纯介绍社会主义思想史,而是力求把社会主义思
想史和社会主义实践史综合起来加以介绍,把社会主义的思想史和实
践史放入更大的社会背景(包括经济、政治和文化背景)中加以考察。

如果把 1516 年作为现代社会主义思潮和运动的开端,就需要在前言中扼要介绍此前的追求平等的思潮和运动。

二、16 世纪以前的平等主义思潮与运动

在古希腊,据说斯巴达从公元前 8 世纪开始,由政治家莱格古士制订法律,实行了约 600 年的土地公有制。同时,为了遏制人的贪欲,他废除了金银货币的使用,代之以铁币,进而禁止了商业和航海,实行公共用餐。当然这种公有制仅仅局限于斯巴达人,作为斯巴达人奴隶的希洛人,是被排除在外的。为了防止希洛人的反抗,斯巴达人经常残害希洛人中间勇敢能干的人。斯巴达的公有制,到公元前 370 年左右,由于各种原因而趋于崩溃,虽然后来有公元前 3 世纪中期执政的阿格斯王和公元前 235—前 222 年执政的格利奥门斯王力图恢复,但都以失败而告终,阿格斯王还为此牺牲了生命,被后人誉为第一个共产主义的殉难者。斯巴达的公有制是有限的统治族群的公有制,这种公有制在内部可以是平等的,但是它往往带有对被统治族群的欺压和盘剥,对他们而言毫无平等可言。

斯巴达的公有制对古希腊的柏拉图(公元前 427—前 347 年)深有影响,他的《理想国》在很大程度上就是以斯巴达的公有制为摹本的。在《理想国》中所主张的军人阶层共产主义中,可以看到斯巴达公有制的影子。① 那是后来共产主义思想传统的基因。斯巴达的公有制,通

① 　[古希腊]柏拉图:《理想国》,郭斌和译,商务印书馆 1997 年,第 190、197、200—201、202、203、207、312 页。

过柏拉图的《理想国》,对后来的社会主义思潮具有重大影响。

柏拉图虽然主张特定人群的公有制,但是并不主张社会平等。古希腊、古罗马的一些著名思想家一般并不认可平等价值观,并不追求所有人平等的目标。因为在他们看来,人的概念仅仅局限于自己所从属的部落、民族、国家。从其他部落、民族、国家俘获的奴隶不属于人,只是会说话的牲口。当时也有不同观点,亚里士多德(公元前384—前322年)在其《政治学》一书中就介绍当时的一种观点,"另一些人却认为主奴关系违反自然。在他们看来,主人和奴隶生来没有差异,两者的分别是由律令或俗例制定的:主奴关系源于强权,这是不合正义的"①。

追求人人平等的观念,源于以色列。公元前6世纪前后,居于现以色列境内的犹太人中间就出现了以解除债务和重分土地为手段的追求社会平等的改革。与这些追求密切关联的是主张一神教的犹太教的形成。一神教导致人人平等的理念,因为所有人都是上帝的孩子,因此应当平等。犹太教对后来主张人人平等的基督教影响深远。

亚里士多德的学生,马其顿的亚历山大大帝(公元前356—前323年)征服了希腊,开始了欧洲历史上的希腊化时期。这一时期,斯多葛学派的创始人芝诺(公元前336—前264年)开始以自然权利、自然法思想为基础,宣传废除国家、废除人为法律、财产公有、男女平等的无政府共产主义。斯多葛学派在公元前3世纪以后有很大发展,其自然权利、自然法的观念成为后来社会主义思潮的重要来源之一。

古罗马时代,多次发生力图通过废除债务、平分土地以实现罗马

---

① [古希腊]亚里士多德:《政治学》,吴寿彭译,商务印书馆1981年,第10—11页。

人(不包括奴隶)平等的改革运动,如格拉古兄弟于公元前 132 年和前 123 年进行的改革,公元前 82 年爆发的元老院民主派杀戮反对派并充公其财产的事件,以及公元前 62 年加太里领导的起义。还有争取奴隶解放的多次起义,公元前 134—前 132 年和前 104—前 101 年的两次西西里起义,公元前 133—前 129 年小亚细亚的阿里斯托尼克起义,以及著名的公元前 73 年爆发的斯巴达克起义。

古罗马的这些改革和起义,争取狭义(罗马人内部)的平等或广义(奴隶和主人之间)的平等,其世俗目标多半是废除债务、平分土地、解放奴隶,很少有对公有制的诉求。这表明,从历史来看,平等的实现未必一定伴随着对公有制的追求。它也可以通过实行广泛的小土地私有制来加以实现。

古罗马下层阶级对于平等的追求,在世俗目标方面屡屡受挫,于是便从犹太教的思想传统出发,转向精神层面的追求,形成了基督教。在公元 1 世纪的上半叶,基督教最先出现在当时属于罗马帝国叙利亚行省的巴勒斯坦,但很快就传播到罗马帝国的其他地区。

基督教因袭了早期犹太教的某些教义,特别是一神教的观念,强调不同国家不同民族的人都是上帝的儿子,是其他人的兄弟。这种观点使基督教不但对犹太人,而且也对罗马人和罗马帝国境内的其他人(包括奴隶)具有吸引力,尤其是穷人和战败者。在早期基督教教会中,教徒绝大部分是奴隶和下层劳动人民。他们主张财产公有和人人平等,尊重穷人,宽容富人,反对罗马统治者的压迫和剥削。早期基督教出于对现实不平等的无奈,只好追求天国的平等,上帝面前的人人平等。这是一种结果平等。基督教最早提出了超越民族、种族、国家的人人平等观念。人的概念的普世化,是基督教广泛传播的结果,其功不可没,不能因为后来基督教尤其是罗马天主教会取得精神上的绝对权力之后的腐败而否定它的这一功劳。

早期基督教的一些信徒、神父、主教和神学家，都强烈谴责财富和私有制，提倡平均主义。如早期的使徒巴拿巴（Barnabas），公元100年左右的殉教者查士丁（Justin），同时代亚历山大城的克利蒙司（Clemens），公元3世纪的神学家德尔图良（Tertullian），希腊神父约翰·克吕索斯托（Chrysostom），希罗尼姆斯（Hieronymus），都认为私有制来自人有缺陷的天性，导致了大量的冲突，富人必须散财才能自救。自然资源（包括土地）是上帝赐福给整个人类的，因此所有人都有平等享用的权利，这种平等权利或者通过自然资源（包括土地）的公有制来实现，或者通过均分的私有制来实现。巴西尔（约330—379）建立了实行平均主义制度的修道院。哲罗姆（约347—419）认为一切财富都有不公平的色彩。安布鲁斯（约339—397）认为大自然把一切产品给了所有人，富人的施舍不是馈赠而是义务，富人清偿了贷款，穷人得到应得的东西。生于公元4世纪末年的君士坦丁堡的主教约翰·基利索斯当（Johann Chrysostomes）认为即便是由遗产得到的财富，依然是不正义的。生于公元5世纪上半期的亚历山大城神父西利尔（Cyril）认为人与人之间的一切差异源于人的自私。著名神学家奥古斯丁（Augustinus，约345—430）①认为私有财产要为各种罪恶——不和、非正义、战争——负责。他认为财富的生产离不开劳动，

---

① 奥古斯丁是早期基督教神学家，生于北非的塔加斯特（即今阿尔及利亚的苏克阿赫腊）。他曾经是摩尼教信徒，后皈依基督教。他用新柏拉图主义哲学来论证基督教教义，把哲学和神学结合起来。他的主要著作有：《忏悔录》《论自由意志》《论宿命和神恩》《论三位一体》《上帝之城》和《论僧侣的劳动》等。后来基督教会把他的著作和"圣经"一起奉为经典。

或者说财富源于劳动。因此人人都应当劳动,不劳动者不得享用财富,不劳动者不得食。这可能是后来社会主义者主张人人都要劳动的思想起源。

这些早期的信徒、神父、主教和神学家虽然指责私有制,但是一般并不主张废除私有制,只是主张愿意进修道院的人实行公有制平均主义,而一般人所要做的是更加慷慨地捐赠。

随着基督教逐渐渗透社会的富裕阶层,以及教会组织的逐步等级化、官僚化、富裕化,其共产主义和平等的色彩日渐淡化。为了使基督教教义不再与财富和私有制冲突,公元4世纪40年代在里海沿岸举行过一次主教会议。会议宣称,不放弃一切财富的富人不能得救的观点,是错误的观点。于是私有财产得到了容忍,但是并不神圣。公元4世纪末,基督教成为国教,从此其主流不再坚持公有制和平等的理念,转而与私有制和贫富不均的现象和谐相处。

从西罗马帝国灭亡,到16世纪路德宗教改革,西欧社会在精神领域一直受到罗马天主教会的控制。社会哲学成为神学的一部分。关于私有财产是否符合基督教教义、共产主义是否可行、贫穷是否应当并可以避免等问题,一直是基督教主教神父们苦苦思索的问题。他们大体分为两个势力最大的分支:圣多明我会和圣方济各会。前者保守,与世俗财产关系妥协;后者则成为穷人的保护者,为维护基督教原始教义辩护。

13世纪,属于圣多明我会的圣托马斯·阿奎那(Thomas Aquinas,1225—1274),运用亚里士多德的观念和论证方法,推论出私有制与基督教教义并不冲突的结论。同时他又主张富人必须行善以帮助穷人。为了对社会不平等进行辩护,一些主教神父们纷纷提出各种论据,论证这种不平等与基督教教义并不冲突。他们往往把社会比喻为一个人,用个人的手脚要听从大脑的指挥来论证社会存在等级制的合理性。人与人之间的不平等是神意的巧妙安排。

财产公有、人人平等的观念,虽然始终披裹着宗教的外衣,却一直没有中断过传播。它基本采取了两种形式:僧院(或修道院)共产主义运动和异教徒运动。前者一般不与政府和正统教会对抗,只是一批志同道合的基督徒集合在一起到某处共同劳动,共享产品。后者则往往采取与政府尤其是正统教会对抗的态度。

圣方济各会的神学家所推动的僧院共产主义运动,又大体分为缓和派和神贫派。前者以邓斯·司科塔斯(John Duns Scotus,1266—1308,又译邓斯·司各脱)为代表,并不反对僧院拥有财产,只是要求财产归僧院所有成员共同所有;后者以威廉·奥卡姆(William of Occam,1284—1347)为代表,认为僧院成员应当生活在清贫之中,不应当有任何财产。

第一个僧院共产主义移民地于公元 320 年出现在尼罗河上的塔宾纳岛(Tabenna)。但是这些时断时续的僧院共产主义运动,往往随着时间的推移而腐败堕落,蜕化为新的不平等的等级官僚机构,背离了公有制和平等的初衷。

欧洲中世纪的异教徒运动是基督教正统教会堕落之后,下层基督徒追求平等的运动。他们往往采取简朴禁欲的生活方式,强调信徒之间的互助,反对富人(往往也包括正统教会)的奢侈豪华、穷奢极欲和对穷人的无耻剥削,在忍无可忍的时候采取暴力反抗行动。因此他们往往受到残酷镇压。

随着 13 世纪末"十字军运动"的落幕,自 14 世纪始,欧洲频频发生反抗世俗贵族和教会暴政的农(市)民起义。同时,民族意识也开始觉醒。

　　在上述大背景之下,威廉·奥卡姆的学生、宗教改革家约翰·威克利夫(1320—1384),作为即将到来的宗教改革运动的启明星,一方面主张英国从教皇统治下独立出来;另一方面要求保护农村公社,反对贵族和教会的贪婪,要求剥夺教会的财产。他要求通过道德教育实行共产主义制度,认为共产主义与基督教并无冲突。与此同时,还有另一位更加激进的下层教士约翰·鲍尔(?—1381)到处传教,主张财产公有人人平等。"现在英国的光景很坏,将来也好不了,除非一切都变成公共的,没有什么农奴,也没有什么贵族。""亚当耕地夏娃织布,当时有谁是士绅?"只有激进的社会改革,实现社会平等。在他们思想的影响下,1381年,英国爆发了瓦特·泰勒(1341—1381)领导的大规模农民起义,其口号是自由和平等、民主和共产。

　　威克利夫的影响传播到中欧,启发了捷克的宗教改革家扬·胡斯(Jan Hus,1369—1415),最终激发了1419—1436年的胡斯战争。胡斯战争的重要后果是把威克利夫和胡斯的宗教改革思想传播到了德国,为16世纪的路德宗教改革和德意志农民战争奠定了思想基础。

　　为了有助于读者了解社会主义的部分谱系,下文给出社会主义思潮发展演变。发展演变的前一小部分浓缩了16世纪以前的平等主义思潮和运动,后半部分概述了16世纪开始的社会主义思潮和运动。以下并不全面反映社会主义思潮的全部类型,但是可以使读者了解大部分社会主义思潮的类型。

社会主义思潮发展演变

　　古希腊:斯巴达的莱格古士,约公元前8世纪,实行了600年左右的土地公有制。

柏拉图,《理想国》,统治阶级共产主义。

古罗马:犹太教,早期基督教,公元320年出现第一个僧院共产主义移民地。

中世纪:奥古斯丁,公元4世纪40年代在里海沿岸举行过一次主教会议,私有财产得到了容忍,但是并不神圣。

4世纪末,基督教成为国教,从此其主流不再坚持公有制的理念。

13世纪,圣多明我会的圣托马斯·阿奎那为私有制辩护。

圣方济各会的神学家推动时断时续的僧院共产主义运动。

时断时续的异教徒运动,下层基督徒追求平等。

宗教改革运动的启明星,约翰·威克利夫,要求通过道德教育实行共产主义制度,认为共产主义与基督教并无冲突。

约翰·鲍尔到处传教,主张财产公有人人平等。

瓦特·泰勒领导的大规模农民起义,其口号是自由和平等、民主和共产。

捷克宗教改革家扬·胡斯,1419—1436年的胡斯战争。

16世纪社会主义

英国:商业革命,羊吃人
托马斯·莫尔（1478—1535）
《乌托邦》（1516）

德国:路德（1483—1546）
宗教改革（1517）
托马斯·闵采尔（1490—1525）
农民起义（1525）

17世纪社会主义

意大利:托马索·康帕内拉（1568—1639）,《太阳城》,1601年写成,1613年出版。

德意志：约翰·凡勒丁·安德里亚(1586—1654)，《基督城》1619
年出版。

英国：弗兰西斯·培根(1560—1626)，《新大西岛》1624年出版。

杰拉德·温斯坦莱(1609—1660)，《自由法》1652年出版。

法国：德尼·维拉斯(1630—1700)，《塞瓦兰人的历史》1675年英
文出版，1677—1678年法文出版。

费纳隆(1651—1715)，《特列马克历险记》1698年出版。

18 世纪社会主义

法国：让·梅叶(1664—1729)，《遗书》。

摩莱里，《自然法典》(1755)。

卢梭(1712—1778)，《论人类不平等的起源和基础》(1755)，《社会
契约论》(1762)。

加布里埃尔·邦诺·德·马布利(1709—1785)，《论法制或法律
的原则》(1768)、《论公民的权利和义务》(1758)、《哲学家、经济学家对
政治社会自然的和必然的秩序疑问》(1776)。

罗伯斯庇尔(1758—1794)。

弗朗斯瓦·诺埃尔·巴贝夫(1760—1797)；菲利浦-米歇尔·邦
纳罗蒂(1761—1837)，《为平等而密谋》(1828)。

19 世纪非马克思的社会主义

英国：威廉·葛德文(1756—1836)，《政治正义论》(1793)。

罗伯特·欧文(1771—1858)。

威廉·汤普逊(1785—1833)，《最能促进人类幸福的财富分配原
理的研究》(1824)。

约翰·格雷(1799—1883)，《人类幸福论》(1825)，《社会制度：论
交换原则》(1831)，《货币的本质和用途》(1848)。

约翰·弗兰西斯·勃雷(1809—1897),《对待劳动的不公平现象及其消除办法》(1839)。

柏西·莱文斯登,《对于有关人口和政治经济学问题的某些流行看法的正确性的一点疑问》(1821),《公债制度及其影响》(1824)。

托马斯·霍吉斯金(1787—1869),《保卫劳动反对资本的要求或论证资本的非生产性》(1825),《通俗政治经济学》(1827),《财产的自然权利和人为权利的比较》(1832)。

约翰·斯图亚特·穆勒(1806—1873),《政治经济学原理以及对社会哲学的某些应用》(1848)、《论自由》(1859)、《代议制政体》(1861)、《论功利主义》《论妇女的从属地位》(1869)。

费边社会主义,萧伯纳,韦伯夫妇。

莫里斯(1834—1896),《乌有乡消息》(1890),主张暴力革命。

霍布森(1858—1940),《现代资本主义的演进》(1894)。

法国:克劳德·昂利·圣西门(1760—1825)。

皮埃尔·勒鲁(1797—1871),《论平等》(1838)。

沙利·傅立叶(1772—1837)。

孔西得朗(1808—1893),《社会命运》(1834)。

埃蒂耶纳·卡贝(1788—1856),《伊加利亚旅行记》(1840)。

路易·奥古斯特·布朗基(1805—1880)。

德奥多·德萨米(1808—1850)。

布朗基(1805—1881)。

路易·勃朗(1811—1882),《劳动组织》(1839)。

蒲鲁东(1809—1865),《什么是财产》(1840),《贫困的哲学》(1846)。

乔治·索雷尔(1847—1822)。

德国:威廉·魏特林(1808—1871),《和谐与自由的保证》(1842),《一个贫苦罪人的福音》(1843)。

约翰·卡尔·洛贝尔图斯(1805—1875)。

拉萨尔(1825—1864)。

讲坛社会主义。

美国:乔治·亨利(1839—1897),《进步与贫困》(1877)。

爱德华·贝拉米(1850—1898),《回顾——公元 2000—1887》(1888)。

凡勃伦(1857—1929)。

俄国:赫尔岑(1812—1870)、车尔尼雪夫斯基(1828—1889)。

巴枯宁(1814—1876),克鲁泡特金(1842—1921)。

目　录

第一章

16 世纪的社会主义

16 世纪,社会主义的思潮和运动主要发生在英国和德意志,其标志性事件,一是英国的托马斯·莫尔于 1516 年发表《乌托邦》,二是德意志的托马斯·闵采尔领导的 1525 年德意志农民起义。这两个标志性事件均发生于 16 世纪早期。此后,整个 16 世纪再无与社会主义有关的重要事件。一直要到 17 世纪初期才出现社会主义的标志性事件。因此,16 世纪社会主义的这两个标志性事件的发生背景,必须回溯到 13—15 世纪的英国和德意志乃至整个欧洲的经济政治社会状况。

公元 1300 年前后,从地中海地区的意大利开始,西欧和北欧渐渐开始了一场商业革命。威尼斯、布鲁日、安特卫普相继成为这场革命的执牛耳者。

14—15 世纪,作为欧洲中世纪的最后 200 年,对于欧洲社会是一场持续的危机或者说衰退。其最突出的表现就是整个欧洲人口的减少。关于这种减少的原因及其后果,学术界仍有争论,可以猜测的原因有:地球气候变化的大周期,当时整个欧洲似乎出现了气温的不断下降及不稳定,欧洲北部人口比南部有更大的减少。传染病的发生和传播,包括相对温和的麻风病和 14 世纪中期暴发的可怕的黑死病,它几乎夺去英国当时人口的一半。不鼓励人们投资的财产和收入的产权制度;主要追求奢侈消费的封建领主和教会的横征暴敛、巧取豪夺;还有层出不穷的战争,包括 1337—1453 年的英法百年战争、1367—1370 年的汉萨同盟与丹麦的战争、1455—1485 年的英国三十年玫瑰战争。最后还有屡次爆发的农民和城市贫民的起义,包括 1303—

1307 年意大利北部的多里奇诺领导的农民起义。它成为以后西欧各国一系列大规模农民起义的先声,如 1347 年的罗马手工业者和商人反对教皇和封建主的起义,1356—1358 年的巴黎市民起义,1358 年的扎克雷起义,1378 年的佛罗伦萨工人起义,1381 年的瓦特·泰勒农民起义,1382 年的巴黎"铅锤党"起义,1413 年的巴黎"卡波士"起义,1419—1434 年的捷克胡斯战争,1431 年的沃姆斯爆发的农民起义,1437 年、1450—1451 年、1484—1485 年的三次西班牙农民起义,1494 年的佛罗伦萨平民反抗教会和美第奇家族统治的起义。也许是上述种种原因的综合结果,导致了整个欧洲人口的下降。

人口下降造成的重大经济后果,是趋势性的谷物播种面积的减少、谷物价格在波动中不断下降、耕地价值下降、工资上升、肉类产品和非农产品的价格上涨。这种变化组合的内在逻辑很可能是因为人口下降导致对谷物需求减少,这又引起谷物价格下跌;而同样的人口下降引起工资上升,它与谷价下跌结合在一起就引起了肉类产品和非农产品的价格上涨。

人口下降引发劳动短缺,它的社会后果在东西欧有所不同。为了防止劳动力逃离农村,在东欧,主要是易北河以东,限制农民自由的农奴制进一步大范围强化;而在西欧,虽然也在部分地区和某些时期出现限制农民自由的法规习俗,但是从总体和长期来看,出现了减少限制农民自由的缓解农奴制压迫的趋势。东西欧何以出现如此分叉,也许与 14—15 世纪东西欧不同的产业特征有关。东欧依然像中世纪早期和中期一样以农业中的种植业为主,而西欧则逐步发展起呢绒纺织业以及为之提供原料的畜牧业。中世纪的种植业基本上是劳动密集型的,因此更加需要把农民束缚于土地,于是东欧强化了农奴制。而畜牧业是更加土地密集型的,反而需要农民离开土地,进入呢绒纺织业,于是西欧对农民的限制就相应宽松,但是对于流浪者则严加管束,以迫使他们进入同样是劳动密集型的呢绒纺织业。

13—14 世纪,欧洲的呢绒生产中心在今天的荷兰、比利时、法国北部的一些城市,以及意大利北部的佛罗伦萨,而作为呢绒业原料的羊毛生产中心主要是英国和西班牙。英国出产优质羊毛,使英国由单纯的羊毛原料出口国转变为呢绒出口国的重大因素,是呢绒生产过程中的技术革命,使呢绒生产过程中所需要的漂洗工序由原来的人力为主,转变为使用漂洗机利用水力为主。这场技术革命导致西欧呢绒业生产布局的重大变化,呢绒生产区域逐步转移到水力资源丰富的英国。利用漂洗机的重大后果是呢绒生产的分散化,这种分散化使得英国的呢绒业比西欧原有的呢绒生产中心享有更多的经济自由,也使得它更容易避免其他比较集中的旧生产中心出现的劳资纠纷和冲突。同时,当时的英国统治者采取鼓励引进外资、呢绒生产技术和人才的政策,鼓励呢绒出口的税收政策。这些因素导致英国的呢绒质优价廉,再加上西欧大陆出现的战乱和一系列外交冲突,到 15 世纪中期,英国从原来以输出羊毛原料为主,转变为以输出呢绒为主。于是,呢绒业和以养羊为主的畜牧业利润极其丰厚。而饲养羊群比种植谷物所需的劳动力要少 80%。随着呢绒出口的不断增加,与东欧的地主竭力把农民束缚在土地上务农不同,英国的贵族拼命想把农民赶离土地,圈地运动在整个英国广泛展开,出现了"羊吃人"的局面。

正是在这种背景下,近代史上第一个伟大的社会主义者托马斯·莫尔,于 1516 年出版《乌托邦》,这标志着追求平等的近代社会主义思潮的诞生。

其实追求平等的呼声源远流长,它不仅出现在 14—15 世纪的历次农民和城市贫民的起义中,也经常出现在这两个世纪及更早的一些思想家的论述之中。13世纪中期，意大利的哲拉德·塞加烈里创立了"使徒兄弟派"，宣传宗教生活必须清贫贞洁，反对教会腐化，要求同派信徒捐其私产，视作公有。1476年，德意志法兰克西亚的汉斯·贝海姆宣称按照圣母的指示，人人都是平等的兄弟，不应有贫富之分，人人都应当劳动谋生。他们是16世纪社会主义思潮和实践的先驱。

在13—14世纪，与英国一样作为羊毛原料生产国的西班牙却没有出现类似英国的出口转型，其中的原因耐人寻味。西班牙的农民在15世纪所遭受的苦难也未必少于英国的同行，这从整个15世纪西班牙屡次爆发农民起义可以推测出来。但是西班牙并未产生社会主义思潮和知名的社会主义者。这也许与英国和西班牙不同程度的思想控制有关，1478年，西班牙建立了宗教法庭，同年托马斯·莫尔出生。而英国似乎在思想控制上没有西班牙那么严厉。

15世纪末、16世纪初的德意志，当时称作神圣罗马帝国，政治上处于封建割据状态，除了具有推选皇帝资格的七大选侯之外，还有十几个大诸侯，200多个小诸侯，上千个独立的帝国骑士，内乱不已，关卡林立，币种繁多，妨碍工商业的发展。政治上的分裂方便了罗马教廷的搜刮，德意志每年流入教廷的财富达30万古尔登，因此被称作"教皇的奶牛"。当时的教会非常腐败，上层高级僧侣往往拥有大片土地，剥削农民，利用宗教权力兜售教职和赎罪券，搜刮钱财，过着骄奢淫逸的生活。低级教士则往往处于贫困状态，经常成为农民起义的煽动者和领导者。占人口80％的农民，许多还是农奴，受到教会和封建主的残酷剥削。16世纪初，社会矛盾已经极为尖锐。

从15世纪中叶开始，人文主义思潮在德意志兴起传播，鹿特丹最著名的人文主义者、托马斯·莫尔的好朋友伊拉斯谟（Erasmus von Rotterdam，1467—1536）在其所著的《愚人颂》中揭露了教会和世俗贵族的贪婪淫荡、虚伪迷信。

在托马斯·莫尔发表《乌托邦》的第二年,1517 年,为了反对教皇利奥十世借口修缮罗马圣彼得教堂而兜售赎罪券,维登堡大学的神学教授马丁·路德(Martin Luther,1483—1546)发表了 95 条论纲,揭开了宗教改革运动的序幕。这两件事情在时间上的巧合,实际上反映当时西欧社会的一种危机状态,预示了一场深刻的社会变革。

此后不久,1525 年德意志爆发了声势浩大的农民起义。其实在此之前,各地就已出现过多次农民和城市贫民的起义,如 1431 年的沃姆斯农民起义、1493 年和 1502 年阿尔萨斯的农民和城市贫民起义。它们共同为 1525 年的农民大起义奠定了基础。1525 年的德意志农民起义,是 14—16 世纪欧洲一系列农民起义中规模最大的一次,它遍及德意志大部分地区,约2/3的农民卷入,许多城市贫民亦参与其中,领导人闵采尔提出了社会主义的主张。

作为这场大起义的后续,1527 年佛罗伦萨的卡尔领导手工业者和城市贫民起义,坚持一个多月。1549 年,英国农民反抗,要求停止圈地运动。

此后,欧洲追求平等的社会运动便不再发生于农村,而是转移到了城市。时间也间隔了将近 100 多年,出现于 1640 年以后的英国。

第一节　托马斯·莫尔的《乌托邦》

托马斯·莫尔(Thomas More,1478—1535),生于伦敦一个富裕家庭,从小就受到很好的教育。1492 年入牛津大学,与其老师、人文主义者科利特、格罗辛、林纳克等交往甚密,深受影响。1494 年,遵其父令离开牛津大学去学习法律,尔后成为著名律师。1497 年,结识了来伦敦访问的鹿特丹著名人文主义者伊拉斯谟,两人成为密友。莫尔早年非常喜欢古典作品,对拉丁文和希腊文都很有研究,钻研过柏拉图等人的著作,深受《理想国》的影响。

1504 年,莫尔 26 岁时,已经成为一名著名律师,被选为议员。在议会中,由于他反对英王亨利七世的横征暴敛而遭到迫害。这使他退出政界,重回法律界,并继续研究人文科学及自然科学。1509 年,亨利七世去世后,他重回政界,于 1510 年担任伦敦市的司法官。1518 年,由于渊博的知识和出色的政绩,被亨利八世任命为王室请愿裁判长、枢密顾问官;1521 年,出任副财务大臣,并封为爵士;1523 年,当选为下议院议长;1525 年,受命为兰开斯特公国首相;1529 年,成为英国大法官。

由于莫尔在从政过程中一再坚持己见,不愿屈从"圣意",经过几次意见分歧之后,引起亨利八世对他的怨恨。

首先,莫尔在 1528 年英国议会投票时没有赞成亨利八世挥霍浪费的预算法案。

然后,莫尔先与亨利八世一起反对路德的宗教改革,维护罗马天主教皇的权威。但后来亨利八世在与西班牙争霸中,欲与西班牙籍的王后离婚,受到西班牙国王查理五世控制的教皇的阻扰,于是亨利八世试图实行英国教会独立于罗马教皇的宗教改革。但莫尔却根据天主教教义而未站在英王一边,于是他被控犯有叛国罪,并于 1535 年被处死。

莫尔最著名的著作是发表于 1516 年的,奠定他在人类思想史上地位的《乌托邦》。该书全名为《关于最完美的国家制度和乌托邦新岛的既有益又有趣的金书》。他写作该书的直接动力是对于资本原始积累在英国农村所导致的劳动群众痛苦的愤慨，而该书所描绘的理想的经济政治制度，则是依据当时正在兴旺发展的城市手工业。该书假托虚拟的葡萄牙航海家希施拉德之口，描绘了一个前人未曾发现的岛国乌托邦的经济政治制度，表达了莫尔对理想社会的看法。

《乌托邦》分两部，第一部主要是批判当时英国的经济政治制度，第二部则主要描述乌托邦国的经济政治制度，并表明其远优于英国。

在《乌托邦》第一部中，莫尔指出了当时英国出现的"羊吃人"的现象。绵羊"一向是那么驯服，那么容易喂饱，据说现在变成很贪婪、很凶蛮，以至于吃人，并把你们的田地、家园和城市蹂躏成废墟"①。由于羊毛价格上涨，养羊比种地带来更多收益，于是地主们纷纷把农民赶走，改农场为牧场。失地农民被迫离乡背井，到处流浪。但当时英国的法律禁止人民流浪，一旦抓获便要关进牢房，一旦不堪贫苦铤而走险行窃，则将要被处绞刑。对于这种严刑苛法，他表示了反对意见，对于那些走投无路忍饥受饿的人，无论采用什么重刑，也阻止不了他们去盗窃。

莫尔注意到了"羊吃人"社会中的贫富对立，一面是贫困不堪，一面又奢侈无度。有钱的贵族像雄蜂一样，不劳而获，挥金如土；而穷人只能靠辛苦劳作挣得微薄收入勉强生活。英国社会这种不正常现象的根源在于私有制。"任何地方私有制存在，所有的人凭现金价值衡量所有的事物，那么，一个国家就难以有正义和繁荣……达到普遍幸福的唯一道路是一切平均享有……我深信，如不彻底废除私有制，产

---

① ［英］托马斯·莫尔：《乌托邦》，戴镏龄译，商务印书馆 1982 年，第 21 页。

品不可能公平分配,人类不可能获得幸福。私有制存在一天,人类中的绝大一部分也是最优秀的一部分将始终背上沉重而甩不掉的贫困灾难担子。"①因此,他可能是人类历史上第一个提出要建立全社会普遍的公有制的人,而不是柏拉图所设想的那种只在社会某个阶层中实行公有制。但他无疑深受柏拉图《理想国》的影响。

人们对于平均分配的公有制有两种担忧:缺乏工作激励和物资供应不足。针对这两种担忧,他在《乌托邦》一书的第二部,对乌托邦的经济、政治和社会诸方面的制度进行了详细的描述,这是人类近代史上最早关于未来社会理想制度的方案,深刻影响到以后许多社会主义者和共产主义者的思想。

在经济制度方面,莫尔提出在乌托邦不存在私有制,一切生产资料和消费资料都归公有,甚至规定私人住宅也每10年抽签调换一次。任何地方都没有一样东西是私产。同时没有懒汉和游手好闲之徒,不分男女,每人都必须从事劳动,连国家的领导人也不例外,以便以身作则带动别人。乌托邦内仍然存在体力劳动和脑力劳动的差异,科学家可以免除体力劳动而专心从事科学研究。

乌托邦里人人都热心社会公益,关心如何共同富裕,而没有私有观念,因此不存在缺乏工作激励的问题。

由于人人参加劳动,同时又都出于公心,因此物产将相当丰富,消费品可以实行按需分配。首先是各个家庭都将其生产的物品交给公共仓库,然后再从那儿领取自己所需的一切。由于物产极为丰富,同时各个家庭又非常自觉不会过分领取物品,这就保证了按需分配的正

①　［英］托马斯·莫尔:《乌托邦》,戴镏龄译,商务印书馆1982年,第43—44页。

常进行。同时,由于人人都参加劳动了,每个人的劳动时间也都可缩短到每天 6 小时左右。

乌托邦的主要生产部门是农业和手工业,但没有专职农民,没有严格意义上的农村,全体人民居住在城市,轮流下乡务农两年。同时,每个人都从事起码一项手工业。这种用亦工亦农的方法解决工农差别的思想影响深远。

乌托邦内统一组织消费,包括一种公共食堂制度,公民们在其中共同就餐,以便加强人与人之间的关系;统一服装,只是男女有别,已婚未婚有别。不过乌托邦并不主张禁欲主义,一切无害的享乐都不应该禁止。人们可以追求正当高尚的快乐,只是不良的消费不被允许。在快乐问题上,莫尔具有浓厚的伊壁鸠鲁色彩。所谓快乐,是指人们自然而然喜爱的身或心的活动及状态。其基本的原则是不因小快乐而妨碍大快乐,不因快乐而引起痛苦后果。中世纪教会或者某些教派所主张的最大限度抑制人的正常欲望的禁欲主义是有害的,当然人们在追求正当高尚的快乐时应当遵循节俭主义。

现实社会中的物资稀缺和穷人的贫困,都是由于存在私有制和大量不劳动但奢侈消费的人。同时,人口过剩也可能带来问题,所以城市的人口密度要适中,一旦人口过剩,就要对外殖民。因此,只要实行公有制,同时人口密度适中、人人参加劳动、树立节俭主义观念,就可以消除任何物资的稀缺和穷人的贫困。

由于生产、分配和消费都由计划统一组织,在乌托邦内将不再存在商品货币关系。金银将不再成为人们追求的对象,相反将由罪犯佩戴金银饰品以作为标记。

在乌托邦内仍将存在奴隶和奴隶劳动,但奴隶已不是古代罗马社会中那种奴隶,而是社会中的罪犯和在别国被判死刑的犯人。奴隶们被强制从事艰苦的劳动,但其子女将不再是奴隶,其本人若经过长期劳动,确能悔过自新,也可减轻劳苦甚至摆脱奴隶身份。乌托邦保持这种奴隶制度的原因是为了给其他公民提供反面教育,使他们避免走上犯罪道路。

在政治制度方面,乌托邦实行民主制度。整个乌托邦由54个城镇组成,每个城镇都选出3位德高望重者组成元老院作为全国最高权力机构。乌托邦的行政官员也每年由选举产生,规定每30个家庭选举1名领导,号称"飞拉哈",每10名飞拉哈再选出1名首席飞拉哈,乌托邦共有200名首席飞拉哈,从中选出1名最高领导人。该领导人实行终身制,但若其实行独裁压迫人民,就将被撤职。国家大事由元老院和民众大会经过充分讨论而作出决议,任何个人不得决定国家大事,否则处以极刑。之所以严厉禁止个人干政,为的是让最高领导人和首席飞拉哈们都"不能轻易地共谋对人民进行专制压迫,从而变革国家的制度"①。飞拉哈主要的和几乎唯一的职责是务求做到没有一个闲人,大家都辛勤地干他们的本行,但又不至于累得如牛马一般。

在法律制度方面,乌托邦的特点是律文简单明确,易为人民掌握,且赏罚严明,罪者罚为奴隶做苦工,功者塑像供后人瞻仰。

在家庭婚姻制度上,乌托邦实行严格的一夫一妻制,对破坏他人家庭者和婚前性行为者处以重罚,同时又允许男女双方在婚前尽可能详尽地了解对方,以免日后发现不满意之处而使家庭生活破裂。同时也允许经由议会详尽调查后批准性格不合的夫妻离婚。

在文化教育方面,乌托邦的儿童从小就学习文化和技能,同时培养助人为乐和勤劳俭朴的道德观念。

---

① [英]托马斯·莫尔:《乌托邦》,戴镏龄译,商务印书馆1982年,第55页。

在宗教方面,乌托邦实行宽容政策,允许各种教派存在,但禁止宗教压制和宗教纷争。教士人数不多,全由品德优秀并有献身精神的人担任,并受到全社会的高度尊重。

在对外关系方面,乌托邦实行睦邻政策,发展对外贸易,与邻国互通有无,并因此而集聚大量的贵金属,其用途主要是应付突然的对外支付。尽量反对战争,但同时也保持高度警惕,实行全民皆兵,以防外敌侵略。

《乌托邦》一书对社会主义思想的贡献可概括为如下几点:第一,莫尔是近现代史上第一个提出社会主义基本原则的思想家,这些基本原则可概括为:(1)消灭私有制这一万恶之源,建立全社会的生产资料和消费资料的公有制;(2)人人参加劳动,不允许不劳而获;(3)消灭城乡差别和工农差别;(4)在物品充裕和人人自觉的前提下实现消费品的按需分配;(5)建立民主政治,实行官员选举制度和集体决策制度;(6)男女平等;(7)和平睦邻;(8)实行各种宗教和思想意识宽容共存相互尊重的政策。第二,莫尔以非常新颖的构想和出色的文体宣传了社会主义思想,从而为社会主义思想在以后的广泛传播奠定了基础。

《乌托邦》的意义在于,人类需要"乌托邦",它为社会的演化描绘了一幅可能的蓝图,一个可能的选项,一个值得尝试的方向,从而指引人们在面临社会困境时采取行动。一个没有任何"乌托邦"的社会,将是一个没有生气的社会,没有理想的社会,不会进步的社会。

莫尔更多是从社会平等的角度,基本没有从效率角度去构想未来社会的经济组织。假设人人都有利他主义精神来解决公有制下的工作激励问题,但是没有考虑普遍的利他主义精神如何产生。他虽然已经意识到人口与资源之间可能出现的矛盾,但只是简单地通过人口迁移来解决;没有意识到资源的稀缺性带来的有效配置问题,从而没有考虑不同职业和行业之间的比例关系的调整机制问题,既没有考虑市场机制,也几乎没有分析计划机制;没有意识到人的欲求不断变化所带来的问题,从而自信可以实行按需分配。

1549 年,在莫尔被处死 14 年之后,英国爆发了半数农民参加的罗伯特·凯特起义,反抗贵族地主和大商人的剥削压迫。虽然最终失败,但是它迫使统治阶级采取了一些有助于改善贫民生活的改革措施,即伊丽莎白一世女王(1535—1603,1558—1603 在位)的济贫法改革。这次起义是英国历史上最后一次全国性伟大的农民反抗运动,标志着英国社会主义运动的转折点,尔后社会主义运动的主角将由城市贫民及工业革命之后新兴的无产阶级来担当。

此后,英国社会经历了将近一个世纪的相对稳定,经济有明显发展。1520 年以前,英国人口停滞在 220 万人左右。16 世纪中期开始,人口出现稳定快速增长。1550 年人口约为 300 万人,1601 年达到 410 万人,1650 年为 530 万人。同期,农业劳动生产率比 13—14 世纪提高 1 倍以上,一般农户年产小麦 5520 公斤。1600 年 GDP 总量比 1500 年翻了一番,人均 GDP 增长 30% 以上,预期寿命从 1541 年的 34 岁上升到 1620 年的 38 岁。从 1500 年到 1600 年,平均物价指数上涨近 5 倍,普通工匠的工资购买力下降超过 30%。1599 年,莎士比亚环球剧院开张,票价约为普通工匠日工资的 1/10。由于经济发展所带来的社会相对稳定持续到 17 世纪中期,直到 1640 年爆发革命。

第二节　托马斯·闵采尔

15—16 世纪的德意志是当时基督教世界中最富有的地区。矿业、城市手工业、商业及农业均比较发达,北部的汉萨同盟控制了波罗的海的贸易,南部各城市的商人则利用西班牙发现美洲大陆的商机,获得了极大的发展。但是财富并未散播到整个社会。当时的德意志在政治上分裂为许多诸侯国,权力掌握在各个诸侯贵族以及高级僧侣手中,财富集中在土地贵族、大商人、教会手中。普通市民和乡村中的农民都深受贵族和教会的欺压,政治上的分裂导致各个城市为了保护自己筹措军费而增加税收,腐败的教会则大肆搜刮钱财,洗礼收费、婚姻收费、死亡收费、赦罪收费,无数财富每年都源源不断地送到罗马天主教会。巨大的贫富差距使得整个社会极不安定,广大农民处于极端贫困状态,革命一触即发。

另外,在当时的中欧,包括今天的荷兰、瑞士、捷克和匈牙利等国,社会阶级矛盾都极其尖锐。在捷克的胡斯战争(1419—1434)结束后约半个世纪,中欧的农民运动就开始此起彼伏地出现。1476 年在德意志,人称吹鼓手汉斯的年轻牧师兼乐手,就组织 3 万多名农民起义;1491—1492 年,尼德兰爆发内战,其中包含了反抗高额赋税的暴动;从 1493 年开始,南德的农民开始组织秘密会社"鞋会",在尔后的 30 年中,屡次进行反抗;1514 年瑞士农民举行了起义;同年,匈牙利也爆发了全面的农民战争。

在当时的形势下,整个德意志形成了四项运动:(1)路德所掀起的宗教改革运动;(2)闵采尔领导的农民起义;(3)带有共产主义色彩的"再洗礼主义"运动;(4)德意志统一运动。同时在政治上分化为三个基本的派别:一是以诸侯贵族和高级僧侣为主体的天主教保守派;二是以城市市民为主体的,以路德为其代表人物的宗教改革派,主张用改良办法而非暴力手段来改造社会;三是以城市贫民和贫苦农民为主体的、以闵采尔为领袖的革命派,主张通过激进手段来改革。三派之间的斗争采取了宗教斗争的形式。

1517年,马丁·路德针对教会的腐败,将要求改革的95条论纲钉到了维登堡教堂的大门上,启动了影响深远的宗教改革运动。但路德本人只是一个宗教改良主义者,并不赞同社会主义性质的活动。

路德的宗教改革导致了当时社会各种矛盾的爆发。1518—1524年,各种地方性的农民运动层出不穷。1522年,德意志爆发了以济金根为首的中小贵族反抗大诸侯和教会的骑士暴动。最终在1525年引发了大规模的农民战争。

路德的宗教改革引发了当时的社会主义思想和运动,思想方面的代表人物是著作家沙伯斯坦·法兰克(Sebastian Franck,1500—1542),他于1534年发表《异说》一书,主张公有制。运动方面的代表人物则是托马斯·闵采尔(Thomas Münzer,1489—1525)。

托马斯·闵采尔是16世纪初期著名的"革命"神父、社会主义者、农民起义的杰出领袖。他出生于施托尔堡一个手工业者的家庭,自幼勤奋好学,并有独立精神,在中学时代就曾组织过秘密团体,反对马格德堡的大主教,进而反对罗马天主教会。1506年,在莱比锡大学学习哲学和科学,主要研究中世纪神秘主义者,尤其是12世纪意大利神秘主义者约阿西姆对腐败教会的末日审判和即将到来的千年太平王国的思想,最后以优异的成绩获得博士学位。在大学期间他广泛阅读了希腊文、拉丁文和希伯来文的著作,并深受当时广泛流行的人文主义思潮的影响,使他倾向于用人文精神来理解和解释神学和圣经。除了博览群书之外,他还喜爱游玩,曾走遍德国的几十座城市和数百个乡村,同身处社会下层的农民和手工业者广泛交流,了解他们的疾苦和要求。

闵采尔大学毕业后,凭借其优异的成绩完全可以成为高级僧侣,步入上层阶级的行列。但他自愿放弃了这种选择,去了茨维考,在那里成为第一个宣传新教教义的神甫。他向劳苦大众宣传自己的思想,揭露那些贪心的僧侣和贵族,为贫苦人民打抱不平,号召人民起来反抗压迫和暴政。他在茨维考组织了"上帝选民的同盟",不惜牺牲生命来捍卫上帝的事业,即改造社会的事业。这些工作引起当地统治阶级的恐惧和不满,采用逮捕、暗杀等手段迫害他,使他在一年之后(1521年)出走茨维考,辗转来到捷克的布拉格,在那里他发表了《告捷克人民书》,号召人民听从上帝的旨意去与人民的敌人展开斗争,并预言未来权力将永远为人民所有。捷克当局准备逮捕他,于是他又返回茨维考继续从事革命鼓动工作。他以《圣经》为依据,发表了著名的《对诸侯进道》,这是一篇号召人民革命的宣言。

1525年,也就是1517年路德宗教改革的8年之后,闵采尔来到了缪尔豪森,亲自发表了充满激情和反抗精神的《致曼斯菲尔德地方矿工的信》,他的同伴发表了号召武装起义反抗宗教贵族和世俗贵族的《书简》。他在那里参加并领导了人民起义,推翻了旧政权,成立了以他为主席的"永久议会"。"永久议会"是人民的政权,它没收教会的财产充作公产,建立了严格的仓库管理制度。缪尔豪森的成功带动了各地的农民起义,整个德意志中部处于革命的浪潮之中。起义中颁布了表明农民要求的 12 条款,包括教会改革、反对地主剥削压迫、恢复土地公有等内容。这些内容总体上看,还是相当温和的。还颁布了主要反映当时市民商人阶层利益的,由文德尔·希普勒主持写成的《海尔布琅纲领》。纲领要求改革教会,约束贵族,改革司法,商业自由,稳定币值。

在农民起义的打击下,各地的诸侯贵族和反动僧侣纷纷组建自己的武装以扑灭革命烈火。闵采尔不幸被捕,贵族们要求他宣布放弃自己的革命主张,遭其严词拒绝,结果牺牲于敌人的屠刀之下。

对于闵采尔及其领导的起义的失败,恩格斯有如下精辟分析:

> 如果这样一个领袖在自己所代表的阶级进行统治的时机还未成熟,为了这个阶级统治必须贯彻一些措施的时机还未成熟,而这个领袖在这种时期中被迫出来掌握政权,这是最糟不过的事了。他所能做的事,并不取决于他的意志,而是取决于不同阶级的矛盾尖锐化的程度,取决于历来决定着阶级对立的发展程度的物质生活条件、生产条件和交换条件的发展程度。他所应做的事,他自己的党要求于他的事,又不取决于他,但也不取决于阶级斗争及其条件的发展程度;他为他一向鼓吹的理论和要求束缚住了,这些理论和要求又不是从当时社会各阶级之间的地位得出来的,也不是从当时生产条件和交换条件的或多或少是偶然的水平中得出来的,而是从他对于社会政治运动的总趋势的几分远见中得出来的。于是他不可免地陷入一种无可救药的进退维谷之境:他所能做的事,是和他一向的整个主张、他的原则、他的党的直接利益不相容的;他所应做的事,则是无法实行的。总而言

之,他是被迫而不代表自己的党,自己的阶级,却去代表当时运动使其统治条件已成熟的那一阶级。他不得不为运动本身的利益而保护异己阶级的利益,他不得不以一些空话、诺言来应付自己的阶级,硬说那个异己阶级的利益就是自己的利益。任何人陷入这样的苦境,都是无可救药,注定要失败的。①

闵采尔身处宗教神学观念占统治地位的时代,以宗教神学为外衣宣传他的革命思想,为社会平等创造有利条件。他首先批判了当时的贵族、僧侣的反动统治,指出私有制是造成现实世界所有罪恶的根源,只有消灭私有制,推翻贵族僧侣们的反动统治,才能使社会实现平等。在批判旧世界的基础上,建立所谓的千年太平天国。这个千年太平天国是早期基督教某个教派关于耶稣再生和建立平等、公正和幸福的千年国家的一个理想。

在千年太平天国中要没收教会、诸侯和僧侣的财产,坚决根除私有制,实行一切财产公有,产品平均分配。同时这个千年太平天国是人民民主政权,一切政权交归人民,人民通过民主投票来表决国家大事。政府官员必须接受人民监督,不能擅用职权。正如恩格斯所说,"闵采尔所了解的天国不是别的,只不过是没有阶级差别,没有私有财产,没有高高在上和社会成员作对的国家政权的一种社会而已……一切工作一切财产都要共同分配,最完全的平等必须实行"②。

———————

① [德]恩格斯:《德国农民战争》,熊伟译,人民出版社1975年,第98页。
② [德]恩格斯:《德国农民战争》,熊伟译,人民出版社1975年,第46—47页。

为了实现这样一个千年太平天国,必须运用暴力革命的手段,因为现在统治阶级不可能自动交出其财富和权力,一定会疯狂地保护他们所掠夺的财富和特权。

闵采尔社会主义思想的特点:一是宗教色彩;二是实践性。宗教色彩使他的思想更易于在一个宗教神学观念占统治地位的时代和国度得到广泛传播,得到广大群众的认可,但是他的文献更多具有宣传鼓动号召的色彩,缺乏分析缺乏深度。它的实践特征意味着他主要不是通过著书立说,而是通过亲自投身于群众斗争来阐发他的观念的。这两个特点,尤其是其实践性这一特点,使他与托马斯·莫尔遥相呼应,形成早期社会主义思想的两个交相辉映的源头。

"再洗礼主义"运动①的思想渊源是两位人文主义者伊拉斯莫和托马斯·莫尔。伊拉斯莫是第一个把神学转变为社会道德哲学的人,认为基督徒不应当占有财产,因为财产是上帝赐予所有人的。"再洗礼主义"运动的主要成员为城市手工业者,其代表性人物有巴鲁德·路特曼(Berut Rothmann)牧师、面包商约翰·马地斯(John Mathys)、裁缝约翰·保克尔逊(Johann Bockelson)等。他们一般承认财产公有的原则,虽然对于如何实现这一原则有着不同的意见。这一运动后来在曼斯德尔城建立了实行共产制度和一夫多妻的公社,最终于 1535 年被教会的军队所残酷镇压。

----

① 基督教的一种异端,认为婴儿的洗礼没有意义,主张成人再次接受洗礼。

第三节　16世纪社会主义小结

以托马斯·莫尔的《乌托邦》和托马斯·闵采尔领导的德国农民战争为标志的16世纪社会主义,有如下几个特点。

第一,它们都出现在社会贫富扩大,社会矛盾尖锐的特定时期——16世纪早期。而这一时期正是欧洲社会经历了地理大发现,出现了以远洋航海技术为支撑的远洋贸易为新特点的商业革命。而这种产业革命一般总是会在一段时间里引起社会贫富差距扩大的。在以后的相当一段时间里,英国没有再出现有影响力的社会主义思想家;而德意志境内自从"再洗礼主义"运动被镇压之后,也没有再出现大规模的追求平等的社会运动。

第二,它们在思想上的共同特点是:批判现实社会,描绘了一个实行公有制、人人参加劳动、按需平均分配消费品的理想世界,以实现社会平等,同时主张通过奉行节俭主义和对外移民来解决稀缺问题。在政治方面则主张领导者民选制度。

第三,16世纪社会主义思想的表达方式,尤其是托马斯·莫尔的《乌托邦》,已经不再像欧洲先前那些追求平等的运动那样,以基督教的教义为依据,而是开始以生动的虚构的文学形象来表达社会平等的理想。这开创了运用文学方式表达社会主义思想的先河,形成了一系列的后续文献。由于不是通过呆板的说教,而是通过生动的文学形象,社会主义的平等理想得到了更加有效的广泛传播。

第四，德国农民战争是时间短暂的，因此闵采尔关于理想社会——千年太平天国——的具体构想并未得到充分表现。"再洗礼主义"运动则在曼斯德尔城有过一段"共产共妻"的实践，表现出一定的粗俗性，为以后许多反对社会主义的人提供了口实。

这次德国农民战争，实际上是欧洲封建农业社会从 14 世纪以来，时断时续的反对社会财富不平等的暴力运动最后的尾声。这些运动包括 1381 年英国爆发的瓦特·泰勒领导的大规模农民起义，以及 1419—1436 年捷克的胡斯战争。这些起义的共同特点是其主体都是受剥削压迫的农民，打击的对象都是封建贵族和腐败教会，核心指导思想都是追求平等，同时都具有浓厚的宗教色彩，往往以基督教原旨主义和基督教异端的面目出现。①

到了 16 世纪中期以后，随着西欧和中欧国家逐步从农业社会向农商社会、工商社会转变，争取社会平等的运动，其主体和对象，以及指导思想也逐步发生了变化。

---

① 在中国，类似于 1525 年德国农民战争的，是 19 世纪中期爆发的太平天国运动(1851—1864)。它是中国漫长农业社会一系列农民起义的尾声。关于中国漫长农业社会的性质，是一个长期存在争论的问题。问题的焦点实际上是应当以社会哪方面的特征作为判别社会性质的主要依据。如果以经济特征，尤其是生产工具、主导产业为主要依据，那就必然承认中国从春秋战国一直到 1911年都是和欧洲中世纪一样的封建社会；如果以政治特征，尤其是政治体制为主要依据，那就必须承认中国只有东周、西周时期才是与欧洲中世纪相同的封建社会。而秦代以后的社会是与欧洲封建社会不同的。也许，把秦代以后到 1911年的中国社会称作中央皇权官僚控制的农业社会更加贴切。它既体现了与欧洲中世纪相同的经济特征——农业为主，也体现了与欧洲中世纪不同的政治特征——中央皇权和官僚控制。

第二章

17 世纪的社会主义

17 世纪,在意大利、德意志、英国和法国,社会主义思想继续发展。首先是意大利的康帕内拉于 17 世纪初,在反对西班牙外敌入侵和教会压迫的斗争中发表了《太阳城》,表达了社会主义的观念。稍后不久,德意志的安德里亚发表了《基督城》,以浓厚的宗教色彩表达了社会主义的基本观念。在 40 年代的英国资产阶级革命中,代表正在形成的无产阶级的掘地派运动产生了温斯坦莱的社会主义。在 70 年代的法国,维拉斯发表《塞瓦兰人的历史》,宣传社会主义。他联结了 17 世纪社会主义与 18 世纪社会主义。

至于社会主义的实践,17 世纪初,英国在美洲的殖民地弗吉尼亚和普利茅斯都曾经对移民实行过土地公有,产品一律归公,所需物品统一分配。但公有的生产和分配方法很快失败,1616 年开始土地被分配给移民个人。1623 年以前,移居美洲的清教徒也实行过土地公有制。

第一节　康帕内拉的《太阳城》

早期社会主义思想的第三个源头来自意大利的托马索·康帕内拉(Tommaso Campanella,1568—1639 年),他是 16 世纪末 17 世纪初意大利著名的思想家和爱国者。

早在 14—15 世纪,意大利便已出现市场经济的萌芽,这些萌芽源于地中海贸易的发达。1453 年,拜占庭帝国灭亡之后,由于奥斯曼帝国对地中海沿岸的统治和新大陆的发现,引起的世界贸易商路的变化,意大利经济逐渐衰退下去。16 世纪的意大利,经济处于停滞状态,政治四分五裂。各独立的城市共和国、王国、公国、教皇国家之间不断进行混战,引起了外族入侵。从 15 世纪末到 16 世纪中叶,西班牙、法国和神圣罗马帝国(大致相当于今天的德国),在意大利国土上打了几十年战争,最后以西班牙得胜而告终。1527 年,西班牙人攻占洗劫了罗马。同年佛罗伦萨爆发反对外国侵略者和美第奇家族统治的起义,持续达三年之久,后美第奇家族勾结西班牙侵略者镇压了起义。西班牙的入侵使得意大利进一步衰退。康帕内拉就生活在这样一个外族占领、经济衰败、政治混乱、社会失序的时期。

康帕内拉少年聪慧,热爱文学,13 岁即开始写诗,14 岁入修道院钻研哲学和自然科学,大量阅读了柏拉图、亚里士多德、德谟克里特等古希腊学者的著作,以及当时欧洲著名的学者莫尔、特列佐、哥白尼、布鲁诺、伽利略的著作。丰富的学识、独立的思考,使他成为一个富有批判意识的人,因而在 1591—1597 年,两次受教会迫害,被捕入狱。当他 29 岁获释回家时,他已经在牢中度过了 5～6 年时间。

西班牙贵族的残酷统治使他由一名思想的独立者进一步发展为实践中的爱国者。1598 年底,他与好友密谋起义赶走侵略者,不幸泄密被捕。他被控犯有双重罪行,一是反对西班牙统治的政治罪,二是反对罗马教廷的异端邪说罪,因此必须既受西班牙世俗当局的审判,又受罗马宗教裁判所的审判。这样一来他反倒未像他的许多战友那样被立即处死,只是在狱中经受了数次酷刑折磨,最长一次长达 40 个小时。他自

1599年被捕,总计经历了长达33年的狱中生活,坐过50间牢房。但在长期的监狱生活中,他以惊人的坚强毅力从事写作,其中最著名的论著是1601年写成、1613年出版的《太阳城》,以及《论最好的国家》《被战败的无神论》《捍卫伽利略》等文。出狱之后,58岁的康帕内拉继续从事政治活动和文学活动,再次受到西班牙统治当局的迫害。他被迫逃亡法国,在巴黎度过余生。

康帕内拉的《太阳城》在体裁上类似于莫尔的《乌托邦》,也是以文学游记的形式,通过一位航海家之口来描绘一个理想社会。他认为私有制是利己主义的源泉,利己主义则引起三大罪恶:诡辩、伪善和残暴。私有制还导致了社会的贫富差别和对立,而贫富对立的社会就好比一所培养犯罪的学校。他通过批判旧社会发现了新世界的轮廓:消灭私有制,实行财产公有,实现平等。他强调"财产公有制是一种最好的制度"①。而他的太阳城便是实行这种制度的国家。他专门反驳了亚里士多德对公有制的质疑,以早期基督徒和中世纪一些僧侣社团为例,论证公有制的可行性,强调公有制是符合自然法的。

关于太阳城的经济制度,康帕内拉提出,土地、劳动工具、产品、房屋及其他重要财产,都属于大家共同所有,甚至每人的居室也必须每隔6个月就重新安排一次,这就消灭了旧社会的主要缺点即贫富对立。在太阳城中所有人都按照公社原则组织在一起,生产由整个社会组织进行,人人都参加劳动,以劳动为荣,以不劳而获为耻。劳动也不再是被迫从事的工作,不再是对任何人的一种惩处。由于劳动性质的变化,人们对待劳动的态度也相应改变,人人都热爱劳动,扬长避短,各

① ［意］康帕内拉:《太阳城》,陈大维、黎思复、黎廷弼合译,商务印书馆1980年,第74页。

尽所能。他在社会主义思想史上第一个明确提出劳动光荣的观点。和乌托邦不同的是太阳城不再有奴隶和奴隶劳动。他提出通过技术进步来减轻劳动强度,缩短工时和提高劳动效率。因此太阳城每天的工作时间只有短短四小时,而业余时间大量增加,但产量大幅度提高。人们在业余时间里可以从事科研,从而实现脑力劳动与体力劳动的结合。产量的充裕使太阳城中不存在私有制,生产活动由整个社会统一组织,产品实行按需分配,所以商品货币关系不再存在。金银也不再是人们追逐的对象。

关于太阳城的政治制度,有点类似于教会国家,最高权力掌握在被称作"太阳"的大司祭手中,他既是宗教领袖又是世俗领导。"太阳"有三个主要助手,称作威力、智慧和爱,分别掌管战争与和平,工业、科学和艺术,衣食、生育和教育。这四位最高领导者都不由选举产生,可终身任职,但一旦发现有公民在智慧、道德和知识方面都超过自己时,应当辞职让贤。除了上述四位最高领导者之外,其他负责官员一概不准自己竞选,而要由负责人提名,并由 20 岁以上公民参加的"大会议"选举任免。太阳城选择领导的标准是德行出众和有实际技能与学问。公民在每月举行的"大会议"上有权对共和国的缺点和对政府负责人员执行工作的好坏,提出自己的意见。即公民虽然没有选择最高领导人的权利,但有参政议政的权利。这有点类似于今天所说的协商民主。太阳城和乌托邦相类似,也制订若干简要明确的法律,对于犯罪分子也要进行审判和惩处。同时司法与行政合一,领导人就是法官。

太阳城的家庭制度深受古希腊斯巴达的制度和柏拉图《理想国》的影响,康帕内拉认为私有制与一夫一妻制家庭的存在密不可分,因此为了真正实现公有制,他主张废除一夫一妻制度。为了保证公民的身心素质,他还主张实行优生制度,由专门的负责人负责选配男女,并按照星象择时同房,以保证实现优生。由于家庭不再存在,他认为孩子将由整个社会负责教育,除了学习一般课程之外,还要实习各种手工技艺。对后代的教育一旦失败,太阳城将自食其果遭受损失。

康帕内拉的社会主义思想有如下几点特色:一是最早明确提出劳动光荣的思想,不再保留奴隶和奴隶劳动。二是强调科技进步的意义,强调科技进步对提高劳动生产率,增加产量,减少劳动时间的重要作用。三是第一次比较系统明确地提出了社会主义的教育原则,指出学生要把课堂学习和生产劳动相结合,文化学习和身体锻炼相结合。四是进一步发展了莫尔关于由国家组织管理整个社会经济的思想。五是政治制度和家庭制度构想带有浓厚的贤人专制特征,个人没有多少选择的自由,也没有什么隐私可言。六是他有非常浓厚的宗教色彩,并沉溺于星象学,习惯于用星象来论证其见解。

第二节 安德里亚的《基督城》

约翰·凡勒丁·安德里亚(Johann Valentin Andreae,1586—1654)的《基督城》与莫尔的《乌托邦》、康帕内拉的《太阳城》被誉为正面乌托邦三部曲。它是空想社会主义思想史上的第三颗明珠。孕育这颗明珠的土地便是 16 世纪上半叶德意志的宗教改革运动和农民战争。

1517 年爆发的以马丁·路德为首的宗教改革运动掀动了整个德意志,城市下层平民和农民开始了范围广阔的反对诸侯贵族、高级僧侣的斗争。1522年,弗兰茨·冯·济金根(1481—1523)领导下层贵族起义,反对封建贵族,力图建立以骑士阶层为基础的君主国。1525年,闵采尔领导的市民—农民起义,建立人民政权的"永久议会",宣布取消领主,财产公有,人人劳动,人人平等。这两次革命均因力量悬殊而以失败告终,但由路德掀起的宗教改革及济金根和闵采尔所领导的这两次起义,为尔后的发展留下了深深的印痕。正是在这样一种背景下,产生了安德里亚的《基督城》。

安德里亚生于德国西南部符腾堡州的赫伦堡,其祖父曾任杜宾根大学神学教授和校长,积极参与宗教改革,被称作符腾堡的路德。其父是路德派的神甫,曾任神学院院长,后改任修道院院长,其母非常喜爱研究自然科学。他15岁丧父,尔后随母迁居杜宾根。在这种充满宗教气氛和科学精神的家庭环境中,安德里亚自幼便熟读宗教经典并对自然奥秘十分好奇。1601年,他进入杜宾根大学攻读天文学、神学、历史和文学,阅读了古代和当代的大量名著,尤其是大量文艺复兴时期人文主义的进步著作。1605年,他获得了硕士学位,1607年21岁时离开了学校。这时他已是一位受过优等教育,具有广博学识并追求进步的年轻人了。他周游了国内外许多地方,以给上流家庭做私人家教维生。访问瑞士的日内瓦时,宗教改革的成就和加尔文教徒的社会组织给他留下了深刻印象,这为他后来撰写《基督城》埋下了伏笔。1614年,他返回德意志,开始著述和教书生涯。在魏欣根担任教区牧师期间,他致力于创设教区的救济联合组织,为穷人建立起一种互相支援、互相保护的协会,由教友和公众的自愿捐助来维持这个组织。1619年发表《基督城》一书,力图以此为蓝本,普遍改造整个德国。1610年到1638年,成为卡尔夫城的教长,在此期间致力于实践《基督城》的理想,继续从事慈善福利工作,推动互助事业的发展,不幸的是他的事业被三十年战争(1618—1648年)所打断。1639年,受聘去斯图加特城担任宗教法院法官,继续其接济穷人的工作。1650年,升任符腾堡的总主管,然而因健康状况改任修道院院长。1654年,68岁时去世。

安德里亚的《基督城》深受莫尔的《乌托邦》和康帕内拉的《太阳城》的影响,也是运用游记这种文学体裁,用第一人称描述一个海外仙岛,那是由早期受迫害的基督徒漂洋过海之后建立起来的,实行公有制的社会——基督城。

基督城是一个大工场,在按照个人专长充分分工的基础上用手工生产各种物品。而各种产品的数量都由事先的计划加以安排。"整个城市可以说是一个大工场,但是有各种各样的工艺。负责管理这些职务的人……预先知道该制造些什么,需要多大的数量和哪种样式,而且将这些项目一一通知技工。"①所有产品也上交公共仓库,同时每个人在这里从现有的储备中取到下一周工作所需的东西。强调生产中的分工和计划安排,是基督城在生产过程中的一大特色。

所有适龄者都参加劳动,没有不劳而获的剥削者,也没有懒汉和奴隶,劳动者分工从事工业、农业和畜牧业。安德里亚认为,通过人人劳动和倡导节俭主义,就可以克服物资的稀缺。节俭主义具有重要意义。

消费品根据需要计划统一分配,食物按年成和人口及年龄发放,肉鱼禽每人一份,衣服一年两套:一套工作服一套礼服,颜色分白和灰两种,样式仅根据性别和年龄有所区别。没有私人住宅,由国家统一分配住房。基督城的消费品分配方式体现了作者平均主义的思想。

---

①　[德]约翰·凡·安德里亚:《基督城》,黄宗汉译,高放校,商务印书馆1991年,第30页。

"供应的东西从数量上说不算太多,可是它们却能够满足对所有的东西都没有过分要求的人……他们在物质方面总是丰富的,因为这里根本没有饕餮和贪杯之徒。"①同时,食物不仅供本地居民,也供应外来客商。但是本地居民并不从事以营利为目的的商业,对外贸易主要是为了增加物资的品种,其结果使得每一个地方的特产都能交流到这里来。

基督城实行一夫一妻、两个孩子的小家庭制度,生育妇女和婴儿都受到良好的照顾,大孩子集中在学校住宿,病人可平等地享受医疗和药物,老人受到特别的尊敬和照顾。总之,基督城构想了一套完整的生老病死的保障体系。

基督城在政治上实行的是集体领导的共和国,为了防止个人专权,共和国由 3 人联合执政,分管经济、市场和司法。这说明他已经意识到权力制衡的必要性。3 人属下是 8 名政府官员,每个官员还有 1 名助手。所有这些人都表现出父母般的精神,丝毫没有傲慢专横的样子……他们领导别人不是靠言辞,而是靠自己的模范行为。作为立法机构的议会由 24 名议员组成,他们都是全体公民中最优秀的人才。基督城没有法律和律师,因为人们都规规矩矩地生活。

基督城的公民都具有很高的思想境界,普遍具有三种良好品质:一律平等、渴望和平和蔑视金钱。才能杰出者并不领取额外报酬,也无人因门第而享有特权。

与《乌托邦》和《太阳城》相比,基督城有四个特色:重视分工、崇尚科技、重视教育和供奉基督。基督城存在复杂的分工,强调分工和以

---

① [德]约翰·凡·安德里亚:《基督城》,黄宗汉译,高放校,商务印书馆 1991 年,第 22—23 页。

分工为基础的生产计划,是它与乌托邦、太阳城相比的一大特色。基督城特别推崇自然科学,尤其是应用科学,强调将科学运用于生产活动,创制机器以提高功效。在学校教育方面,它强调学生要在德智体美四方面发展,强调要精心选择教师,要让有一定年纪、富有经验、具有美德的人去担任教师。"除非一个人能够胜任国家赋予的职责,他是不可能精心培育青年的;而一个能够成功地培育青年的人,也就有权去管理政府事务。"①基督城的生活充满了基督教色彩,它是依靠宗教、正义和学识这三者进行统治的,公民的日常生活浸染着各种宗教仪式和宗教活动。

安德里亚的《基督城》把基督教的关于人人平等的教义与社会主义公有制的观念结合在一起,开创基督教社会主义的先例。他的这种思想与莫尔、康帕内拉的思想一样,都深深地影响了后人对社会主义的思考和探求。

安德里亚的《基督城》实际上是一个以每个人都具有基督教的良好品德为前提条件的好人社会,其中的领导人不仅具有良好美德,不贪图私利;还具有聪明和睿智,能够通过事先的计划妥帖安排一个具有复杂分工的经济中的各种供求关系。如何使每个人都具有良好品德,他寄希望于教育。同时,对于领导人的遴选机制,他的考虑显然不如莫尔。同时他显然低估了用计划调节分工生产的困难。他也与莫尔同样没有意识到资源的稀缺性带来的有效配置问题,过于乐观地认为只要人人参加劳动和树立节俭主义观念就可以克服短缺和贫困。

---

① ［德］约翰·凡·安德里亚:《基督城》,黄宗汉译,高放校,商务印书馆 1991 年,第 76 页。

第三节　温斯坦莱的《自由法》及其他社会主义改革家

17 世纪中期在英国出现的社会主义思潮与实践，与 16 世纪英国的经济社会变化有着千丝万缕的联系。

16 世纪是英国由中世纪的纯农业转变为以毛纺呢绒业为重要产业的农工商并举的重要时期，是产业结构发生重大变化的时期，也是经济重心由农村转移到城市的时期。这个世纪的对外贸易，从 1554 年成立莫斯科公司开始，到 1600 年成立东印度公司，一系列专营外贸公司相继成立，标志着对外贸易的重大发展。而 1588 年彻底摧毁西班牙无敌舰队更是为英国大力发展对外贸易和航运业扫清了障碍。

与毛纺呢绒业和对外贸易的发展相呼应的是圈地运动的持续进行，虽然这个世纪的上半期，统治英国的都铎王朝（1485—1603）多次颁发限制圈地的法令，但仍然无法阻挡圈地浪潮。

16 世纪英国的又一重大经济事件是从 1510—1630 年 120 年时间的以价格上涨为主要特征的价格革命。它与 16 世纪上半期西欧贵金属开采量的突然放大，16 世纪下半期美洲金银的大量流入，英国人口尤其是城市人口的持续增长，以及亨利八世重铸货币降低成色的措施有关。

产业结构的巨大变化导致社会贫富差距的扩大，圈地运动催生了大批流浪汉，都铎王朝多次颁发禁止流浪的法令，反映了这个问题的严重性。

贫富差距扩大,社会矛盾激化,从来都是产生社会主义的沃土。1516年,托马斯·莫尔发表近代社会主义的第一部文献《乌托邦》,尔后于1536—1537年开始,爆发了一系列追求平等、反对圈地的农民运动,以1549年的诺福克郡的罗伯特·凯特兄弟领导的起义达到顶峰。

16世纪积累起来的各种社会矛盾,在17世纪中期的英国大革命中得到了总爆发。

在英国大革命的前夜,作为哲学家和政治家的弗兰西斯·培根(Francis Bacon,1560—1626)于1624年发表《新大西岛》,强调通过运用自然科学于生产而实现人类的幸福。该书模仿莫尔的《乌托邦》,描绘了一个理想化的海岛。

与其他一些主张通过改变社会组织建立公有制来帮助大众摆脱贫困改善他们物质生活的社会主义者不同,培根在书中并未主张公有制,而是主张由贤明的国王进行家长式统治,突出强调科技进步和发明的作用,强调科学家技术人才的作用,主张建立一个科学机构。这个机构的目的是探讨事物的本原和它们运行的秘密,并扩大人类的知识领域,以使一切理想的实现成为可能。这个机构重视科学,推进科研,致力于把科研成果应用于各种生产活动,从而大大提高生产效率,消灭贫困现象,改善公众物质福利。

因此,也许可以把培根划入最广义的社会主义者范围,也可以把他称作技术专家治国论者的先驱。因为他重视科技进步,这种观念对于推进人类社会的进步、改善底层民众的生活的意义是毋庸置疑的。

英国资产阶级革命在经历了1642—1646年和1648年两次国内战争之后,推翻了斯图亚特王朝的反动统治,处死了国王查理一世,于1649年5月成立了共和国,建立了资产阶级和新贵族的联合统治。在革命期间,农民起到了决定性的作用,但革命结束之后,他们并未得到多少回报,连年战祸,田园荒芜,工商凋敝,税收增加,物价飞涨,工人失业,农民无地,广大失地农民和城市贫民的状况并未多大改善。这些失业的工人和无地的农民对革命深感失望,于是便出现了代表农民和城市无产者利益和愿望,在村社土地上共同耕种的掘地派活动。

其实早在革命一开始的 1640 年,英国许多农村就发生了农民反对贵族地主圈地和保存森林等公地用益权的运动。革命期间,各地农民不断尝试夺回圈地。1645 年,英国西南部发生了"棍棒派运动",运动席卷 1/4 英国领土,约 1 万人参加。

1649 年 4 月,一群贫苦农民和无业者聚集在伦敦附近塞利郡的圣乔治山上垦荒种地。他们共同劳动、共同生活,形成一个团结互助的集体。他们的行为震动了整个英国,在各地相继出现了类似的掘地运动。掘地运动威胁到了资产阶级、新贵族及一切大小私有者(包括自有土地的自耕农)的利益。他们担心私有制将由此而受到威胁,就采取各种方法破坏掘地运动。最终 1650 年议会派军队进行镇压,至1651 年,各地的掘地运动都先后被镇压下去。掘地运动虽然持续时间很短,大致也就是 12 个月,但是却留下不少充满社会主义思想的文献。

该运动的领导人之一杰拉德·温斯坦莱(Gerrard Winstanley,1609—1660)是 17 世纪英国资产阶级革命时期的社会主义者,掘地运动的理论家和领导人。温斯坦莱生于英国兰开夏一个商人家庭,成年后在伦敦经商。可能由于内战的影响和奸商的欺诈,他的商店倒闭了。离开伦敦后他来到塞利郡,靠帮人放牧为生,成为无业者。他曾经参加过各种教派,他的文章具有浓厚的宗教色彩。同时对于现世的宗教团体又深感不满,他们要求人民追求天堂的幸福,自己却沉沦于现世的福利。在掘地运动中,身世沉浮的温斯坦莱由一名商人转变为社会主义者。他积极投身其中,发表一系列文稿为其辩护。

掘地派运动失败之后,温斯坦莱开始从事理论研究,于1651年底完成了他的主要著作《自由法》,并于1652年出版。该书详细阐明掘地派的政治纲领和经济纲领,第一次用法律条文的形式刻画了公有制民主共和国的蓝图,创造了表达社会主义思想的一种新文体。

温斯坦莱的基本主张就是反对土地私有制,要求实现土地公有和劳动产品的公有,但实行一夫一妻制和生活消费品家庭所有。消灭阶级差别,实现人类平等。他的基本论据就是原始基督教教义。实现这一主张的主要方法就是非暴力地向统治者劝说和呼吁。

按照造物主的本意,土地被创造出来,是为了成为一切动物的共同财富。他多次引用《圣经》记载的古代以色列所实行的土地公有制,来论证土地公有制的可行性,并断言"土地将会重新成为它本应该成为的共同财富,因为《圣经》和理智的一切预言在公有制这个问题上是一致的"①。而只有实现了公有制,才能实现人与人之间兄弟般的平等,"根据支配创造物的理智……所有的人都像一个人一样,一起工作,一起吃饭,像一个父亲的儿子一样……没有哪一个人将统治另一个人,大家彼此都把对方看作上帝创造出来与自己平等的成员……造物主并不崇拜个别人,而是同样喜爱自己的一切创造物"②。

土地私有制是地主们实行压迫、杀戮或偷窃的结果,具体到英国,是诺曼人征服英国的结果。征服者威廉破坏了英国原有的土地公有制,把原来公有的土地封赏给部下,建立了土地私有制,并制定了维护土地私有的法律,压迫人民的反抗。而私有财产是使人民陷于贫困之

---

① [英]温斯坦莱:《温斯坦莱文选》,任国栋译,商务印书馆1979年,第8页。

② [英]温斯坦莱:《温斯坦莱文选》,任国栋译,商务印书馆1965年,第13页。

中的一切战争、流血、偷窃和奴役性法律的原因。他把英国革命看作是英国人民从征服者威廉及其扈从那里重新夺回曾经被剥夺的土地并恢复土地公有制的一场运动。同时,他要求把革命推进到消灭诺曼人征服的一切后果,推翻从那时遗留下来的僧侣、法学家和法律。

王权的产生是土地私有制的结果。"通过一定的政策,使人民不再共同使用土地,并把他们拖进买卖的狡猾勾当里去,然后,在买卖行为使人民发生纠纷以后,就依靠刀剑登上了王座。"①

对于掘地运动,温斯坦莱并不主张用武力去夺取属于他人的土地,只是主张耕种村社的公有土地,以维持生存。"我们开始垦殖圣乔治山上的土地,是为了能够一起吃自己的面包——我们辛勤进行的正义工作的果实。"②他在写给克伦威尔的信中说:"人民中间经常有人这样说:我们在战争中失去了自己的土地,失去了自己的朋友,我们毫无怨言地忍受了这一切,因为有人曾经答应要给我们自由。而现在,终于出现了新的主人,我们所受的痛苦反倒增加了。"③"我们和国内一切受尽压迫的穷人可以通过这种办法,用我们在土地上的诚实的劳动得到有保障的生活。我们认为,由于战胜了国王,我们有权(我以一切贫穷的老百姓的名义这样说)占有土地。"④

在《自由法》一书中,温斯坦莱对其理想社会作了一个简要的概括:这种公共管理制度把全国所有的居民联合成一条心和一个思想。

---

① [英]温斯坦莱:《温斯坦莱文选》,任国栋译,商务印书馆1965年,第122—123页。

② [英]温斯坦莱:《温斯坦莱文选》,任国栋译,商务印书馆1965年,第17页。

③ [英]温斯坦莱:《温斯坦莱文选》,任国栋译,商务印书馆1965年,第95页。

④ [英]温斯坦莱:《温斯坦莱文选》,任国栋译,商务印书馆1965年,第55页。

在经济制度上,温斯坦莱的理想社会核心是实行土地公有。土地及其资源、土地上产生的各种财产都不许私人占有,不许买卖,更不许破坏这种公有制,否则便处以死刑。但是土地公有并不意味着共同耕种,而是每个人都有自己的一块地,依靠每一个家庭来耕种土地,收割庄稼,并把粮食运进仓库。即实行土地公有,家庭耕作这种他认为古代以色列曾经实行过的制度,这将消灭贫富差距,实现社会平等。

温斯坦莱要求人人参加劳动,认为土地公有使人民成为土地的主人,不会再出现游手好闲之徒。由于人人参加劳动,整个国家将获得丰富的物质产品。不准进行商品交易,因为交易充满欺诈,是引起人类纠纷和战争的根源。每个手艺人都将从公共仓库取得材料进行加工,产品完成后送至专门仓库,无须进行任何买卖活动。同理,也不许人们雇佣劳动或受雇于他人。①

实行按需分配消费品,每个人都把自己生产的物品送交公共仓库,同时从公共仓库领回自己所需的物品。为了实现这种按需分配,他认为需要具备两个前提:一是人人努力工作,使产品非常丰富;二是人们都有很高的自觉性,还有严密的监督,以防止浪费和糟蹋财富。家庭是基本的生产和消费单位,由家庭组织生产和消费,消费品一旦被家庭领回,便成为私有财产,不再允许别人拿走。

在政治制度上,温斯坦莱首先强调国家管理的原则是要像一个父亲管理家庭那样,因此一切统治者的任务就是帮助弱者和蠢人。

严格实行法制,建立议会制共和国。国家都是通过法律来治理的,但是法律有两种起源:一是源于公共利益根据人民的意志来制订

---

① ［英］温斯坦莱:《温斯坦莱文选》,任国栋译,商务印书馆1965年,第182—183页。

的正义与和平的法律;二是源于统治者私人利益的暴政和不公正的法律。执政者维护正义的法律,制定文字简洁的法律,并且拟定了必要的法律体系,包括经济方面的耕种法、仓库法、买卖惩治法、游手好闲惩治法、航海法、金银法;政治方面的公职人员选举法、监督人法、背叛惩治法;刑法方面的失去自由法、奴隶恢复自由法等;以及社会方面的婚姻法。

一切人包括执政者都必须服从法律,都是法律的臣民。为此,所有公职人员包括议会议员和法官都必须经由选举产生,而且必须每年改选,以防止长期担任公职所可能出现的蜕化变质。选举人和被选举人的资格有一定的限制,主要是要拥护自由,认同土地公有制,对于被选举人,必须40岁以上富有经验。他进一步对公职人员的层次和职能进行了分类,并对各级各类公职人员的职责做出了规定。其中还专门探讨了作为最高权力机构的议会的四条职责:一是组织和管理整个国家的经济;二是制定和实施保障人民的法律;三是扫除妨碍人民享受天赋权利的一切障碍;四是对外防御、对内治安。

关于教育和科研制度,对儿童的教育应是普遍的和强制的,文化教育和劳动技术培养相结合,家庭教育、学校教育和社会教育相结合。在文化教育上,强调历史、人文、科学和艺术教育;反对烦琐哲学,强调学以致用的知识,强调探索大自然秘密的知识,认识自然界的秘密,就是认识上帝的事业;重视科学发明和传播,对年轻人的发明创造予以充分鼓励。

关于家庭制度,主张通过立法实行严格的一夫一妻制,任何人不得以公有为借口强占别人的妻子、孩子和私人房产等家庭财产。至于实现上述理想社会的方式,希望通过向统治者和平呼吁而非暴力的手段来改造社会。

温斯坦莱社会主义思想的特点：(1)第一次明确区分了生产资料和消费资料,强调要保护生产资料公有制和消费资料私有制。囿于当时经济以农业为主的特征,强调土地的公有制,对于其他生产资料的公有制,则着墨不多。(2)以前的社会主义思想家仅仅限于描绘公有制,而温斯坦莱对公有制进行了论证,以自然法论证了土地公有的必要性,从古代历史论证土地公有的可行性。(3)由于当时农业生产多以家庭为经营单位,土地公有是与家庭经营相结合的。(4)把家庭作为社会的基本生产单位和生活单位,明确肯定了一夫一妻制的家庭生活,与早期不少主张"共产共妻"的社会主义者划清了界限。(5)囿于当时农业经济乃至整个经济专业化分工程度的低下,对于资源的稀缺和合理配置的难度估计严重不足,从而对整个社会经济的管理做了过于简单化的设想。(6)提出了一个比较系统、详细的民主和法制的政治结构,把最高权力赋予民选的议会,公职人员接受人民的监督,人民有普选权和监督权。(7)首次用条文形式而非文学形式来表达社会主义观念。

除温斯坦莱之外,17 世纪中后期还涌现了一批具有社会主义倾向的社会改革家,主要有塞缪尔·哈特莱勃、彼得·张伯伦、彼得·科尼利厄斯·普路克霍伊、约翰·贝拉斯。

塞缪尔·哈特莱勃综合莫尔的《乌托邦》和培根的《新大西岛》,于1641 年写了一篇短论《著名王国马卡里亚素描》,其中政府负责全部经济事务,任何人不得保有超过他所能耕种的土地,5％的遗产税用于道路建设。

彼得·张伯伦于1649 年发表《穷人的辩护者》一书,认为穷人的劳动是一切财富的来源。这也许是劳动价值论的最早表达,比同时代英国经济学家威廉·配第的类似观点还要早十多年。他要求把国王和教会的产业、公地、荒野、森林、矿山,以及由于发明改良移民等造成的不劳而获的增值收益都收归国有。同时他要求设立国家银行,建立艺术和科学的高等学院。

彼得·科尼利厄斯·普路克霍伊在 1659 年发表的小册子《使本国及别国贫民快乐的一种方法》中,倡议建立以自愿为基础组成的小型工商合作社,一方面通过合作扩大生产规模以提高效率,另一方面则防止雇主对雇员的盘剥以消除贫富差距。这种观点在后来 19 世纪法国的社会主义者蒲鲁东那里被再次提出。

约翰·贝拉斯在 1696 年发表的《创设实业教育院建议书》中,主张由富人出资为贫民建立成员基本固定为 300 人左右的类似于原始基督教团体的共产式合作垦殖区。其成员合作劳动以提高效率,同时对其子女提供教育。合作社内部一切必需品的价值标准为劳动而非金钱。这种观点是后来 19 世纪英国欧文和格雷等人主张以劳动券代替货币的先驱。19 世纪的社会主义者欧文和马克思都对贝拉斯有很高评价。

第四节　维拉斯与费纳隆

在经历了 16 世纪上半期对外侵略意大利的战争(1494—1559),下半期国内的胡格诺战争(1562—1594),以及 16 世纪后期遍及全国的农民战争(1579—1580 年多菲内起义、1586 年诺曼底起义、1594—1596 年西南部的"克洛堪"起义)之后,法国开始了波旁王朝的亨利四世(1589—1610 年在位)的统治。亨利四世于 1598 年颁发了欧洲第一个宗教宽容的"南特救令",同时实行了恢复经济的政策,在财政大臣苏利领导下,豁免农民欠税,鼓励农业生产,奖励工商业,实行关税保护政策。这些措施在一定程度上恢复了17世纪初期法国的经济,稳定了社会。

1610年,亨利四世遇刺身亡后,路易十三(1610—1643年在位)继位,初期由母后美第奇家族的玛丽摄政,自1624年起任用枢机主教黎塞留(1624—1642年在位)为首相。黎塞留在经济上实行重商主义政策,推动工商业发展,鼓励海外殖民;在政治上加强中央集权,在各省设立直接对中央负责的总督,并不断强化其权力;对外以打击哈布斯堡的势力为主要目标。这些政策为后来路易十四的欧洲霸权奠定了基础。但是黎塞留的政策也加剧了国内的矛盾冲突。维持这些政策需要巨大的税收作为支撑,以人头税为例,1610年为1150万利佛尔,1643年就增加为4400万利弗尔。同时包税制也成为下层人沉重的负担。

黎塞留为相时期,法国农民和城市贫民的反抗屡屡发生。1635年波尔多等城市爆发有农民参加的城市贫民起义,1636—1637年西南部的农民起义要求减税,1639年法国诺曼底爆发农民和城市平民的"赤足汉"起义,焚烧税局,控制城市。

在这种社会矛盾尖锐的大背景下,产生了法国第一位社会主义思想家,德尼·维拉斯。

德尼·维拉斯(Denis Vairasse,1630—1700)出生于法国阿莱城的新教家庭,16岁应征入伍去意大利打仗。3年后因父亡退伍回乡学习法律,获法学博士学位后被任命为最高法院律师。但是他因为当时法国司法制度的黑暗而厌恶律师工作。他爱好旅游,在母亲去世后便变卖家产外出旅游。遍游法国后又去了德意志、瑞士、丹麦和尼德兰。

1665年,他在英国结识了许多上层人物,如白金汉公爵、洛克等政界和学界要人,并在白金汉公爵阵营参与了英国的政治活动,直到1674年白金汉公爵在政治上失宠之后,他才返回法国巴黎,从此与政治断绝关系,一心从事文学和教学活动,讲授英语、法语、历史和地理。1686年,由于法国路易十四废除"南特敕令"迫害新教徒,他被迫流亡荷兰直至去世。他是法国第一位社会主义思想家,其代表作为1675年以英文出版,1677—1678年以法文出版的《塞瓦兰人的历史》。

维拉斯在英国多年,可能接触过莫尔的《乌托邦》。因此他以虚构的方式,通过一个在海上落难遇救的水手之口,描绘了一个他心目中的理想社会。

在这个理想社会中没有私有财产,他认为私有财产导致社会的贫富差别,引起贪欲、欺骗、妒忌等各种恶习。消灭了私有制就可以消除饥饿、贫困和暴力。

在这个理想社会中全部土地和财富都收归国有,由国家绝对支配,在公有制条件下国家的财富属于所有的人,大家都有工作,无须操心衣食住行,一切生活必需品都将得到满足。同时在达到一定年龄后(老病残者除外),每人每天都要劳动八个小时,另外八小时娱乐,八小时休息。游手好闲是国家的根本法所禁止的。他是社会主义者当中较早提出八小时工作制的。促使人们参加劳动的主要动力是开展劳动竞赛。"他们的心通常只热衷于高尚的竞赛。这种竞赛出于对美德的热爱,出于对做好事理应得到嘉奖的正当愿望。"①他是社会主义者中较早提出劳动竞赛的人。同时,这个社会没有市场与

---

① [法]德尼·维拉斯:《塞瓦兰人的历史》,黄建华、姜亚洲译,商务印书馆1986年,第132页。

货币,使用货币是国家根本大法所禁止的,产业以农业和建筑业为主。

塞瓦兰人的社会虽然没有由于私有财产而导致的阶级差别和对立,但是仍然存在由于身份、性别、地位差异而导致的不平等。首先是国民与奴隶的差别。他们或者通过对外战争俘获奴隶,或者要求臣属国进贡或者购买男女青年、儿童充当奴隶,尤其是需要外邦妇女作为性奴。其次是国民中的男女差别。再次是行政官员与普通平民的差别,平民只有年龄差别构成的地位差异,但是官员则另当别论。行政官员乃是真正的祖国之父。官员可以领取更多的报酬,拥有更多的奴隶。他们与平民的差别突出表现在婚姻权利方面,男性官员可以比平民娶更多的妻妾,而且官位越高数量越多,最高统治者甚至可以有 10 ～12 个妻妾,并且往往享有优先选择的权利。所以维拉斯构想的理想社会并非人人平等的社会,更类似于古希腊斯巴达所实行的以本国国民范围为限的公有制。

关于理想社会的政治制度,维拉斯谈到其基层社会组织是公社,每个公社都有一个民选产生的领导人,所有的公社领导人和其他主要公职人员一起组成总议会,作为全国最高权力机关,讨论和决定所有重大问题。总议会设常务委员会,从常务委员会中产生元老组成最高国家会议以帮助总督。此外,最高国家会议的成员还将担任一定的国家职务如各部部长等。各个部再设特别委员会以执行各自的公务。各省市设立省长、市长以及特别委员会,管理当地的行政。全国的最高首领是虚拟的太阳神,而由总督来代理其开展工作。总督的产生是选举和抽签相结合的产物,首先是由总议会从其成员中选出四个人,然后这四个人通过抽签来决定由谁当总督。而总督则享有君主的独裁权力,即最高的权威和权力属于君主一人。君主是国家财产的唯一支配者和所有者。而且总督的任期没有限制,主要靠他自动引退。于是统治者的行为主要靠他自身的德性来制约,只是为了取得统治者的地位,他们都努力博取同胞们的爱戴和尊敬,以便在选举时赢得他们的选票。总督及其他公职人员的社会地位和财产都不能世袭,他们遗留给子女的仅仅是值得模仿的良好的范例。同时,人民也有反抗暴君的权利。由此可知,维拉斯所推崇的政治体制是一种以选举为前提的君主制,统治者享有君主的权力,但是统治者的身份需要通过选举和抽签来决定。这种政治设想,对以后的社会主义者有深远的影响。

统治者主要依靠法律和宗教来治理国家,所以赏罚分明,尤其是要维护婚姻法,严惩各种违反婚姻法的行为。为了使国民养成遵守法律的习惯,儿童满七岁就由国家收养。同时依靠宗教,用信仰联系国民,以信仰约束人的不良行为。不应当强制来灌输宗教,武力只会逼出伪君子,而不会造成心悦诚服的皈依者。这种观点也许与他的新教信仰有关。

塞瓦兰人并非一个封闭的社会,他们经常派人到其他大陆和国家去学习各种先进经验。因为他们知道,即使是世界上最贤明、最有见识的人,他也不可能预见遥远的未来,而且任何单独的个人也不可能对一切事物都考虑得很周到,因此需要不断向别人学习。只是塞瓦兰人一般不允许外人进入他们的社会,以防止他们受到外界不良风气的侵扰。同时也要求男女青年习武,以保卫国家。

《塞瓦兰人的历史》是法国第一部描写公有制社会的小说,对后来法国思想界具有不小的影响,受到 18 世纪法国启蒙学者孟德斯鸠、伏尔泰的关注,对于 18 世纪法国社会主义者梅叶、摩莱里、马布利、巴贝夫等人也可能产生一定的影响。它在英国和德国也具有主要影响。英国人往往把它与笛福的《鲁滨逊漂游记》和斯威夫特的《格利佛游记》相提并论。而德国的康德则认为它是柏拉图的《理想国》和莫尔的《乌托邦》的续集。

比维拉斯稍为晚一些,法国出现了又一位社会主义的思想家,费纳隆(Francois de Salignac de la Mothe Fénelon,1651—1715)。他是法国加莱地方的天主教大主教、作家、教育家,路易十四的孙子勃艮第公爵的导师,法国启蒙学派先驱者之一。他支持寂静主义,主张限制王权、教会脱离政府控制,因此被国王和教会所贬斥。他于1698年发表《特列马克历险记》,表达了他的社会主义思想倾向。

在《太雷马克历险记》中,他沿袭莫尔的《乌托邦》,构想了一个理想的城市萨朗蒂姆。在那里,有一个贤明的君主,对其属下的臣民实行绝对的控制。那里实行劫富济贫的共产制度;一切生产活动和消费活动都由君主委派的官员按照计划负责管理;所有人按照等级确定相应的服饰、食物、家具和住房;市政管理完善;儿童都受到健康的教育,学会了顺从、勤奋、冷静、热爱学问和艺术;公民们都慷慨大方、彼此信任、敬畏神明、敬重荣誉、朴素高尚。从而出现"富裕的城镇乡村,人人安居乐业;从来不休耕的农田里,年年都是五谷丰登;牧场上,牛羊成群;工人被沉重的粮食压弯了腰,这是大地奉献给耕耘者的;牧人的笛声,一遍一遍地回响在大地上"[1]。

第五节　17世纪社会主义小结

17世纪的社会主义者,国别范围比16世纪广泛,分别出现在意、

----

[1]　转引自[法]弗雷德里克·巴斯夏:《财产·法律与政府》,秋风译,贵州人民出版社2003年,第96—97页。

德、英、法,其思想特点如下。

第一,他们的共同之处是都出现在一个国家社会矛盾尖锐、不平等状况严重的时期。这些矛盾,有时是国内的阶级矛盾,如德、英、法;有时是民族矛盾,如意大利。

第二,他们都揭示了尖锐的社会矛盾,要求实现社会平等,并具体地描绘了实现这种平等的理想制度,即消灭剥削,实行财产公有的社会。他们都认为私有制是一切社会祸害的根源,要求消灭私有制,建立公有制。他们不仅像 16 世纪的社会主义者那样以文学手法描绘公有制,而且开始论证公有制。主要是从自然法出发论证土地应当公有,从简单的劳动价值论出发论证产品应当归劳动者所有。

第三,他们也像 16 世纪的社会主义者那样要求人人劳动,并且进一步提出劳动光荣的理念,还主张通过劳动竞赛来激励人们劳动。他们其中有人开始重视劳动分工,强调科技进步的意义,主要是科技进步对提高劳动生产率、增加产量、减少劳动时间的重要作用。

第四,他们普遍不重视市场机制,甚至反对商品经济市场机制。他们中间一些人要求由政府通过计划来统一安排整个社会的分工和生产,也有人要求家庭经营。

第五,在收入分配问题上,他们基本上都要求按需分配,同时通过提倡节俭来约束需求;或者实行考虑性别和年龄差别的平均主义。对老人和病人实行社会保障。也有个别人要求在官员和平民之间实行有差别的收入分配。

第六,他们提出了社会主义的教育原则,即把课堂学习和生产劳动相结合,文化学习和身体锻炼相结合。

第七,在家庭和婚姻制度方面,他们之间的分歧较大。除了康帕内拉沿袭柏拉图,要求实行"共妻制",维拉斯认同"一夫多妻",其他人都要求实行一夫一妻制。

第八，在政治上，他们大多主张实行民主共和制度，由人民选举领导人，并且实行分权制衡；但也有人主张类似于君主制的贤人专制。

第九，除了温斯坦莱之外，他们一般都沿袭托马斯·莫尔，用文学形式来描绘他们心目中的理想社会，温斯坦莱则主要采用法典条文的形式来刻画和论证理想社会。他们的基本观点以及表达他们观点的方式，深深地影响了他们以后的各代社会主义者。

用文学寓言描绘理想社会，引起不少后续者的模仿。例如福尼（Gabriel de Foigny）于1676年发表带有无政府主义、共产主义特色的《南冰洋见闻》，克劳德·吉尔伯于1700年发表《卡列耶哇岛的历史》，狄梭·德·帕托于1700年发表《雅克·马瑟的航行历险记》，雅克·马斯（Jacques Masse）于1710年发表带有自然神论共产主义特色的《游记与探险录》，巴灵顿（Berington）1764年发表《哥登·德·卢格的回忆录》，封登尼（Fontenelle）于1768年发表描绘无宗教有奴隶的共产主义的《哲学家统治的共和国》，1770年发表主张自由恋爱和共产主义的《高卢族的自然史与民族史》，列东尼·拉斯德夫（Restif de la Bretonue）1781年发表以伦理共产主义为特色的《澳大利亚之发现》，等等。这些著作在经济制度方面的主张基本相同，差异之处多集中在婚姻制度和政治制度方面，有主张一夫一妻制，有主张定期婚姻制；有主张民主制，有主张君主制，有主张无政府主义。这些著作大多模仿前人，少有新意，但对于社会主义思想的传播却起到了一定的作用。

第三章

18 世纪的社会主义

　　18世纪以后,法国成为仅次于英国的工商业最发达的国家,出现了许多工商业中心城市,行业手工业正逐步转向工场手工业。巴黎的60万名居民中工人及其家属已占一半。工业生产从18世纪以来增加了1倍,进出口贸易增长了2倍,对殖民地贸易则增长了4倍。与此同时,在农村中封建经济关系仍占据主导地位,国王、贵族和教会占有了全国90％以上的耕地,占全国人口75％的农民却只拥有不到10％的耕地。由于长期的对外战争耗费了法国大量的人力物力,加重了广大城市贫民和农民的税收负担,广大农民生活贫困到极点,到处出现了饥民暴动,城市贫民也处于不断的骚动之中。在这样一种背景下社会主义思潮的中心转移到了法国。

　　法国大革命前近一个世纪中,社会存在尖锐复杂的社会矛盾和阶级斗争。与此相应,思想界极为活跃,涌现出各种旨在解决各种社会问题的思潮。按照从右到"左"排序,首先是力图通过改变政策挽救法国封建王朝的重农主义,然后是主要以反对愚昧贪婪的天主教会为宗旨的、以伏尔泰和狄德罗为主要代表的百科全书派,然后是把人类社会的不平等归咎于财产所有权的卢梭,最后是像让·梅叶、摩莱里、加布里埃尔·博诺·德·马布利和弗朗斯瓦·诺埃尔·巴贝夫这样一批社会主义者。

　　18世纪法国社会主义思想家的共同特点是高举理性原则的旗帜,深刻揭示法国社会的尖锐冲突,猛烈批判封建主义和资本主义的法国,一致认为私有制是导致一切社会祸害尤其是社会不平等的根源,勾画了未来公有制社会的蓝图,特别强调人人劳动、按需分配、计划经济这些特征,而巴贝夫则堪称是法国第一位社会主义实践者,是一位职业革命家。他们共同为 19 世纪社会主义思潮和运动的进一步蓬勃发展准备了充分的思想材料和实践经验。

第一节　梅叶的《遗书》

让·梅叶(Jean Meslier,1664—1729)是 18 世纪初法国具有无神论观念的社会主义者。他生于法国香槟省的一个纺织工人家中,经受过教会学校的教育,熟读圣经和其他宗教著作,同时也研读了古代和当代的多种名著。学校毕业后,于 1688 年开始长期担任乡村神甫。但他从来不信仰宗教,只是为了使父母欢喜才充任教职。

梅叶充任乡村神甫的时代,正是法国社会矛盾日趋激化的时代。当时法国农民承受着教会、国王和领主的多重压迫和剥削,生活极端困苦,农民的反抗活动也此起彼伏。当时的法国作家拉布留伊尔曾经写道:"仔细看看我们的田野,我们就看到那里布满了许多不知道怎样称呼才好的动物——有公的也有母的,他们全身被泥污弄脏,皮肤被太阳晒得又黑、又青、又红。他们被牢牢地束缚在他们用无比的顽强精神在翻掘着的土地上。他们讲的仿佛也是源自很清晰的语言。当他们之中有谁站起身来的时候,也显出一副人的面孔,实际上他们的确就是人。夜里,他们藏在自己居住的洞穴中,在那里吃黑面包、嚼草根和喝生水。他们生产着维持人类生活所必不可少的粮食,使别人免除耕地、播种和收获的劳动。因此，他们至少对于自己生产出来的粮食，理应不虞匮乏。"①从当时其他一些人，如法国沃邦元帅（Sébastien le Prestre de Vauban，1633—1707），以及法国第一位古典经济学家布阿吉尔贝尔（Pierre le Pesant，Sieur de Boisguillebert，1646—1714）等人的论著中，也同样可以看到当时法国农民极端苦难的悲惨状况。

在这样一个苦难的年代，梅叶经常为了农民的利益而与当地的领主和主教进行尖锐斗争。在斗争中他努力钻研学习，决心通过著书立说把自己长期思索所发现的真理告诉人民，为此他写了三卷本的巨著《遗书》。《遗书》起初以手抄本的形式流传于法国各地，不少启蒙学派的人士都从中受到启发。伏尔泰承认，"让·梅叶的《遗书》产生了巨大的作用"，"给自由思想家们一个很大的帮助"。②从1762年开始，不断有《遗书》的摘要本出版，一直到1864年，才有完整的版本出版。法国大革命以后，法国国民议会决定为他塑像，以纪念这位背弃并批判宗教的乡村神甫。

梅叶的《遗书》共3卷99节，第1节为序言，第2—42节、第60—97节主要是批判宗教。第43—59节主要是批判现存制度，提出未来社会的纲要。第98节是全书的结论，第99节是告读者书。该书的主要特征是彻底的无神论观点和唯物主义，以及对私有制的批判和对公有制的憧憬。

16—17世纪的社会主义者往往借助宗教来宣传自己的社会主张，

---

① ［法］让·梅叶：《遗书》第一卷，陈太先、眭茂译，商务印书馆1959年，"沃尔金院士：梅叶和他的《遗书》"。

② ［法］让·梅叶：《遗书》第三卷附录，陈太先、眭茂译，商务印书馆1961年。

而梅叶是那时第一个以无神论面目出现的社会主义者。他对各种宗教，尤其是基督教，发动了全面进攻，否定一切神灵和上帝。他否定上帝存在的基本论证方法，一是指出圣经和其他基督教典籍中的各种自相矛盾之处，以及不同宗教教义之间的互相矛盾，由此否定了它们的权威性；二是以现实生活中大量的苦难、无知、盲信和残暴现象来否定全知、全能、全善的上帝的存在。他由此得出结论：没有一个真正的宗教，也没有一个宗教真正是神创立的。一切宗教都是人捏造出来的，一切冒称为神灵，冒称为神的法规、敕令、圣礼和神的启示的东西，其实都只是迷误、错觉、欺哄和诈骗，是一种为了上层统治阶级的利益而蒙骗人民的手段。他形象地指出：基督教与国王的暴政像一对窃贼一样相互支持、相互庇护。宗教庇护暴政，支持最坏的政府；政府也同样庇护宗教，支持最荒谬的教会。

梅叶在反对一切宗教的同时，坚持了唯物主义的立场，坚信一切存在物都不由上帝创造，"无证明无根据地假定物质存在物是非物质的神圣存在物创造出来的这种不同意见，是毫无意义的"[1]。由此，他进一步肯定了时间和空间的客观性，物质运动的客观性和自发性。可以说，在他那个时代的科学背景下，他的唯物主义是非常坚决彻底的。

除了站在彻底的唯物主义的立场上深刻尖锐地批判宗教之外，梅叶还深刻批判了当时法国的社会现状。对现存状态的猛烈批判，是他不同于法国其他18世纪社会主义者的又一特征。他非常痛恨当时法国"不同地位、不同身份的人们之间的极不平等的现象：一些人仿佛生来就只是为了横暴地统治别人，永久享受生活的一切幸福；相反地，另一些人生来就仿佛是为了做贫穷、不幸、受人鄙视的奴隶，毕生在贫困

---

① ［法］让·梅叶：《遗书》第二卷，何清新译，商务印书馆1960年，第177页。

和沉重的劳动中受苦。这样的不平等现象是极不公正的,因为它绝对不是以一些人的功勋和另一些人的过失为基础的;它是可恨的,因为一方面它只会造成骄傲、自大、好名心、虚荣心和傲慢心,另一方面,它只会产生仇恨、嫉妒、愤怒、渴望报复和埋怨等等感情。这一切激情后来就成为世界的无数罪恶和暴行的泉源和原因"①。从这里可以看到,他痛恨各种特权造成的不平等。这种观点使他成为半个多世纪以后法国反对特权主张平等的西耶斯(Emmannel Joseph Sieyes,1748—1836)神父的先驱。

人人天生都是平等的。他们同样有权在世上生活和立足,同样有权享受天赋的自由和他的一份世间福利,人人都应当从事有益的劳动,以便取得生活中必需的和有益的东西。同时,为了社会的福利,人与人之间需要一定的依附关系和隶属关系。但是这种关系不能过度,不能使一切福利和享受集中在一些人身上,使一切苦难、忧虑、不安和生活的不快集中在另一些人身上;这样的依附和隶属关系是不公正的、可恨的,和大自然本身所提供的权利相敌对的。为了反对源于特权的不平等,他分析了贵族的起源,探讨了一大批国王和统治者的家谱,以大量事实为依据,指出贵族的祖先只是一群令人发指的暴徒而已,他们得到政权的支持,并依靠为维持崇高地位而必须进行的欺骗来维护他们的地位。他强调,那些国王及其帮凶、贵族、僧侣都只是一些不劳而获的社会寄生虫。

梅叶对于当时法国社会出现的各种不平等现象深恶痛绝,然而他反对的不仅是人们政治地位方面的不平等,而且主要的是社会地位的不平等,是由于私有制所导致的这种社会地位的不平等。私有制是一

① 　[法]让·梅叶:《遗书》第二卷,何清新译,商务印书馆1960年,第82页。

切罪恶的根本原因。"还有一种几乎在全世界都流行并合法化了的祸害，那就是一些人把土地资源和财富据为私有财产，而这些东西本来是应当根据平等权利归全体人民公有的，应当根据平等地位归他们共同享用的。"①他对于由私有制所导致的贫富对立现象表示了极大的愤慨，"总之，正直的人在这个世界上受着恶人所应受的苦痛。而坏蛋们一向都享受着应归好人享受的福利、荣誉和快乐"②。

梅叶不仅批判了私有制，还认为统治者的暴政是大多数人毕生不幸的祸害。他根据柏拉图关于暴君是能够在社会中专横地为所欲为的人的定义，认为现代的一切帝王都是暴君。而暴君的主要表现就是对人民的巧取豪夺、横征暴敛，对于当时法国的路易十四，他更是指名道姓地大加鞭笞，认为他不顾民间疾苦，轻启战端，既加害于别国人民，又伤害本国百姓，是一个在陆地和海上到处进行大抢劫、大侵略、大毁灭、大破坏、大屠杀的暴君。他引用当时一位匿名作者的话预言"王国里就一定会发生大革命"③。这个预言在半个多世纪以后应验了。

自路易十三以来不断强化的王权专制导致种种恶果。它使得原先有一定独立地位的贵族和僧侣都日益依附于王室宫廷，曾经相对独立的最高法院也不例外，于是自然秩序在国内完全被歪曲了。他对于法国专制君主的暴政做出了如下精辟的预言："凡是国王有更大的专制权力的国家，国家的实力必定比较弱，因为国王拿走并破坏一切……他如果愚蠢地耗尽作为他财富和威力的源泉的人民群众的元

---

① [法]让·梅叶：《遗书》第二卷，何清新译，商务印书馆1960年，第107页。

② [法]让·梅叶：《遗书》第二卷，何清新译，商务印书馆1960年，第109页。

③ [法]让·梅叶：《遗书》第二卷，何清新译，商务印书馆1960年，第129页。

气,那他就会逐渐地毁灭自己。他的专制权力使每个臣民变成奴隶……可是……会发生最简单的革命的,这种达到极端强暴程度的荒谬的威力是不会长久存在的;它会在人民的心中得不到任何支持;它会使国内各个团体厌倦和战栗,会迫使全国人民都热烈盼望着事物的秩序发生变革,它只要一受到打击,偶像就会倒塌而被人践踏……国王在他空想的昌盛的时代,没有一个敢对他说真话的人,而在他倒霉的时候,没有一个人替他辩护或者抵抗敌人而保护他。"①他要求任何一位国王都无权在自己的领地内不经纳税人的同意而向自己的臣民征税,否则这就是暴政和暴行。他进一步指出,人民不是为君王而创造的,君王才是为人民而创造的,君王完全应当叫作社会的公仆。

梅叶对天主教坚持的离婚不自由所导致的家庭不幸福也表示了极大的不满,在这些不睦的婚姻中,男女彼此不相爱、彼此充满仇恨。使他们更痛苦的是,他们永远不能摆脱这种不满意的婚约,这往往使他们做出分居和分产的丑事,有时甚至谋害对方的生命,为的是可以彻底摆脱他们所痛恨的、不堪忍受的关系和桎梏。他指出了这种不幸的婚姻家庭对子女的不良影响。由此他主张离婚自由。

消灭社会不平等现象的主要手段是通过人民起义,用暴力推翻压迫人民、剥削人民的统治者,然后建立以公有制为基础的新社会。这个新社会的基本特点是恢复大自然所赋予的平等权利,按地域组建公社,不同公社之间结成同盟,保持巩固的和平和相互的协调,以便在需要时互相帮助。人类在平等的基础上共同占有并享用财富和生活资料,如果他们全都从事某种正当有益的劳动,如果他们明智地互相分配土地的财富和自己的劳动和生产的果实,那么他们都能过着完全幸

---

① [法]让·梅叶:《遗书》第二卷,何清新译,商务印书馆1960年,第145页。

福的和满足的生活。每个人都可以充分地享用和平生活所必需的东西,任何人都不会对必需的东西感到不足。在这种社会中,由于实行的是公有制,人们的道德观念将根本转变,不会再为私有的财产而欺骗和盗窃,任何人都不必用欺骗、偷窃、抢劫和谋杀来获取别人的财产。因为人人的生活几乎是完全平等的。他强调这种公有制的社会不应当由独裁者实行专横的领导,而应当由最英明、最善良、极力想发展和维持人民福利的人领导。可见,他坚信只要实行了公有制和人人劳动的制度,再加上贤明的统治者领导,所有人就都能过上幸福生活。这种信念又是因为他坚信土地差不多总能生产充分数量的产品,如果人类对这些产品总能作合理的消费,土地甚至可以生产丰裕的产品来满足人类的需要。他引证了一些古代学者如柏拉图等人的观点和早期基督徒以及中世纪修道院的生活实践,来论证公有制的可行性。

梅叶社会主义思想的贡献主要有以下几点:第一,强有力地批判了一切宗教的荒谬,其激烈程度超过了18世纪几乎所有法国思想家;把社会主义思想与彻底的无神论结合在一起,通过批判基督教的现实表现来论证社会主义,为社会主义提供了唯物论基础。他可能是把社会主义与唯物论紧密结合的第一人。第二,以自然法为依据论证了人人平等的合理性。第三,把现世的不平等归咎于私有制,这可能影响了卢梭的类似观点。第四,对专制暴政进行了批判。第五,对理想社会的公有制和人人劳动制度做出了初步描绘,强调了贤明领导人的重要性,并乐观地认为这些制度将解决匮乏问题。第六,为离婚自由进行了辩护。

从总体上看,梅叶对宗教的批判深刻有力,占据了《遗书》的绝大部分;对于现实社会尤其是专制暴政的批判也比较深入。相比之下,他对于未来理想社会的描绘比较单薄,过于乐观,对稀缺性问题估计不足。

　　梅叶的社会主义思想很可能深深影响了稍晚一些时候的法国社会主义思想家摩莱里。

第二节　摩莱里的《自然法典》

　　摩莱里(Morelly)是社会主义思想史上谜一般的人物,迄今为止,人们对他的生平仍然所知寥寥,只知道他大约生于 1700 年(或 1720年),出生于法国平民家庭,曾当过教师,可能逝于 1780 年。他发表过多部著作:《人类理智论》(1743)、《人心论》(1745)、《美的物理学或美的自然力量》(1748)、《君主论》(1751)、《浮岛的毁灭或著名的皮尔派的巴齐里阿达》(1753)、《自然法典》(1755,有中文版)等。后两部发表于 18 世纪 50 年代的论著集中表达了他的社会主义思想。当时的法国正处于 1789 年大革命的前夜,在这样一种背景下产生的摩莱里的空想社会主义思想,反映了城市无产阶级和广大农民的利益和愿望。

　　摩莱里深受英国唯物主义思想家培根、霍布斯(Thomas Hobbes,1588—1679)和洛克(John Locke,1632—1704)的影响,也受到法国启蒙学者狄德罗(Denis Diderot,1713—1784)、爱尔维修(Claude Adrien Helvetius,1715—1771)、霍尔巴赫(原名 Paul Heinrich Dietrich,1723—1789)等人关于理性和自然状态思想的启发,他认为自然状态才是最好的理想状态,而当时法国已远远背离了自然状态。他的社会主义思想也受到莫尔、康帕内拉、温斯坦莱和维拉斯的影响。

摩莱里提出人类最初有一种原始自然状态，那时财产是公有的，整个社会是一种以血缘关系为基础的家长制的社会，人与人之间相互友爱和慈善。后来由于人口增加、人口迁移，以及建立新住所时所遇到的障碍和困难，使得血缘关系逐渐弱化，从而破坏了原有的公有制血缘社会，出现了以私有制为基础的社会。私有制才是导致现存社会一切祸害的万恶之源，正是私有制才引起人们的私心和各种邪恶。同时，私有制是导致强盛国家衰落的根本原因，是政治体制由民主共和退向贵族统治再倒退到君主专制的原因。而只要消除私有制，就会改变人的私心，从而消除各种邪恶，就不会再有偷窃、谋杀、侵占等等罪恶。因此要消灭社会一切祸害就必须消灭私有制，恢复以公有制为基础的自然状态。"在没有任何私有财产的地方，就不会有任何因私产而引起的恶果。"①他的这些观点与欧洲人发现新大陆之后在那里观察到的一些处于原始社会的情况有关。"全世界中最人道、最温和的民族向来是那些几乎没有私产或还没有普遍建立私有制的民族。"②把一切社会上的不良现象都归咎于私有制，完全否定私有制，是他的一大特点。

摩莱里对于公有制的论证有两个前提：人性本善和自然慷慨。

摩莱里从自然法出发，认为人都有一种自我保全的本能，从而产生各种需求。但是具有不同能力的个人往往不足以满足这些需求，由此就产生了不同能力的人相互依存相互帮助的需要，产生了人的社会性，从这种相互帮助的需要中就产生了人的善意。从自我保全这一人

---

① [法]摩莱里:《自然法典》,黄建华、姜亚洲译,商务印书馆1982年,第26页。

② [法]摩莱里:《自然法典》,黄建华、姜亚洲译,商务印书馆1982年,第100页。

的基本属性出发,他不否认人的一切行为的动机或目的是希望幸福。但每个人的幸福依赖于别人的幸福,而行善是他当前幸福的首要和最可靠的手段。与其他那些从人的自我保全本能出发推论出人的自私本性的思想家不同,他推导出人性本善的结论。人的本性并不邪恶,因此人的私心只能是私有制的后果。而公有制将恢复人的性善本能。

大自然是慷慨的,自然界使所有的人和每个人都利用它的慷慨赠与。世界是一个大饭桌,配备足够全体进餐者需要的一切。桌上的菜肴有时属于一切人,因为大家都饥饿;有时只属于某几个人,因为其余的人已经吃饱了。因而任何人都不是世界的绝对主宰者,谁也没有权力要求这样做。

基于善良的人性和慷慨的自然,宇宙的永恒法则就是:人除了自身的实在需要所要求的东西,即足以维持他每天的生计和娱乐的东西以外,其他任何东西都不属于他个人其余的部分,以及他本人,都属于全人类。

关于以公有制为基础的未来社会,摩莱里在《自然法典》一书中提出了三条基本法律,第一条:"社会上的任何东西都不得单独地或作为私有财产属于任何个人,但每个人因生活需要、因娱乐或因进行日常劳动而于当前使用的物品除外。"第二条:"每个公民都是依靠社会供养、维持生计和受到照料的公务人员。"第三条:"每个公民都要根据自己的力量、才能和年龄促进公益的增长。"①根据这三条基本法律,他实际上是要建立一个消灭生产资料私有制,实行生产资料公有制的社会,但在这个社会中仍然允许保留必需的生活资料的私人所有制。同

---

① ［法］摩莱里:《自然法典》,黄建华、姜亚洲译,商务印书馆1982年,第106—107页。

时这个社会要保障每个公民工作的权利和获得必要生活资料的权利，而每个公民也必须尽其所能贡献于社会。简言之，这是一个人人劳动、各尽所能、各得所需的生产资料公有制社会。

具体地讲，在这个未来的理想社会中，土地、山林、房屋、产品等财富归全社会公有，不允许私有制。同时个人日常生活的必需品则留给私人所有。人人都须参加劳动，不能以任何理由逃避为社会服务的义务，法律将制裁游手好闲之徒。

整个社会实行严格的计划经济，从生产到分配，都要有以准确的统计核算为基础的严格计划。对于劳动力的计划安排格外详细，每个公民从10岁便开始学习一门职业，从20岁到25岁，人人都须参加农业劳动，从26岁起再由社会统一安排参加非农业劳动，40岁以后方可自由选业。由于实行计划经济和各地多余产品的相互赠与，商品交易和货币都不再有存在的必要，只有对外贸易除外。强调经济计划的必要性，是摩莱里社会主义思想的一大特色和创造，但是他显然低估了稀缺可能带来的问题和制订计划的困难程度。

社会中的劳动将不再以家庭为单位进行，而是按行业、按需要来组织劳动单位，一般每单位有10~20人，设可以终身任职的工长1人负责。每个行业则设每年更换的行长5~10人，负责领导整个行业的生产活动。

生活用品的分配实行平均主义性质的按需分配。耐用品由生产单位送到公共仓库，再由那儿分配给各个家庭，非耐用品如面包等则直接由生产单位分配给各个家庭。一物若数量不足以分配，则留待数量增加到够分配时再行分配。

由于实行了公有制，人人都将有高度的思想觉悟和道德品质，故不会出现多吃多占、奢侈浪费的现象。

摩莱里对未来理想社会的经济制度比较关注,但对于其政治制度,则基本上采取了一种比较随意的态度。只要建立了公有制经济,则政治制度采取何种形式是无所谓的。这种观点可以称作"政体无关论"。因此,为使政治机构的运转更准确、更精密和更有规律,他倾向于采取英明君主制。公有制保证了君主不可能成为暴君,因为那样并不能给他本人带来任何收益。同时他也反对统治者拥有特权,强调人民有罢免统治者的权利。为了防止可能出现的暴政,他制订了防止暴政的政府组成法,其特点不是通过自下而上的选举,而是主张部族、市、省和全国四级政府首脑的普遍轮换制。其中每个家庭轮流出人担任终身制的族长,一旦去世则由另一个家庭的家长担任。每个族长轮流出任任期一年的市长,每个城市轮流出人担任任期一年的省长,每个省轮流派人担任终身制的国家元首,一旦去世则由其他省派人。这条法律,与他认为一旦实行公有制人们就不会再有私心的观点是不匹配的,说明他一方面对公有制条件下的人性抱有乐观的看法,同时也准备了防范措施。但是这种排除选举轮流坐庄与元首终身制相结合的政治制度,既有古希腊直接民主的部分特征,又具有开明专制的部分特征,虽然有助于不同家庭不同地区的政治平等,但管理效率恐怕难以得到保证。

摩莱里的政治倾向,集中专制成分居多,自由民主成分偏少。而这与他对于自由的看法有关。人们的真正的政治自由,在于没有阻碍和无须担心地享用能够满足自身的自然愿望——因而也是十分合理的愿望——的一切东西,即后来人们所说的积极自由。同时,他似乎对孟德斯鸠在 1748 年发表的《论法的精神》中所主张的分权制衡思想不以为然,因为这样的分权丝毫没有改变由私有制和私利所造成的骇人听闻的地位不平等;不幸者在这类政府的治理下顶多能够高声抱怨以求得可怜的自我安慰而已。这些国家的人民不是专横跋扈的政权的奴隶,但是,他们却要服从严厉的法律,这种法律几乎到处都不受人欢迎,而且都不能减少罪恶活动。人民根据自己的意志为自己选举的统治者,可以按照这些法律的严格要求,以公正和义务的原则为名来压迫人民。他对于分权制衡民主政体的这些否定意见,对后来的社会主义者,尤其是列宁等人可能有很大影响。

摩莱里对于社会主义思想的贡献主要有以下几条:一是由明确的法律条文形式显示了未来的共产主义社会的基本特征,同时又在基本法的基础上制订了一系列具体的法规,如经济法、秩序法、教育法、婚姻法、惩罚法等。二是提出了比较完整的共产主义纲领,即公有制、劳动权和各尽所能按需分配,他是 18 世纪思想家当中始终坚持公有制、反对私有制的人之一。三是第一次详尽研究并明确提出了按计划指导经济的思想。以往的社会主义者面临的大多是以家庭为单位的生产方式,用计划安排社会生产的需要并不迫切,而他则是在生产的社会化趋势开始出现的时候敏锐地看到了计划经济对未来社会的重要性。四是不奉行禁欲主义,但是要取缔奢侈。

摩莱里的社会主义思想直接影响到法国 18 世纪中期的社会主义者马布利和后期的社会主义者巴贝夫。

第三节 卢梭的社会主义倾向

不知什么原因,让·雅克·卢梭(Jean Jacques Rousseau,1712—

1778)在思想史上通常不被认为是社会主义者,但他的思想无疑对于社会主义思潮有着重要影响,如法国大革命中的雅各宾派,以及马克思和恩格斯。从广义的眼光来看,他其实应当算是一位社会主义者,他思想的主要成分毫无疑问属于广义社会主义。

卢梭出生于日内瓦一个钟表匠家庭。作为16世纪法国新教难民的后代,他受到地道的法国教育,但同时日内瓦的政治体制也对他日后的思想留下深刻印记,他虽然后来主要生活于法国,成为法国国王的臣民,但始终自称是日内瓦人。年轻时他生活困顿,从事过多种职业,也曾经做过贵妇人的情夫。1740年,他成为下一节将要介绍的马布利孩子的家庭教师。1741年他去了巴黎,从此基本定居在那里。

在巴黎期间,卢梭开始发表其一系列具有深远影响的重要论著:《论科学与艺术》(1751)、《论人类不平等的起源和基础》(1755)、《政治经济学》(1755)、《新爱洛伊丝》(1761,又译《朱丽》)、《社会契约论》(1762)、《爱弥尔》(1762)、《忏悔录》(1770)。

在《论人类不平等的起源和基础》中,卢梭探讨了人类不平等的起源,他首先指出人类存在两种不平等:一种是自然或生理上的不平等,它由年龄、健康状况、体力、心理或精神素质等自然因素造成;另一种是伦理或政治上的不平等,即人们同意某些人专门享受且往往有损于他人的各种特权(如比他人更富有、更高贵、更有权势,或者甚至要求他人服从他们)。他认为后一种人为造成的不平等会使自然的不平等大大加深。因此他主要探讨后一种不平等的起源。

卢梭首先假设人类社会最初存在一种人人都一无所有的自然状态,其中不可能存在人为造成的不平等,不存在人对人的奴役和依附,因为强迫别人服从需要强迫者付出极高成本。他在这里实际上是看到了今天所说的交易成本对于人们之间建立支配—依附关系的阻碍,隐含的意思是只有当这种关系给支配者带来的收益超过成本时,这种关系才能存在。人为不平等的起源是私有制,尤其是土地私有制,"谁第一个圈出一块土地,大言不惭地说'这是我的',并且找到了一些傻乎乎的人竟然相信了他的话,谁就是文明社会的真正奠基人"①。那么为什么会出现这样的人呢? 冶金和农业的技术进步是引发这场伟大变革的两种技艺;铁和谷物使人走向文明,同时也让人类走向没落。这两种技艺的出现,使得人们在生产活动中必须进行合作,需要别人的帮助。同时个人可以生产出超过个人需要的产品,使得土地占有变得有利可图。而只要他们只做单独一个人可以完成的工作,只从事不需要许多人手合力进行的劳动,他们就能过着他们本性所能做到的自由、健康、诚实、幸福的生活,继续享受不受束缚的交往所带来的乐趣。然而,从人需要别人帮助之时起,从有人感觉到一个人拥有两人的生活必需品的好处之时起,平等就消失了,财产就产生了,劳动就变得必不可少了。因为只有劳动才能赋予种地的人对他所耕种的土地上产品的拥有权,从而也赋予他对这份土地的拥有权,至少到庄稼收获为止。这里他继承了洛克(John Locke,1632—1704)和格劳秀斯(Hugo Grotius,1583—1645)的观点,用劳动来论证劳动产品的私有制及劳动手段的私有制。

在研究了私有制的起源之后,卢梭进一步探讨了私有制基础上人为不平等的产生及其后果。土地等生产要素的稀缺和不同个人之间自然的不平等是主要原因。而人为不平等将导致道德沦丧和贫富之间的流血斗争。当再没有牧场来容纳更多的牲畜,再无新的土地可供

---

① [法]让-雅克·卢梭:《论人类不平等的起源》,高煜译,高毅校,广西师范大学出版社 2002 年,第 106 页。

人们去垦殖的时候,一些人就只能靠损害他人来发展了。那些因软弱或懒惰而未能发财致富的人就成了多余的人,日见穷困,于是就不得不从富人手中乞讨或抢夺生活必需品。于是,根据富人和穷人各自不同的性格,开始产生支配和奴役,或者产生暴力和盗窃。富人这一方面刚刚尝到支配别人的甜头,马上就要利用手中已有的奴隶来获取更多的奴隶,一心想征服和奴役邻人。最强者把他们的势力当作占有他人财产的权利,而最不幸的人也把他们的贫困当作这种平等权利的破坏,接下来就是最可怕的混乱。富人们巧取豪夺,穷人们盗窃抢劫,人就这样变得贪得无厌、野心勃勃、凶狠毒辣了。最强者的所有权与先占者的所有权之间不断爆发冲突,只有靠流血斗争来解决。

卢梭还进一步分析了不平等发展的三个阶段:法律和财产所有权的确立是第一阶段,行政官职位的设立是第二阶段,第三阶段即最后阶段,就是合法权力向专制权力的转变。第一阶段认可富与穷的分野,第二阶段认可强与弱的分野,第三阶段则认可奴隶主与奴隶的分野。这便是最大程度的不平等了,这个阶段是其他一切阶段的归宿,直到新的一轮变革彻底摧毁这个政府,或者恢复它的合法制度。这表明,他并不认为不平等完全由经济上的原因所导致,政治制度尤其是政治专制也是导致不平等的重要原因。

最后,卢梭一方面从实证角度总结了人类人为不平等的起源,人为不平等随着人的能力的开发和思想的进步而扩大、加深,随着私有制和法律的建立而稳定下来,变得合法;另一方面从规范角度对这种不平等做出了价值判断,为人为权利所认可的伦理上的不平等,只要它和生理上的不平等不相称,就违反了自然权利。对于一切文明民族中普遍存在的不平等,我们所要考虑的就是这两种不平等不相称的程度。因为让一小撮人富可敌国,而让大众缺吃少穿,无论这种不平等是怎样定义的,显然都是违背自然法的。由此可知,他并不追求绝对平等,也并不否定人与人之间生理上客观存在的不平等,只是要求消除生理上不平等和伦理上不平等的不相称。

在《社会契约论》中,卢梭似乎主要是从规范角度探讨了社会应有的政治制度。他从"人是生而自由的,但却无往不在枷锁之中"①这一命题为论证的出发点,设想当自然状态下每个人都不再能够单凭个人的力量维持生存,而必须进行合作时,人们如何通过一个社会契约来实行合作。这个社会契约要解决的根本问题,是要寻找出一种结合的形式,使它能以全部共同的力量来卫护和保障每个结合者的人身和财富,并且由于这一结合而使每一个与全体相联合的个人又只不过是在服从自己本人,并且仍然像以往一样地自由。而社会契约解决这个根本问题的要点就是每个人都以其自身及其全部的力量共同置于公意的最高指导之下,并且在共同体中接纳每一个成员作为全体之不可分割的一部分。通过这样的社会契约,所有人组成一个政治共同体或主权者。主权者不会有与其成员个人利益相反的任何利益,并且社会契约并没有摧毁自然的平等,反而是以道德的与法律的平等来代替自然所造成的人与人之间的身体上的不平等。从而,人们尽可以在力量上和才智上不平等,但是由于约定并且根据权利,他们却是人人平等的。为了实现这一点,需要区分作为个人利益之和的众意与反映公共利益的公意,在众意之间除掉个人利益互相抵消的部分,剩下的便是公意。可见所谓的公意与现代经济学所说的公共物品和公益物品比较接近。他指出,由于人们的有限理性,人们总是愿意自己幸福,但人们并不总是能看清楚幸福。人民是决不会被腐蚀的,但人民却往往会受欺骗。

① [法]卢梭:《社会契约论》,何兆武译,商务印书馆1980年,第8页。

因此从定义上看，公意就是只能反映公共利益，但是人民实际表达出来的公意却可能并不纯粹，可能被个别小团体的利益所污染。要保证公意永远反映公共利益，就必须防止派别的存在。

卢梭进一步认为，公意的具体内容应当通过法律表现出来。但由于人们的有限理性，高明的立法离不开宗教的帮助。而作为一切立法体系最终目的的全体最大的幸福，可以归结为两大主要的目标：即自由与平等。自由，是因为一切个人的依附都要削弱国家共同体中同样大的一部分力量；平等，是因为没有它，自由便不能存在。

卢梭认为主权者需要一个代理人来执行公意，那就是政府，政府只不过是主权者的执行者。他进而分析比较了三种基本的政府形式——民主制、贵族制和国君制——在执行公意上的优劣，他认为民主制只适用于财产高度平等、民风纯朴的小国，且否定代议制民主，主张直接民主制。对于国君制，最根本的无可避免的缺点是不能像共和制那样能够把真正优秀的人才提升到重要职位上，反而是那些卑鄙的诽谤者、卑鄙的骗子和卑鄙的阴谋家能够爬上高位。在国君制下面，一个真正有才能的人而能出任阁臣的，几乎就像一个傻瓜而能出任共和政府的首脑一样，是同样罕见的事。比较这两种政体，他似乎更倾向于有选举的贵族制，因为它能够保证让最明智的人来治理群众，只要能确定他们治理群众真是为了群众的利益而不是为了自己的利益。

在政府与人民的关系上，卢梭对于社会主义思潮最有贡献的可能是特别强调人民的选择权，行政权力的受任者绝不是人民的主人，而只是人民的官吏；只要人民愿意就可以委任他们，也可以撤换他们。他强调政体的选择是人民的安排，人民始终有权决定选择什么政体，由谁充当行政领导人。

对社会公意的重视，强调政府要按照公意来治理社会，强调人民对政府体制和政府官员的最终选择权,这些观点无疑影响以后的社会主义者对于社会主义政治体制的思考。但是由于卢梭对于如何了解、反映公意只有有限的考虑,缺乏全面思考。这就为以后法国大革命时期的雅各宾派和更以后的一些社会主义者按照自以为的公意严酷控制整个社会埋下了伏笔。

通过对人类不平等起源的实证分析和价值判断,卢梭实际上是痛斥了私有制和以私有制为基础的人为不平等,虽然他没有明确提出公有制的主张(这也许是后人一般不认为他是社会主义者的主要原因),但是他的分析无疑为论证公有制提供了逻辑起点。由此导致以后一代又一代的社会主义者,认为实现人类平等的目标非公有制不可,从而把公有制作为最重要的目标(其实只是实现平等目标的手段)。虽然他并非法国第一个把人类的不平等归因于私有制的人,比他更早的是本章第一节所介绍的梅叶,但他是把这种观点广泛传播的第一人。从这种意义上讲,他应当被归为社会主义者。法国大革命后期非常活跃的社会主义性质的平等派就认可他是社会主义平等思想的源头。当然,对思想家的归类不是一件简单容易的事情,但只要我们把社会主义广义地定义为主要是追求人类社会平等的思潮,那么把卢梭归为社会主义者就不会有什么不妥。

第四节 马布利的社会主义观点

18世纪法国著名的社会主义者加布里埃尔·博诺·博·马布利

(Gabriel Bonnot de Mably，1709—1785)生于法国格勒诺布的一个司法界贵族家庭，是法国著名哲学家孔迪亚克（Etienne Bonnot de Condillac，1714—1780）的长兄和百科全书学派代表人物达朗贝尔（Jean le Rond d'Alembert，1717—1783）的堂兄。他在里昂有名的耶稣会学院毕业之后来到巴黎，经由其亲戚红衣主教谭先的介绍，进入圣·苏尔皮齐修道院任神职。不久便弃职回家乡钻研古典文学、哲学和历史学。后又回到巴黎，在谭先家中结识了许多学者名流，包括孟德斯鸠，深受其启发。当谭先担任法国外交大臣之后，他又被聘为秘书，但不久又离开政界，回到书斋。马布利一生淡泊名利，不恋官位，为人谦逊，生活俭朴，受到世人的敬佩。

马布利一生撰写了大量论著，后被合编为15卷本的《马布利全集》(1792)。其中表达其社会主义思想的论著主要有：《论公民的权利和义务》(1758)、《论法制或法律的原则》(1768)、《哲学家、经济学家对政治社会自然的和必然的秩序疑问》(1776)等。但是目前译为中文的只有一本200页不到的《马布利选集》，因此以下的介绍难免有以偏概全之处。

马布利认为人的天性是喜欢快乐和害怕痛苦的，既有自私的一面，也具有彼此互爱的感情。自私有促使人们互相认同的一面，自私把我们联结成社会的一环：如果我们不爱自己，那么，怎能去爱和我一样的他人呢？造物主以其惊人的本领给人间布置各种不同的需要以便把我们变成彼此都感到必要的人。但是自私也可能带来一些罪恶，因此人需要抑制自私的负面影响，这就应当抑止追求奢华的不必要的需求。

正是由于财产和地位的不平等使人产生分化，使一部分富人产生不必要的奢华需求。为此他特别强调平等的重要，把平等作为高于一切的价值。平等一定会带来一切福利,因为它团结着所有的人,提高人人的品格,培养人们相互怀有善意和友爱的情感。不平等将为人们带来一切不幸,降低人们的品格,在人们中间散布不和与仇恨。在一个国家内,平等越少,虚荣、卑鄙、残酷、贪婪和暴虐就越多。大自然并没有提供人间不平等的基础,从人们的嗜好、力量和才能的差别中找不出任何有力的论据来证明人们的天生的平等是不可能存在的。那么人类的不平等是如何产生的呢?

马布利运用其丰富的历史知识,探讨了人类社会的历史发展,提出原始社会曾经是公有制社会,以后由于人口增加、农业发展、社会分工出现以及个别人的懒惰和公务人员的分配不公,导致人们不愿意继续维持公有制,这就造成原始公有制的解体和私有制的出现。因此,私有制并非自古有之的社会状态。他认为,懒惰和公务人员的自私行为本来是可以通过其他方式,如鼓励勤劳、要求公正等轻易加以解决的,但是当时的人们错误地选择了私有制这种解决方案。

私有制破坏了人类社会的自然状态,因为它造成阶级的分化和贫富悬殊,造成社会的不平等,导致少数人对多数人的剥削和压迫;同时它也造成贪欲、虚荣、掠夺等恶劣的社会现象。虚荣和贪婪不是不平等的母亲,而是不平等的女儿。他的结论是,"不祥的私有制是财产和地位的不平等的起因,从而也是我们一切罪恶的基本原因"①。私有制将导致不公正和暴虐的政府,制定偏袒而具有压制性质的法律。

自然界赋予每个人理性、自由和幸福这三种本能,因此任何社会、任何政府和任何人都无权剥夺公民的这三种本能,否则便是不自然的状态,公民就有权要求改变这种状态。理想社会的经济制度是土地和

---

① [法]马布利:《马布利选集》,何清新译,商务印书馆 1960 年,第 34 页。

财富公有的制度,我们只有在财产公有制度下才能得到幸福。他在与重农学派争论的过程中论证了这一点。重农学派认为私有制包括了土地私有权、生活必需品的私有权以及个人人身私有权,三足鼎立缺一不可。他则认为这三种私有制每种都是独立存在着的,因此土地公有制和生活必需品私有权与个人人身私有权并不冲突,是可以并存的。他以古希腊的斯巴达实行土地公有并维持了 600 年和他那个时代耶稣会在拉美的巴拉圭实行的公有制为例,论证公有制的可行性。他甚至认为:即使土地私有制能够比实际更加有利于创造财富,也应当主张实行财产公有制度。如果这种丰富要使人们做事不公,依靠力量和欺骗去致富,那么,它有什么意义呢? 有理由怀疑没有贪婪和虚荣的社会的最低公民也会比我们最富有的财主还幸福吗? 公有制所导致的美德比私有制带来的财富更有价值,更加能够给人以幸福。

在公有制社会中人人平等,都须劳动,反对不劳而获和游手好闲。生活用品则实行按需分配,以消灭贫富对立和差异。激发个人的荣誉感和希望受别人尊重的欲望,成为劳动的激励和诱因。对公务人员则实行无薪制,以免他们贪婪和懒惰。由于实行公有制和平均分配消费品,故不再需要商品交换和货币,他写道:"如果您以奖励商业为借口而纵容贪婪和豪华,我可以向您断言:不管制定什么法律来巩固你们的自由,都不会防止你们沦为奴隶。"①

但是马布利对于公有制的态度是自相矛盾、不一致的,一方面认为私有制是万恶之源,认为在私有制的基础上无法实现社会平等;另一方面又认为私有制一旦已经出现,就应当受到法律的保护,否则将

① [法]马布利:《马布利选集》,何清新译,商务印书馆 1960 年,第 151—152 页。

是不明智的。因为在已经建立私有制的社会中,就没有了建筑公有制社会的材料。只有到尚未建立私有制的美洲和非洲的大森林的原始部落中去,才有可能建立公有制。他的结论是:应当把国家一旦建立起来的私有制度看成是秩序、和平和安全的基础。而立法者的任务不再是恢复公有制,而仅仅是使用机智和巧计来控制私有制带来的贪婪。因为贪婪是一切恶习和不幸的来源。

关于政治制度,在政府的起源问题上,马布利主张契约论,在成立社会的时候,发生了一次不平凡的革命:一个公民在承担尊重他人权利的义务和希望他人也尊重自己权利的时候,毫无疑问要给自己作为人的无限权利规定出狭窄的范围。只有这种协议还是不够的:如果不执行法律,新建立的社会就要垮台。因此,需要创造统治者,这就是说,公民放弃了自己的独立。在政治体制上,他反对君主制,反对终身制和世袭制,主张建立与自由和法制相联系的共和国,由人民掌握立法权。他反对人治,强调以法治国,也强调美德的重要,不把希望寄托在美德的作用上是不明智的。道德犹如哨兵,它保卫着法律,不叫人违反。

自然赋予每个人理性、自由和追求幸福的欲望,因此每个公民都有追求社会改进的权利,建立最能使社会幸福的政府的权利。他强调对统治者权力的制约,主张人民甚至有权用内战来反抗暴政。公正的原则是允许人民拿起武器,反抗破坏法律或滥用法律来窃取无限权力的压迫者。

要对法国社会逐步进行改造,一是制订土地法以限定拥有土地的最高限额;二是实行限制商业的政策,因为商业使人堕落和贪婪;三是实施反奢侈法,以阻止富人的奢侈消费;四是减少政府支出,减少税收,因为税收越多,政府就越铺张耗费;五是限制遗产继承,以便促进社会平等。

马布利是一个强烈的道德禁欲主义者,甚至为了道德建设而反对文化艺术。

马布利关于私有制起源于一些人的懒惰或者公务人员的私心的观点很有意义,涉及以后关于公有制是否可行的关键问题。他实际上是指出了公有制的难以克服的缺陷。但是他简单地认为懒惰和私心可以轻易解决,所以他仍然推崇公有制。公有制是否可行在一定程度上确实取决于能否克服一般劳动者的懒惰倾向和公务人员的自私倾向。

1776年,马布利发表的关于私有制是导致人类社会不平等的观点,虽然在1755年卢梭的《论人类不平等的起源》之后,但是从他几乎没有提到卢梭这一点来看,很可能是他自己的独立发现,但是也不能完全排除他受到过卢梭的影响。他写于1758年(发表于1789年)的《论公民的权利与义务》,提出了政府起源的契约论观点,比卢梭1762年发表《社会契约论》要早。他自己坦承受到摩莱里的影响。

以往的社会主义者通常只是描绘心目中的理想社会,而马布利则通过对社会制度与社会现象之间关系的分析来论证公有制的优越性。但是他并不主张恢复公有制,认为已无可能,只是要求对私有制引起的不良倾向加以遏制。

马布利对法国大革命有着重大的影响,他的思想影响了大革命时期的几代人。他对社会主义思想的主要贡献是从理论角度论证了公有制的优越性,并强调了私有制与阶级分化、贫富对立以及社会冲突之间的内在联系。这种强调对于以后的社会主义者往往把消灭私有制作为实现人类平等的基本手段,具有重大影响。当然从今天的眼光来看,这种强调并不是无可争议的。

第五节　法国大革命时期的
社会主义思潮及实践

　　法国大革命时期，尤其是 1792 年，由于城市粮食供应发生问题，出现粮食恐慌。在解决粮食恐慌的各种对策中，出现了一些社会主义性质的解决方案。一些牧师和个别官员提建议、出专著，论证公有制的合理性。如牧师比尔·多利微尔（Pierre Dolivier）就主张土地国有，并从人的自然权利出发论证政府有权征收私人土地所生产的粮食以帮助穷人克服粮荒。里昂的市府官员兰治则出版小册子《足食简易策及面包平价》，提出建立粮食国营制度，由政府控制的农产股份公司按照固定的价格统一收购和销售粮食。还有牧师佩提冉主张财产公有。政论家邦内微尔出版《宗教精神》，主张通过土地遗产的均分实现人人平等。由巴黎派往里昂的特派员约瑟夫·富歇（Joseph Fouché）在 1793 年发布的小册子《指令》中，制订了雄心勃勃、激进社会主义的纲领，反对私有制，主张财产公有，实行经济上的人人平等。这些主张共产主义的人对社会并没有多大影响。雅各宾派的左翼如马拉、罗伯斯庇尔等人虽未明确提出公有制的主张，但反对贫富悬殊，积极主张社会平等。因此可以把他们归为广义的社会主义者。

　　正是在上述思潮背景下，产生了以巴贝夫和邦纳罗蒂为代表的平等派。这是一个力图通过建立公有制以追求社会平等的秘密组织。这种秘密组织的先驱是 1776 年在德意志由卫斯霍普特所创立的，后来遍及全欧的光明共济会。光明共济会主张改良社会,实行共和。

一、罗伯斯庇尔

罗伯斯庇尔(Maximilien François Marie Isidore de Robespierre, 1758—1794)生于法国北部阿尔土瓦省一个律师家庭,中学时代深受启蒙思想影响,尤其是卢梭。大学毕业后当过律师,1789年作为阿尔土瓦省第三等级的代表参加路易十六召开的三级会议,成为国民议会的议员,后成为制宪议会议员。① 他多次发表重要演讲,主张废除国王特权,建立维护第三等级权益的陪审法庭。在以后的立法议会期间,由于制宪议会议员不得成为立法议会议员,他便积极参与雅各宾俱乐部的活动,与吉伦特派进行斗争。1792年8月,巴黎人民推翻君主制,建立共和国,使他彻底放弃君主立宪主张,成为坚定的共和主义者。1793年5月,雅各宾派掌握政权,他自然成为国家最高领导人。在他的领导下,政府在6—7月颁布了三个土地法令,部分解决了农民的土地问题。同时,为了满足城市平民的要求,政府颁布了许多日用品的最高限价令和反对囤积令,惩治了不遵守法令的商人。他的政府针对他所认为的国内外反对新政权的各方人物,对外国侵略者进行了坚决抵抗,击退了他们的进攻;对内则实行了严厉的恐怖镇压,既处死保皇党人和大批政见相异的吉伦特派议员,又杀害了他认为已变节的以往同事丹东等人,和他认为不利于政权稳定的左派阿贝尔等人。罗伯斯

---

① 1789年,法国国王路易十六召开三个等级代表参加的国民议会,中途第三等级的代表与贵族僧侣代表分裂,旋即组成制宪议会。

庇尔在议会中逐渐陷入孤立,1794 年 7 月 27 日,他被推翻,第二天便被处死。

罗伯斯庇尔通常被认为是资产阶级革命中的激进者,但是这种单纯以阶级为分类标准对人进行归类的做法是值得质疑的。他虽然没有明确主张公有制,但他对平等、自由目标的追求是无庸置疑的。他写道:"财产的极端悬殊是许多灾难和犯罪的根源。但是我们坚决相信,财产的平等只是一种空想。"[①]他认为所有权就是人们支配自己合法财产的权利,应当受到尊重,但是要以不损害其他人的安全、自由、生存和财产为条件。他并不反对私有财产,但主张通过累进税来消除贫富悬殊。

作为一名律师,罗伯斯庇尔在法国大革命时期更加关心的是法制建设。他严厉批判法国的专制制度及专制法权。他认为凡是损害天赋权利的任何非正义的法律……都是直接与其保护公民的人权、幸福和安宁的目的相抵触的。同时他提出法制建设的四条原则:(1)人民主权原则,即政府及其工作人员都是人民的公仆,人民拥有委任和罢免他们的权力。(2)公开性原则,即立法团体和政权机关的会议对大众公开。(3)三权分立原则,即立法团体不受行政和司法部门的约束和影响。(4)一致原则,即法官、陪审员和证人意见要一致。[②] 对于什么人才是人民,他认为,"人民"这个词必须理解为全部国民,但从前享受特权的人和"正人君子"不在其内。另外,他又强调对于什么人是反

---

① [法]罗伯斯庇尔:《革命法制和审判》,赵涵舆译,王之相、王增润、立知校,商务印书馆 1965 年,第 133 页。

② [法]罗伯斯庇尔:《革命法制和审判》,赵涵舆译,王之相、王增润、立知校,商务印书馆 1965 年,第 138—139 页。

革命分子,也必须仔细甄别,要防止诬陷好人,否则就会为滥用法律打开大门。在人民主权问题上,他浓墨重彩地突出强调了政府与人民之间的对立,他认为社会灾难从来不是来自人民,而是来自政府,因为人民所关心的是社会福利,公职人员所关心的是个人利益。公民的贫困不是什么别的东西,正是政府的犯罪。因此他认为立法者面临的双重任务是赋予政府必要的力量以使公民永远尊重公民权利,并且要使政府自己永远不能侵害这种权利。因此,任何宪法的第一项任务应该是保护社会和个人的自由,使其不受政府本身的侵害。为此他提出了一系列限制公职人员权利的具体规定,包括任期制、分权制和财产申报制,人民选举委任制和罢免权,政务公开制,人民的言论和出版自由,最大限度地缩小政府的权力范围,等等。他的这些观点,表明他具有强烈的自由主义色彩。自由主义者的一个共同特征就是特别强调政府与公民之间的矛盾,而不太重视人民内部不同阶级之间的区别和利益冲突。

罗伯斯庇尔对于后来的社会主义运动影响最大的是他对于革命专政的看法。起先,他是反对死刑的,为此他专门撰文进行了详尽论证。但是当路易十六叛逃之后,他的态度有了变化,首先他批判了国王不可侵犯的论点,认为不应该使某一个人高踞于法律之上,使他成为不受惩罚的罪犯,主张对于身踞高位、握有重权的人物的犯罪行为应当予以严厉的惩罚。这种态度的转变,使得他后来在议会赞成判决路易十六死刑。他提出:"一般说来,死刑是犯罪行为,而这只是从这样一种考虑出发的,即按照自然的永恒不变的原则,只有在死刑对人们或社会的安全是必要的时候,它才能被认为是正当的。社会安全从来不要求对普通罪犯判处死刑,因为社会永远能够用其他方法来预防这种犯罪,并能使犯人不致危害社会。但是当国王被革命推翻而革命还远远没有由正义的法律巩固起来的时候,当单是国王的名字就能给起义的国民招来战争的时候,监狱也好,放逐也好,都不能使国王的存在成为对公共福利毫无威胁的事情。审判上所承认的这种普通法律的残酷的例外,只可能由国王犯罪的本质来解释……路易应该死,因为祖国需要生存。"①

罗伯斯庇尔一再强调要区分革命时期和平静时期,区分革命政府和立宪政府,立宪政府的目标是保持共和国;革命政府的目标是建立共和国。革命,这是自由反对自由敌人的战争;宪制,这是胜利与和平的自由的制度。立宪政府主要是关怀公民自由,而革命政府则是关怀社会自由。在立宪体制下,保护个别人免遭社会权力的蹂躏,差不多就够了;在革命体制下,社会权力本身被迫自卫,来击退向它进攻的一切派别。革命政府对于善良公民应当给予充分的国家保护,而对于人民敌人只有让他死亡。他的这种区分使得他从一个非常主张自由平等、强调法制的自由主义者转变为一个坚决要求在革命时期实行"恐怖政策"的统治者。当然,这种转变在很大程度上也是当时法国革命面临的国内外众多反对者,革命岌岌可危的形势所导致的。他非常明白革命体制是最终走向宪制体制的过渡阶段,是非常时期的特殊措施。"如果在和平时期,人民管理的工具是美德,那么在革命时期,这个工具就同时既是美德又是恐怖:没有美德,恐怖就是有害的,没有恐怖,美德就显得无力。恐怖是迅速的、严厉的、坚决的正义,从而它是美德的表现……它是从祖国在极端困难时期所采用的民主一般

---

① [法]罗伯斯庇尔:《革命法制和审判》,赵涵舆译,王之相、王增润、立知校,商务印书馆 1965 年,第 113 页。

原则得出的结论……革命政体就是自由对暴政的专制。"①

　　罗伯斯庇尔"恐怖政策"的具体要求就是加快法庭判决,重点惩罚反革命的首领,包括与暴君勾结的外国人和将军,要同时避免两种极端——温和主义和过火行为。但在实践中,"恐怖政策"出现了不少绕过法律的过火行为,如普通公民擅自闯入监狱杀害他们所认为的反革命分子。而罗伯斯庇尔本人更是以镇压反革命为名对政见不同者大开杀戒,简单地认定那些人是混入革命队伍的假革命者甚至反革命者,由于强调从重从快进行审判,许多本来不该被杀害的政治家、不同政见者都只经过草率的审判而惨遭非命。但这种做法也削弱了他本人的执政基础,最终在 1794 年的热月政变中,他也同样经由草率的审判而遭杀害。

二、巴贝夫

　　法国空想社会主义者弗朗斯瓦·诺埃尔·巴贝夫(Franois Noel Babeuf,1760—1797)出生于法国毕卡迪省的一个穷苦家庭,16 岁时开始谋生,当过文书,在地方政府机关档案室管理地契档案,主要任务是从一些遥远时期的原始契约中查明贵族地主的各项权利。在工作中他了解到贵族地主是如何利用各种卑鄙手段来取得各种特权的。他虽然从未受过系统教育,但坚持不懈地自学过许多哲学、历史、文学著作,卢梭、摩莱里等人的论著对他有深远影响。学习和工作实践使他

---

　　①　[法]罗伯斯庇尔:《革命法制和审判》,赵涵舆译,王之相、王增润、立知校,商务印书馆 1965 年,第 176 页。

在法国大革命爆发以前，就已经产生了追求社会平等的思想，形成了初步的共产主义观念。

1789年大革命爆发后，巴贝夫很快赶到巴黎，不久又回到家乡领导反对人民怨声载道的酒税和盐税的运动，征集了800个村镇的居民在请愿书上签字。因此他于1790年5月被当局逮捕，3个月后经"人民之友"马拉的帮助而获释。获释后他创办了《毕卡迪通讯报》，反对封建领主。1792年，他被选为州议会议员及某选区的官员，不久遭陷害而被撤职。于是他再次来到巴黎供职于物资管理局。在那里他看到了劳苦大众与投机奸商们的尖锐冲突。不久他因不满罗伯斯庇尔政府的一些限制经济自由的做法，如1793年9月颁布的限价令和"恐怖政策"而被逮捕，直至罗氏被推翻的前几天才出狱。

热月政变之后，巴贝夫起初表示欢迎，认为是恢复了被罗伯斯庇尔所扼杀的自由。但是随着热月党人在1794年底废除限价令，恢复经济自由之后，物价上涨导致人民生活更加苦难，于1795年4月和5月爆发了"饥饿叛乱"，贫富矛盾日益突出。他觉察到热月党人倾向富人的保守态度后，便公开号召推翻国民议会。热月党人于1795年2月以"煽动叛乱、谋杀和瓦解国民议会"的罪名逮捕了他。

巴贝夫在狱中认识了不少革命志士，如达尔蒂、邦纳罗蒂、热尔明等人，成为日后革命活动中的战友。1795年10月获释后，他继续进行反对保皇党和督政府的活动，印报纸、发传单，号召人民群众武装推翻督政府。督政府于是查封了他的报纸，并下令逮捕他。他被迫转入地下，于1798年3月，与战友建立了一个平等派密谋组织，准备于5月11日发动起义推翻督政府。不幸因叛徒或奸细而事败，起义领导人纷纷被捕。经过一年多的审判，他和其战友达尔蒂被判死刑。在一年多的审讯中，巴贝夫利用法庭讲台公开宣传共产主义，在临刑前给家人的遗言中表达了坚定的信念和视死如归的革命精神。

巴贝夫深受卢梭平等观和摩莱里共产主义思想的影响，认为自己是罗伯斯庇尔和圣鞠斯特未竟事业的继承人。

巴贝夫首先从分析大革命以后法国社会的现状开始，怀抱平等目标的他发现法国大革命以后建立的社会依然是一个贫富差距严重的社会，远远没有实现大革命所预设的平等目标。人民推翻了国王一个暴君，但却换来一群暴君。针对 1791 年《宪法》对选举人和被选举人的财产资格限定，他指出普通人民并未取得平等的政治权利。究其原因，大革命以前的第三等级在革命以后分裂成两个集团。一个集团想使这个共和国是资产阶级的和贵族的；另一个集团则相信它所建立的是人民的共和国，是真正的民主政体。一个集团想使这个共和国里既有罗马贵族，又有罗马平民，它想要让少数特权者和贵族老爷坐享丰衣美食的生活，让大多数人永远是斯巴达的埃洛德①和罗马的奴隶；另一个集团却愿意使所有的人不但形式上享受同等的权利，不但有纸面上的平等，而且还愿意他们都有适当高的工资收入，它愿意让法律保证对每个人供应足够的一切生活必需品，保证每个人都能享受一切社会权利，作为他对公共事业所做贡献的合理的和应得的酬报。而为什么大革命以后的法国社会会分为两个集团？社会不平等的原因在于不合理的政治制度和经济制度，是因为私有制这个万恶的制度，当一个民族中对社会贡献最大的那部分人的权利遭到剥夺，这必须归咎于产生这种情况的制度，因为存在着鼓励贪婪庇护营私图利的法律。他对当时热月党人和督政府的性质进行了揭露，认为那只不过是一个服务富人、掠夺穷人的政府。他根据其女饿毙的切身悲惨经历对热月党

————————

① 埃洛德人是古希腊斯巴达整个城邦的奴隶。

人和督政府的经济政策进行了批判,对引起通货膨胀严重降低穷人生活水准的经济政策进行了批判,并指出督政府唯一的依靠就是军队。

巴贝夫已经看到大革命之后的法国社会是一个阶级分化的不平等社会,是一个需要通过进一步的革命来实现真正平等的社会。他认为不平等继续发展的结果将不可避免地导致人民革命。一切都为自己个人打算的人们会说,革命似乎已经完成,因为这个革命把他们置于这样的境地,他们在这个境地里过得非常美好。今天对于所有居于高位的新贵人来说革命已经完成;但是对于人民来说,革命并没有完成。只有为群众谋利益的革命,才是真正的革命,我们要的也就是这样的革命。由此可知,革命必须重新进行。他坚信这样的革命是不可避免的,广大群众不能继续生存下去,因为一切物资都掌握在另一些人手中。这帮人把一切东西都霸在手里,并且无情地紧紧握住不放。这些情况规定伟大革命的时机,使那些值得想望的,早就预言过的时代到来,那时财产关系的变革乃是不可避免的,那时穷人奋起革命反对富人乃是不可避免的历史必然性。

至于即将到来的革命应当如何进行,巴贝夫强调要依靠人民,任何一桩伟大的无愧于人民的事情,只有通过人民才能办到,如果不是通过人民,那是永远不能实现的。而要依靠人民,就必须相信人民,把自己要做的事,要达到的目的,如实告诉人民。在人民的国家里,真相必须明白地、毫不掩饰地公布出来。如果不同全体人民一起,任何重大的事情都是办不成的。除了依靠普通人民,向人民呼吁之外,他也看到了军队在革命中的重要作用,乐观地认为军队是有可能被革命的人民争取过来的,法国士兵不会成为这类可恨的雇佣军,不会成为人民敌人的残酷的和盲目的工具……不会成为他们自己的人的敌人。因为大革命中法国的警卫军在长裤汉面前放下了刀枪剑戟:这个范例将会在好几个世纪中引起后人赞叹。这种乐观态度使得他采取了争取原有军队哗变的方式来进行革命。还有值得注意的是他对于革命过程中出现意见分歧时的处理原则：罗伯斯庇尔对阿贝尔和萧美特等雅各宾左派所进行的镇压是合理的，是革命领导人对于一些能力有限但又想争夺革命领导权的小人的正确措施。革命专政有必要性，人民必须要求全部权利，必须坚决地表现出当家作主的意志；人民必须显示出自己的全部威力；人民所发出的论断，人民所说的话，一切都必须绝对服从，什么也不能对人民有所抗拒，人民必须得到自己所愿意的一切和自己所需要的一切。

巴贝夫认为在人民革命推翻资本主义所建立的新社会，不应当是一个竞争性的商业社会，因为竞争会降低产品质量，导致贫富两极分化，并会由于生产无计划而引起资源的巨大浪费。未来的新社会应当是土地和一切产品实行公有制，以便使各个人之间是没有任何差别的绝对的平等，不允许任何人有任何特权，人人参加劳动，消灭不劳而获。人人必须无条件地参加工作，是社会的基本原则。消费品实行平均分配，任何人都不能要求必需品以外的报酬。整个社会的经济活动仍然实行劳动分工，但要由计划来指挥，实行计划经济，以防止浪费。未来的制度将使一切都按计划来进行，但不会把任何人从他原来的位置上挤掉。现在人们在做的一切事情，将来也是由同一个人来做，不过所有劳动者将按工种分成小组；信息将会经常公布，每一个人在做的是什么事，以免同类物品生产得太多或太少。社会将规定，每个特殊生产部门由多少公民来工作，多少青年应专门致力于某项生产事业，按照现在的需要并根据可能的人口增长，将来的需要是很容易预先算出来的，一切都会安排和分配得妥妥贴贴。在这种公有制的社会中，没有人会由于害怕竞争而隐瞒新发明、新技术,而且新发明、新技术也不会引起失业,而只会导致劳动者休闲的增加。所有的人的生活水平都会大大地提高,都会永远得到保障。

在政治制度方面,新社会将实行自由平等的共和制度,以人民共同拟订的宪法为根本准则,建立中央政权来领导、计划和组织全国的经济活动和政治活动。而国民议会将以充分公开的方式做出决策,不能容忍半公开的方式,必须在国民会议的议场里设置尽可能广大的旁听席!所有公众关心的问题都应在全体大会上讨论!不要那些小组委员会,因为这些委员会是各派系尔虞我诈的场所,各分裂集团就是在这里制订他们那套敌视自由的计划的。同时,人民拥有选举和撤消议会代表的充分权力。以国民公社作为国民的基层组织,组织生产活动和政治活动。

巴贝夫认为,自然界是从来不吝啬的。它永远给它的孩子们适时地充分地供应生活必需品。大多数人享受不到东西,正是由于少数人所占的东西太多和太丰富了。这表明,大多数人的贫困并非由于资源的稀缺,而是因为贫富分配不均。而在未来的公有制社会中,因为科学的劳动组织和明智地加以领导的全体国民的劳动功效,物质资源正在不断地和无限量地增多,这些资源应成为人民的公共财富。

巴贝夫以阶级分化、阶级斗争的眼光来分析社会,批判社会现实,是他对社会主义思潮的一大贡献。同时,主张通过密谋方式的人民暴力革命来推翻旧世界、建立新世界,主张在过渡时期实行革命专政,无情镇压反对革命、反对新社会的人;强调和重视暴力革命和革命专政,这些观点是他不同于以往社会主义者的最主要特征。他的社会主义的特点,不再是单纯描绘未来理想社会,也不再是单纯批判现实社会,而是开始进行建立理想社会的实践,是近代人类历史上建立共产主义社会的第一次尝试。

三、巴贝夫主义者

巴贝夫有许多拥护者和追随者,通常被称作巴贝夫主义者,包括达尔蒂、邦纳罗蒂、热尔明、马雷沙尔、勒佩尔蒂埃、德邦等人。由于资料限制,下面主要介绍邦纳罗蒂,简单介绍马雷沙尔。

菲利浦-米歇尔·邦纳罗蒂①(F. M. Buonarroti,1761—1837)出身于意大利的一个与米开朗基罗有亲缘关系的贵族家庭,毕业于意大利比萨大学,青年时代深受卢梭影响;法国大革命后积极参与科西嘉岛的革命活动。1793 年,作为对他参与革命的功绩的确认,法国国民公会准其入籍法国。同年他被吸收加入雅各宾俱乐部,并认识了他高度评价的罗伯斯庇尔。尔后他作为国民公会的特派员去过法国一些省份,参加过不少战役。由于他在工作中的雅各宾派民主倾向,在 1795 年遭到当时已经掌权的热月党人的逮捕。在狱中他认识了巴贝夫,两人从此成为战友,并且在思想上从雅各宾左派转变为共产主义者,成为巴贝夫思想的宣传者。

1798 年,平等派密谋的起义失败之后,邦纳罗蒂被判刑流放。在各地流放期间,他始终没有停止革命活动。1802—1806 年,他在法国阿尔卑斯滨海省流放,当局的报告是他在通信中依然使用那种提醒人们回想起那个我们大家应该竭力把它忘掉的时代的文体,即依然宣传革命。1806—1813 年,他获准迁往日内瓦,地方当局的报告是他至今

---

① 菲利浦·邦纳罗蒂是 15—16 世纪意大利贵族,著名画家、雕塑家、建筑家和诗人米凯尔·安盖·邦纳罗蒂(1475—1564)的后裔。

仍与他同巴贝夫搞密谋时一模一样。六年来他从未停止煽动对政府的不满。1815—1822 年,他在日内瓦,表面上教授数学和音乐,实际上从事紧张的革命活动,领导着国际性秘密革命组织。这种组织独特的等级结构使得只有最高领导才知道其最终目标是共产主义,其基层外围组织未必了解,并且基层外围组织遭到警察破坏并不妨碍整个组织继续为其最终目标而活动。① 1822 年,他派遣追随者到意大利从事革命活动,事败被捕,他因此被驱逐去了比利时布鲁塞尔。

1828 年,邦纳罗蒂实现了他的宿愿,出版了《为平等而密谋》一书,旋即产生巨大影响,因为那时正是 1830 年革命的前夜。1830 年 7 月,他化名去了巴黎。在布鲁塞尔期间他与比利时共和党人联系密切,帮助了比利时革命,其最亲密拥护者也一度进入比利时政府。他一生的最后 7 年在法国,参加了多个秘密革命团体,影响了布朗基、卡贝、路易·勃朗等一批三四十年代的法国社会主义者。同时,他依然与意大利的革命活动保持联系,甚至在 1830 年开始还试图组织人员从法国潜入意大利输出革命,后遭失败。他与意大利共和主义者马志尼的联系一直到 1834 年才因为革命目标和手段的不一致而终结。1837年,他以 76 岁高龄离世。

对于邦纳罗蒂的一生,巴枯宁的评价是"19 世纪最伟大的密谋家"。路易·勃朗评价他是当时"最伟大的人物"。拿破仑在圣赫勒拿岛时的回忆是,"这是一个非常聪明的人,自由的狂热者,但正直、纯

---

① 这里所说的国际性秘密革命组织,很可能是 1776 年在德意志由卫斯霍普特(Adam Weishaupt,1748—1830)创立,后来遍及全欧的光明共济会。这是一个中国人很少了解的重要组织,据说与后来欧洲的几乎所有革命组织都有联系,包括法国大革命时期的雅各宾俱乐部,以及 1848 年革命时期的正义者同盟,等等。

粹;是恐怖主义者,然而却不失为普通的好人……他是一个有惊人才能的人,米开朗基罗的后裔,是一位像阿里欧斯托那样的意大利诗人,他用法文写作比我还要强,他的绘画可以跟大卫媲美,他的钢琴弹得像派西埃罗一样动听"。俄国文学家屠格涅夫描写了他,"邦纳罗蒂……是近半个世纪历史事件的活字典。他……青年时代是托斯卡纳改革家列奥波特的朋友;革命前就……到法国去。在那里,他被革命初期的思想所吸引……从那时起,他便在法国当时所处的环境中活动。督政府把他关进监狱;拿破仑也没有释放他……要么在监狱中生活,要么在受监视之下在一些城市中生活……1814 年后,邦纳罗蒂陷入贫困,靠劳动谋生,既不依靠当时住在凯恩的已经发迹的儿子的抚养,又不接受亲友的接济……他对许多许多人物作了精彩的评介,说出了至今很少有人知道的事件和人物的详细情况。他在青年时代认识拿破仑,以后在短时间内还有交情。在科西嘉的时候,他住在拿破仑的母亲的家里,有一次拿破仑回家看望他母亲……在离家前的最后一个晚上,曾与邦纳罗蒂共榻。从那时候起,他们不时争吵,但从来没有和解的时候。拿破仑登上了王位,邦纳罗蒂则关进了监狱。"①

　　邦纳罗蒂与巴贝夫一样,也以阶级斗争的眼光来看待法国大革命以后发生的种种事件,认为是两种人之间所爆发的持久不息的纷争:一方是财富和等级的维护者,另一方是平等之友亦即人数众多的劳动者阶级的朋友。他尤其批判了热月政变之后于 1795 年颁布的《宪法》,认为它的基本精神就是贫富现象维持不变,是对于 1793 年《宪法》的大倒退。他揭露了 1795 年建立的督政府的两面手法,为了保全并占有财

---

① ［法］菲・邦纳罗蒂:《为平等而密谋》下卷,陈叔平、端木美译,商务印书馆 2003 年,第 235—238 页。

富和权力,一方面压制保王党人和高官显贵,另一方面压制平等之友。在这种情况下,他探讨了平等派革命的策略,要先取得人民的信任,防止在人民尚无充分觉悟之前的盲动,并建立统一的不易为阴谋家分裂操纵的组织。首先必须改变许多爱国人士的观点,使他们重新赢得民心。在人民还没有足够的力量去打击和消灭政府之前,还必须利用《宪法》来保护自己,甚至依靠政府的保护建立新的协会。鉴于有必要维护和统一这个协会的宗旨,拒绝关于把这个协会分为若干个分会的建议。尽管那种做法更便于摆脱警察的监视,但它却有容易背离组织计划,并使这些分会沦为阴谋家和共和国敌人的手中玩物之弊。

民主是这样一种社会秩序,在这种秩序下,平等和美德使人民能够卓有成效地行使立法权。由此可知,平等是民主的前提,并由此推论出人民主权的原则。究其原因,是因为存在贫富差距时,穷人将由于困于劳作而无暇参与立法讨论。从平等原则出发,他反对对选举设置财产限制。

但邦纳罗蒂并不认为人民主权的原则是可以立即实行的,由于人民尚不成熟,所以需要有一个过渡期,无论从形势的需要和事业的成就来看,都要求在贵族政权的崩溃和人民宪制的最终确立之间有一段间歇时期。要享受自由,必须先移风易俗;在把最高权力交给人民之前,就必须使人人崇尚美德;必须用无私和谦虚来代替贪婪、虚荣和野心,因为后者在公民之间挑起持久不息的战争;必须剥夺掉平等制度的真正敌人进行欺诈、恐吓和分裂的手段。为实现这种幸福的和伟大的变革所需要的强制的和非常的措施,是跟一种常规的组织所采取的种种方式不相容的。在上述条件还没有具备的时候,建立立宪选举制度就等于把权力交给那些无恶不作的人,并永远失去保障公共幸福的机会。值得注意的是,这种观点很可能对于以后布尔什维克在十月革命中废除立宪议会的实践具有指导意义。

过渡期需要建立革命政府,革命政府要采取一些迅速的和合法的手段来使敌人无能为力。革命政府的具体经济措施包括按照生活必需品归人民所有的原则,颁布反对投机囤积的法令,建立储备品仓库,征用剩余物品,没收革命敌人的财产分配给穷人和供国防需要,消灭乞丐,等等。为了论证革命政府的必要性,他为罗伯斯庇尔当政时采取的严厉经济措施和政治恐怖政策进行了辩护,认为非此不能消除革命所面临的巨大危险,为了革命不至于失败,必须对少数革命的敌人采取严厉的恐怖措施,而且也是对其敌人长期所犯罪行的一种总清算。

平等派内部关于过渡时期革命政府组成的三种意见:(1)由部分国民公会代表组成革命政府;(2)由起义的巴黎人民建立政权机构;(3)把最高权力和建立共和国的有关事宜托付给一个独裁者。经过讨论,大多数人赞成第二种意见。他特别关注革命政府成员的个人品德,在不平等制度和专制制度下形成观点的人民,在一个新兴的革命的初期,是没有什么能力通过选举来指派足以领导并完成这场革命的人物的。这个艰巨的任务,只能由一些英明和果敢的公民来完成。这些公民对祖国和人类具有高度的热爱,长期以来就在探索社会疾苦的原因,从而摆脱一般的偏见和通病,他们比同时代人先知先觉,视富贵荣华如粪土,视保证平等制度的胜利而使自己永垂不朽为幸福。也许在一场政治革命开始的时候,也正是出于对人民的最高权力的真正尊重,所应当做的与其是收集国民的选票,毋宁是如何保证在尽可能避免专横的情况下使最高权力落到英明和坚定的革命者手里。

在实际行动中,平等派也建立了被称作秘密督政府的领导革命起义的组织机构。秘密督政府不打算诉诸少数人的密谋和盲动,而是主张通过发动群众，秘密建立人民的军队，一旦时机成熟就通过人民起义推翻当时的政府。考虑到军队的重要性，秘密督政府一直把策动军队作为自己的重要任务。同时秘密督政府也花大力气对群众开展宣传工作。为此秘密督政府既反对盲动，也反对迟疑不决。为了取得革命成功，秘密督政府也考虑了与原山岳派结盟的问题。秘密督政府还制订了详尽的起义方案。在实现新社会的道路问题上，邦纳罗蒂指出了平等派与英国欧文派的区别。平等派希望执掌最高权力，并通过这个权力来推行社会改革，而欧文派则希望通过宣传和示范来取得成功。他分析了平等派密谋最后失败的原因，一是最高领导人的保密不够，二是平等派财力匮乏。

对于革命成功以后的短期措施，邦纳罗蒂提出既不应当表现得过于谨小慎微，以免使自己真正的朋友感到失望；也不应当过于冒进，以免树立过多的敌人。同时，为了取得革命胜利而采取的分配财产的措施，不应当妨碍以后公有制的实现。具体而言，包括解除一切旧民事和司法机构的权力，建立新政权机构；封存所有国家金库；没收革命敌人的财产并分配给穷人，废除穷人的债务；对穷人免税，对富人实行累进税；废除货币；镇压反对革命者；迅速向外地各省和军队派遣拥有广泛权力的特派员等。

对于革命成功之后的长远目标，邦纳罗蒂以自然法为依据来论证人人都应当享有平等的权利，需要食物、生殖、自爱、怜悯心、感受能力、思维能力、表达自己的意志和思想的能力、了解其他人的思想的能力、使自己的行动合乎规矩的能力、痛恨强制、爱好自由——凡此种种，对于所有健全的人来说，都几乎是同样具备的。这就是自然法则，从这种法则中引申出人人都具有的同样的自然权利。自然法规定生产依赖于劳动，根据这个法规，劳动显然是每一个公民缔结社会契约的首要条件。由于每一个人到社会里来，都给社会带来同样的一份东西（他的能力和手段的总和），因此，义务、产品和收益，就必须进行平均分配。社会的目的实际上在于防止天然的不平等所起的作用。社会一旦失去平等，将出现各种问题，财产分配的不平等和权力分配的不平等使得文明国家九成的居民发出了合理的抱怨。因为他们的贫困、痛苦、屈辱和受奴役，就是由此产生的。而财产和条件的不平等，归根到底，是私有制。为了消除财产不平等和权力不平等，严格限制权力的办法是，一切公民都同样服从由大家所制订的法律；限制财富的办法是，足以保障每个人的生活，但不使任何人有富余。人人对土地和工业的产品享有平等的权利。他强调这就是他追求的平等。这表明他不满足法律面前的人人平等，更加要追求财富面前的人人平等。如果只满足于前一种平等，就依然不能消除贫富差距。因此，平等派认为仅仅采取土地分配、反奢侈法、征用剩余物资、限价和革命捐税、累进税等措施虽然有促进平等的短期效用，但不能成为社会日常秩序的组成部分，因为他们并未从财产权这一根本点上消除不平等。因此，依据自然法，就应当实行人人劳动的公有制，消灭私有制。仅仅均分土地并不能消除不平等，必须通过公有制才能实现平等。他针对反对公有制的六种意见，如公有制将造就懒汉、会抑止创新、会妨碍自由等，逐一进行了反驳。

在这个问题上体现出了平等派与罗伯斯庇尔的区别。1793年，罗伯斯庇尔提出了人权宣言初稿，对私人财产权做出了重大约束，要求它不得危害其他人的安全、自由、生存与财产，并且有义务为缺乏生活必需品的人提供帮助，即其他人的生存权要高于私人的财产权。但这些观点在最后的定稿中做了重大修改，放松了这种约束。巴贝夫支持初稿，反对定稿。平等要不要推进到财富平等，是否要对私有财产加以限制,起码使它不至于扩大财富的不平等,就成为平等派与罗伯斯庇尔等人的分歧点。平等派的目标是财产与劳动的共有,即平等分配义务与享受,只有这样一种社会制度,才能够永远消灭压迫,才能够保证全体公民尽可能地享受最大的幸福。如果不对财产制度实行根本改造,自由和平等的法律就永远不会得到有效的和持久的运用。

对于新社会的具体运行,在经济方面,邦纳罗蒂提出要根据不同地区的不同情况,由公共管理机构根据计划安排不同的生产活动,对劳动者也实行同样的计划安排,并特别强调要减轻繁重劳动。同时各种物品也由公共管理机构统一安排在各个地区之间调剂、调运。他明确宣布要废除国内商业贸易和货币,对外贸易也由公共管理机构统一管理。一切产品都送交公共仓库,由公共管理机构平均分配给每个公民。对老人和失去劳动能力者实行照顾。而在生活方面,则以平等和朴素为原则,建造和安排住房,按性别和年龄统一着装。

关于新社会的政治,邦纳罗蒂强调任何立法都必须遵循两条连人民自己也不能触犯和修改的基本原则:首先是严格的平等,其次是人民的最高权力。而立法权应当成为全体公民的权利和义务,国家最高立法权力归于人民会议。同时每个人都要具备一定的年龄、能力和履历(如服兵役)才能成为公民。要建立一个独立于立法机构的民意维护机构,以防止立法者可能的各种违法行为。他提出了立法权制衡的思想,把最高权力分散到那么多的会议中,要比把它集中在一个机构中的好处大得多,因为后一种机构很容易沦为宗派集团和花言巧语的玩物。而在法律的产生以前要经过许多次讨论的制度下,就不必再担心会出现人们所归罪于民主制度的那种出尔反尔和草率从事的现象了。行政和司法应当分权,且行政机构必须服从立法机构。对于政府公职人员,要求任何一个公职人员的花费,都不应高于一个最平凡的公民,并且实行任期结束的评议制度。在国防上实行全民皆兵制度。

邦纳罗蒂强调了教育的重要性,认为它是新社会永恒的基础,能使新制度臻于完善、巩固以至于万古长存。他对新社会的教育提出了一系列主张,认为其基本原则是国家的、公共的和平等的。其目的是(1)使身体有力而灵活;(2)使心灵慈善而坚毅;(3)使才智得到发展。在具体措施上,他强调要男女有别,要把学习和劳动实践相结合。

邦纳罗蒂专门讨论了出版自由问题,强调要对违反基本原则的言论加以禁止,只允许经过人民最高权力会议或民意维护者认可的作品出版。这实际上就是要实行书报检查制度。

另一位巴贝夫主义者马雷沙尔·比尔·西尔文(1750—1803),受到梅叶无神论思想的深刻影响,起初只是一名无神论者,积极参加反对天主教会的活动,著有《无神论释义》一书;法国大革命时期是左翼政治活动家;后来成为一名社会主义者,积极参加了巴贝夫的平等派运动,受巴贝夫委托起草了著名的《平等派宣言》,它实质上是第一篇社会主义政治宣言。

平等派所追求的目标,主要是在抽象意义上继承了法国大革命的平等目标,而对于自由和博爱这另外两项目标则显然关注不多,起码不如对平等目标关注得那么多。但在平等目标的具体内容上,他们不满足于仅仅实现法律面前的人人平等(这是罗伯斯庇尔等雅各宾左派所认可的平等目标的具体内容),而是希望进一步实现财产面前的人人平等,希望所有人都有相同的生活水平。而实现这一目标的必要条件就是实现财产公有。

平等派与以往社会主义者及以后的某些社会主义者的最大区别在于他们不再满足于提出并描绘一个人类未来美好社会的主要特征,而是立即要为这个理想社会而奋斗,要通过自己的行动来推进理想社会的实现,并为此而制订了相当详尽的初步行动策略,为后来的社会主义运动的实践提供了样板。

第六节　俄国反农奴制思想家拉吉舍夫

1547年,莫斯科大公伊凡四世自称沙皇,并开始对外扩张,从而形成了一个统一的中央集权的多民族的俄罗斯国家。

在俄罗斯统一集权国家形成的同时,俄国沙皇用颁布法典的形式来确立其对广大农奴的统治。农奴制经济是俄国沙皇专制制度的基础。与西欧封建制经济相比,俄国农奴制有如下一些特点:第一,原始社会晚期遗留下来的村社组织,长期以来成为封建主用来统治和奴役农民的工具。农民的份地由村社占有,按人数分配给各户使用,农民向国家和地主交纳的各种贡赋,也由村社向各农户摊派。第二,俄国农奴制持续的时间,比西欧封建制长得多,俄国农奴所受的剥削和压迫也更为残暴。第三,俄国农奴制越出了农村和农业的范围,在城镇和工业中也长期存在大量的农奴。

1682—1725年在位的沙皇彼得大帝力行改革,增强了俄国的经济、军事实力,强化了沙皇专制农奴制度。这时,私人工场手工业中出现了雇佣劳动,标志资本主义经济关系的萌芽。

叶卡捷琳娜二世(1762—1796年在位)统治时,俄国的专制农奴制度发展到了顶峰,同时,随着商品货币关系和资本主义经济的发展,专制农奴制度也开始出现危机。1773—1775年,俄国历史上规模最大的以普加乔夫为首的农奴起义爆发,有力打击了沙皇农奴制统治,促进了反农奴制斗争。正是在这一背景之下,产生了反对农奴制的思想家拉吉舍夫。以前的一般论著都不会把他算作社会主义者,但是按照本书广义的社会主义概念,反对农奴制,追求社会平等的拉吉舍夫也应当位于社会主义者的行列。

亚历山大·尼古拉耶维奇·拉吉舍夫(Александр Никодаевич Радишев,1749—1802),俄国 18 世纪末著名反农奴制思想家,是俄国贵族革命家——十二月党人和革命民主主义者的思想先驱。拉吉舍夫出生于贵族家庭,1762—1765 年在彼得堡贵族子弟军事学校学习,1766—1771 年被派到德国莱比锡大学学习法律。在莱比锡大学学习期间,他曾对法国启蒙思想家的著作做过深入研究,深受其民主主义思想影响,从而使他认识到,沙皇专制农奴制度是极端违背人性的腐朽制度。1771 年 9 月,拉吉舍夫从莱比锡回到彼得堡,在枢密院第一厅任职。当 1773—1775 年爆发以普加乔夫为首的农奴起义时,他在第九芬兰师任检察长,这使他对广大农奴的悲惨生活和起义军的斗争目标,有了更为明确的认识。

1783 年,他在《自由颂》的长诗中,激愤地抨击了农奴制的暴戾与黑暗,把君主称作恶魔,号召人民联合起来,把沙皇推到断头台上。

1790 年 6 月,拉吉舍夫的名著《从彼得堡到莫斯科旅行记》出版。该书深刻揭露了沙皇专制农奴制度给人民带来的灾难,他愤怒谴责贵族、地主、官僚是穷凶极恶的野兽,是不知餍足的吸血鬼,他把沙皇看作是俄国最大的罪犯和凶手,他歌颂农民用热爱人类的复仇精神进行勇敢的反抗,推翻暴政,夺取土地。

该书极大地震惊了沙皇政府,叶卡捷琳娜二世在书中许多地方批曰"大逆不道",说拉吉舍夫是"比普加乔夫更坏的叛乱者",下令逮捕,亲自参加审讯。拉吉舍夫在法庭上坚持自己的观点说："把全体农民都从地主那里收回,使他们成为自由民,这就是我的愿望。"①不久,高等刑事法庭以蓄谋叛乱、谋害君主罪,判处拉吉舍夫死刑,以后又改判10年徒刑,流放西伯利亚。

在流放期间,拉吉舍夫完成了他的主要哲学著作《论人·人的死与不死》。在该书中,他从政治哲学观上论证了反农奴制的斗争。

1796年,沙皇叶卡捷琳娜二世病逝,虽颁布大赦政治犯令,但直到1801年,拉吉舍夫才回到彼得堡。

拉吉舍夫回彼得堡后,参加了沙皇政府法制委员会的工作。他仍继续撰写论著,抨击专制农奴制度。这时,拉吉舍夫的思想更趋于成熟。他一方面从经济学的角度深入论证消灭农奴制的必要性,另一方面谴责沙皇颁布的压榨农民的各种法令。他的言行招致了法制委员会主席查瓦多夫伯爵对他进行新的迫害。1802年9月12日,拉吉舍夫服毒自尽,用自己的死发出了对专制农奴制度的最后抗议。他在临终前说:"后代将为我复仇!"

拉吉舍夫把农业看作是生产的基本形式,是人民群众的基本职业,是社会劳动分工得以产生的基础,是工业、商业、国家、政府机构及立法产生的前提。他从自然权利思想出发,论证废除农奴制的必要性及其途径。农奴制是社会生产和经济进步的主要障碍,它对农民、对国家、对整个国民经济的发展都是极其有害的。在专制农奴制度下,种地的农民既没有耕作的支配权,又没有生产的自主权;既没有土地的所有权,又没有劳动产品的所有权。因此,农民对劳动没有

---

① 这里的几处引文,均引自朱庭光:《外国历史名人传》近代部分上册,中国社会科学出版社、重庆出版社1982年,第351—353页。

兴趣。再加上地主的强制手段和暴力,农民干活马马虎虎磨洋工,劳动生产率低下,收成微薄。此外,农民还要遭受劳役租、代役租和月粮制等残酷剥削,农民失去了份地和自己的经济来源,实际上变成为奴隶。这样的农奴制绝不会给农民带来福利,它只会使农民遭受饥饿和死亡。

地主等剥削者是通过掠夺和无偿占有农民的生产物而致富的。只有通过没收地主土地并交给农民使用,才能从根本上消灭农奴制。只有耕作土地的农民才天然具有耕作的权利,只有耕作者才享有"劳动果实"。①

第七节　18 世纪社会主义小结

18 世纪的社会主义,具有如下一些特点。

第一,英国在经历了 1688 年光荣革命以后,奠定了资本主义发展的经济和政治基础,在工业革命到来之前的近一个世纪里,商业和工场小手工业有了长足的发展。由于不存在机器大工业所造成的规模经济,企业规模普遍较小,因此整个社会贫富分化并不十分严重,阶级矛盾也不像工业革命以后那么尖锐,整个社会出现个人奋斗发财致富的浪潮。这就是亚当·斯密在 1776 年发表的《国富论》中那么乐观地相信"看不见之手"的原因。这段时期以《鲁滨逊漂游记》为代表的提

---

① 转引自[苏]M. H. 雷金娜等:《经济学说史教科书》,傅殷才等译,武汉大学出版社 1987 年,第 123 页。

倡个人奋斗的一批文学作品也反映了这一时代的特点。因此,社会主义在18世纪末出现工业革命以前的英国处于低潮,并没有像17世纪时那样出现重要的社会主义思想家和作品。

第二,18世纪的法国由于其落后的封建制度,政府主导的重商主义经济政策,以及一系列错误的内外决策,导致社会贫富差距严重,阶级矛盾尖锐,从而使得社会主义思潮高度集中。这一世纪重要的社会主义思想家几乎都产生在法国。从这个世纪初的梅叶,到世纪末的邦纳罗蒂,主张社会主义或接近社会主义的思想家层出不穷。

第三,从这个世纪开始,社会主义思潮与宗教拉开了距离。由于法国大革命之前的教会过于腐败,不仅仅是社会主义者,凡是正直的思想家都希望与教会以及宗教划清界线。虽然在以后的发展中,社会主义与基督教保持了时断时续若即若离的关系。①

第四,由于法国大革命之前社会严重不平等,不仅是经济地位、财富水平的不平等,还有政治地位、法律地位的不平等。这就使得这个世纪的社会主义思想家格外强调平等,深入探讨了平等的含义,探究了不平等的起源,论证了平等的理由和必要性,寻求了消灭不平等的路径。可以说,对于平等的研究和追求,在这个世纪的法国,有着空前的规模和深度。从此,平等就成为社会主义思潮的核心价值观了。

---

① 宗教与教会其实是有区别的。宗教是一种信仰、一种理念,教会是一个维持和解释宗教的组织。宗教作为一种信仰,不会腐败(除非对"腐败"这个术语作出宽泛的定义);但教会由人组成,是完全有可能腐败的。正是18世纪法国腐败的教会引起当时许多社会主义者对于宗教的怀疑,以至于完全否定宗教。但到了19世纪,又有不少社会主义者开始认可并强调基督教教义中的平等观念与社会主义对于平等的诉求之间的相似性,从而形成了基督教社会主义思潮和派别。

第五，由于首先是梅叶，而后是卢梭的巨大影响，不平等被认为与私有制有着密切关系，私有制是不平等的主要根源。从此以后，消灭私有制，建立公有制，就在很长一段历史时期中成为社会主义追求的主要目标，甚至成为判断一个人是不是社会主义者的基本标准。这种观点在很大程度上妨碍了对实现平等的其他道路的探讨和实践。

第六，在社会主义思想史上，摩莱里第一次详尽研究并明确提出了按计划指导经济的思想。这就指出了在即将到来的大工业时代，与公有制相配套的资源配置方式和经济运行机制。从那时起，一直到20世纪30年代的兰格为止，有不少社会主义者认为公有制必须实行计划经济。而商品、货币和市场被认为是与私有制相配套的，是应当被否定的。

第七，在收入分配问题上，这个世纪的社会主义者与他们17世纪的前辈一样，从追求平等的目标出发，一般都比较简单地要求人人劳动，各尽所能；消费品按需分配或平均分配。因为他们确信，只要人人都参加劳动，同时遏制奢侈之风，就可以有丰富的消费品生产出来，不会出现消费品的短缺现象。

第八，在工作激励问题上，这个世纪的社会主义者也与17世纪的前辈一样，出于对人性的乐观估计，一般也都认为一旦建立了公有制，实行了按需分配或平均分配，人的私欲就会收敛乃至消失。因此各尽所能是必然的。

第九，在政治体制方面，意见分歧比前两个世纪要明显，既有倾向于贤明领导人集权统治的，也有反对君主制、终身制和世袭制，主张领导者民主选举，实行以法治国的。主要是卢梭提出了"社会公意"概念，要求人民有选择领导人的权利，要求领导人必须按照"社会公意"进行统治。但是他没有深入考虑"社会公意"应当如何表达，人民应当如何选择领导人，领导人应当如何了解"社会公意"等问题。

第十，平等派的巴贝夫和邦纳罗蒂的实际革命活动和事后对于革命活动的理论总结，对下个世纪法国布朗基的革命活动有重大影响，并且通过布朗基进一步影响俄国的布尔什维克。他们与其同伴的革命活动，使社会主义从主要是一种思潮和理想，大规模转变成为实现这种理想的实践。

18世纪法国勃兴的社会主义思潮，到了19世纪以后又继续发酵，并影响19世纪上半期正开始进入工业化社会的德国，并对已经进入工业化行列的英国、法国的一些重要思想家产生影响。同时，通过德国的社会主义思想家，19世纪后期开始工业化的俄国也受到了社会主义思潮的影响。

第四章

19世纪英国社会主义

19世纪工业革命首先发生在英国,尔后在欧洲各国相继发生。工业革命所带来的产业结构、社会结构的重大变化,一时间造成社会财富和收入分配的巨大鸿沟,导致社会矛盾的急遽激化,社会主义思潮因此得以广泛发生,迅速扩散,产生了19世纪初期英法德等国一批著名的社会主义思想家和实践家,如英国的罗伯特·欧文(1771—1858)、托马斯·霍吉斯金(Thomas Hodgskin,1787—1869),法国的克劳德·昂利·圣西门(1760—1825)、沙利·傅里叶(1772—1837)、埃蒂耶纳·卡贝(1788—1856)、德奥多·德萨米(1803—1850)、路易·奥古斯特·布朗基(1805—1880),德国的威廉·魏特林(1808—1871),等等。他们的共同之处就是批判当时的资本主义社会,要求实现公平的收入分配。同时,他们也具有各自不同的特点。他们共同为19世纪中后期马克思主义的形成和广泛传播提供了思想准备。

世纪之交的英国,最具有代表性的特征就是产业革命。这一点可以从以下史实中清楚地看到:1700—1770年英国海外市场增长远远快于国内市场,1700—1750年国内工业产量年均增长7%,而出口工业品年均增长76%。1750—1770年国内工业产量年均增长7%,而出口工业品年均增长80%。强劲的国外需求,刺激了英国产量的增长和技术进步。1760年以前的100年中,每10年授予的专利数,除了一次达到102件,其他都是在最低22件(1700—1709)和最高92件(1750—1759)之间。而随后的30年,从18世纪60年代的205件增加到70年代的294件,再增加到80年代的477件。

　　与这些综合性的数据相对应的具体事件按时间排序有：1733年，约翰·凯伊发明了飞梭，使织布效率提高了两倍，结果使纺纱部门不能充分满足需要。1760年，苏格兰卡伦铸铁厂开始使用高炉。1765年，詹姆斯·哈尔格里夫斯（约1720—1778）发明珍妮纺纱机。1768年，理查德·阿克赖特发明以水力为动力的机械纺纱机。1769年，瓦特（1736—1819）制造出单动式蒸汽机。1779年，塞缪尔·克朗普顿综合上面两人的优点，发明"骡子"纺纱机。1782年，瓦特制造出复动式蒸汽机。1771年，阿克赖特与人合伙创办第一所现代意义上的工厂。

　　1815年，拿破仑战争终于结束。同年议会通过抬高粮价，维护土地贵族利益的《谷物法》。1832年，英国颁布《议会改革法》，向政治民主化改革迈出了重要一步。1833年，英国全国总工会成立。1846年，英国废除《谷物法》。

　　这些标志性事件表明英国社会在短短几十年的时间里，伴随着一场时间长达20多年的拿破仑战争（1793—1815），从一个普通的农业国转变为世界上第一个工业强国。探讨产业革命中这些事件发生的宏观社会原因和微观个人因素，将是一桩极有意趣的工作，但它不是本书将要关注的重点。本书更加关心产业革命所带来的社会、经济和政治后果。因为正是这些后果对于英国社会主义思潮的再度兴起和广泛传播具有重大影响。

　　英国工业革命可以大体上定位成自18世纪70年代初（以1771年阿克赖特与人合伙创办第一所现代意义上的工厂为标志）起至19世纪40年代末（以1846年英国废除《谷物法》为标志）止，英国社会经历的一场由重大技术进步引发的经济、社会和政治的大变动。关于工业革命的起始时间并没有统一的说法，有三种代表性意见：（1）起自1760

年,该年苏格兰卡伦铸铁厂开始使用高炉;(2)起自 1771 年,该年阿克赖特与人合伙创办第一所现代意义上的工厂;(3)起自 1790 年,该年开始英国经济增长明显加速。法国著名经济史学家保尔·芒图曾经指出,"所谓大工业,首先必须将其理解为一种组织、一种生产制度。但是,它的作用却影响到整个经济制度,从而也影响到社会制度"①。

从技术角度来看,产业革命就是大规模采用机械方法于纺织业和化学方法于冶金业,用人工动力(蒸汽机)替代自然动力(水力和畜力)为生产提供能源,从而导致产业结构和产品种类的巨大变化。工业替代农业成为社会的支柱产业。

从经济角度来看,产业革命就是在资本集中的基础上,用大烟囱为象征的大工厂这种新型的生产组织替代以往的家庭生产和小型手工作坊。值得注意的是,产业革命并不是一次性的事件,而是一个绵延不断的技术进步过程。而每一次技术进步,都往往意味着掌握旧技术的劳动者人力资本的贬值,岗位的丢失,收入的下降。

从社会角度来看,产业革命导致原有的大批手工业者(手工工匠和小业主)破产贫困以及相伴随的新兴工厂无产阶级的兴起。导致人口的城市化和城乡在收入分配上差距的扩大,以及由于贫富悬殊和经济波动而引起的大量劳资纠纷。"在 1780 年至 1840 年之间,英国人民经受了苦难的经历,虽说从统计数字来看,物质条件有可能略有改善……苦难的经历以成百种形式压在他们的身上,对农田劳工来说是失去公地使用权利、村社民主制;对工匠来说是失去手工业工匠师傅的社会地位;对织工来说是失去生计和独立性;对儿童来说是失

---

① [法]保尔·芒图:《十八世纪产业革命 英国近代大工业初期的概况》,杨人楩、陈希秦、吴绪译,商务印书馆 1983 年,第 9 页。

去在家中的劳动和玩耍。对实际收入有所提高的各类工人来说,他们失去的是安全保障和闲暇生活,而且城市的环境在不断地恶化。"①

另外,英国的人口从 1801 年的 1050 万人上升到 1841 年的 1810 万人,40 年时间增加了 760 万人,年均增加约 1.4%。

技术、经济、社会诸方面的巨大变化,引起了在城乡和不同阶级中重新分配政治资源的需要,引起了对政府职能的重新审视。

在上述这些变化当中,对于社会主义思潮的兴起和传播有着直接影响的大概莫过于城市化、集中工作的工业无产阶级的兴起、贫富悬殊和经济波动。

虽然当时的工业工资要优越于农业工资(否则无法解释人口从农村向城市的大规模迁移),但是工人的工作条件是极其恶劣的,与资本家的利润相比较,工人的工资是极其低廉的。工人一般每天要在毫无安全和卫生可言的车间工作 14~16 小时,工厂肆无忌惮地使用五六岁的童工。而工人们得到的仅仅是勉强维持生存的工资,一旦遇到经济衰退,就连这点菲薄的工资也将由于失业而丧失。当时许多有良心的贵族、学者、文人、工厂视察员,甚至企业家都对此有大量的文字记载。工业革命时期英国普通民众生活水平的下降,也为一些统计资料所证实。

英国在世纪之交由于产业结构和社会结构的重大变动所引起的劳动群众尤其是工业无产阶级的贫困化,使得无产阶级与资产阶级的矛盾明显暴露,为社会主义思潮和运动的再次兴起和传播,提供了丰富的土壤。

---

① [英]E. P. 汤普逊:《英国工人阶级的形成》(上、下),钱乘旦等译,译林出版社 2001 年,第 522—523 页。

　　整个 18 世纪,似乎欧洲的社会主义者都集中在法国。只是在荷兰,18 世纪初叶出现了一本类似于托马斯·莫尔《乌托邦》的政治小说《栖瓦楠布人的历史》。与法国社会主义思想蓬勃发展形成鲜明的对照,英国和德国在 18 世纪几乎没有出现一个有名的社会主义思想家。

　　当然也有例外,从时间上看,真正能够称得上英国 19 世纪社会主义思潮先驱的应该是神学家罗伯特·华莱斯(Robert Wallase,1679—1771)。在其 1761 年出版的《形势之展望》或《纵谈未来》中,提出用共产主义制度消除现行社会的缺点。作为一名心地善良、学识渊博的英国牧师,认为只要存在私有财产和个体劳动,社会的罪恶与弊病就不可避免。解救之道只能是按照托马斯·莫尔的意见,实行财产公有和劳动合作,并且以农业为社会的主要职业,以教育为社会的主要责任。不过,他担心社会一旦得到改善,人口将大量增加。因此,共产主义社会最初能够消灭贫困改进人民福利,但最终会由于人口过剩而重返贫困。这种思想影响了马尔萨斯。另一位先驱是英国的托马斯·斯宾士(Thomas Spence,1750—1814),他于 1775 年发表《人的真正权利》,1795 年发表《土地的国有化》,1801 年发表《社会自然状态的恢复者》。他要求废除土地私有制,实行土地国有化,把土地的公有制与私人的使用权相结合。类似主张土地公有的还有英国大学教授威廉·奥吉耳维(William Ogilvie,1736—1813)、政治家托马斯·潘恩(Thomas Paine,1737—1809)。但他们的影响似乎都很小。一直到 19 世纪,社会主义思潮才又大规模重新出现在英国和德国,其中的原因耐人寻味。

　　工业革命结束了整个 18 世纪英国没有出现知名社会主义思想家的历史。许多富有正义感的思想家(突出代表是罗伯特·欧文,还有报人威廉·科贝特、演说家亨利·亨特、出版商卡莱尔等)纷纷对工业革命过程中社会出现的贫富悬殊现象表示了不满,并力求从理论上加以说明和解释这些现象,探求克服这些不良现象的方法和途径。他们中间的不少人,往往被那些对社会主义持狭义观点的人称作是自由资产阶级或者小资产阶级思想家,但是他们对人类平等和个人尊严所作的贡献是不能被抹杀的。

以 1812 年欧文发表《关于新拉纳克企业的报告》为标志,新一代社会主义思想家开始批量涌现,活跃于 19 世纪 20—30 年代。他们在说明这些现象时,往往从李嘉图的劳动价值论出发;在寻找解决问题的方法时又常常从欧文的思想出发,所以他们常常被后人称作李嘉图派社会主义者和欧文主义者。他们中间的主要代表人物有后人所说的威廉·汤普逊、约翰·格雷和约翰·勃雷、"小册子作者"、柏西·莱文斯登、托马斯·霍吉斯金。前三人一般被认为属于欧文主义者,后三个人则一般被认为是李嘉图派社会主义者。

第一节　激进主义者葛德文

威廉·葛德文(William Godwin,1756—1836)是 18 世纪末 19 世纪初英国著名政治哲学家和作家。早年作过牧师,后转变为无神论者。一生撰有多部政治、历史和小说等论著,其中 1793 年出版、1796 年二版、1798 年三版的《政治正义论》是其代表作。以往一般认为葛德文是一位激进的无政府主义者,但也有人认为他是一位社会主义者。其实在他的《政治正义论》中也表现出一定的社会主义倾向。按照宽泛的社会主义定义,把他列入社会主义者也并无不妥。事实上他是18世纪末英国激进主义思潮的杰出代表,对英国后来的社会主义者欧文深有影响,也影响了他的女婿英国浪漫主义诗人雪莱。同时,他的进步主义观点又是刺激马尔萨斯撰写《人口原理》的因素之一。

《政治正义论》的目的是探讨最有利于个人发展和集体福利的政治制度。从整部书的内容来看,葛德文所谓的"政治"实际上是指今天人们所说的社会,所以他实际上考虑的是社会正义问题。

葛德文认为掠夺和欺骗是社会的两大罪恶,它们源于财产严重不均导致的极端贫困和富人的夸耀和专横,而这一切又都是由于立法对富人的偏袒和司法的不公正。为了解决这些问题,他首先对人性展开了探讨。他提出了两个基本命题,一是人的性格来源于外部环境,尤其是政治制度;二是人的自觉行动来源于智力见解。而人的智力是会不断进步的,因此人类社会是可以不断进步的。确信人类一定会永远进步,这是葛德文思想的乐观主义特征。而正是这种乐观主义,遭到了马尔萨斯的非难。

由于看到政治制度对人的性格的重要影响,葛德文从规范的伦理角度研究了对人类幸福最有贡献的法令,以及颁布这些法令的权威。他从定义正义入手展开研究,把正义定义为"在同每一个人的幸福有关的事情上,公平地对待他……就是'一视同仁'"①。但是这种一视同仁并不是绝对平等,那些对社会一般福利更有价值更重要的人应当受到更多的眷顾。他以一场假设的涉及一位主要作家及其仆人的火灾为例,如果只能救出一人,他认为正义要求救出那位对社会有更大价

---

① [英]威廉·葛德文:《政治正义论》,何慕李译,关在汉校,商务印书馆2007年,第84—85页。

值的作家,正义也要求那位仆人做出牺牲。同时他又认为正义要求每个人有义务创造最大限度的一般福利,尽力去为别人做好事。他认为人在肉体上和精神上都是平等的,因此应该给一切人提供同样的机会和同样的鼓励。但是这并不意味着一切人待遇平等,只是应当尽量消除专断的差别待遇。如果一个人拥有比另一个人更多的财产,则按照正义的要求,他应该把这项财产看作是一种信托,并慎重地考虑怎样加以使用才可增进自由、知识和道德。由此可知,他的正义实际上包括两层含义:一是个人行为方面的,即每个人应当增进社会的一般福利,而非仅仅部分人的福利;二是社会方面的,即社会应当按照每个人对社会一般福利的贡献而区别对待,不能绝对平等,更不应该待遇与贡献成反比。

葛德文由个人行为上的正义推论出个人的道德、义务和权利概念。道德就是理性的人出于同情和善心采取的有助于普遍幸福的行动,即不仅要有行善的动机,还要有相应的行动。义务就是把个人能力最好地应用在普遍福利上。而权利则可以区分为积极的与消极的,前者是指个人可以随心所欲;后者则是指个人可以要求别人克制或提供帮助。他否定了积极权利,因为那将可能损害社会一般福利,有违正义。而消极权利是认可一切人都有某种范围内的斟酌行事的自由;他有权利要求别人不予侵犯。而这又是因为没有人可以在任何事情上都绝对正确,可以强迫别人按其意志行事。

从这种消极权利的概念中,葛德文推导出了财产权的基本原则。即所有者要按照道德原则使用其财产,同时其他人无权强夺。他强调所有权问题是政治正义这一建筑物赖以完成的基石。至于确立所有权的原则,他认为如果任何人单独享有某件物品,比别人享有要产生多一些利益和快乐,那他就有权享有这件只供他单独享有的物品。但是必须区分两种快乐,满足身心正常需要的快乐和满足好胜心的快乐,只有前者才是确定理想所有权的依据。根据这一原则,他区分了三个等级的所有权:(1)完全按照上述原则确定的所有权;(2)任何人对自己劳动成果的绝对控制权,即便这些成果有一部分按照上述原则不该归其所有;(3)对别人劳动成果的占有和控制权。他认为第三种所有权与第二种存在直接矛盾,是违反正义原则的,是现代社会许多罪恶的根源。同时第二种所有权也并不完全合乎正义。但是解决的办法不应当是按照上述原则强制重新分配,而应当是通过说服教育,最后由有多余者自愿向短缺者出让。

葛德文指出关于政权的起因有三种观点:(1)强力论;(2)神授论;(3)契约论。他否定前两种观点,认可第三种观点,并对之进行了深入探讨。他对社会契约提出了一系列问题:(1)谁是契约当事人,是社会中的每个人还是他们的代表?(2)约定的形式如何?(3)契约有效期多久?(4)契约包括哪些内容,是否包括以后制订的法律?(5)个人以什么方式表示对契约的认可?默认还是明确申明?

在分析上述问题时,葛德文首先强调,契约在任何意义上都不是道德的基础,道德的基础是正义。而契约只是不得不采取的一种权宜之计。同时,存在两种契约,完全的和不完全的:前者意味着行为结果是完全可预期的,后者意味着可能出现契约所未能预期的结果。而不完全契约是完全不可避免的。因此,如果不完全契约的后果违背了正义,那也是可以否定的。他以神圣的财产权来说明这一点。尊重财产权是因为它能产生更多的幸福。所以,无论什么时候,只要情况显然与此相反,这个原则也就失效。如果我不以强力取之于别人的积蓄,我就得饿死,那么什么东西能够阻止我这样强取呢?如果别人有了非常紧迫而且是刻不容缓的苦难,那么什么东西能够阻止我用严格说来不属于自己的财产来救助他呢？至于在惩罚威胁下被迫订立的契约，就更可以违反了。这样，他就把社会正义放在了评判社会契约的地位上，契约并非至高无上，正义才是最终准绳。

葛德文在否定契约的至高无上后，对于通过社会契约建立的政权的合理性问题展开了探讨。首先，既然政权是以全体人民的名义为全体人民谋福利的，集体中的每个成员都应该对它采取的措施发表意见。其主要理由，一是没有一个令人满意的标准来选择统治者，二是每个人都是有理性的。当然这种参加可以是每个成员通过选举或者委托其代表或者行政官员来做出决策。其次，既然一切的人都有其斟酌行事的范围——这个范围是受别人同样的范围的限制的。那么维持这个限制，和注意没有人超出自己的范围，这是政权的首要任务。最后，由于不可能在所有问题上都实现一致同意，政权不可避免具有强制性，需要有服从和权威。他区分了三种不同的服从和权威，一是个人出于理性而服从政权的权威，二是由于有限理性而建立在信任基础上的对政权权威的服从，三是由于害怕受到惩罚服从政权的权威。他强调不应该把对于政权的信任变成一种盲从，并对这种倾向表示了深刻的忧虑，因为它使个人丧失或者放弃了自己的独立思考。从这一点来看，它甚至不如出于害怕惩罚而表示的服从。然而现实中大量存在以信任为基础的服从，所以政权除非依靠人们的信任，就不能继续存在，正如没有无知也就不能产生信任。

政权的真正支持者是那些软弱而缺乏知识的人，不是那些聪明人。政权的存在是由于少数人的错误和邪恶，而它的维持则依靠许多人的幼稚的盲目的信任。最后，他主张通过普遍一致的赞同来决定一个国家的政体。他相信存在一种普遍适用的最优政体。至于实现这种政体的方式，主张通过改革而非革命，因为革命是激情的产物，不是清醒而冷静的理性的产物。尽管提出了实现政权合理性的种种条件，他对政府始终怀有一种深深的疑虑。他的理想状态是每一个人都能有足够的智慧来管理自己，而不需要任何强制束缚的干预。并且，因为政权即使在最好的形态下也是一个弊害，所以我们所抱的主要目的就应该是：在人类社会的普遍和平所能允许的情况下统治得越少越好。而政权只能有两个合法的目的，即在社会内部制裁个人的非正义行为和共同防御外来侵略。这些论点使他被后人认为是无政府主义的先驱。

葛德文强烈反对政府侵犯个人思想自由，认为没有任何事情比企图用权威的命令强使人民接受共同见解更没有道理的了。而真理和美德，像商业一样，在最不受权威和法律的错误保护的时候才能得到最大的繁荣。为此，他甚至反对设立诽谤罪。他还反对由政府控制国民教育。他的基本信念是在人类社会本质中存在着一种因素，使得一切事物都会自然趋于平衡，越少人为干预，越能顺利发展。这些论点表明他具有很强的自由主义倾向。

葛德文进一步比较分析了各种不同的政体。首先，他强烈谴责君主政体，认为君主政体基本上是一种腐败的政体，而全世界公认，一切国王本质上都是暴君，一切国王不可避免地必然都是人类公敌。之所以如此，是因为一种政体是否合格，最正确的标准是它了解情况的范围及其准确程度。而君主政体由于存在大量假仁假义的贪官污吏，即便君主具有高贵的品质，也不能保证君主能够准确了解国家的情况。所以君主政体不适宜于统治大国。《政治正义论》第二卷的第五章论宫廷和大臣、第六章论臣属和第七章论选举产生的君主政体中，深刻地揭示了君主政体由于今天人们所说的委托代理关系所导致的信息不畅通和等级关系所导致的负面激励，而出现的种种虚伪、肮脏和腐败,对君主政体展开了尖锐辛辣无情的批判。

其次,他分析批判了君主立宪政体和拥有绝对权力的总统制,前者是因为它低效,后者是因为它把任何关系到公众的事务交给一个人随意处理。而总统的工作就应该限于议程而绝不应包含着专断地选择和实现他的个人决定。

再次,他同样批判了贵族政体,认为和君主政体一样,两者都会制造社会的统治者和被统治者之间的利益对立,而在促成狭隘、自私行为上,君主政体和贵族政体实在提供了最为巨大的动力。他批判了构成君主政体和贵族政体基础的世袭制,人的出身并不能带来什么出色的能力和优秀的品德,高贵的出身反而会使人缺乏发奋努力的动机。贵族政体有两个主要特点,即特权和严重的财富垄断。并且贵族政体不折不扣乃是凭借政治制度的干预而使人类的不平等更加固定和更加明显的一种结构。而这是违反正义的。

最后,他指出了民主政体的局限,同时又充分肯定之。民主政体下固然可能出现少数蛊惑者利用大众的情感蒙骗公众谋取私人权利和利益,同时多数人也可能强制少数人。但民主政体还是要比其他政体更好,尤其是代议制民主。因为代议制民主既能获得贵族政体的许多假想的好处,也能获得民主政体的许多实际的好处。民主政体不易发动侵略战争,最多只会自卫。有趣的是,他虽然赞同民主政体,但是对现实生活中的两院制却非常不满,认为它违反理性和正义,会导致国家的分裂。对国民议会也持否定态度,因为它导致虚假的一致,决策迟缓。同时,他对于立法权和行政权的分离也深表怀疑,并指出行政权将越来越大而立法权将越来越小。由于对各种政体都持一定的批判态度,他往往被误认为是一个无政府主义者。其实,他并不无条件地主张无政府状态,无政府状态是一个寿命不长的祸害,其问题主要是会危害人身安全,但与专制政体能够长期压抑个人思想自由相比,危害未必更大。因为无政府状态启发人们的思维并迫使整个社会生气勃勃和充满进取精神,虽然它不以最好的方式来实现这一点。而短暂的无政府状态的结局如何,则取决于人类的知识进步。

关于实现理想政体的方式,葛德文着重剖析了暴力反抗权、革命和政党。政权总是有缺陷的,因此在什么条件下暴力反抗才算合理,是一个至关重要的问题。暴力使采取暴力的人和遭到暴力的人都会堕落。使暴力反抗合理的条件就是采用暴力干预所产生的好处要大于避免采用所产生的好处。他基本上对革命持否定态度,理由是革命通常妨碍自由。革命是由对暴政的憎恶激起的。但是,它本身的强暴也不是没有更坏之处的。没有比革命时期更同自由的生存不相容的了,企图追究人们的思想,加以惩罚是所有专制主义当中的最可恨的,然而这种企图正是革命时期的一个特征。同时,革命也往往中断人类赖以获得最大进步的耐心思索和研究,革命还会使社会充满愤怒和复仇的感情,散播互不信任,破坏人类社会的亲密联系,阻碍科学的正常发展,搅乱自然和理性的进程。所以他提出,一个真正的政治家的责任是,即使不能完全阻止革命,也要推迟革命,革命发生得越晚,政治上的利弊的观念事前被了解得越普遍,革命所带来的害处就会为时越短,为害越少。他不仅反对革命,对各种政治团体也持反对态度,认为一切政治团体都有以部分代替全体的倾向,会妨碍团体内的人独立思考,会在社会中造成纷乱和骚动。他更反对政治暗杀。

作为世纪之交的思想家,《政治正义论》表达的思想,溯上继承了洛克所开创、斯密所张扬的自由主义传统,以及边沁的功利主义传统;往下则为19世纪的几种思潮奠定了基础,几乎可以说预示了即将到来的19世纪各种思潮。他关于社会正义的观念以及对政府功能的规范分析是 18 世纪英国边沁功利主义思潮的进一步发展,对 19 世纪英国功利主义的发扬光大起到了推进作用。他对政府作用的实证分析,对政府的深深怀疑,以及对社会自发力量的信任,表明他继承了洛克开创、斯密发展的自由主义传统。关于积极权利和消极权利的区分很可能孕育了以后关于积极自由与消极自由的区分。同时对现实生活中存在的政府所表现出的深刻厌恶以及对各种政体的批判,为无政府主义(也可以看作是广义社会主义的一个特殊分支)培育了思想萌芽,使他被认为是无政府主义思潮的源头。对现实生活中民主体制的批判表明他是现代公共选择学派的先驱。关于正义优先于契约的观点,关于三种等级所有权的观点,蕴涵着在一定条件下否定私有财产的合理性,为反对占有别人劳动的社会主义提供了论证,为后来的社会主义者否定私有制的主张埋下了伏笔。他关于人性取决于环境的观点,关于人类有无限进步的可能性的观点,也同样成为社会主义思想的重要来源。

第二节　霍尔与欧文

查尔斯·霍尔(C. Hall,约 1740—1820)是一位英国的内科医生,也许是由于职业的缘故,他看到了劳动人民在工业革命时期所遭受的痛苦和退化。1804 年,《文明的影响》出版,书中认为文明就是牺牲大多数人的幸福而使少数人能够肆意享受。他接受斯密关于资产阶级与无产阶级相互冲突的观点,强调了富人与穷人的差别,认为富人的财富形成他们的权力,而穷人则被迫出卖劳动力,所谓的劳动合同其实是一种骗局,因为穷人只能在饿死和被奴役之间进行选择。他是第一个企图用统计数字来说明收入分配不公平的社会主义者,估计穷人只能得到其劳动产品的一小部分,约为1/8。富人的财富是导致国与国之间战争的主要因素。他反对工业和商业,认为它们是剥夺穷人的主要产业。人们应当反对穷富之间的不平等,主张土地国有,并发给穷人耕种。资本主义是一种无法改善的制度,只能完全废除。

罗伯特·欧文(Robert Owen,1771—1858)是19世纪初期英国社会主义者的先驱,他不仅是一位社会主义思想家和实践者,同时也是一位成功的企业家、慈善家和社会改革家。1771年,他生于英国北威尔士一个小店主家庭,只读完初级小学,9岁开始在威尔士一家商店当学徒,10岁到伦敦求职。16岁时来到曼彻斯特,一边当商业雇员,一边刻苦自学,参加了当地的文学和哲学学会,并参与协会刊物的出版工作,还做过关于社会、经济问题的报告。1789年,他成为一家有40名工人的工厂的股东,后来独立经营纺纱厂。1791年,曼彻斯特一位外国厂主发现了欧文的组织才能,请他管理一个有500多人的大厂。

欧文充分发挥了自己的管理经营才能,改进生产过程,提高管理水平,取得很大成功。四年后他在曼彻斯特与人合伙创办一家公司,包括四个大纺织厂、一个大机器制造厂、一个农场。不久他又出售了这家公司,离开曼彻斯特,专事领导一个名叫新拉纳克的企业,这时他才29岁,时间是1800年1月1日。

欧文接手管理新拉纳克时,那里是英国产业革命初期社会状况的一个缩影,集中反映了工业革命和工厂制度给工人阶级带来的苦难。这里集中了失去土地的农民、饥寒交迫的爱尔兰人、破产的手工业者、流浪汉、贫民,以及来自孤儿院的儿童。这里工作时间长,劳动强度大,工资水平低,生活环境差。他决心改善这里的悲惨局面,既要使企业盈利又要改善工人的生活状况,为此采取了一系列改良措施,把工作时间缩短为每天 10 小时半,禁止不满 9 岁的儿童工作,提高工人工资水平,同时在厂区商店以批发价向工人供应优质消费品,价格比市场便宜 1/4。此外,还改善厂区环境和工人居住条件,扩大了公园和广场,拓宽街道,设立公共食堂,创办互助储金会,设立保险机构和医院,发放抚恤金。他创办了幼儿园和模范学校。其中最重要的改革是对新拉纳克 1—10 岁的儿童实施免费义务教育。这在当时是非常激进的改革举措。

经过欧文近 30 年的努力,新拉纳克成为一个模范移民区,消灭了酗酒、刑事犯罪、贫困救济、宗教争端和仇视心理,同时也使新拉纳克的股东们赚取了丰富的利润。他因此名扬各国,博得了慈善家的称号,引起了许多社会上层人士的关注,甚至君主、亲王、大主教等社会头面人物也纷纷从各国前来参观访问。

除了在新拉纳克从事经营管理工作之外,欧文还积极参与其他与工业和工人阶级有关的社会活动。1815—1816 年,英国经济衰退导致严重失业问题,一批社会名流成立了救济委员会。他参加了该委员会并写下了《致工业和劳动贫民救济协会委员会报告书》,提出要广泛建立兼营工业的农业合作公社以消灭失业,提出"人道的工厂立法"的思想。他亲自到英国的许多工厂区进行调查研究,了解关于成年工人、女工和童工的恶劣劳动条件及贫困生活,并以此为根据,积极争取议会制定工厂法和工作日法。经过他 5 年的努力,英国议会于 1819 年通过一项法案,禁止雇佣 9 岁以下的童工,规定 18 岁以下工人每日工作不得超过 12 小时。

19 世纪 20 年代是欧文由慈善家变为社会主义者的转折点。1820

年,他完成了《致拉纳克郡报告》,报告中提出了关于理想社会的一系列观点。1823年,他写下了《关于在都柏林召开的几次群众大会的报告》,更加具体地提出了用建立共产主义移民区来消灭贫困的办法。在管理新拉纳克时期,他发现企业的收入远远超过他有权从劳动的工人那里取得的收入,从而产生了由工人在支付资本利息的条件下来管理企业的思想,只是由于其他股东的反对而未能实行。这可以说是劳动雇佣资本主张的先驱。

欧文不仅设计了未来理想社会,而且还付诸实践。1824年,他带领4个儿子及一些信徒一起去美国的印第安那州买地建立一个示范性的公社——"新协和"。公社实行财产公有,权利平等和义务平等。每人按年龄不同获取食物、衣服、住宅和教育。公社维持了4年,由于许多成员逃避劳动,不能和睦相处,无法实现自给自足,再加上个别人的贪婪欺诈,终于破产。"在罗伯特·欧文创办的新和谐公社(New-Harmony)里,社员工作敷衍了事,产品质量毫无保证;但是娱乐活动却相当丰富。"①关于公社的破产,也有人认为是由于人数过多,不重视农业,内部分配实行平均主义。这使他丧失了全部财产的4/5——4万英镑。

1829年,欧文重新返回英国,积极投入并指导当时在工人阶级中普遍展开的合作社运动。一时间各种生产合作社、消费合作社相继出现。虽然这些合作社很快就几乎全都失败,但是它们为以后的合作化运动扎下了最初的根基,并且消费合作社后来成为英国工党的重大力量源泉之一。1833年10月,他主持了英国工会第一次代表大会,该大

---

① 　[法]乔治·索雷尔:《论暴力》,乐启良译,上海人民出版社2005年,第189页脚注。

会使全国各工会联合成一个总工会,他当选为主席,成为当时英国工人运动的领导人。但由于他在组织合作工厂和劳动公平交换市场活动中的失败,同时全国工会两年后由于外部压力和内部纷争而终结,从 1835 年起,他的影响逐渐下降,他与工人运动也渐渐疏远,没有投入 19 世纪 30 年代中期开始的宪章运动。1836 年,欧文出版《新道德世界书》,陈述了共产主义的生产和分配原则。1839 年,他发表《罗伯特·欧文论婚姻、宗教和私有财产》,提出私有制、宗教和现行婚姻制度是妨碍社会改造的三大障碍。不幸的是,他这种否定宗教的观点摧毁了他的影响。1848 年,他散发了许多宣传自己主张的小册子,次年又出版《人类思想和实践中的革命》,概述他各方面观点。晚年他从事毫无结果的唯灵论研究。1851 年 5 月 18 日是他 80 岁大寿,他发表了演讲,马克思也出席了这次演讲会。1857 年,他开始出版两卷本的自传。1858 年,欧文在 86 岁高龄去世。

欧文的社会主义思想和管理思想的基石是人性可塑论与天分差异论。他承认人生来就具有谋求幸福的欲望,这种欲望是他一切行为的基本原因,这便是人的利己心。但他否定人性本恶的观点,认为就目前表现出罪恶的种种性格而论,过错显然不在于个人,问题在于培育个人的制度有缺点。消除那种容易使人性产生罪恶的环境,罪恶就不会产生。人的性格是由外部环境或条件决定的。因此只要人的利己心受到正确知识的指导,就会做出高尚的利他的行为。人性可塑论成为他主张公有制的论据,也是他在企业中实行不惩罚员工,只是通过改变工作和生活环境来改变员工工作态度的人性化管理的论据,还是他格外重视教育的论据,每一个要求治国有方的国家应该把主要注意力放在培养性格方面。因此,治理得最好的国家必然具有最优良的国家教育制度。

欧文的天分差异论是指每个人天生的体力和脑力是有差异的。他自称从未主张在人类中间有可能存在体力上和脑力上的平等,人世间正确和合理的新制度下的平等是条件或环境方面的平等。天分差异论使他形成了反对竞争主张合作的思想,因为任何两个有机体都不是完全相同的,所以在任何两个人的竞争努力之间,都不可能有公正的比较。进行这种竞争会使获胜者产生虚荣,而使失利者产生妒忌和仇恨。

欧文的社会主义思想主要有以下两点。

1. 批判资本主义

欧文对资本主义的批判不仅从伦理角度出发,还从政治经济学的角度出发。他接受李嘉图的劳动价值论,认为体力劳动是一切社会财富的源泉和标准,因此劳动者有权享用全部劳动产品。同时他又看到,工人实际上得到的只是他所创造的财富的一部分,其余的部分正是资本家利润的源泉。资本主义社会中工人的贫困并非工人人口过多的结果,而是不合理的分配所致的。由于机械科学和化学科学的发展,英国资本家阶级所使用的机械等于无数的人造劳动力,这些人造劳动力自然要排斥工人,使工人难以找到工作,导致大量失业的存在。而且机器的使用提高了工人的劳动强度,同时又大大压低了工人的工资,因为机器使得工厂主不仅可以雇佣成年男工,还可以雇佣女工和童工。他在1815年写下的《论工业体系的影响》一文中揭示了工厂制度为劳动群众带来的种种苦难。

欧文在经历1815—1816年英国经济危机和1825年欧洲普遍过剩的经济危机之后,分析了经济危机的原因,认为这是生产普遍过剩导致的灾难。而过剩之所以出现是由于拿破仑战争的结束导致市场需求下降，是由于人为的、荒谬的金银币制，政治家和议员的愚蠢行为，是由于劳动者未能得到充分的报酬所致的。危机是资本主义生产迅速发展而市场需求却由于收入分配不合理而无法同步增长的结果。他对于经济危机原因的分析，与当时马尔萨斯的观点接近，启发了100多年以后凯恩斯对经济萧条的有效需求分析。

欧文对资本主义的批判直接触及资本主义的基础：生产资料私有制，这是他与同时代另外两位社会主义者圣西门和傅立叶的一大区别。另两位虽然批判资本主义的种种罪恶表现，但并不主张消灭私有制，而是主张在一定条件下保留私有制。欧文则坚决认为私有制是万恶之源，是各国阶级纷争的根源，是人们所犯无数罪行和遭受无尽灾难的原因。它使穷人贫困、饥饿、无知和失业，使富人成为贪婪的衣冠禽兽，使人们普遍道德败坏。它还是人类在历史上历次战争屠杀的根源。鉴于这些认识，他坚决主张消灭私有制，建立公有制社会。

除了批判私有制之外，他对货币制度也进行了抨击，在货币通用后的若干世纪中，货币有不少方便之处；但是后来，货币产生了弊端，而且远远超过它所带来的好处。现在，货币成了最粗暴的不公正的工具和压迫人的手段，特别是在那些自称最文明的民族中。现在，货币成了一种最流行的欺诈工具。富人们利用货币从那些靠艰苦劳动创造最宝贵财富的人手里诈取这种财富，货币还被利用来使社会上那些且不说是最有害的成员，至少也是最无用的成员得以积攒财富和享用财富。而在未来财富充足的公有制社会中，货币是毫无用途的。他还指责劳动分工和市场竞争，认为劳动分工和利益分占将导致贫困愚昧、利益冲突，而竞争是极其缺乏理智的。总体上看，他观察到英国工业革命初期自由放任（尤其是对劳动市场的自由放任）市场经济的种种弊端,并把这些弊端归咎于私有制基础上的竞争性市场和货币经济,因而对私有制、竞争、货币采取了尖锐的批判态度。

资本主义社会中的宗教不过是维护私有财产的宗教,而婚姻制度也不过是维护私有财产和谋取私有财产的方式。它们和私有制一起,构成了改造社会的三大障碍,因此都应被消灭。

欧文对资本主义的政治制度也进行了全盘否定,认为无论是专制、君主立宪制、寡头统治、贵族政体、共和政体或民主政体,都不能给普通人民带来幸福,都应一概扫除。

值得指出的是,虽然欧文对资本主义的批判比他同时代的其他人都要严厉,但是他并不主张阶级斗争,更不煽动阶级仇恨,而是相信富人和穷人,统治者和被统治者,实际上只有一个利益。1819 年,他在向工人阶级演讲时说:甚至对那些因为目前的制度的错误而成为你们最伟大的压迫者和你们最恶毒的敌人的愤怒,也没有任何理性的基础。

2. 全民教育、工厂立法、合作社、公平市场和公社制度

欧文对早期资本主义弊端的解决思路,有三个层次。首先是对既有的状况实施一些补偿性的改良措施,然后是对经济基础进行过渡性的改良,最后是建立理想社会。

在补偿性的改良措施方面,欧文最重要的主张是制订针对全体贫民与劳动阶级的教育法案。大多数人贫困是因为他们没有受到应有的教育。因此应当由政府出资进行全民教育,教育的内容则考虑劳动市场的职业需求,在私人部门不能充分吸纳劳动人口时,由政府公共部门去消化,尤其是道路等交通设施建设。这可以说是现代人力资本理论的先驱,凯恩斯主义的先驱。针对当时工厂制度出现的滥用童工,过长

的工作日等弊端,他主张通过法律来限制使用童工和缩短工作日。他还主张废除国家彩票,修改济贫法,因为济贫法公开鼓励懒惰、愚昧、浪费和放荡的行为,而不鼓励勤勉和良好的行为。

在过渡性改良方面,欧文主张通过改造生产活动和交换活动的两大措施来完成向理想社会的过渡。对于生产活动,他主张组织合作社来进行;对于交换活动,他主张根据劳动公平交换的原则来组织市场。1833年,他组织领导了全国生产部门大联盟,开展生产合作运动。要使劳动者的成果不为他人占有,联盟应当自己管理生产,把工厂制度作为社会变革的起点,通过合作社这种过渡措施,最终实现公社制度。联盟的主张受到广大工人的热烈拥护,几个月内其成员就达到几十万人,合作社得到迅速发展。但这一发展势头遭到资产阶级政府的打击,联盟被宣布为非法,其成员被逮捕,资本家则采取同盟歇业的手段打击联盟,强制工人不得参加联盟。结果联盟被迫于1834年宣告解散。

为了改造流通领域,欧文于1832年成立了劳动公平交换市场,其主要业务是发行劳动券,办理流通纸币兑换劳动券的手续,收进和让出合作社及个人的劳动产品,同时收取1/12的手续费作为市场管理费用。在交换过程中按照公平原则即等量劳动相交换的原则。市场工作人员对生产者交来的劳动产品按其包含的劳动量进行估价定值,然后换取等值的劳动券,其面额有1小时、2小时、5小时等。人们可以用劳动券在公平交换市场换取等值的各种商品,市场工作人员在对产品包含的劳动量进行估价时,要考虑原材料成本和劳动消耗,要考虑复杂劳动与简单劳动的折算。

劳动券的设计反映了欧文的货币思想,作为价值尺度和流通手段的劳动券,应当具有的特征是自身价值永远不变,同时其数量可以随实际财富数量的增减而方便地增减。出于对传统货币金银的厌恶和对劳动价值论的认可，他决定用反映和代表劳动时间的劳动券来作为价值尺度和流通手段，当然他也清楚地知道，用劳动券作为交易媒介，其前提完全取决于毫无条件地遵守诚实和正直的原则，即每个人都能够如实地汇报自己生产产品所花费的时间，并尽可能缩短这一时间。而这种情况在每个人都通过教育具备了诚实和正直的品格时自然会出现。但是如果教育不能改变大多数人的自利心，就会有人虚报货物的生产时间，他们就可能占老实人的便宜，那么劳动券的设想就难以成功了。进一步考虑劳动券是见货即付，并不考虑也不能够反映社会对某种产品的需求，因此时间一久，无人需要的货物就会充斥公平交换市场，而这些货物所换得的劳动券却依然可以换取其他货物。所以它的失败就是必然的了。

劳动公平交换市场得到工人和合作社的拥护，初期促进了合作运动的发展，解决了合作社的原材料供应和产品销售问题。但它那种由市场工作人员人为估算商品价值的做法，单纯考虑其成本消耗，不考虑产品需求的估价方法，虽然使产品销售者免除了销售风险，但却无法使自己摆脱销售风险。公平市场在勉强维持两年多后，终于在1834年关闭。

欧文把合作社和劳动公平交换市场当作向未来理想社会的过渡措施，把生产资料公有制当作未来理想社会的基础，强调除个人日常用品之外的一切物品都变成公有财产。在公有制的基础上，将消灭阶级差别，不再有占据生产资料从事剥削的阶级，像工厂主、银行家、商人、收租者、食利者等依靠占有生产资料而剥削工人的各阶级，在新社会将不再存在。公有制实行联合劳动、联合消费、联合保有财产和特权均等的原则，由800人到1200人组成的公社为基层组织。公社实行生产资料公有、权利平等、言论和行动自由（包括退社自由）、按需分配的制度。

欧文对公有制和按需分配的提倡，建立在两条信念的基础上：（1）在公有制的基础上，生产力将大大提高，产品将迅速增加。他一方面认可马尔萨斯关于人口总是要适应所生产的食物的观点，另一方面则坚信人类生产食物的能力是无限的。（2）通过普遍正确的教育，人们也将不再有欺骗动机，因此完全可以实行按需分配。在公社中，由于公有制代替了私有制，人们工作的动力将发生变化，追求私有财产不会永远是人们工作的激励，促进人们的普遍幸福将成为人们工作的新动机。人们将形成新思想、新道德、新的行为方式。同时各种工作都将分配给各种年龄和各种专长的人，每个公社成员与其同龄人享有平等的权利和义务，但不同年龄组的成员则享有不等的权利和义务。由于每个成员都尽其所能从事劳动，再加上机器带来的高效率，使物质产品极大丰富，同时生产的产品一概放入公共的仓库或货栈，人人都可以按自己的需要去领取产品，所以公社内部的分配机制是各尽所能，按需分配。

欧文认为每个公社都应成为工农商学相结合的大家庭，内部没有失业，也没有游手好闲者。机器的使用将不再引起失业的增加，因为生产的目的是直接满足需要。机器导致的后果一是大大增加产品产量，使人们享有日益增多的物质产品；二是大大缩短劳动时间，使人们每天只需工作 4 小时或 6 小时。由于每个公社都同时经营工农商学，故城乡对立、脑体对立、工农差别都将归于消灭。内部也不存在交换关系，可以大大节省费用。有时他又设想过一种可以称作行会公有制的未来社会，要使与某种生产有关的一切部门，比如与服装生产有关的成衣匠、靴匠、制帽匠、时装裁缝、女大衣裁缝组成一个公司。各种不同的生产部门都将按这种方法组织起来。这些不同的部门同设在伦敦的全国总机关保持联系,成本和收入方面的一切账目都据实公布。

公社与公社之间则仍然存在交换关系,交换的原则是等劳交换,即相互交换的产品包含相等的劳动量。由一个票选组成的计价委员会确定产品的价值。各个公社都应当定期向总部设在伦敦的总管理处汇报自己多余的产品和需要调入的产品,而总管理处则有偿地向所有公社通报,然后就由各个公社自相交换调剂余缺。

由此可知,他所设想的并不是那种由一个高度集权的中心通过事先制订的计划控制一切生产交换分配消费的公有制社会,而是一种以基本上自给自足的公社为基本社会单位,同时适当通过市场调剂余缺的公有制社会。

公社的内部管理是高度民主的,其最高权力机构是全体社员大会,讨论决定公社的一切重大问题,按照 3/4 多数的原则修改公社法规和 2/3 多数的原则决定其成员的接纳和开除。公社的常设领导机构是由社员大会选举的总理事会。总理事会的成员分为管理内部事务和管理外部事务两部分,分别受到年龄的限制,不搞终身制。内部事务包括生产、分配和生活、教育。外部事务包括对外联络、接待其他公社的来访和出访其他公社、交换产品、交流发明发现和改进工作的情报、参加公社联盟的工作。

通过在北美建立移民区来实现理想社会,是从 18 世纪以来不断有人尝试的实验。到 19 世纪上半期仍然有人不断尝试:康拉德·贝西埃尔于 1732 年成立幼发拉底村社,杰米纳·威金逊于 1780 年成立耶路撒冷村社,修女安娜于 1786 年成立黎巴嫩村社,乔治·拉普于 1805 年成立和谐公社,罗伯特·欧文于 1825 年成立新和谐公社,埃蒂耶纳·卡贝于 1848 年成立伊加利亚公社。但 19 世纪中期以后,这类尝试似乎是结束了。这也许与大工业的兴起有关。农业生产的特点往往是区域性的,似乎可以在一个有限的区域内尝试理想社会的实践;而大工业复杂的多方面的分工交换关系,使得在一个局部区域建立理想社会成为不可能。

欧文主张思想自由、信仰自由、宗教和谐和立法自由。

在未来的公社制度下,婚姻不再建立在财产和宗教的基础上。男女双方享有同等的权利,爱情不需要任何人的束缚,婚姻完全以爱情为基础,恋爱自由、结婚自由、离婚自由。男女双方只要在结婚登记簿上签名就表示成婚,双方在离婚登记簿上签名就表示离婚。若仅有一方提出离婚要求,则双方需继续同居 6 个月,尔后若一方仍坚持离婚,则按上述手续离婚。由于孩子由公社统一照管,父母离婚不会给孩子造成不良影响。

至于如何消灭资本主义,欧文主张采用非暴力的理性措施,具体做法则是向各国的统治者进行呼吁,希望由他们来保护穷人的利益,改善穷人的困境。再就是由他本人从事一系列的实验活动,通过这些实验活动来探索新社会的组织方式。同时承认现存的私有财产神圣不可侵犯。他认为新建立的公有制公社将显示出相对于私有制的优越性,并能够创造出大量的财富,从而使得私有制自然消亡。新制度可以在现有的国家体制内逐步实现,不需要暴力和革命。任何突然和强制的举动纵使用来解除人类的痛苦,都会被证明是害多利少的。革命只能产生并引起一切仇恨和报复的邪恶情欲。人类是无法用暴力获得进步和理性的。这种渐进改良的思路,源于富人与穷人、统治者与被统治者实际上利益是一致的。随着公社制度的普及,政府将逐渐消亡,其职能将逐步由公社管理部门替代。而且这种公社制度将超越国界,发展到全世界,最终使世界成为一个具有共同利益的伟大共和国。而这整个改良过程,最好是在已经被说服的现存统治者的领导下进行。

除了作为社会主义的思想家和实践者,欧文还是一位成功的企业家,在管理学方面也做出了突出的贡献。在管理新拉纳克时,他从人性可塑论的观点出发,推导出今天人们通常所说的人性化管理,反对单纯用惩罚来约束员工。他晚年在其自传中谈到,有两种管理职工的方法,第一种方法是同那些必须努力摈弃坏环境的职工进行斗争,必须不断地找他们的茬子,使他们经常处于抱有敌意和恼怒的心理状态——使他们许多人以盗窃罪受审,使一些人身陷囹圄和流放异乡,并在那个时期使其他一些人被判死刑。第二种方法,那就是必须体谅这些实际上处境不幸的人,他们耳濡目染四周的有害环境,逐步变成目前这个模样,对此,只有社会应当负全部责任。必须改变这些有害的环境,代之以良好的环境,用可以由优良环境造成的优良品性来代替低劣环境所造成的低劣品性。除了实行人性化管理之外,欧文还设计了一整套及时反映企业生产活动信息的制度,实行了科学化的管理。

欧文的主要贡献在于指出了早期资本主义的弊端,提出了社会主义的解决方案。虽然由于他对于人性过于乐观的估计,对于分工、竞争、货币等市场机制以及私有制的正面功能的过低估计,他所设想的公有制实践失败了。但是他关于教育能根除贫困,主张全民教育的思想是当代人力资本思想的重要源泉。他对于社会制定劳动保护(如限制使用童工、确定最低工资、改善劳动环境)的工厂立法功不可没,19世纪初期在他推动下制订的工厂立法,虽然作用非常有限,但毕竟是对于自由放任理念的第一次有力冲击。他从需求角度对于经济危机原因的宏观角度的分析,也反映了他超前的睿智。最后,他在工业革命初期就形成的管理理念和管理实践,具有远远超越他那个时代的重要价值。

第三节　欧文主义者

　　欧文主义者泛指那些信奉并追随欧文的人。他们在 19 世纪初期发表论述,进行实践,力图阐明欧文的思想,实践欧文的主张。除了本节下面介绍的三位之外,还有乔治·缪迪(生卒情况不详),他推动了英国的工人合作社的成立;埃布勒姆·库姆(1785—1827),他在英国本土建立第一个共产主义公社;约翰·明特尔·摩根(1782—1854),他于 1819 年出版小册子《论欧文计划的实际意义》,于 1826 年出版《蜜蜂的革命》,以比喻方式说明了私有财产的出现,于 1834 年出版《19 世纪的汉普顿》;托马斯·娄·埃德蒙兹(1803—1889),他毕业于剑桥大学,于 1828 年发表论文《最能使个人幸福和国家富强的实用、道德和政治经济》。由于这些人的论著都未见中译本,所以就不再详细介绍。

一、汤普逊

　　威廉·汤普逊(William Thompson,1785—1833)生于爱尔兰一个富裕的地主家庭,曾在都柏林大学、牛津大学和伦敦大学受到系统和全面的教育。在伦敦大学读书时,他认识了边沁并成为其终身信徒。大约在

1823年,他认识了欧文并接受了他的思想。以后汤普逊就开始把边沁的功利主义哲学与欧文主义结合起来。他与欧文认识之后便开始投身于实际活动,参加过合作化运动,还曾打算在自己的家乡组织合作村。1824年,他的主要理论著作《最能促进人类幸福的财富分配原理的研究》问世。书中他把边沁的功利主义与欧文主义相结合,着重探讨为了最大多数人的幸福,财富的分配应当如何进行。1825年,他的第二部论著《人类一半(妇女)为反对人类另一半(男人)使她们在政治上、从而在社会上和家庭中屈居奴隶地位而发出的呼吁》出版。该书主要是与不赞成男女平等的詹姆士·穆勒进行论战。1827年,他的第三部著作《有报偿的劳动,劳资权利的协调或怎样使劳动者得到他们的全部劳动产品》面世。该书在很大程度上是他第一部著作的续篇,只是更具体地从政治上研究了分配问题,尤其是明确表达了工人对其全部劳动产品的权利。1830年,他的最后一部著作《根据互助合作、共同占有、平等劳动和平等分配生活享受资料各项原则,迅速而经济地建立公社的具体建议》问世。书中分析了以往欧文主义者实验失败的原因,其中特别谈到人们还不具备与共产主义相适应的思想这一点。认为教育新人是实现理想社会的先决条件之一。1833年,他逝世时立下遗嘱,将其遗产约一万英镑捐赠给欧文主义者的事业。他是英国早期功利主义的社会主义者和女权主义者,公认的合作社运动的主要理论家。

汤普逊生活的年代,正好是英国工业革命突飞猛进的年代,一边是财富的迅速增长,另一边是贫富的日益悬殊。针对这种现象,他认为以李嘉图为代表的经济学家研究的是资本主义条件下收入分配实际上如何决定,而他要从规范角度研究最能促进人类幸福的收入分配制度应当如何。对于一个社会来说,重要的不是仅仅拥有财富的问题,而是财富的正确分配问题。和社会利害攸关的主要是财富的使用和分配问题,而不是财富的多寡。

汤普逊从规范角度研究收入分配,以边沁的功利主义为其理论基础,强调理想的收入分配制度应当保证最大多数人的最大幸福。"功利主义,或者说尽可能谋求人类的最大幸福,是本书中时时刻刻记住的、凌驾于一切其他原则之上的指导原则。"①他对于这个原则做了进一步的解读,提出了两个命题:一是强调多数人的幸福优先于少数人的幸福;二是指出从任何一定数目的个人手里,强迫取走许多小部分财富将使幸福的总量减少,这些被取走的财富合起来由任何一个人或更多的人支配也能给他们增加快乐而使幸福的总量增多,但这种减少的幸福将多于这种增多的幸福。

汤普逊对于第一个命题提供的论据是,如果不同人之间享受能力的差异,有人和低等动物的享受能力的差异那么大,那么让少数享受能力特别强的人多多享受财富,将增加人类社会的总幸福。但事实是人们具有几乎相同的享受能力,即便有所不同,也无法准确测量。因此,为了实现最大多数人的最大幸福,第一个命题就必须坚持。

汤普逊对于第二个命题提供的论据是边际效用递减法则,他假设从 1000 个人那里每人强取 1 元钱,然后把 1000 元交给一个人使用,结果被强取 1 元钱的 1000 人每人的痛苦是相同的;而得到 1000 元的那个人,他的边际效用是递减的;所以 1000 人的总损失要大于得到 1000元的那个人的总效用。他以第二个命题作为前提推断出不能强迫取走财富只能自由自愿地交换这一结论。

汤普逊从人人都有相同的享受能力这个前提出发,推论说"我们

---

① [英]威廉·汤普逊:《最能促进人类幸福的财富分配原理的研究》,何慕李译,商务印书馆 2011 年,第 25 页。

所要求的公平看来就是把社会上的大批财富按等份平均分给它的成员"①。这就是他对于公平的定义。但是他很快就对这种绝对平等提出了限制条件,在平等并不减少生产时,平等仍应该是我们所追求的唯一目的。如果它减少了真正有益的生产(对于生产者带来巨大利益的生产),它就削弱了它自己的存在而应该停止。即只有在财富是不需要劳动就能提供的情况下,才适用绝对平等的分配方式。如果在生产上没有使用劳动,分配上就必须平等以产生最大量的幸福总和。在财富需要通过劳动创造时,为了保护劳动者的工作积极性,就应当首先由劳动者拥有其生产的财富,然后通过自由交换来接近平等。由此引起的不平等是唯一可以容忍的。只有一种财富分配上的不平等是应该被支持的,那就是从保障每个人自由使用他的劳动力和自由享用他的劳动产品以及随之发生的自愿交换所产生的不平等。因为如果没有这种程度的不平等就没有保障,没有保障就没有生产,没有生产就没有可以分配的财富。

汤普逊其实是看到了平等与效率之间的矛盾,他称之为平等与保障之间的冲突。他所谓的保障就是每一个人应该独自占有他的全部劳动所得。②他认为平等与保障之间的冲突是由于存在个人竞争基础上的劳动,就个人竞争的劳动制度而言,就到现在为止我们唯一谈到的人类平常的劳动制度而言,保障原则和分配的平等是不相调和的。他还深入分析了个人竞争的劳动制度的种种流弊。而要消灭

---

① ［英］威廉・汤普逊:《最能促进人类幸福的财富分配原理的研究》,何慕李译,商务印书馆 2011 年,第 92 页。

② ［英］威廉・汤普逊:《最能促进人类幸福的财富分配原理的研究》,何慕李译,商务印书馆 2011 年,第 132 页。

上述冲突和流弊,他的意见就是应当建立共同劳动互助合作的制度。

除了边沁的功利主义之外,汤普逊的另一个理论出发点是李嘉图劳动价值论。劳动是价值的唯一源泉,财富是由劳动产生的;除劳动外没有别的要素能使任何欲望的对象成为财富。劳动是财富唯一的普遍的衡量标准,也是财富的典型特征。但是,在另一个地方他又不合逻辑地认为,存在着不需要劳动的财富,即如果这种物品不稀缺,且其自然状态就已经可以满足人的欲望,如空气等。

汤普逊把当时的资本主义制度称作"无保障"的制度,这种制度突出的弊端就是收入分配不公平,而这是由于少数占有者以暴力剥夺大多数劳动者财富的结果。"无保障"的制度由于存在暴力剥夺,劳动者只能得到自己劳动所创造的部分产品,而其余产品则以利润、利息、地租等形式为非劳动阶级所占有。这种"无保障"制度不能实现最大多数人的最大幸福。根据边沁的效用原理,他指出,通过暴力剥夺给被剥夺者造成的幸福损失,要大于剥夺者幸福的增加,因此暴力剥夺导致整个社会福利的下降,"无保障"制度下的暴力剥夺,会压抑乃至消灭工人群众的生产热情,成为社会生产力的发展障碍。

汤普逊认为要消除收入分配中的不公正现象,就应当由劳动者拥有自己所生产的全部劳动产品,就是要建立他所谓的"有保障"的制度。在"有保障"的制度中,为了从财富中得到最大幸福所必须遵守的分配的自然法则或者一般规律是:第一,一切劳动,在劳动的使用上和劳动的继续上,都应该是自由自愿的;第二,一切劳动产品都应该为它们的生产者所有;第三,一切这些产品的交换都应该是自由自愿的。即(1)自由和自愿地劳动;(2)全部产品归劳动者;(3)自由和自愿地产品交换。在这些原则下,将实现理想的、公平的、合理的分配,从而将极大地调动劳动者的工作热情,使生产和资本都将以史无前例的速度增加和积累起来。按照自然之理，对于生产的最强有力的刺激（就是最大生产所必需的刺激），是使生产者在完全享用他们的劳动产品上获得"保障"。

汤普逊主张通过建立合作公社来实现"有保障"的制度。合作公社是实现劳动者拥有其生产的全部产品的可靠保障。一个公社所生产的产品完全归公社的劳动者集体所有，同时在公社内部则实行平均分配制度。他详尽讨论了这种公社的组建和运行，驳斥了否定公社可行性的各种议论，这样才有可能实现最大多数人的最大幸福这一边沁主义原则。

为了实现最大多数人最大幸福的目标，在政治上，汤普逊主张建立代议制政府，能够尽可能促进最大程度平等和幸福的保障原则是与任何其他形式的政府绝对不相容的。代议制政府是公正立法的试金石，能够真正代表每一个拥有财富和生产财富的人，代表每一个能够进行合理的自愿交换的成年人，自然也代表受到它所制定的法律的影响的人。

至于如何实现理想社会，汤普逊强调了知识的重要性，知识的获得和传播是提高生产和增加享受以及使分配的自然法则获得巩固的一种手段。

汤普逊的思想有两条线索，一是经济，二是伦理。经济这条线索使他从劳动价值论出发得出全部劳动产品都由劳动创造，因此应当全部归于劳动者的结论，而为了达到这一目标，他认为社会应当是劳动分工和交换的联盟。伦理这条线索使他认为通过教育、说服，可以培养人们的博爱动机，并进而实现欧文式的共产主义。

概括地说，汤普逊是以边沁功利主义信条"最大多数人的最大幸福"为最高原则，以李嘉图劳动价值论为基本论据，要求劳动者获得全部产品，以欧文主义的合作社作为实现这个目标的具体方式。

二、约翰·格雷

约翰·格雷(John Gray,1798—1850)出生于苏格兰,14 岁到伦敦的工厂和商店工作。当时欧文的观点广泛传播,年轻的格雷很快便参与了欧文运动。1825 年,他出版了第一部著作《人类幸福论》,书中围绕欧文和汤普逊的思想展开讨论,尖锐而激烈地提出了关于生产阶级和非生产阶级之间的对立问题。该书通俗生动,深受广大工人的喜爱。1831 年,他出版了《社会制度:论交换原则》,强调通过改革交换组织来改造社会。这一思想在他 1842 年的《防止人民不幸的可靠手段》中得到了进一步阐述。1848 年,他出版了《货币的本质和用途》,提出了改造英国货币银行制度的主张。

在《人类幸福论》中,格雷首先强调了交换的重要性:"交换而且只有交换才是社会的基础,人们之间其他的一切关系全都是建立在这个基础上的!"①对于交换的重视,在他以后的论著中一再出现。

格雷以劳动价值论为出发点,强调劳动是一切财富的源泉,同时也是衡量商品价值的唯一尺度。生活所必需的一切东西,能使生活愉快和舒适的一切东西,都是人类的劳动创造出来的。在任何社会里,劳动都是财产的唯一的泉源,因而也是它的唯一的基础。人的劳动是价值的泉源,同时也是唯一可能的价值尺度。为了发挥劳动的价值尺度功能,应由政府制定最低工资标准,工人的实际工资可以高于这个

---

① [英]约翰·格雷:《人类幸福论》,张草纫译,商务印书馆 2009 年,第 2—3 页。

最低标准,但不得低于它。

以劳动价值论为依据,格雷提出了生产阶级与非生产阶级的对立问题,把社会各种人分为三大类:(1)生产的;(2)不生产但有益的;(3)不生产且无用的。生产阶级生产了一切社会财富。第二类人虽不生产财富但为社会提供有效的服务,从而补偿了它所消费的物质财富,如教师、艺术家、医生等,同时也包含从事经营管理活动的企业家。第三类人就是纯粹的资本家阶级。社会的每一个非生产成员都是靠对生产阶级征课直接税生活的。他引用英国统计学家科胡恩 1814 年著作中的资料数据,指出生产阶级每个人的平均收入只有他们劳动产品价值的 1/5 多一点。无用的不生产阶级对生产阶级的统治和剥夺是资本主义社会的最大罪恶,而这种剥夺的主要形式便是利润和地租。利润和地租都是对劳动产品不劳而获的剥夺。因此,不公平是这种制度的主要基础。他和欧文、汤普逊一样,认为利润和地租的来源是由于等价交换的价值规律受到了破坏。只有恢复价值规律的作用,让劳动者获得全部劳动产品后,才能促进人类的幸福。

社会存在大量失业贫困人口的原因,是存在着违反自然的生产界限,即竞争。他不无正确地指出生产是受需求限制的,但需求是由整个国家依靠劳动、服务和财产所能支配的财富总量构成的。而个人的劳动收入、服务收入或财产所能支配的财富数量,是受人们的竞争限制的。这个推论的意思是竞争压低了工资和商品及服务的价格,从而减少了整个社会的财富水平。竞争使人类注定要永远劳动,而它的报酬则是奴隶般的生活!但是后来,他对于竞争的看法有了很大变化,他说:"在体力劳动或脑力劳动方面,我都不反对个人竞争,据我看来,在我们举办的任何事业中竞争都是搞好事业的法宝,但是我反对使用资本方面的竞争。资本在商业界中应当……同样照顾一切人的劳动,以丰裕酬谢勤劳,而以贫困报答懒惰。"①因此,他坚决反对收入的平均分配,平均分配是奖励懒惰,妨碍个人竞争。在其晚年,他更是提出"应该把人类的成就和技术的这种进步归功于哪一条社会科学原理呢?应归功于劳动分工,归功于人与人之间的个人竞争,因为这是产生优异成绩的主要原因"②。

为了维持普通劳动者一定的生活水准,格雷要求由政府组织人尽可能准确地计算出劳动者的平均实际工资,然后再考虑亚当·斯密所指出的不同性质的工作差别,允许在有限范围中上下浮动。同时他相信,无限制的自由竞争原则总会以足够适应一切实用目的的精确度把这些差别调整好。一旦确定,就不允许参加商业协会的任何一家工厂的经理随意变动,无论哪一位经理都永远不可能有任何理由来降低劳动价格,或者希望给所属工作人员发放低于他们劳动实际上所值的工资。同时,各类管理人员的薪金应按照比普通劳动者工资较高的水平来规定,因为要求他们有较高的技能和负较大的责任。

那么如何使劳动者获得其全部劳动产品呢?与欧文和汤普逊不同,格雷后来并不主张废除私有制建立公有制,而主张在私有制的基础上,通过改造交换组织来保证劳动者获得其全部劳动产品。

在《社会制度:论交换原则》中,格雷不再像《人类幸福论》那样突出强调劳动是一切财富的源泉,而是认为土地、劳动、资本和交换自由是构成财富的四个要素。这里所说的交换自由,实际上是交换的便利,尤其是销售的便利,就是要使为取得货币而销售永远成为像现在

① [英]格雷:《格雷文集》,陈太先、眭竹松译,商务印书馆1986年,第142页。

② [英]格雷:《格雷文集》,陈太先、眭竹松译,商务印书馆1986年,第349—350页。

用货币购买那样容易做得到的事情,就是要使生产能够成为需求的经常不变的原因。

　　经济学家们的主要任务是研究调节商品生产、交换和分配的各项规律。既然现存规律不是一成不变的,那么最重要的问题就在于:发现商品的生产、交换和分配要受什么样的规律调节才最适宜。具体解决方案是要建立一个商业协会,由具有集权性质的国民商业院(其主席和其他工作人员经选举产生)监督、管理和调整整个商业协会的业务,包括对于全部农业、工业和商业的指挥及监督,工厂厂长和农庄庄主也都由它委派;同时,这些厂长和庄主拥有管辖范围内的人事聘任权;所有工农业产品都存放在国民商品仓库,按照能够抵付成本和一定利润(以保障资本的积累)的原则制定价格,并根据整个社会对各种商品的供求关系调节生产、转移资源的配置以防止产品过剩。国民商业院要邀请一切拥有土地或资本的人加入协会,他们将按照其资产的估价领取一定比例的年金报酬,同时放弃亲自管理财产的责任。普通工人和商业院工作人员领取规定的固定工薪。

　　总之,商业协会的专门目的在于使生产成为需求的始终不变的原因,并利用精心安排的生产、交换、分配和积累计划,使劳动与资本尽可能发挥最大效用,不管谁最初花了劳动,不管谁最后获得资本。因此,协会的最终目的是根据协议把全部利益分别交给协会及其每个成员(按勤劳程度和财富多少而定)。由集权的国民商业院进行监督和指导很有必要,"既然一个人成了商业协会的成员,同意成为大集体中的一部分,而不坚持自己的癖好,那末,从这个时候起,像调节器对于蒸汽机的正确运转是必要的一样,监督和指导力量对于使全部商业正确发挥作用,以及对于使各个工厂合理生产也是必要的。在这点上,我不愿意说,必须干涉协会各个成员的兴趣和嗜好,我力求做到的是使这个监督和指导力量掌握我们全部商业事务；此外，我并且确信，没有这种力量则无论在任何商业社会里都永远不可能存在个人的独立和自由。一个人如果变成政治团体中的成员，就要受某种行动方针的约束……这一切会有怎样的结果呢？自由！它名义上受了损失，但现实内容却得到了。全世界的经验证明，不受监督的商业制度其结果终归是使广大群众陷入赤贫与不幸的深渊。人人可以根据自己的爱好自由选择职业，但为了使社会无论什么时候都能够安宁幸福，社会各成员的行动就应当有所控制，使他们的行动能够和别人的利益一致，而不与别人的利益相矛盾"①。

由此可知，格雷的解决方案已经与欧文等人大有不同，不再希望通过劳动合作社实现分配公平和消除生产过剩。而是主张在社会分工和保留商品交换及商品价格的前提下，通过一个集权性质的机构来制定价格并有效配置资源，按照劳动和资本要素、各自的贡献分配收入。用今天的术语来讲，这是一个非公有制的集权经济模式。从资源配置角度来看，这是一个介于马克思与兰格之间的理论模式：因为它保留商品价格，从而不同于马克思；而又因为它强调用计划精心安排生产、交换、分配和积累，从而又区别于兰格。当然从所有制角度来看，由于它主张给资本以年金，不主张彻底消灭私有制，所以与马克思和兰格都不相同。

格雷与欧文的另一个不同之处是他不同意欧文关于需要先改变人性再建立理想社会的观点，认为要建立他所中意的社会，"并不需要从改善人类性格开始；有了资金，有了有智慧并有实践才能的人员组成的委员会，能在任何时候把这种制度实行起来，而这种制度以后就会

---

① ［英］格雷：《格雷文集》，陈太先、睦竹松译，商务印书馆 1986 年，第141—142 页。

像铁路列车一样自动前进。大概,欧文先生的计划需要一些这样审慎和互相尊重的人,照我的平凡见解,这些人绝不能成为改善物质生活状况的原因,他们可能是改善物质生活状况的后果"①。

格雷强调改造交换组织的另一个原因是为了消除资本主义社会出现的总供求失衡现象和经济危机现象。他认为,如果不存在货币,并且各种商品都合比例地生产出来,那就不可能出现普遍生产过剩,甚至局部过剩也不可能,供给就同时也是需求,生产就是需求的自然原因。但由于分工的存在,交换不可避免;又由于物物交换的不便,必须以货币作为交换媒介。而在交换以货币为媒介的条件下,会出现总供求的失衡现象和需求不足的现象。他认为商品代表着总供给,而货币代表着总需求。当两者在价值上相等时,总供求自然处于平衡状态,既不过剩也不短缺。如果随着商品产量的增加,货币也同步增长,则总供求也始终保持平衡,供给自动创造需求。但现实情况是货币增加的速度往往慢于产量的增加,于是就由货币不足引起了需求不足,引起了产品过剩的危机。"因为金币所代表的东西至少在 99% 的场合数量上比黄金增长得快些,所以其他产品数量上的任何增长常常会带来按较低的货币价格出售的不可避免的风险,即使赢利变成亏本。这样一来,由于工厂主脑子里总是担心生产过剩,生产就经常受着限制和阻碍。现时生产的界限不是可能生产的数量,而是可以有盈利地出售的产品数量。除了金币以外,银行券的发行由于需要担保抵押,因此也存在增长不够的问题。那么货币为何增长缓慢呢? 这是金属货币制度导致的后果。金、银、铜等金属货币材料采掘困难,其数量难以像其他商品那样较快地增加,因此金属货币就无法与其他产品同步增

———————————

① ［英］格雷:《格雷文集》,陈太先、眭竹松译,商务印书馆 1986 年,第 222 页。

长。这就是金属货币的有限性和其他商品的无限性之间的矛盾,这一矛盾就表现为需求不足和供给过剩,导致经济危机。

格雷实际上是看到了有效需求不足造成的问题,并进一步认定有效需求不足的原因是货币数量不能跟随生产的增长而增长。他以拿破仑战争期间英国经济的迅速发展为依据,论证在生产能力没有充分发挥时,扩大需求对于生产的有利刺激影响,并认为此时通过发行国债增加政府开支也并非坏事。同时他也明确指出,一旦生产能力充分发挥,通过公债增加政府开支就不再是良方了。由于这些思想,他完全可以被称作是凯恩斯主义和弗里德曼主义的早期先驱。

为了克服生产过剩的经济危机,格雷的方案是改造交换组织,建立掌握印制和发行纸币的特权的国民银行,同时一切商品都应当由有关工厂移交国民商品仓库,商品价格除了已花费的劳动和原料的直接费用以外,还应加上经国民商业院规定的用以支付地租、资本利息、管理费用、薪资、存货贬值、意外事故以及一切国民费用开支的提成额和利润。国民银行根据收到的商品价值量发行纸币,不再受金、银、铜等金属材料数量的限制。进入市场的商品数量增加了,则发行的纸币也增加。当商品退出流通进入消费领域之后,相应的纸币也回收到交换银行手中。这样,市场上的供求始终保持平衡。按照这个计划,显而易见,现在储备的一切财物的票面价格或货币价格完全是由银行发给协会有关单位的货币构成的,流通的货币数量总是丝毫不差地等于现储财物的票面价值或货币价值。所以,货币数量随着生产品数量的增加而增加,随着生产品停止使用或消费掉而减少;需求和生产步调始终是一致的。由此可知,整个商业协会仅仅是一个庞大的工商企业,而银行则是它的核算事务所。

交换银行发行的纸币,被他称作标准货币(standard money),其价值由劳动的平均价格所决定。当劳动者提供了一定时间的劳动之后,便可取得相应的标准货币。然后又可以凭借标准货币换取同等劳动时间的产品。因此,标准货币一方面是劳动者对社会贡献了一定量劳动的凭据,另一方面也是取得同等劳动数量产品的凭据。他认为通过标准货币,就能够保证劳动获得全部劳动产品,通过发行数量不受金属材料限制、只取决于商品数量的标准货币,就能够避免产品过剩的经济危机。可见在他那儿,交换银行和标准货币是社会摆脱这两方面弊端的良方。

三、约翰·弗兰西斯·勃雷

约翰·弗兰西斯·勃雷(John Francis Bray,1809—1895)生于美国华盛顿,1822 年赴英,一直待了 20 年,其间当过印刷工人和记者。50 年代初回到美国,继续从事工人运动。其主要著作是 1839 年问世的《对待劳动的不公平现象及其消除办法》。该书发表的时期,正是英国大宪章运动时期,当时的工人运动领导人认为,改善工人阶级贫困状况的关键是实行普选。勃雷在很大程度上是针对这种观点提出不同意见,同时提出了自己的改革方案。他的其他著作有《即将来临的时代》(1855),《上帝与人的统一和全人类的统一:新天道的社会与宗教基础》(1879)。

勃雷依据自然法,从人的自然权利出发,提出了关于社会的四条基本原则:(1)人人平等;(2)人人都应当劳动;(3)土地是一切人的公有财产;(4)同样劳动应获得同等报酬。从人的本性和地位以及有关他的生存的原则来看,我们就不能否认人类的自然权利是平等的。每一个人有一种他爱什么就做什么的权利——只要是他所做的并不妨碍他的同人的同样的权利。人类生活在上苍将它安置好了的地球上面,乃是人类的无可置辩的权利;并且这种生存权利,从它的性质来说,是必须同时使得每一个人,能够有权利取得各种生活必需品,凡是由于他的劳动使他能从大地上面收获到的都可。他特别反驳了那种把社会比喻为一个人,并以个人的肢体要服从头脑来论证社会中不同人之间应当不平等的观点。

而为了实现这些基本原则,勃雷又开列下述必要条件:一要有劳动;二要有资本,即以往劳动的积累;三要有交换。根据李嘉图的劳动价值论,唯有劳动才产生价值,并由此推断劳动者应该得到其全部劳动产品。资本是过去劳动的积累,但这个积累被资本家阶级所占有,于是工人阶级便不得不依靠资本家阶级为其提供生产资料和生活资料,而资本家阶级便可以不劳而获。这种不公平的局面之所以出现,是由于等价交换的价值规律在资本与劳动相交换时遭到了破坏,资本家只是用工人劳动的部分产品来换取工人的劳动,其扣除部分便是利润、地租和一切非劳动收入的源泉。而这种状况的产生则是由于私有制,"任何社会的和政治的迫害都产生于……私有制度"①。

要改变资本主义社会中的不公正交换现象,仅仅改变政治制度、扩大选举权,是无用的。同时,单凭建立职工会和工联也不起什么作用。正确的方法只能是建立欧文式的共产主义制度,即共同所有的制度,一切财富尤其是土地归全体成员共有。财产公有的社会,将建立三类设施:(1)使无限财富得以生产并公平分配的设施;(2)使所有社

---

① [英]约翰·勃雷:《对劳动的迫害及其救治方案或强权时代与公理时代》,袁贤能译,商务印书馆 1959 年,第 17 页。

会成员德智体全面发展的设施;(3)对整个社会得以正确管理的设施。

人性本无善恶,是不良环境使人变恶。论到人的品性,他有一种性能,可以遵从环境的指使,成为任何一种东西,并且可以摇身一变成为每一种东西。人类的品性像一张白纸一样,可以接受每一不同的印象。环境是善与恶的种子,而人不过是善恶之所以由之生长的泥土罢了。因此他坚信,只要实行了财产公有的制度,就能改善人的品性,使整个社会成为一个别无其他成分而只有和谐与友爱的大家庭。

这种共同所有的制度不可能一下子就得以实现,需要经历一个中间阶段,这就是建立工人股份公司。不同职业的工人成立各种不同的股份公司,同时由一个贸易理事会总会和地方分会来调节所有股份公司的生产和分配,而股份公司的内部事务则仍由公司经理处理。通过贸易理事会的总会和地方分会以及属于各个别公司的经理人就能够在短时期之内做出以下的种种决定:消费所需的各种商品的数量,各种商品间每种商品的相对价值,各种行业和各项劳动所需的人数,其他有关生产和分配的事情。各股份公司之间按照劳动价值论的要求互相出售自己的产品,并且联合发行自己的货币,这样就把生产和交换以及货币发行都控制在工人手中,劳动者不再受到资本的剥夺,从而实现全部产品归工人所有。同时,在公司内部,由于工人本身又是公司的股东,共同占有公司的生产资料,因此分配的原则是按劳取酬,每个工人获得与其付出的劳动等价的产品。在这种体制下,将实现充分就业;机器的采用和自由贸易的实行也将不再成为社会的祸害,而是成为极其有利于人的因素,并且是革除许多祸害的因素。这种体制将实现男女平等,儿童德智体三方面的教育也将由整个社会负责。

为了获得劳动所必需的生产资料,勃雷不主张通过暴力剥夺资产阶级的方式,而是主张由工人股份公司向地主、资本家进行和平购买。而为了解决购买所需的资金问题,他对货币进行了分析,分析的结果是认为货币之所以具有交换各种商品的性能,只是社会习俗的产物,因此纸币完全可以代替金银。① 并且,因此而增加的货币量,会刺激经济,增加就业。但是只要货币由特殊阶级制造和支配,而其他阶级却不能如此,那么它的祸患和弊害就与它的存在不能分开。这种独霸的权利,一定要逼得劳动阶级永远只能做资本家的奴隶和工具;而且只有能够推翻现存制度的一种力量,才能同时拆掉在劳动人民的命运上所加的禁令。因此他认为,只要工人阶级掌握了货币发行权,就可以运用所发行的货币完成这个购买过程。

由上所述可知,勃雷实际上是构想了一个兼有计划和市场的公有制经济,并主张通过资产赎买来实现这一目标。

第四节　李嘉图派社会主义者

一、小册子作者

这本小册子名为《国家困难的原因及其解决办法:致约翰·罗素

---

① ［英］约翰·勃雷:《对劳动的迫害及其救治方案或强权时代与公理时代》,袁贤能译,商务印书馆 1959 年,第 151—153 页。

爵士的一封信》,发表于1821年,作者姓名不详。小册子的作者站在李嘉图的观点上,突出强调了劳动与资本的对立,认为在资本主义条件下,工资日益降低到可能的最低限度,即正好使工人维持生存和简单再生产的地步。他推测资本主义将使无产阶级绝对地和相对地贫困化。他还进一步分析了工资下降的原因,认为越来越低的工资水平是由于:(1)资本家扩大生产资料的生产而缩小消费资料的生产;(2)资本家将很大一部分消费资料运往国外以换取奢侈品。由于考虑到对外贸易的因素,所以作者否定了工资基金说,认为一个国家一定时期可供工人消费的物品并不是一个固定的数量,而是会由于外贸而发生变化的。

作者从李嘉图的劳动价值论出发,认为资本家阶级所得到的收入,不论其采取什么形态,不论是利息、利润还是地租,都是工人劳动的成果。作者也像李嘉图一样,认为存在着资本利润率不断下降的趋势,但他不像李嘉图那样对这一趋势感到忧心忡忡,而是相反,把这一趋势看作是工人摆脱资本主义奴役的出路。他认为由于资本不断积累最后会达到过于充斥的地步,那时利息便会下降到零。一旦达到这种状态,资本就不再具有价值,变成一切人都可获得的东西。于是资本对劳动的统治将被推翻,工人将获得自己劳动的全部产物。

作者的上述思想,受到马克思的重视,认为它们是剩余价值理论发展史中的重要一环。

二、莱文斯登

柏西·莱文斯登(Piercy Ravonstone)的生平和活动都未见记载,

他在 19 世纪 20 年代出版过两本书,一是出版于 1821 年的《对于有关人口和政治经济学问题的某些流行看法的正确性的一点疑问》,二是出版于 1824 年的《公债制度及其影响》。他是下面所要介绍的霍吉斯金的精神领袖。

莱文斯登思想的基本出发点是劳动生产率的提高。从这一点出发,他一方面反驳了马尔萨斯的人口论,另一方面也解释私有权和资本主义生产关系的形成。

莱文斯登针对马尔萨斯的观点,认为按照自然规律,生活资料的增长将超过人口的增长。他从李嘉图和亚当·斯密那儿找到了三条根据:(1)劳动是财富的源泉,因此人口增加意味着劳动增加,从而也就意味着财富增加;(2)人口稠密促进或者引起分工;(3)分工提高了劳动生产率,从而也就增加了社会的财富。由此可知,社会中出现的贫困和人口过剩现象,原因并不在于自然规律,而是在于社会制度。

由于人口的增长而达到一定的劳动生产率水平之后,社会便分裂为生产阶级和非生产阶级,从而产生了资本和私有制,使得不劳动者有可能占有劳动者创造的超出其维生需要的财富。在一个人的劳动仅能维持其自身生存的条件下,是不可能出现非生产阶级的,由此可见,资本主义一方面是劳动生产率提高的结果,另一方面又使得劳动生产率提高所带来的成果全部落入非生产阶级手中。同时,财富分配的不平等在一定程度上还是需要的,因为若人人都完全平等,人们就将失去工作能力,必要的生活资料将会生产品有余而舒适品不足。他把不平等对经济的影响与酒对人们肌体的影响加以比较,认为酒和财富分配不平等相类似,如果分量过大则产生破坏作用,如果分量小则对人对社会都更有利。

三、霍吉斯金

托马斯·霍吉斯金(Thomas Hodgskin,1787—1869)生于一个英国海军军官的家庭,12 岁进入海军学校,在与革命的法国作战时,他已经成为一名海军军官了。在一次与上司发生激烈冲突之后,他被解职退役。1815 年起,他在欧洲大陆游历了 3 年,搜集了大量有关德国北部地区的经济政治、文化风俗等方面的材料,于 1820 年出版了两卷本的《德国北部游记》。19 世纪 20 年代初期,他参加了争取废除《结社条例》的斗争,开始同情工人阶级。1822 年,经詹姆斯·穆勒介绍,成为《晨报》的记者。1825 年,他发表小册子《保卫劳动反对资本的要求或论证资本的非生产性》,从此成为当时英国激进主义的理论家、政治家和工人运动活动家。1827 年,《通俗政治经济学》出版,这是他在伦敦机械学会讲稿的修改本。1832 年,《财产的自然权利和人为权利的比较》出版。在 30 年代初期英国议会改革的争论中,他反对扩大选举权,认为讨论国家政体是无意义的事情,他强调所有制才是根本问题。因此他和英国宪章运动者决裂。从 30 年代后半期开始,他逐渐脱离工人运动,成为经济自由主义的宣传者,为自由主义的报纸撰稿,倡导自由贸易。

将自然的和人为的对立起来,是霍吉斯金经济思想的基本出发点。"人类是被一大于其本身的力量安置到地球之上的,社会是按照自然规律而建立起来,它在每个具体细节上并在其存在的每个阶段都受这些自然规律的调节。"①人类如果违背造物者的意图,迟早会受到惩罚。因而政治经济学是一门自然科学而非政治科学。而各国政府通常都是建立在与人类文明的自然进程直接对立的原则之上的。而有关财富的各种立法,以及不同阶级的一切请愿,无不是为了改变财富的分配,是为了把财富从一个阶级那里转移到另一个那里。斯密正确地区分了财富的正常分配和人为的分配,但他的后继者却混淆了两者,把人为的分配说成是自然的规律。他针对当时的功利主义观点,提出追求全社会幸福是一个比估计行星的重量和密度更加超出人类能力的目标。

至于什么是财富,霍吉斯金认为有用的东西(如空气、光线等)并不就等于财富,只有具有交换价值的劳动产品,才是财富;同时他也承认土地是一个例外。于是他定义"政治经济学是有关影响劳动生产能力的,以及调节并决定一切劳动产品的分配的全部条件或规律的科学"②。而这些条件可以分为两大类,即与一切政府无关的自然条件和源自政府的社会法规。政治经济学首先是要研究自然条件,然后再进一步审视社会法规对财富生产和分配的不利影响。但是它只是用最好的和最聪明的立法者的法令已经使人类遭受伤害的经历来提出警告,而不擅自给政府专横地规定法令。从这段话可以看出两点:第一,他强调政治经济学应当是一门实证分析的学说,而非规范的说教;第二,他是斯密经济自由主义的忠实信徒。他把政治经济学的研究范围

---

① [英]托马斯·霍吉斯金:《通俗政治经济学》,王铁生译,商务印书馆1996年,第5、221—222页。

② [英]托马斯·霍吉斯金:《通俗政治经济学》,王铁生译,商务印书馆1996年,第17、30页。

规定为关于财富生产和分配规律的学问,反对把消费列入政治经济学的范围。

霍吉斯金以拥有肥沃土地的西属殖民地墨西哥远比土地相对贫瘠的英属殖民地美国贫困为例,论证土地对于财富生产的不重要,强调一切财富都是由劳动创造的,没有非劳动生产的财富。强调劳动是人类生存的必要条件。为了论证这个观点,他引用了 M. 坎纳德的话,"如果我通过反思抽去我的手表连续施加于其上的全部劳动,则最后除了蕴藏于地壳内层的某些矿石颗粒外……其他均不复存在"。而且"劳动不仅是一切财富的来源,还是实行公正分配的准则"①。从这一认识出发,他认为劳动产生的一切利益都应当属于劳动者,而不应该被那些不劳而获的阶级掠夺。一个阶级不公正地侵占另一个阶级的劳动成果,会导致灾难性的后果。因此他强调,要使劳动创造财富,就要排除政府对劳动者的压制,排除暴政。他赞同斯密的观点,认为导致一个国家财富增加的并非政府的明智,而是人类的自利本性。而政府往往制订违反自然的种种法规,如对垄断和补助金的承认、征课重税和颁发禁令。由于把劳动看作是一切财富的源泉,应当把除了人类的能力和天赋以及人类所创造者除外的一切有助于财富生产的自然要素排除在政治经济学之外,并且认为国家一切伟大成就的基础乃是人口的增长。而人口的增减受到财富的制约,所以探讨财富的生产规律就是探讨人口的变化规律。

霍吉斯金的劳动概念是广义的,不仅指体力劳动,还包括脑力劳动。他定义脑力劳动是观察并弄清采用何种方法能使物质世界给予

---

① ［英］托马斯·霍吉斯金:《通俗政治经济学》,王铁生译,商务印书馆1996 年,第 28 页。

我们最多财富的劳动,体力劳动是将那些已弄清的方法付诸实施的劳动。他沿袭法国加尼尔侯爵的观点,认为要在一个分工社会中区分哪种劳动是生产性或最有生产性,又有哪种是非生产性的,就像要弄清人在走路时哪条腿最有用。分工社会中所有劳动都同等重要,任何一种劳动(无论是脑力劳动还是体力劳动)只要能使从事该种劳动的劳动者赖以为生,就必须一视同仁地将它称之为生产性劳动。除非该劳动的产品无人购买也不能使劳动者本人维持生存。这一思想是对斯密生产性劳动和非生产性劳动观点的一个重大修正,与现代关于这个问题的观点基本一致。

霍吉斯金之所以把脑力劳动与体力劳动并列,是因为他同意法国经济学家萨伊的观点,认为利用自然力与劳动分工相比,对于劳动生产力的提高具有更大的重要性。而要利用自然力,就离不开知识,离不开创造知识提高技能的脑力劳动。而知识和技能的发展乃是对外部世界进行周密而专心的观察的结果,他以英国工业革命时期的大量例证来论证这个观点。在知识发展与劳动分工的关系上,他不同意斯密关于知识发展唯一依赖于劳动分工的观点,认为虽然知识的发展和劳动分工二者是互相促进的:在引进新方法的同时,会导致扩大的劳动分工;而扩大的劳动分工使那些其主要工作是进行观察的人将其注意力局限于物质世界某个小的部分,从而使他们(当然也使整个社会)得以更迅速地熟悉所观察的对象。但是观察必然先于劳动分工,并且有关外部世界的知识的某些发展必然先于人们会想起使自己专心致力于不同的职业。毫无疑问,人们是在学会了制作弓箭之后,他们中的某些人才会使自己专门从事制作弓箭。知识具有巨大的重要性,因为它消除了设想的劳动分工的自然限制。他是较早强调知识的重要性,指出知识就是生产力,科学家的劳动也具有生产性的经济学家。

非常难能可贵、非常超前的是,霍吉斯金出于对知识的重视,探讨了知识发展的规律。首先,人口增长是知识增长的本源,任何地方只要人口停止增长,知识的增长似乎也就停止。需要乃发明之母,而持续存在的需要只能用人口的持续增长来加以解释。其次,知识的积累性,强调任何天才人物的知识和技能都受惠于前人的知识和技能的积累,因而随着人口的增加和繁殖,也就出现一种人们的知识(从而人们的生产能力)不断的、自然的和必然的增长趋势。又次,他强调知识积累过程中的汇聚性,认为重大科技进步都源于发明者对前人分散知识的汇聚。像牛顿、瓦特等优秀人物都是收集某些重大但分散的真理并将其积累于自身之中,他们生逢其时,正当他们步入思考之年之际,无数以前的发现刚刚被社会所领悟。他们的愉快的工作就是用他们自己的某些少量的补充发展将最近被发现的各种真理联系起来,他们运用这些真理解释某些未曾被解释的现象,证实某种普遍的规律,或者完成某种发明。再次,他以瓦特的蒸汽机为例,指出引起重大发明的供求法则,强调仅有知识的发展并不一定导致重大发明。当时欧洲大陆的化学科学同样取得重大发展,但由于缺乏相应的供求刺激,就没有出现类似蒸汽机的重大发明。蒸汽机的发明一方面是因为当时的英国出现了减少劳动要素的商业需求,另一方面是因为当时的英国存在大量能够把瓦特的设想变为实物的能工巧匠,这些能工巧匠与瓦特所拥有的知识一起,构成蒸汽机发明的供给一方的因素。能工巧匠的体力劳动与瓦特的脑力劳动是互补的,观察与实践、脑力劳动与体力劳动应该携手并进,谁也不能比谁超前或落后。最后,思想自由的重要性和宗教以及政府粗暴限制思想自由具有危害性,要重视不同宗教信仰、不同社会经济体制(包括所有权)和不同政治体制对知识发展的不同影响,认为当时的欧洲各国虽然在许多方面都雷同,但是由于英国存在最自由的思想研究,从而导致英国比其他欧洲国家更迅猛的经济发展。英国的新闻报道以及与之有关的人们的思想所受到的束缚要比欧洲其他大国少。这也许就是英国较多的财富的唯一根源。而思想自由之所以能够促进知识的发展,是因为知识的每个领域都是相互密切联系的,只有每一个其他领域的知识都能得到发展时,人们对某个领域的探究才不致受到妨碍和约束。而政府自作聪明铲除所谓的异端邪说的政策,就像拙劣园丁剪掉将开花结果的枝条那样,会无意之中在一切方面限制了创造财富的知识的增长。一些政府对商业企业和个人努力施加的限制大为损害了人类的福利,但是如果要和可怕的思想贫困所带来的巨大不幸相比,它又显得微不足道了。由于以往单纯强调霍吉斯金的社会主义倾向,他关于知识重要性和知识发展规律的思想往往未能受到充分重视。而从他上述观点来看,他完全有资格被称作是知识或者科学社会学的先驱。

霍吉斯金对劳动分工进行了分析,指出两种不同原因导致的分工:一种是由人类不同个人之间有机体的差异以及嗜好和性格的差异所引起的,另一种则由土壤、气候和自然本身产生的差异所引起。劳动分工是任何社会都存在的,劳动分工最初是建立在人的性别、年龄、体力和脑力的生理差别上的;尔后进一步由于不同的个人爱好、性格和才能以及人们对不同工作的适应性而持续扩大。如此产生的劳动分工不是交换的结果,相反,它是交换的起因。这种观点与斯密认为交换源于人的天然倾向,而由于这种倾向才导致分工的观点相左。但他同意斯密关于分工受市场限制的观点,不过对于什么是市场限制进行了深入探讨。市场规模与人口数量、人口密度、交通的便捷正相关。人口数量对于劳动分工的影响,劳动分工倾向于随着劳动者人数的增殖而不断和无限制扩大。从这一见解出发,他批判了马尔萨斯的观点,认为劳动分工和知识增长等因素至少可适当补偿由于人口增长而引起的在获得生存资料方面不断增加的困难。同时他正确地揭示了马尔萨斯人口观点的隐含前提是忽略了劳动分工和知识发展所引起的产量增长。至于大多数人贫困的原因,他以爱尔兰为例,是糟糕的社会制度。由此可知,他是 19 世纪初期对马尔萨斯人口理论作出正确评价的人之一。他肯定了建立在自然条件差异基础上的区域分工和专业化以及交换的互利性,而政府所设置的各种阻碍贸易交换的政策阻碍了劳动分工。针对当时存在的劳动分工导致劳动者的依附性的观点,他正确地指出应当受到指责的不是劳动分工造成的劳动者之间的相互依存,而是劳动者对资本的依存性。从全面肯定劳动分工的观点出发,几乎所有的社会法规——从所有权到政治结构,到最不重要的商业条例和管理条例——都影响着分工,因此需要展开对这些法规的全面研究,以推进劳动分工的发展。

对于财富的生产来说,最重要的是所有权和资本积累。沿袭洛克的观点,他提出了两种权利和两种所有制:自然的和人为的权利,自然的和人为的所有制。占用以其自身劳动所创造出的任何东西的权利乃是自然规律的结果,建立于劳动之上的所有制以自然权利为依据,先于法律而存在;建立于剥夺别人劳动之上的所有制以人为的权利为依据,它破坏自然所有制,侵犯自然权利,因此有赖于法律的规定和保护。这种人为的权利是导致社会贫富差距的根本原因。他反对那种以提高产品的国际市场竞争力为由而压低工人工资的主张,反对禁止工人组织起来的法令。他反对当时的古典经济学把收入分配看作是自然法则的观点。自然所有制与人为所有制斗争的历史便是人类全部的历史。人类早期通行的是自然所有制,后来,由于暴力消灭了自然所有制,于是先形成了奴隶制,而后又形成了徭役和农奴制,最终建立了资本雇佣劳动制。这个过程始于人为所有制对自然所有制的替代,但这个过程本身又是朝着自然所有制战胜人为所有制这个方向的前进运动,因此最终将以自然所有制战胜人为所有制而告终。

在大规模工厂化生产和社会分工的条件下,要使每个劳动者个人占有他所生产的劳动产品,实际上是不可能的。劳动产品只能属于参加它的生产的全体个人。因此,自然的所有权只能是劳动集体共同占有劳动产品。而为了做到这一点,一是需要经济自由,允许不同劳动集体之间开展竞争;二是需要对工人进行教育,提高他们管理生产和分配的能力;三是要使国家政权逐步消亡,因为它总是保护人为所有制,保护资产阶级的利益。只要做到这三点,人为的所有制就将消亡,资本家将不再存在。由此可知,他所憧憬的理想社会或自然所有制,就是以集体所有制为基础的市场经济。

为了说明人为的所有制——资本主义所有制——是通过暴力掠夺工人劳动产品而建立的,霍吉斯金突出强调了斯密关于人力资本的观点,批判了"资本生产性"的观点,认为这种观点为资本主义所有制辩护。他首先否定了流动资本的生产性。当时流行的观点是资本家阶级通过节约积累了生活资料,尔后把它们以工资形式预支给工人,因此,流动资本是工人的劳动得以进行的先决条件,流动资本因而具有生产性。事实上工人所消费的生活资料大部分并不是资本家阶级通过俭省而储存下来的生活资料,而是在分工条件下,不断被同时生产出来的商品。社会再生产的持续进行以各生产部门同时进行生产和分工为前提,因此,流动资本从实物形态上看不是过去积累下来的东西,而是同一个时期中实行分工的生产生活资料的各部门的劳动产品。工人能够从事劳动并不依靠资本家阶级节省的以往所生

产的生活资料,而是依据分工条件下其他工人并行的劳动,生产生活
资料的劳动。可以说,工人是在为彼此生产产品,被称作流动资本的
东西实际上不过是并存的劳动。他对固定资本的生产性也进行了批
判。固定资本不再能归结为并存劳动,而是积累的劳动。但他强调
劳动在生产活动中的决定性作用,认为机器和工具不被工人在劳动
中加以使用时,就不会生产出新产品,制造出新价值,甚至会丧失其
本身的价值。因此,使固定资本表现得具有生产力的恰恰是活劳动。
一切资本都是人所制造和使用的。资本的生产能力只是人的独创性
的产物和人的意志的被动仆人。资本只有在两种情况下才是有助于
生产的:一是资本由同一批人制造和使用,产品也归他们所有;二是
资本由两批人分别制造和使用,产品在两批人之间公平分配。如果
资本为既不制造也不使用的资本家所有,将阻碍生产发展和人口增
长。因为资本家只有在资本不仅能够生产出工资而且还能带来利润
的条件下才会投入使用。资本家阶级能够获得利润并非因为他们积
累的固定资本具有生产力,而是因为资本家阶级通过积累固定资本
掌握了支配工人劳动的权力。通过对"资本生产力"论点的批判,他
得出三点基本结论:(1)流动资本不代表任何劳动蓄积;(2)固定资本
虽然是蓄积的劳动,但并无生产力;(3)因此借助于资本所有权而占
有工人生产的剩余产品就是一种暴力行为。

　　霍吉斯金同时又是一名自由贸易市场经济的提倡者。他赞同斯
密的观点,认为零售商和批发商虽然抱有私利心,但是在自由贸易条
件下,却会造福于整个社会。和当时其他一些社会主义者否定商人的
功能、反对商业有所不同,他认为商人是一种脑力劳动,有其积极作
用。他一再反对政府对于国内和国外贸易设置的种种限制,因为自由
贸易有助于降低商品的价格波动。他一方面认可商业的积极作用,另

一方面又反对期货交易和投机倒把，认为这是违反自然的商业行为。在具体的政策主张上，他猛烈地抨击了当时英国的谷物法，要求实现国内国外同样的贸易自由。

霍吉斯金的经济自由主义思想非常强烈，不仅表现为大力提倡自由贸易，甚至还提出了自由货币的思想。自由货币思想是建立在劳动价值论基础上的。货币起源于劳动分工和交换，是一个自然的过程，而非立法的结果。他坚持劳动价值论，认为金属货币的价值由其生产中所必须的劳动量决定，因此社会在一定时期所需要的货币量取决于待交换的商品的总价值。他区分了政府发行的纸币和由私人部门（商人、银行家等）为了商业目的而发行的纸币。政府发行纸币的唯一目的就是偷偷摸摸地和欺骗性地向人民征税。而由于政府有能力强制公众服从其法令，因而政府僭取了铸造货币的权力。政府给自己规定为社会提供铸币的职责这一做法似乎缺乏根据。当政府滥用这一权力时，就导致了价格的波动。英国议会的文件表明，从1792年到1825年，私人银行的钞票发行是非常谨慎的，只是由于享有特权的英格兰银行的货币发行的巨大波动，才导致1825年的经济危机，只有巨大的权力才能造成巨大的灾祸。

私人发行的纸币包括商人发行的期票、汇票和私人银行发行的钞票，它们都以一定的商品为基础，能够有效节约贵金属货币。它们不是立法的产物，不需要受制于立法者。私人银行业者在竞争压力下有动力、也有能力让流通的纸币保持在商品流通所需要的水平。他的论证是社会中任何时候所需要的货币数量取决于营业额。为了尽量使货币保持其价值的稳定，货币数量应随完成的营业额而变化。

银行家照例仅仅经由对可靠的商业票据进行贴现而发行钞票，而可靠的商业票据乃是判断营业额的最佳资料。使钞票的发行额随贴现的可靠的商业票据金额而变化。这也许是人们能设想或设计的、使社会中货币数量随营业额而变化的最佳方法。因此,当钞票被允许自由发行,当没有任何银行得到立法机关赋予独享的特权,当每个银行家的发行钞票都被竞争的银行家的高度警觉所注意和监督,钞票就将不断地有助于制止价格的波动,这种波动乃是由于完成的营业额与流通中货币数量的关系的变动而引起的。

从上述见解出发,他论证了自由货币思想,认为任何国家的政府均无管理该国铸币之必要。保持任何国家金属货币价值稳定,并在流通中保持恰当货币数量的最佳办法就是:听任金锭、银锭和铸币如同所有其他商品一样,自由进口和出口,并让一切阶级和地位的人能够自由经营,就像经营帽子和鞋子各种同等有用的商品一样。银行工作以及发行钞票乃一纯属私人的事务,它并不比造纸工作更需要多管闲事的政治家来进行管理。而且在这种自由货币的条件下,钞票将既不被伪造,也不致被发行过量。

从今天的眼光来看,霍吉斯金最有价值的思想有两点:一是论证了科学知识在财富生产中的重要作用,强调了科学知识也是生产力,科学家的脑力劳动也是劳动,进而探讨了科学知识的生产和累积机制,可以称作是科学社会学的先驱之一。二是以劳动价值论为基础,推论出自由货币的思想,对自由货币体制的优越性进行了详细的论证,从而成为 20 世纪 70 年代哈耶克自由货币思想的先驱。当然后者是否了解前者的有关思想,仍然是一个值得深入考察的有趣问题。

第五节　约翰·斯图亚特·穆勒的
社会主义思想倾向

一、时代背景及其改良主义的社会哲学观

约翰·斯图亚特·穆勒(John Stuart Mill,1806—1873)是 19 世纪中叶英国著名经济学家、在逻辑学等领域深有造诣的哲学家、自由主义的代表人物、著名的社会活动家和社会改良主义者,同时也是一位具有社会主义思想倾向的思想家。以往人们一般不把他看作是社会主义者,因而也不承认更不用说重视他思想中的社会主义思想倾向。本书认为,按照对社会主义的广义理解,也应该承认并重视其社会主义的思想倾向,故本节特别加以介绍。穆勒是李嘉图学派的主要代表人物——詹姆斯·穆勒的长子,少年时代就跟随其父研读亚当·斯密和李嘉图等人的经济学著作,受到古典政治经济学的熏陶。在社会哲学上,他开始受边沁功利主义的影响,在法国居住时又认识了萨伊、圣西门、孔德等人,接触了孔德的实证主义,对其影响甚大,使他开始怀疑以往信奉的经济学原理,因为这些原理把私有制看作是不能破除的东西。1823—1858 年,他在东印度公司任职 20 多年,这段工作经历,使他养成了乐于在多种对立意见之中进行调和折中的习惯。用他

自己的话说,就是"渐渐知道了使人赞许的种种困难,妥协的种种需要和牺牲不重要者以保持重要者的法术"①。另一位对他影响很大的是他妻子哈蕾特·泰勒。在她的影响下,他表现出同情和理解社会主义的进步思想倾向。他的主要经济著作是出版于 1848 年欧洲革命前夕的《政治经济学原理以及对社会哲学的某些应用》。② 该著作在相当长时间内一直是英国政治经济学必读的教科书,直到 19 世纪最后 25 年里,才被边际效用学派逐步代替。他的其他关于社会哲学的著作有《论自由》(1859)、《代议制政体》(1861)、《论功利主义》(1863)、《论妇女的屈从地位》(1869)。

英国进入 19 世纪 40 年代之初,经济上仍然没有摆脱 1837 年经济危机的影响,工商业处于萧条状态。一些工商业城市呈现出一幅贫穷、困苦和绝望的图景。成千上万的工人流离失所,没有工作,在业工人的工资也下降了 55%。当时又值农业歉收,全国普遍饥荒。1847 年的经济危机和 1848 年欧洲革命的爆发,在英国工人中引起了强烈的反响。发端于 30 年代的宪章运动,在 40 年代又迅速恢复,并形成了新的高潮。

劳动群众的苦难和斗争引起了知识界中一些先进分子的同情,他们开始思考群众贫困的原因,寻找消除社会矛盾和建设新社会的途径。19 世纪初的法国,出现圣西门和傅立叶的社会主义;40 年代,法国卡贝和布朗基的共产主义开始广泛流传。19 世纪上半期的英国,欧文的社会主义有着更为广泛的影响。欧文看到了资本主义经济的发展和工人提高劳动生产率所创造的财富,并没有用来改善人民的生

---

① 　[英]约翰·穆勒:《穆勒自传》,周兆骏译,商务印书馆 1935 年,第 72 页。
② 　简称《政治经济学原理》,1936 年,世界书局以《穆勒经济学原理》为名出版过郭大力先生的中译本。

活,因此,资本主义社会和封建社会同样是不完善的。他尖锐批判资本主义社会的私有制:私有财产、宗教迷信和婚姻制度是贫困、愚昧和一切罪恶的根源。他企图消灭贫困、消灭阶级对立,建立一个人人平等共享劳动成果的公有社会。在欧文思想的影响下,英国工人广泛开展组织生产合作社和工会活动,从而掀起了社会改良运动。

高涨的工人运动和社会改良运动以及19世纪早期的社会主义思潮,引起了穆勒的注意,并接受了其中的某些思想观点。他看到了资本主义虽然促进了财富的巨大增长,可是多数劳动者不仅得不到更多的利益,而且处于悲惨的境地。因此,他承认资本主义社会存在着矛盾,并对无产阶级表示同情。现在劳动产品的分配是同劳动成反比的:产品的最大部分属于从来不劳动的人;次大部分属于几乎只是名义上劳动的人,而且劳动越是艰苦和不愉快,报酬就越少;最后,从事最劳累、最费力的体力劳动的人甚至连得到生活必需品都没有保证。他从产品的分配方式,看到了资本主义的不合理,但他并不认为这是社会制度本身造成的,这主要是由国家的法律与习惯的不合理性造成的。因此,不需要改变资本主义生产资料所有制这个基础,只要改变分配方式,就可改善工人阶级的经济状况;消除资本主义的一切不平等现象,就可建立一种新的社会关系。穆勒曾这样明确他的政治主张:"未来有一个很长时期内,政治经济学家的主要任务,是研究以私有财产及个人竞争为基础的社会存在与进步之条件。还可断言,在人类改良的现阶段中,人类所企望的主要目的,不是颠覆个人所有制,只是改良它,使社会每一个成员都充分分享它的利益。"①"我只希望用普及教育来达到人口的自动控制,这样才可以使穷苦的人减除一点痛

---

① [英]穆勒:《穆勒经济学原理》,郭大力译,世界书局1936年,第203页。

苦。总之,我是一个民主主义者,但绝不是一个社会主义者……我们害怕群众的愚昧无知,尤其群众的自私与凶暴;但是我们的最后改良理想是远过于民主思想,并且将来确实会把我们列入普遍所说的社会主义者的行伍里。"①

由此可知,他的基本立场在短期中是改良私有制社会,长期中并不反对广义的社会主义,最后还自称是一个社会主义者。锡德尼·韦伯对他的评价是:"1848 年约翰·穆勒的《政治经济学》的出版,适当地划定了陈旧的个人主义经济学的界线。穆勒的这部书,以后每出版一次,更加趋向于社会主义。在穆勒逝世以后,人们从他亲手写成的自传中,知道他是从一个纯然的政治民主主义者发展到一个深信不疑的社会主义者。"②熊彼特对他的评价是"他从大约二十五六岁起,就是一个信奉进化论的具有协会主义色彩的社会主义者。"③

二、改良主义的理论基础——生产规律和分配规律的不同性质

穆勒把财富的生产与分配规律确定为政治经济学的主题,进而论

---

① [英]约翰·穆勒:《穆勒自传》,周兆骏译,商务印书馆 1935 年,第 197—198 页。

② [英]肖伯纳主编:《费边论丛》,袁绩藩、朱启庚、赵宗煜译,王琨校,生活·读书·新知三联书店 1958 年,第 116 页。

③ [美]约瑟夫·熊彼特:《经济分析史》第二卷,杨敬年译,朱泱校,商务印书馆 1992 年,第 236 页。

述了生产规律与分配规律的不同性质。在他看来,生产规律具有永久的自然规律的性质。"财富的生产法则与条件,具有物理学真理的性质。其中没有任意选择的要素。人类所生产的物品,无论是什么,其生产方法与条件,都由于外界事物的构造及人类肉体与精神的固有特性。无论人们喜欢不喜欢,他们的生产终须受限于他们先前的蓄积额,如果先前的蓄积额是已定的,他们的生产就须与他们有怎样的能力与熟练,他们机械是怎样完善,他们怎样利用合作的利益成正比。无论人们喜欢不喜欢,加倍的劳动,终不能在同一土地上,生产加倍量的食物,除非在耕作过程上已有某种改良。无论人们喜欢不喜欢个人的不生产的支出,总归有使社会贫乏的趋势,只有生产的支出可使社会富裕。关于这种种问题,人们的意见或愿望,不能支配事物本身。"①至于分配规律,他认为与生产规律具有根本不同的性质。"财富的分配却不然。这纯然是人类制度的问题。物品一经在那里,人类(个别的或集合的)就可随其所欲来处分。他们能以任何条件,将此种物品,为他们所高兴的任一个人支配……所以,财富分配乃依存于社会的法律与习惯。分配所由而定的条件,是由社会统治阶级,按照他们的意见及感情制定的。那须随时代随地方而甚有变异;如果人类愿意,其变异程度还可以更大。"②

由于生产法则与分配法则的决定因素性质不同,前者以自然的必然性为基础,后者以社会制度的必然性为基础,所以生产法则是恒久的,而分配法则是暂时的。穆勒认为混淆由自然导致的必然性与社会制度导致的必然性,是经济学中的谬误,不仅是理论上的谬误,还是实

① [英]穆勒:《穆勒经济学原理》,郭大力译,世界书局1936年,第187页。
② [英]穆勒:《穆勒经济学原理》,郭大力译,世界书局1936年,第188页。

践中的谬误。因为它导致两方面的损害：一方面使经济学家把经济学里暂时的真理误认为永久的普遍真理；另一方面使许多志在改造社会制度的人，把永久性的生产法则误认为是导源于社会制度的暂时现象，而不予应有的重视。他把生产规律看成是永恒的规律，把分配规律看成是具有历史性质的规律。这就为他在保持资本主义的产权制度的基础上改良收入分配的政策主张提供了理论依据。

穆勒关于生产规律与分配规律的区分，为他以后英国社会的渐进改良说提供了理论依据，具有重大影响。

三、对未来经济制度的展望——社会主义倾向

穆勒指责现存资本主义社会中财富的分配是征服与暴行的结果，是不公正的，而且现存的财富法是故意要培养不平等，使一切人不能在赛跑中有公平的出发点。但他的指责是有保留的，他认为劳动者与那些由于祖先节约而能继承财产的人相比，固然处于不利地位，但如果资本家祖先不节欲，劳动者将更不利。现在劳动与过去劳动（即节蓄的结果）两者是缺一不可的，资本家没有劳动者不能做任何事，劳动者没有资本家亦不可能做任何事。尽管有这些看法，他还是相信把人区分为劳动阶级和不劳动阶级的社会状态，既不是必要的，亦不是永久的。有不劳动阶级的社会状态，绝不是公正的或良好的；任何人，除不能劳动或已依适当方法劳苦获得休养资料者外，皆须在人类生活的必要劳动中负担一份。他否认资本主义的合理性与永恒性，这种态度促使他考虑人类未来应有的合理制度，促使他考虑共产主义。

穆勒比较了私有制和公有制。他反驳了通常用来反对共产主义的几种论点。一种论点认为共产主义社会中人们没有工作积极性。他反驳说，积极性不高的问题，现存社会同样存在，或许更甚。① 而共产主义社会通过教育可以解决这个问题，训练人民，使他们视公共利益为自己的利益，不是不能成功。而最适于培养这样感情的地方，就莫过于共产主义的社会。针对共产主义社会人们将由于纵欲而导致人口过剩的指责，他认为，在共产主义社会若由于人口过多而贫困，人们不会把贫困归结于雇主的贪婪和分配的不均，而将意识到人口过多的问题，从而自觉节制生育。共产主义的真正困难是怎样把劳动合理地配置到各行各业，既不减少劳动生产率，又要符合平等观念。但这个问题在共产主义社会也是可以解决的，且不论如何解决，总比现存社会更平等更公正。他谈道，共产主义还只存在人们的观念中，人们更了解其难点而不知其好处，而它将如何组建以克服困难取得最大利益，人们还需进一步考虑。

穆勒同情共产主义，认为劳动和产品分配成反比的社会与共产主义相比，后者面临的困难可能都微不足道。但是他已经敏锐地觉察到共产主义将可能出现的问题，在共产主义制度下还没有任何的个性庇护所，社会舆论是否会变成暴君的桎梏，每个人完全依存于所有的人和所有的人监督一个人，是否会把所有人的思想感情和行动弄成单调的、清一色的，否定精神独创的社会不能称为健康的社会。同时，现存的私有制都不是理想的私有制，而理想的私有制尚未出现。理想的私有制是把生产工具适当地分配于各个人，并且每个人都能得到自己劳动和节欲的结果，不存在现存社会中那种不劳而获、多劳少

① ［英］穆勒：《穆勒经济学原理》，郭大力译，世界书局 1936 年，第 192 页。

获的弊病,实行报酬与劳动保持比例的公平规则,且普及教育,社会的人数亦适中。他认为必须以这种理想的私有制与共产主义相比较,才能判定私有制和公有制谁更优越。

对现实资本主义制度的不满,对共产主义的同情,对理想私有制的倾心,这三者的结合使穆勒选择了改良主义道路。他是一个热心的社会改革者,同时是为了尽可能保护和强化个人自由和尊严的目的来参与社会改革的。他在《政治经济学原理》第三版的序言中谈道:“我希望,把社会主义当作人类进步的最后结果,这种论调,不致被视为反对社会主义。对于社会主义,这一版认为重要的唯一反对,是人类一般尚无准备,特别是劳动阶级尚无准备。他们必须有充分智力或德性的制度,他们现在还是极不适宜的。现在的所有权法,无法使劳动的结果公平分配,但在我看来,社会改良的伟大目的,就应该是教育人类,使个人有最大自由而劳动结果又有公平分配的社会状态,适合于他们。理智的及道德的教养一旦达到这种状态,最适于幸福又最能使人性止于至善的状态,是个人所有制度(这种制度,与现在的财产制度当然相去极远)亦是社会共有生产工具而实行计划分配的制度,是必须留给且亦可以安然留给那时候的人去解决的问题。现在的人,没有资格解决它。”①这段话表明了穆勒在短期中的改良主义和长期中的社会主义倾向。

穆勒认为现存社会中许多被社会主义者痛恨的罪恶现象,其实并非理想私有制的必然结果。针对财富分布不均的现象,他主张通过立法来限制财产的继承权和赠予权,促成财富的分散而不是集中,也就

---

① 　[英]穆勒:《穆勒经济学原理》,郭大力译,世界书局 1936 年,第 3 页。
[英]约翰·穆勒:《穆勒自传》,周兆骏译,商务印书馆 1935 年版,第 197—200 页。

是用法律手段来促成财富的均等化。同时,单靠平等制度是不够的,这种制度可以降低社会上层的生活水平,但不一定提高下层的社会水平①,因此还必须限制人口。只有限制人口,才有助于提高工资,保障劳动阶级。他反对用法定最低工资来提高工资,认为那将导致失业。他以美国为例说明雇佣劳动制度与人口过剩和劳动者的贫困没有必然联系,因而强调用普及教育的方法,用普遍持续提高整整一代人的生活水平,使之更重视生活水平的提高而不是生儿育女的方法,用解放妇女的方法,而不是用改变雇佣劳动制度的方法,来限制人口。

穆勒指责取缔工人联合的法律反映了奴隶主的非人道的精神,认为工人的联合不会妨碍劳动市场的自由,工会是改良的发端。

穆勒考虑了经济制度的未来发展趋势,认为社会的进一步发展不是回到以家庭为中心的产业制度,同时,大生产的效率与经济也无须继续把人分为利害冲突、感情敌视的雇主雇工两大阶级,进步的趋势是以人人独立但互相合作的制度来代替雇佣劳动制度。第一步是建立利润分成的劳资合作制度,最终则是建立劳动者自行合作的制度。他以赞赏的态度描绘了工人生产合作社的发展,肯定这是未来经济制度的发展方向。同时他也反对社会主义者对竞争的指责,强调造成罪恶的不是竞争,而是劳动隶属于资本,因而主张在未来的劳动合作社制度中,继续依靠竞争来促进生产的改良、经济的发展。这表明他的社会主义与马克思的社会主义有很大区别,与兰格的市场社会主义更接近。

对于穆勒的社会主义倾向,德国社会民主党的领导人倍倍尔也给予充分的肯定,"他同一切能够认识事态真相而有洞见的人们一样,卒

---

① [英]穆勒:《穆勒经济学原理》,郭大力译,世界书局 1936 年,第 703 页。

至成了社会主义者"①。

四、对男女平等的追求与论证

男女平等是社会主义所追求的平等目标中非常重要的一个方面。约翰·穆勒可能是男性思想家中第一个追求男女平等并对之进行论证的人,是世界上第一个妇女参政促进会的创办人之一。他著有三部关于女权的书:《承认妇女的选举权》《妇女的屈从地位》《妇女的参政权》。

在穆勒之前,约半个多世纪之前的 1790 年,法国的孔多塞就发表了论文《论赋予妇女公民权》,认为应当把男性的权利扩大至妇女,真正的文明社会不应当歧视妇女。他也许是男性思想家中第一位主张女权的。

1791 年,女性中最早的女权主义思想家,法国的奥兰普·德·古施(Olympe de Gouges)就发表了《妇女和女公民权利宣言》。宣言要求完全实现男女平等,其中包括重新界定男女之间新社会契约的婚姻。她诘问男人道:"是谁赋予你们压迫我们女性的统治权?……在这个充满智慧之光的世纪里,因为专业知识而蒙蔽、膨胀但实际上全然无知的男性,在假装支持革命、拥护平等的同时,仍然渴望像暴君一样去

---

① 　[德]奥古斯特·倍倍尔:《妇女与社会主义》,范端先译,生活·读书·新知三联书店 1955 年,第 410 页注一。

统治拥有聪明才智的女性。"①她于1793年被送上断头台。

　　1792年，英国女权主义者玛丽·沃斯通克拉夫特（Mary Wollstonecraft,1759—1797）就已经写下了《女权辩护》一书。书中疾呼为女性即"人类的半数要求公平的待遇"②，反复强调妇女不应当以取悦男人为目标，她的首要愿望应该是使自己值得敬重。她批评了当时的一些名人学者（包括卢梭）对于女性的错误看法。她认为那些普遍影响整个女性的道德和行为的原因，全都是因缺乏理智而产生的。同时强调，"我坚决相信，女人的大多数愚蠢行为都是从男人的专制中产生的；我承认狡猾目前是女人性格的一部分，同样我也一再竭力证明女人的狡猾是由于男人的压迫造成的。"③总的看来，玛丽对女性整体状态的描写是生动的，但是对于男女不平等原因的分析还是肤浅的，至于为什么要实现男女平等的论证，更是缺乏的。

　　1792年，德国的希佩尔（Theodor von Hippel）出版《论妇女公民地位的发展》，要求在大肆宣扬人权的时代，必须承认妇女的平等权，允许妇女按照自己的兴趣，通过自己的努力来思考和行动。

　　法国社会主义者傅立叶（Charles Fourier）在其1808年出版的《关于四种运动和普遍命运的理论》中，率先提出："妇女权利的扩大是社

---

① 转引自[英]唐纳德·萨松：《欧洲社会主义百年史》上，姜辉、于海青、庞晓明译，社会科学文献出版社2013年，第463—464页。

② [英]玛丽·沃斯通克拉夫特：《女权辩护》，王蓁译，商务印书馆2009年，第14页。

③ [英]玛丽·沃斯通克拉夫特：《女权辩护》，王蓁译，商务印书馆2009年，第280—281页。

会全面进步的普遍衡量标准。"①

英国社会主义者威廉·汤普逊②于 1825 年发表论著《人类一半(妇女)为反对人类另一半(男人)使她们在政治上、从而在社会上和家庭中屈居奴隶地位而发出的呼吁》。该书主要是与不赞成男女平等的詹姆士·穆勒进行论战(见本章第三节第一小节)。

弗洛拉·特莉斯坦(Flora Tristan,1803—1844)在 1843 年出版的小册子《工人联合会》中,提出了男女平等的诉求(见第五章附录)。

上述这些人是否影响过约翰·穆勒,笔者不得而知。

1869 年,穆勒发表了《妇女的屈从地位》,书中开门见山地提出:"我确认,规范两性之间的社会关系的原则——一个性别法定地从属于另一性别——其本身是错误的,而且现在成了人类进步的主要障碍之一。我认为这个原则应代之以完全平等的一种,不承认一方享有权力或特权,也不承认另一方无资格。"③他以所谓的社会正常状态来论证这一观点:"命令和服从只不过是人类生活中不幸的需要,平等的社会才是它的正常状态。在现代生活中,而且随着它日益进步地改善,命令和服从已经是,并且越来越成了生活的例外之事,而平等的联合

---

① 转引自[英]唐纳德·萨松:《欧洲社会主义百年史》上,姜辉、于海青、庞晓明译,社会科学文献出版社 2013 年,第 468 页。

② [英]伊特维尔等编:《新帕尔格雷夫经济学大辞典》第 4 卷,经济科学出版社 1996 年,第 682—684 页。[英]马克·布劳格、保罗·斯特奇斯编:《世界重要经济学家辞典》,经济科学出版社 1987 年,第 615 页。

③ [英]约翰·斯图尔特·穆勒:《妇女的屈从地位》,汪溪译,商务印书馆 2016 年,第 285 页。

则是它的常规。"①

　　至于男女平等的具体体现,穆勒认为应当允许妇女进入迄今为男人独占的一切职务和职业,坚持她们在家庭之外无资格的说法只是为了保持她们在家庭生活中的从属地位,排除人类的一半于多数赚钱的职业和几乎所有高级社会职务之外是不公正的。除了职业选择上的平等权利,他还进一步主张妇女政治上的平等的选举权。在无论什么限制内,允许男人有选举权,在同样情况下,不允许妇女有选举权是毫无理由的。妇女要求选举权就是为了保证她们得到公正平等的权利。不仅如此,他还以许多历史上的例子说明妇女参政执政的能力,即妇女不仅应当拥有选举权,还可以当选并承担重任。

　　穆勒坚持妇女的才能与男人相比并未有系统的、天然的差别。迄今为止,关于自发的发展,她们一直被囿于如此不自然的状态,以致她们的天性不能不被极大地扭曲和伪装起来,没有一个人能有把握地断言,如果让妇女的天性像男人一样自由地选择方向,如果除了社会的条件所要求的并同样地给予两性的以外,无人试图给它以人为的扭曲,那么,在妇女所显露的性格和能力上,会同男人的有任何重大的差别吗? 或任何一点差别吗? 现在存在的即使是最少争论的差别都只是由于环境产生的,没有天然的能力的差别。他主要是从男女在智力方面的平等来论证实现男女社会平等的应然性。

　　穆勒谈到男女平等将给社会带来的益处,让妇女自由地选择职业,对男人开放的同样职业领域及同样的奖励和鼓励也向妇女开放,从给予妇女自由地运用其才能可以期待的,就是可以有双倍的智力才

---

① ［英］约翰·斯图尔特·穆勒:《妇女的屈从地位》,汪溪译,商务印书馆2016 年,第 330 页。

能为人类更好地服务。

据说穆勒对待男女平等的重视，是受到其红颜知己影响的结果。他虽然没有像后来德国的倍倍尔那样深入分析男女不平等的社会根源，但却明确提出了实现男女在经济上和政治上的平等的目标。这些目标一直到 20 世纪才开始逐渐在英国得到实现并在世界范围中不断扩散。但是男女平等作为社会主义所追求的重要目标之一，其完全实现还路途遥远，还需要 21 世纪的社会主义者锲而不舍地继续追求。

第六节　费边社

在 19 世纪上半期的大宪章运动和自由贸易运动的双重作用下，1846 年，英国废除了《谷物法》，工人阶级的生活水准渐渐有了提高，同时工业革命的阵痛也基本结束。因此，激进的工人运动越来越少，暴力革命的主张虽然有人提倡，但始终不能成为工人运动的主流思潮。同时，从 19 世纪中后期开始，英国经济发展开始超越了古典经济学的视野。首先是由于德国的统一和美国内战的结束，这两个国家的经济开始起飞，大有超过英国的势头，英国的技术进步和经济增长步伐开始放慢，其突出表现就是英国的贸易顺差不断缩小，从出口额为进口额的 5 倍下降为 20 世纪初的 2 倍。古典经济学自由贸易的政策开始受到挑战。1881 年"公平贸易同盟"成立，1903 年时任英国贸易委员会主任的约瑟夫·张伯伦（Joseph Chamberlain，1836—1914）发起成立"关税改革同盟"，两个同盟的宗旨都在于实行一定的贸易保护。其次是英国经济中的垄断现象开始涌现,出现了大型集团公司,于是古典经济学自由竞争的政策主张也受到挑战。再次是社会收入分配状况与李嘉图为代表的后期古典经济学的预测渐行渐远,19 世纪最后 25 年,工资水平相对稳定而物价却有所下跌,同时在工会的作用下,工人的实际工资有了一定的提升,渐渐脱离了维持生存的低水平。但是整个社会的贫富差距依然严重,劳资冲突时断时续。在职工工资有所提高的同时,失业问题日益突出。于是 19 世纪中期开始,以改良主义为特色的社会主义思潮一直持续不断,其突出代表首先是上节已经介绍的活跃于 19 世纪中期的约翰·斯图亚特·穆勒,尔后是 19 世纪后期于 1884 年成立的"费边社"。

一、费边社概况及主要成员简介

费边社脱胎于 1883 年成立的"新生活联谊会",该会是英国伦敦一批研究伦理学的青年知识分子的组织,其宗旨是要为人类的生活方式寻找一条最高的伦理原则。它最初受到英国教育学家 T. 戴维逊(Thomas Davidson,1840—1900)的影响,强调改造社会需要从改造个人开始,而个人改造则主要是要树立博爱精神。很快,这种观点就受到不少年轻人的怀疑。他们认为,对于社会的改造来说,立法改革比个人的改造更加有效。

1884 年 1 月,一部分从新生活联谊会中分离出来的青年知识分子,在三位年轻人爱德华·皮斯(Edward Renolds Pease,1857—1955)、F. 波德默(Frank Podmore,1856—1910)和休伯特·布兰德

(Hubert Bland,1855—1914)带领下,创立一个名为"费边社"(Fabian Society)的团体。

"费边"取自公元前3世纪古罗马一位擅长采用迂回拖延战术的统帅克文图斯·费边·马克西姆(Quintus Fabius Maximus,约前280—前203年)的名字。费边统率的罗马军队在同汉尼拔(Hannibal,前247—前183年)统率的迦太基军队进行第二次布匿战争(前208—前201)时,采取了避免决战缓进待机的策略,使罗马取得了胜利。以此费边著称史册。创立"费边社"的这批青年知识分子,以"费边"为社名,寓意就是表明他们也要采取费边那样缓慢的渐进策略,来达到改革社会的目的。费边社在成立时公布的座右铭是:"要像费边与汉尼拔作战那样,尽管许多人指责他拖延时日,他还是极其耐心地在等待时机;一旦时机来到,就得像费边那样,全力出击,否则就白等了一场,徒劳无功。"①

费边社的主要成员是年轻的学者、记者、律师、文官等有教养的人。他们定期组织讨论,出版刊物。他们关心的主要问题是英国社会的贫富差距,主要目标是要消除贫困,缩小贫富差距,主要观点是怀疑统治英国思想界100多年的自由主义传统,认为政府尤其是地方政府应当有所作为,以缩小社会贫富差距。同时,他们并不认同激烈的暴力方式,而是赞同和平、合法、非暴力的改良。这套观点与当时英国工人阶级的主流观点正相吻合。许多当时著名的劳工运动活动家和工党领导人都参与过他们的活动,接受了他们的主张。他们对于19世纪后期的英国社会主义运动产生过重要影响。

---

① 　[英]玛格丽特·柯尔:《费边社史》,杜安夏、杜小敬等译,商务印书馆1984年,第4页。

　　费边社成立后，探讨的第一个课题，就是贫困问题。到 1884 年 4 月，该社从最初的几个创始人发展到了 20 多人时，以《为什么很多人贫困不堪》为题，发表了该社的社刊《费边短评》第 1 号。这个 4 页的小册子写道："假若资本社会化了，劳动者将受益无穷；然而，要是资本掌握在一小撮人的手中，贫困就必然会是多数人的命运。"①"你们这些享受着舒适而考究生活的人，你们的安逸和奢侈是以他人的苦难和贫困为代价的！你们的骄奢淫逸是产生贫困的根源。"②在 1885 年出版的《费边短评》第 3 号中，费边社首次公开宣布它是社会主义的团体。

　　1886 年初，费边社成员发展到了 40 多人。在同年的 9 月，费边社在无政府主义还是议会主义道路问题上作出了抉择，通过了如下的决议："为了达到使整个社会全面地控制土地和生产资料以及财富的创造和分配这一目的，社会主义者应把自己组织成一个政党。"③1887 年《费边社纲领》通过，锡德尼·詹姆斯·韦伯撰写的《社会主义者须知》等重要文献发布，表达了渐进实现社会主义的理念，社会主义是顺应当前趋势的结果，而不是扭转当前趋势的剧变。因此可以预计，社会主义的出现不会是突然发生革命性变革的结果，而是不断进行改良，在任何时候都不会突然中断的进化过程结果。在这一年刊出的《费边短评》中，"首次阐述了这样的信念（这成了费边社纲领中最为重要的部分之一），即任何'洞悉真相'的明智者都会成为一个社会主义者，或

---

① ［英］玛格丽特·柯尔：《费边社史》，杜安夏、杜小敬等译，商务印书馆 1984 年，第 9 页。

② ［英］玛格丽特·柯尔：《费边社史》，杜安夏、杜小敬等译，商务印书馆 1984 年，第 9 页。

③ ［英］玛格丽特·柯尔：《费边社史》，杜安夏、杜小敬等译，商务印书馆 1984 年，第 23 页。

至少是能够接受关于目前讨论的任何问题的社会主义政策；而且，通过资本主义卫道士们口头所说的，或更确切地讲，通过他们所出版的材料，就可以充分说明资本主义是无效的、残暴的、荒诞的"①。这个短评两次肯定了渐进主义的原则——通过说服和传播知识来实现社会主义。

1888年4月，费边社社员发展到近百人时，该社选出了由安妮·贝赞特（Annie Besant，1847—1933）、休伯特·布兰德（Hubert Bland，1856—1914）、威廉·克拉克（William Clarke，1852—1901）、西德尼·奥利维尔（Sydney Olivier，1859—1943）、乔治·萧伯纳（George Bernard Shaw，1856—1950）、格雷厄姆·华莱士（Graham Wallas，1858—1932）和锡德尼·詹姆斯·韦伯（Sidney James Webb，1859—1947）七人组成执行委员会。至此，该组织认为有计划有步骤地把社会主义传播给明智的英国公众的时刻已经来临，因此决定在每两星期一次的社员大会上（这种会议允许客人参加）执行委员会的成员应就社会主义的情况和意义做演讲。于是，在1888年的秋冬两季，费边社的七位执行委员，各自就社会主义的有关问题做了系列演讲，系统地阐述了费边社会主义的基本理论。该系列演讲经萧伯纳主编定稿后，定名为《费边社会主义论丛》，于1889年出版。该书出版后，费边社会主义才成为一种明确的理论体系。

这本《费边社会主义论丛》由三部分构成：第一部分阐述了社会主义的基础，其中包括四篇论文，即由萧伯纳撰写的《社会主义的经济基础》，韦伯撰写的《社会主义的历史基础》，威廉·克拉克撰写的《社会

---

① ［英］玛格丽特·柯尔：《费边社史》，杜安夏、杜小敬等译，商务印书馆1984年，第21页。

主义的工业基础》,西德尼·奥利维尔撰写的《社会主义的道德基础》。第二部分阐述了社会主义制度下的社会组织,其中包括两篇论文,即由格雷厄姆·华莱士撰写的《社会主义制度下的财产》,安妮·贝赞特撰写的《社会主义制度下的工业》。第三部分阐述了向社会主义过渡,其中包括两篇论文,即由萧伯纳撰写的《向社会主义过渡》,休伯特·布兰德撰写的《社会主义的远景》。该书第一次印刷的1000册,在一个月内就销售一空,在一年之内又销售了重印、再版的2.5万册。社会主义成了热门话题。到1891年4月,费边社已有361名正式社员,此外12个地方的费边社也有300多名成员。该社的社刊《费边短评》总印刷量达到3.5万册,几乎是前7年总数的5倍。这时,费边社的执行委员会,也由7人扩大到15人。

1892年,费边社发表《费边社选举宣言》,到1893年4月,它的正式社员已超过500人,此外,70多个地方费边社的成员也"绝不会少于2000人",这年,费边社的《年度报告》曾夸口说:"在这个王国里,几乎没有一个重要城镇不存在一个地方费边社。"① 到1894年,它发表《劳工竞选运动计划书》,这标志着它开始进入英国的政治生活。

19世纪90年代初,费边社正式社员的骤增和许多新的地方费边社组织的纷纷建立,形成了费边社会主义的第一个兴旺时期。玛格丽特·柯尔认为,这一兴旺时期的形成,要直接归功于《费边论丛》,归功于该书所唤起的要求;也表明这些人对费边社会主义越来越大的兴趣,显示了《费边论丛》的影响。

在19世纪90年代初,费边社会主义兴旺时期的形成,除了它适应

---

① [英]玛格丽特·柯尔:《费边社史》,杜安夏、杜小敬等译,商务印书馆1984年,第43页。

当时英国的国情外,还与当时费边社执行委员会的有效领导分不开的。玛格丽特·柯尔认为,那时的费边社执行委员会是一个异常稳定的、努力工作的领导集体,15 名成员不管多么一致,看上去平等,而主要的领导责任仍落在五六个领导人身上。那时,执行委员会内的萧伯纳、韦伯、华莱士和奥利维尔,被称为费边社的"四巨头"。休伯特·布兰德曾任那个时期社司库 20 多年。而爱德华·皮斯(Edward Pease)则是该执行委员会领导班子中的"好秘书",他被称为费边社"忠实的监护人和看门狗"。但费边社执行委员会里,萧伯纳和韦伯是最突出的两个。他们是费边社最著名的创始人和台柱,都博学多才,他们不仅在社内居于领导地位,而且向社外积极宣扬费边社会主义。

萧伯纳、韦伯夫妇等是费边社为社会主义思潮提供的重要思想家。

萧伯纳(George Bernard Shaw,1856—1950)是英国大文豪,最杰出的剧作家、政论家、费边社重要领导人之一。他生于爱尔兰都柏林一个中产阶级家庭,在都柏林的威斯理学院肄业。1876 年迁居伦敦,起初在一家电话公司当雇员,后即从事文学创作活动,发表过《未成熟》(1879)、《一个不善交际的社会主义者》(1884)、《不合理的婚姻》(1885—1887)、《凯色尔·拜伦的职业》(1885—1886)、《艺术家的爱情》(1887—1888)等一系列小说。在这期间,他还为文学和音乐杂志当过艺术评论。

1882 年,萧伯纳听了美国经济学家和社会活动家亨利·乔治(Henry George,1839—1897)的演讲并读了他的《进步与贫困》后,开始接受社会主义思想。1884 年 9 月,他加入了刚成立的费边社,开始宣传费边社会主义。1885 年 1 月,他被选为该社的执行委员会委员,从 1885 年至 1911 年,他一直是费边社执行委员会的委员,并任该社劳工研究部主席多年,1906—1907 年担任社长。1896 年,他还代表费边社参加了在伦敦召开的第二国际第四次代表大会。

萧伯纳撰写了许多宣传费边社会主义的政论文,并写下大量剧本,揭露和抨击资本主义。起初,他采用政论形式宣传和倡导费边社会主义,撰写了《费边社宣言》(1884 年)、《警告天佑的地主和资本家》(1885 年)、主编了著名的《费边社会主义论丛》(1889 年),并亲自撰写了其中的两篇:《社会主义的经济基础》和《向社会主义过渡》,以后又发表一系列论著:《无政府主义没有可能性》(1891)、《费边社早期历史》(1892)、《社会主义的幻想》(1896)、《费边主义与帝国——费边社宣言》(1900)、《富翁的社会主义》(1901)、《费边主义与财政问题》(1904)、《社会主义和超级头脑——答马罗克先生》(1909 年)等。后来因感到创作戏剧作品来宣传费边社会主义比撰写政论、经济论著更有效,他从 1885 年至 1949 年,共创作了 51 个剧本,其中大都从各个侧面揭露了资本主义制度的腐朽性。

萧伯纳从俄国十月社会主义革命起,就支持苏维埃共和国,反对帝国主义的战争政策。他的剧作经常在那时的苏联剧院上演。1931 年,他曾访问苏联,在那里庆祝他的 75 岁寿辰。1932 年,他来中国访问,在上海与宋庆龄、鲁迅、蔡元培等会面。1944 年,他出版了《政治指南》一书,重申他的渐进主义观点。第二次世界大战期间,他反对法西斯主义。1949 年美国政府迫害美国共产党领袖时,他发表文章谴责美国政府,声援美国共产党。1950 年美帝发动侵朝战争时,他公开表示反对,并谴责美帝囤积原子弹威胁世界和平。

锡德尼·詹姆斯·韦伯(Sidney James Webb)和比阿特丽斯·韦伯(Beatrice Webb)夫妇是 19 世纪末至 20 世纪初英国重要的社会主义者。

锡德尼·韦伯是英国经济学家、社会活动家、费边社会主义理论家。他生于伦敦一个中下阶层家庭,少年时期曾在瑞士、德国受教育。他 16 岁离开学校,先短期经商,后在政府的税收、陆军部和殖民事务部门任职,工作多年。他工作期间坚持自学,1885 年获伦敦大学法学学士学位,成为律师。同年,经萧伯纳介绍参加费边社,很快成为该社重要理论家和领导人之一,是费边社执行委员会委员、伦敦经济学院创建人。1887 年,他为费边社编写了第一本宣传手册《社会主义者须知》,产生较大影响。1889 年,他在费边社的纲领性文献《费边社会主义论丛》中发表了《社会主义的历史基础》一文。1891 年起,他在伦敦经济学院任讲师,1912—1927 年,任该校教授。

1892 年,锡德尼·韦伯与英国著名合作主义者比阿特丽斯·波特(Beatrice Potter,1858—1943)女士因志同道合结为夫妻。由于比阿特丽斯·波特女士与韦伯结婚而改称比阿特丽斯·韦伯(Beatrice Webb),人们称他俩为"韦伯夫妇"。

比阿特丽斯·韦伯是英国经济学家、社会活动家、费边社会主义理论家。她出生于英国的一个资产阶级家庭,没上过学,通过自学成为学者。她从 1887 年起参加社会活动,任伦敦工人和失业者生活调查委员会委员。1891 年,她经锡德尼·韦伯介绍加入费边社。1909 年,她又加入皇家济贫委员会,任该委员会委员。1918—1920 年,她在妇女地位委员会工作。

1891 年,锡德尼·韦伯凭借当时费边社纲领当选为伦敦州议会进步党代表,他还是 1892—1910 年伦敦乡村委员会委员。他在伦敦州议会中,大部分活动在教育方面,被人们称作伦敦教育体系之父。在费边社作为集体成员加入 1906 年成立的英国工党之后,他还积极参与工党的理论工作和领导工作。

1914 年,第一次世界大战爆发,锡德尼·韦伯等人转到了社会沙文主义阵营。同年,锡德尼·韦伯任英国工党的战时紧急委员会委员,负责该委员会的对内政策指导。在 1915—1925 年,锡德尼·韦伯代表费边社参加工党全国执行委员会,并于 1918 年为工党撰写了重要的政治宣言《工党与新社会秩序》,提出了充分就业、工业民主、以税收补贴公共事业和扩大国民教育文化福利事业四项基本原则。英国工党在 1918 年、1922 年和 1924 年竞选中,就是以这一宣言为号召的。

锡德尼·韦伯于 1918 年代表伦敦大学任议员,1922—1929 年代表西亚姆港当选为英国下院议员,1923 年他又当选为工党主席,1924 年在第一届工党政府中任贸易大臣,1929—1931 年在第二届工党政府中任自治领和殖民事务大臣。

两人的主要论著:《英国经济学的起源及其发展》(1886)、《卡尔·马克思的经济理论》(1886)、《社会主义者面临的事实》(1887)、《资本与土地》(1888)、《大不列颠的合作运动》(1891)、《工会运动史》(1894)、《工业民主》两卷(1897)、《英国职工运动的理论与实践》(1900—1901)、《英国地方政府》十卷(1906—1929)、《领地和城市》(1908)、《济贫法的终结》(1909)、《男女工人的工资:是否要平等?》(1919)、《大不列颠社会主义联邦宪章》(1920)、《贫困的防止》(1920)、《消费者合作运动》(1921)、《资本主义文明的衰落》(1923,有中文版)、《我的学徒生涯》(1926)、《社会研究的方法》(1932)、《苏维埃共产主义:新的文明》(1935,在其后的 10 年内曾重版 4 次)、《苏联真相》(1942)、《我们的合作关系》(1948),等等。这些论著对那个时代的英国思想界产生了重大影响。

韦伯夫妇主要是社会主义者,主张以和平渐变而非暴力的方法,通过政府干预,用多种公有制和合作社取代私有制,解决工人阶级的贫困问题。俄国十月革命后，韦伯夫妇对苏联寄予深切的同情。1932年，在他们的晚年访问苏联后，面对 1929—1933 年资本主义世界的经济大危机，他们认为苏联在 20 世纪 30 年代开创了一个新的文明世界，转而赞成苏维埃共产主义。

韦伯夫妇同时也是历史主义经济学家。他们认可亚当·斯密，但反对李嘉图的抽象演绎方法，也反对由这种方法推演而来的马克思主义，认为后者是一种危险的社会主义。他们认为经济学最重要的部分应当是应用经济学和经济史，因而历史归纳方法具有重要地位，虽然他们并不完全排斥抽象演绎方法。他们对历史主义经济学的主要贡献是运用历史方法研究了英国工人运动的历史，以及英国地方政府职能演化的历史；并且创建了伦敦经济学院，该学院早期注重用历史归纳方法研究经济。

二、费边社会主义者的思想观点

费边社会主义者的思想观点，集中体现在《费边社纲领》，以及由七位费边社执行委员所作的于 1889 年出版的《费边社会主义论丛》，韦伯夫妇的《资本主义文明的衰落》等论著中。

(一)从多个角度批判资本主义

第一，严重的贫富差距。萧伯纳指出：资本主义在生产与金融方面的空前的成就，却伴随着分配方面的失败。由于这种分配的极不公平并且对于社会具有危害性，因此不能再让它继续下去是毫无疑问的。韦伯夫妇也指出，虽然整个社会的产量相当巨大，财富有了巨大的增长，但广大人民群众依然生活在贫困之中，并且他们中间的大多数将是永远受着饥饿的威胁。工业革命虽然创造了巨大的财富，但是工人阶级的生活状况在1760—1850年却每况愈下，极其悲惨，给普通人民带来了比任何战争所带来的还要惊人的长期痛苦。这种长期痛苦的煎熬，导致一般人品格的堕落，精神的败坏，人类个性本身的毁灭。

与此同时，有产阶级的少数人却过着游手好闲的奢靡生活，其结果导致富人的下流化。现代的资本主义社会，一面颂扬利润的牟取，一面又奖励奢靡的游惰，其特有的罪恶之一是礼貌的堕落。这种罪恶，由于容易被人模仿，所以比贫民窟的粗鄙野蛮更加有害。他们历数礼貌堕落的各种表现，闲情逸致的伪装，出风头的和无益的开支的爱好，凭价格来衡量物品优劣的识见，根据财产而不根据品质或成就来评价别人的眼光，以及由此而产生的对于每个人"社会地位"的捉摸不定的神情，对百万富翁的阿谀献媚的态度，从占有感所产生的令人难堪的傲慢，以及认为别人在社会上都低我一等这种观念所包含的妄自尊大。

导致这种极其悬殊的贫富差距的根源，就是私有制。资本主义制度的基础，是社会赖以生存的生产资料的私人所有制。而这种生产资料的私人所有制并非人人有份的私人所有制，而是少数人占有了社会大部分生产资料，大多数人则沦为毫无生产资料的工资劳动者。土地和资本的私人所有制，加上关于遗产的法定制度，无论慈善事业怎样把它人道主义化，无论保障全国生活最低标准政策的系统实施怎样限制其中最恶劣的情况，结果必然会把社会划分为两个永久的、大致上是世袭的阶级——即一个富人国和一个穷人国。萧伯纳也指出,土地的私人占有乃是社会主义所反对非各种不平等特权的根源。

这种阶级分化的一种严重社会后果,是导致婚姻的阶级性选择或金钱性选择,而不是一种适合于自然进化的选择。而这种婚姻的阶级性或金钱性选择最终将导致人种的退化。

第二,个人自由方面的不平等。韦伯夫妇指出,"个人自由实际上意味着个人购置足够维持健康的衣、食和住等方面东西的能力,以及获得足够发展其智力的教育和书籍的便利……还意味着有时至少可以有少许的钱来作休假和旅行、社交以及欣赏大自然和艺术之用……个人自由就是发展我们的才能和满足我们的欲望的机会之获得"①。他们认为,由于财产和收入方面的贫富悬殊,两个阶级在个人自由方面也存在极大不平等,收入方面的不平等本身,就带来了在个人自由方面的不平等。对于无资产的工资劳动者来说,自由的意义,除了在饥饿的边缘带着永久劳役的创伤苟延生命外,再也没有别的东西了。工人阶级在饥饿的逼迫下,不过是工资奴隶。

韦伯夫妇揭穿了资本主义社会法律面前人人平等的虚伪性,指出富人和穷人犯了同样的罪行时,在接受法庭调查、聘请律师辩护等方面实际存在的不平等。指出两大阶级在社会生活上的不平等,统治阶级(包括直接参加政府工作以外的许多人),是典型地过着发号施令的生活的阶级;所谓下层阶级,是那些依靠服从命令过活的人们。而资本家和地主的命令是有其令人憎恶的特性的。它的企图,不是为增进整个社会的福利,而是为促进发号施令的人的个人欲望或私人利

---

① [英]锡德尼·维伯、比阿特里斯·维伯:《资本主义文明的衰亡》,秋水译,世纪出版集团上海人民出版社 2005 年,第 36 页。

益的。

两大阶级的不平等,还表现在环境享受方面的不平等,富人可以逃避他们所糟蹋掉的恶劣环境,而穷人则只能在这种恶劣环境中生活;富人不仅垄断着优越的物质环境,还通过报刊的私有制和娱乐场所的私有制,控制了社会的精神环境;最后,富人还控制了政府,以保障自己的利益,大大小小的财产所有者和利润牟取者在中央和地方政府方面普遍的强制的领导,说明了国家的地位已经降到做利润掠夺者的女仆和帮凶的最后阶段了。

资本主义条件下,不仅体力劳动者的个人自由受到极大伤害,脑力劳动者的个人自由同样如此。脑力劳动者,如学校教师、市政官员、公务人员、科学工作者、新闻记者和编辑,有时甚至大学讲师和教授,他们的思想和言论自由已被解职的恐怖(或者,无论如何,被丧失升级机会的恐怖)所扼杀了,假使他们胆敢反对有势力的雇主的政党或金钱利益,甚至反对当时所有富人依附的社会组织原则的话。因此,他们认为,如果不改变资本主义的生产资料私有制,无资产的体力和脑力劳动者,即便有了普选权,并构成了选民的大多数,也依然不能控制本国政府,也依然会受到地主和资本家的奴役。

为了给追求平等的收入和财富的分配提供理论根据,韦伯夫妇提出,社会的福利,只是在很小的程度上依赖于每年产品的数量,而在极大的程度上是依赖于这样生产出来的商品和服务的有效分配和有效消费。

第三,资本主义引起了环境污染和资源破坏。韦伯夫妇认为,土地和资本的私有制引起环境的污染,用水和空气的不断玷污、草木作物的摧毁、妨碍他人事件的产生和肮脏街道弄堂的兴建等等。而且这种环境污染带来的灾害,是不会被社会上一般人及时了解的。等到这种罪恶已经被人看出来的时候,整个一代人民的健康和幸福已经受到了致命的影响。他们批评资本主义毁坏了天然资源,产毛的和当作食物的兽类都被杀掉,直到它们绝种为止;原始森林夷为平地;天然草原剥得精光;处女地的土壤变成贫瘠;煤和金属、石油和天然气——所有蕴藏的动力资源——都被浪费和耗尽;河流变成涸地,气候本身也遭到损害。

第四,资本主义制度作为组织商品与服务的生产和分配的一种方法来说,在科学上是站不住的,并且是和人类的精神发展根本不相容的。韦伯夫妇指出,在资本主义条件下,资本家在牟利动机的支配下,对于因天灾、人祸和一切商品的加速损耗而发生的破坏,往往有浓厚的兴趣。从修配玻璃者对于下冰雹的兴趣,到路旁汽车修理所对于汽车事故的兴趣,和庞大铁路车辆修理工厂对于破坏最重的及损耗最大的运输方法的兴趣里,有说不完的甚至数不尽的事例说明:在资本主义之下,不可能产生一种对生产的兴趣,它同时不包含对腐朽和破坏的兴趣。

资本主义的牟利动机将造成商品质量的不断降低,造成假冒伪劣商品充斥市场,造成酒精、鸦片等等有害商品泛滥成灾,造成推销机构的过度发展。这种推销机构的过度发展,是竞争的结果,它引起了推销成本的上升,并最终引起商品价格的上涨。竞争的增加,意味着推销成本的增加,并且这种增加的成本必须加在给予消费者的价格上。竞争越大,则零售价格越高。

资本主义竞争导致工业集中和大规模生产的趋势,导致垄断。而这种大企业大公司的出现,以及私人企业代际继承中出现的后代能力下降问题,共同造成了企业所有权与经营管理权的分离,导致一个经理阶层——"有知识的无产阶级"——的兴起。

  资本主义的牟利动机，一定会导致生产过剩的经济危机，导致资本家们争夺市场的激烈竞争乃至战争。每个欧洲大国的资本主义工业家、商人和金融家所抱的保持旧市场的愿望和获取新市场的贪心，便作为1914—1918年世界大战浩劫的基本原因而暴露出来，造成2000万人惨死和广大地区受到空前蹂躏及无数财富沦于毁灭的结果。

  与韦伯夫妇侧重从社会学角度批判资本主义有所不同，萧伯纳侧重从经济学角度批判资本主义。他的经济理论，在价值论方面基本上是边际效用价值论，在分配论方面基本上接受李嘉图的级差地租理论和维生工资论以及马尔萨斯的人口理论。但是他并没有像李嘉图和马尔萨斯那样把维生工资和人口过剩看作是无法改变的自然现象，而是把它们看作是土地和资本私有制的结果，因而是可以通过消灭私有制而改变的。他的经济理论表明，从经济学角度出发对资本主义的批判未必一定要严格地以劳动价值论为逻辑基础，从效用价值论出发同样可以展开对于资本主义的批判。

  第五，批判经济自由主义。萧伯纳的批判是，自由主义者的计划是把国王的脑袋砍去而使其他的一切听凭大自然去支配。他们认为其他的一切在不受专制政府限制的情况下就会趋于经济的和谐。他认为事情并没有这么简单，经济的和谐并不能如此实现。

  锡德尼·韦伯认为，英国社会存在的贫富悬殊、个人自由不平等等种种不良现象，其根源首先是土地和资本等生产资料的私有制，同时与经济自由主义思潮的统治地位也有极大关系。他认为工业革命在猛烈地反抗旧日官僚主义的专制政体的过程中瓦解了中古精神，其结果是使社会的一切新的因素处于一种毫无约束的状态。在可以自由地私自购买生产资料这种意义下的个人自由，在19世纪开始时达到了最大限度。没有什么从感情出发的规章足以阻碍有产者去自由地利用土地和资本而取得最大可能的金钱利益,尽管许多男人、妇女和儿童的生命在这种追求利益的过程中被消耗了。在伴随着工业革命而出现的大工厂中,由于缺乏任何规制条例,工人们在工作时间、工作条件、工作工资、就业保障等等方面,都遭受到工厂主极度的欺凌和残酷的剥削。他在列举了当时发生的种种悲惨现象之后,总结说,所有这些以及其他难以名状的种种不平等的事情,已被人们当作是契约自由与完全的自由放任政策的结果而载入史册。他认为,在生产资料私有制条件下,个人自由与公共福利是存在冲突的,由于私人可以无限制地拥有生产财富的工具,因而完全的个人自由是和公共的福利不可调和的。在我们自己当中进行的那种不受约束的生存竞争,威胁着我们可以作为一个健康的与永恒的社会有机体而生存下去。

威廉·克拉克也写道"由于必要的生产工具是归私人所有……个人自由主义是不可能的和荒唐无稽的……不受限制的资本主义,如同封建制度或奴隶制度一样,必然趋于使用残酷与压迫的手段"①。

(二)社会主义是在资本主义基础上的一个逐渐演化过程

锡德尼·韦伯在《社会主义的历史基础》中写道:"英国社会组织的以往历史,在本世纪中,可以证明社会主义所标示的各种理想的不

① [英]肖伯纳主编:《费边论丛》,袁缉藩、朱应庚、赵宗煜译,王琨校,生活·读书·新知三联书店1958年,第136—137页。

可抗拒的动力。这一世纪英国社会历史的记载,是以一个几乎是完全的工业个人主义的试行和它的彻底的失败而开始的……在这种个人主义的制度里,持久的因素是很少的。所以,随着政治解放运动的发展,生产手段的私人占有已经在这一方面或那一方面不断地受到管理、限制和废除……本世纪的经济史乃是一种几乎毫无间断的社会主义的发展史。"①在他看来从一个旧社会到一个新社会,不过是一个渐进的演化过程。

韦伯认为,以往的思想家,从柏拉图一直到 19 世纪上半期的那些社会主义者如法国的圣西门和英国的欧文等人,他们都把理想社会设想为静态的。自从达尔文的进化论问世以来,加上孔德和斯宾塞的努力,理想社会已经从静态转变为动态。社会有机体不断成长与发展的必要性已经为人们所公认了。哲学家们现在不再去寻求什么别的东西,他们所寻求的乃是从旧制度逐渐进化到新制度,并且认为在这种进化过程当中,任何时候都无须破坏整个社会组织的连续性或者把整个社会组织突然地加以改变。我们在历史上还找不到乌托邦式的革命的突变例子。为了论证这个观点,他回顾了西欧社会从封建主义为基础的中古社会,渐进地走向资本主义的长期过程,强调以一系列技术发明为基础的工业革命对于经济生活变化的重要意义,以及法国大革命对于政治变迁的重要意义,回顾了英国政治制度在法国大革命影响下的渐进改革过程。

费边社成员格拉罕·瓦拉斯写道,19 世纪前半期的社会主义运动的实践,"使我们倾向于放弃关于一种最后的与完满的社会改革的任

---

① [英]肖伯纳主编:《费边论丛》,袁绩藩、朱应庚、赵宗煜译,王琨校,生活·读书·新知三联书店 1958 年,第 81—82 页。

何希望。我们现在更加倾向于把缓慢的与通常是不知不觉的'时代精神'的进步当作是社会进步唯一适当的原因"①。

韦伯认为，19世纪英国资本主义走向社会主义的渐进过程表现在几个方面。

1.各种限制企业家自由，保护社会弱势群体的条例和法律不断出台，不管政治经济学讲些什么，不管拥有工场的自由主义者做了怎样的努力，英国却被迫要伸出她的手去帮助和保护她那些较弱小的成员。任何数量的"地方改良条例""排污条例""矿区管理条例""工厂条例""公共卫生条例"以及"防止伪造条例"等等不断地变成了法律。财产的所有人凭借收取经济地租及利息而去压迫没有财产的人的那种自由开始在各个方面受到约束、削弱、阻碍和禁止。

费边社成员威廉·克拉克在《社会主义的工业基础》中，列举了英国从19世纪初（1802年）以来陆续订立的"道德与健康条例"，1819年部分由于欧文的努力而订立的"纺纱工厂条例"，以后各年陆续订立的"矿业条例""矿区管理条例""花边工业条例""烟囱清扫业和陶器业条例""商业和手工业工场管理条例"，以及1871年通过的统一的"工厂和工场条例"后，指出这些工厂立法在事实上是属于社会主义性质的，因为它包括集体防止个人贪婪以及为了劳动群众的利益而对资本的利润加以削减。

2.那些没有资本家干预的地方公营共用的市政企业，如邮政、电话、电报、电车、自来水和煤气等企业，也是社会主义经济，起码是具有社会主义性质的。由于政府逐步接管越来越多的经济活动领域，实行国

---

① ［英］肖伯纳主编：《费边论丛》，袁绩藩、朱应庚、赵宗煜译，王琨校，生活·读书·新知三联书店1958年，第194页。

有化或市有化,几乎每一种可以想得到的贸易,不论在什么地方,现在都由教区、市政当局或中央政府本身来进行而用不着任何中间人或资本家的干预了。于是私人进行剥削的范围缩小了。

3. 除了直接代替私人经营企业而外,国家还对几乎所有尚未被吸收过来的工业业务进行登记、视察和控制。在大多数大工业企业中,政府对工人的工作年龄、工作时间、工作条件、安全措施、工资发放等等都做了适当规定,因此资本家就不能利用他所处的地位而占便宜。他将被迫从租金与利息收入中,把一个愈来愈大的部分让渡出来用于公共事业。就是把地租和利润、利息从现在窃据着它的那个阶级手里转移到全民手里。

具有讽刺意味的是,上述三方面的渐进过程,往往都是一些不了解甚至不赞成社会主义的人所促成的,他们的每一种行为都会促使他们所轻视的那种社会主义得以实现,并且会把他们仍然相信的那种个人主义的信念摧毁掉,这是不可抗拒的扫荡一切的社会趋势。政府对私人企业的管理的不断加强,市区行政的发展,以及租税负担直接地向地租与利息的迅速转嫁,在这三个方面都标志着政治家们不自觉地放弃了陈旧的个人主义,而且也标志着我们无可抗拒地要滑进集体主义性质的社会主义。

萧伯纳则回顾了英国从 1832 年议会改革以来一直到 1889 年的历史,指出英国在这段时间里已经渐进式地朝着社会主义方向走了很久很多,包括参政权和选举权的扩大、所得税的开征、一系列工厂条例的制订、国营邮政局的建立等等。

（三）逐步改变资本主义生产资料的私有制，实行"市政社会主义"或"社会民主主义"

关于费边社的最终目标，1887 年通过的《费边社纲领》中写道，"费边社由社会主义者组成"，因此"它的目的是以下述方式对社会进行重新改造：使土地和工业资本从个人和阶级的所有制下解放出来，把它们转归公社所有，以谋公众的福利。只有通过这个方式，国家的各种自然的和获得的利益才能够公平地为全国人民所共享"。① 萧伯纳认为，土地的私人占有乃是社会主义所反对的各种不平等特权的根源。把土地作为公共财产乃是社会主义的基本经济条件。

费边社实现最终目标的方式是和平渐进的议会道路。韦伯从历史渐进演化论出发，提出了社会渐进和平变革的四项基本原则："（1）民主主义的变革，因为只有如此，对大多数人民来说，才是可以接受的，并且才能使所有的人在思想上有所准备；（2）渐进的变革，因为只有如此，无论进步的速度多快，才不致引起脱节现象；（3）被人民大众认为是合乎道德的变革，因为只有如此，才不致在主观上对他们来说是败坏道德的；（4）合乎宪法的与和平的变革，至少在英国应当如此。"② 同时他还提出了推进英国社会进一步走向社会主义的若干具体政策建议：（1）修订租税，把工人身上的负担全部转嫁到地租和利息收

---

① 《费边社纲领》(1887 年通过)，引自《国际共运史研究资料》第 3 辑，1981 年，第 270 页。

② [英]肖伯纳主编：《费边论丛》，袁绩藩、朱应庚、赵宗煜译，王琨校，生活・读书・新知三联书店 1958 年，第 87 页。

入者身上;(2)扩大已有工厂条例的适用范围,普及最低工资和最高工时的规定,普遍提高工人生活水平;(3)推进全民义务的适应每个孩子能力的最好教育;(4)完善济贫法;(5)扩大市政当局活动范围,组织失业劳工从事公共事业;(6)改革政治体制,使大多数人民的愿望能够得到表达。无产阶级的政治权利每有所增加,他们一定会把它用来保障他们的社会利益和经济利益。

费边社成员威廉·克拉克在《社会主义的工业基础》中,指出了资本主义从自由竞争走向垄断的必然趋势,并认为垄断将破坏自由和民主,其最后的效果必定是现代民主国家首要原则的自由本身的破坏。垄断组织,对每一个民主主义原则不是加以限制就是加以否定。因此,对于这种垄断的趋势,必须采取某些非常巨大而明确的扩张集体权利的措施。这种扩张一方面牵涉劳动时间的普遍减少,而另一方面牵涉要把社会所创造出来的一部分社会价值,由社会加以吸收的尝试。

至于实现土地和资本社会化的具体方式,格拉罕·瓦拉斯在《社会主义制度下的财产》中说:"具有进步性的土地和资本的社会化,必须用这样一种方式来进行,那就是通过对地租利息征税并由公家用这种税收所得到的资本把劳动者组织起来,从而把土地和资本直接转归社会所有。土地和资本的社会化是不能单纯地用规定一系列限制它们用于私人剥削这样一种方式来实现的。"①萧伯纳在《向社会主义过渡》中又进一步解释说:"无偿的土地国有化这种呼声确乎是一个不切实际的带有灾害性的暴动……土地应该像情况所需要的那样,老老实

---

① 〔英〕肖伯纳主编:《费边论丛》,袁绩藩、朱应庚、赵宗煜译,王琨校,生活·读书·新知三联书店 1958 年,第 204 页。

实地加以购买;购买土地所需的钱以及为这笔钱所付的利息,将要像资本一样加以向地租征税的办法取得的。"①具体说来,就是土地耕种者出钱(交租),由国家(市政当局)以赎买的形式向土地所有者购买土地,而土地所有者取得赎金将土地交给市政当局后,还可购买公债逐年取息。由于城市地租从长远来看是受到市政当局支配的,因此它可以降低公营企业上缴地租从而降低产品价格,同时提升私人企业必须支付的地租,这样必须支付地租的私人企业将在竞争中失败。最后,全市的土地和工业将会由于各种经济力量的自发行动而转移到市政当局手中。这样一来,工业的社会主义化的问题就将被解决了。

与上面两位通过税收来逐渐挤干私人所有制的方式有所不同,安妮·贝桑特在《社会主义制度下的工业》中提出了一个主要是通过市场竞争战胜私人企业的社会化方式。首先由州地方政府把失业者组织起来从事生产劳动,组建州营农场和工业公社,即组织和运行公有制的企业。同时,必须对那些由资本家为我们集中起来的巨大的、集中化的工业进行接管,因此资本家们乃是无意识地为他们自己的被接替铺平了道路。但她并不主张立即接管所有私人企业,而是相信通过竞争,公有企业将战胜私人企业。中央委员会或州委员会必然比任何私人资本家都能够进一步地利用这种联合资本的威力。因此,使得工厂代替工场的各种经济力量,必然使市营商店代替私营商店,并使市营工厂代替私营工厂。一切浪费将受到限制,每一种节省劳力的工具将充分地得到利用。在公营工业的组织扩大并愈来愈代

---

① [英]肖伯纳主编:《费边论丛》,袁绩藩、朱应庚、赵宗煜译,王琨校,生活·读书·新知三联书店1958年,第264—265页。

替了个人主义的生产者的时候,可能发生的需求将更容易加以估计,并且可以调节供给来满足需求。市政当局及中央委员会必然要代替互相竞争的小资本家和由大资本家组成的联合垄断组织,并且生产将不像今天那样是无政府的与冒险的,它将成为有秩序的与合理的生产。不久之后,私人生产者必然消失,这并不是因为将有任何法律限制个人主义的生产,而是因为个人主义的生产将无利可图。

费边社会主义者主张实行地方自治,发展市政事业,即所谓的"市政社会主义"。锡德尼·韦伯在谈到他们所倡导的这种"市政社会主义"的作用和意义时说:"在任何一个高度组织起来的和人口众多的社会里,广泛的职权不应该如过去所普遍认为的那样划归'国家社会主义',而应该划归'市区社会主义';我们明白了在一个社会主义国家内,各种以民主方式组织起来而实际上等于自治的地方管理机构所应该担负的重要作用。我们终于很清楚地理解到,这些地方管理机构的多方面的作用的意义就在于一方面它替我们取消了唯一的全国性的雇主(这种雇主其本质是不可避免地要官僚主义化的)的假设性的专制,另一方面也把我们从普遍的社会生活一律化的噩梦中解放出来。"①

市政社会主义是他们关于社会主义管理模式的具体构想。在基本原则上,他们同时又自称为社会民主主义,萧伯纳在《费边论丛》的初版序言中写道,"本书所有作者都是社会民主主义者,他们具有一个共同的信念,认为必须把工业组织和生产资料委诸一个以完全民主的

---

① [英]肖伯纳主编:《费边论丛》,袁绩藩、朱应庚、赵宗煜译,王琨校,生活·读书·新知三联书店1958年,第22—23页。

方法而与人民合而为一的政府去管理"①。

至于这种市政社会主义或社会民主主义的具体产权制度和管理模式,费边社有如下一些考虑。

费边社成员格拉罕·瓦拉斯在《社会主义制度下的财产》一文中,更加详细具体地考虑了社会主义的财产制度,他认为一个主要问题是在每一种情况下去确定所有权的范围。并不是所有的东西都必须公有,而是应当区别对待。当然,土地和重要生产工具的公有是无疑的,尤其是像邮政、铁路交通等控制范围越大、效率越高的产业部门,以及为整个国家生产生活必需品的自然资源和例如矿区、港口、水源等带有垄断性的产业部门;但用于个人消费的生活资料还是要允许私人拥有,虽然共同消费会有更大的效率。诚然,联合消费在经济方面的节省和联合起来的生产在经济上的节省是同样巨大的,然而除了在十分特殊的条件下,大多数人就像现在一样对这类制度总是没有兴趣的。同时,一些不太重要的工业也仍然可以由私人经营。因此私有财产甚至私营工业就必然会和公共财产和公营生产同时并存。他进一步指出,一旦允许私有财产的存在,它们的交换和馈赠就不可避免,个人的储蓄就不可避免。这些观点可以说是预示了后来的混合经济。

除了财产制度之外,格拉罕·瓦拉斯还考虑了未来公有制社会的个人收入分配制度,其基本准则是多劳多得;同时考虑到不同的人对于当前快乐与未来快乐的相对估价的不同,一个人多得的部分也可以延后支取,这就为个人储蓄和政府公债发行提供了条件。

有意思的是,在考虑个人收入问题时,格拉罕·瓦拉斯还特别考

---

① ［英］肖伯纳主编:《费边论丛》,袁绩藩、朱应庚、赵宗煜译,王琨校,生活·读书·新知三联书店1958年,第49页。

虑了公有制社会应当如何处理本地人和外来人的相对待遇问题，这个问题对于一个封闭的公有制社会是不存在的；而对于一个开放的公有制社会，就难以避免。如果始终不给予外来人与本地人相同的公共服务，使外来人构成一个特殊的阶层，那将是危险的；但如果轻易就给予外来人与本地人相同的公共服务，这样就有可能引起外来人大量流入，从而降低本地人的生活水准。因此，在任何一个单独的欧洲国家中，任何一种下定决心的、旨在提高无产阶级地位的尝试，必须要用一种侨民法律来配合，这种法律一方面应该足以防止对避难者的苛刻，或者不阻碍那些会提高我国知识和工业水平的人们的到来；另一方面又应该严格到足以排斥欧洲大陆上的各个军事帝国有准备地向我们国家的任何一块空地上所投进来的那种人类的渣滓。

费边社成员安妮·贝桑特在《社会主义制度下的工业》中也考虑了未来公有制的一些具体形式。她提出了对公有化的工业实行分级管理的思想，邮政、电报、铁路、运河以及各种可以组成托拉斯的大工业，最好每一种都由单一的、为整个英国服务的中央机构来管理。电车、煤气厂、自来水厂以及许多规模较小的生产性工业，最好是由地方来管理。而工业管理的最好形式，是通过公社议会来进行，公社议会应该指定各种委员会来监督各个工业部门，并且由委员会为所监督的企业聘请经理和其他管理人员，而不是由企业雇员来直接选举。

安妮·贝桑特对于公有制社会中的激励问题也有一定的考虑。她指出了一种可能，就是由于各种工作令人讨厌的程度有所不同，劳动者将围绕工作的选择展开竞争。对此，她的解决方法是，短期中通过缩短不讨人喜欢的工作的工时来吸引劳动者去选择，而在长期中则是通过机器来替代人工。对于劳动者的个人报酬，她主张的是首先从全部产品中进行一定的扣除，包括工资；扣除后的剩余则在劳动者中间进行平均分配。同时,通过不同工作的工时的长短来防止劳动者选择工种时的挑肥拣瘦现象。从公社产品的价值中,必须提出这样一些费用:应缴付的地方行政当局的地租,为经营各种工业所需要的设备的租金,按照通常方式加以决定和垫支的工资,各种捐税、预备费、公积金,以及为经营公社企业所必要的其他费用。在减去所有这些费用以后,剩下的那部分价值应该当作一种"红利"在公社工人们当中加以分配。简单而且容易的做法是:把市区的所有雇员当作是为单一的雇主即地方行政当局服务的单一体,因而由公社议会所经营的全部企业的盈余应该无区别地在全体公社雇员当中加以分配,把所有公社议会所掌握的剩余额加在一起,然后用公社雇员的总数去除,这样就会得出每一个工人应分得的数目。她的这种收入平均分配但工时不等的做法,虽然可能会遏制劳动者在不同工种之间挑肥拣瘦的倾向,但并不能解决劳动者在同一种工作中的偷懒倾向,对此,她主张对懒汉进行惩处,从警告一直到取消公社职务。

(四)实现社会主义的议会道路

与上述"社会民主主义"和"市政社会主义"纲领相适应,费边社提出了反对暴力革命、主张"议会主义"、建立工人阶级政党的政治纲领。萧伯纳在《向社会主义过渡》中明确写道:社会主义者无须为他们首先建议(如他们做过的那样)工人阶级的武装组织和普遍起义而感到羞愧。这个建议被证明了是行不通的,而且它已经被英国社会主义者们所放弃了。针对马克思关于"暴力是进步的产婆"的说法,他指出,暴力同样是混乱的产婆,而混乱却又是戒严令的产婆。赫伯特·布朗德则写道,在租户选举法(lodger franchise)制度下,武装革命乃是为数稀少的、自觉无望的少数群众最后才会采取的手段,这种做法是一个绝望的坦白,是把整个社会主义问题降低到荒唐的地步。革命的冒险行为,在元气横溢的少年时代是一种自然而无以责备的行为,在身强力壮的青年时代是一种幼稚的狂妄行为,而在壮年时代将是一种犯罪的愚蠢行为。

费边社认为通过议会选举、采用民主方法就可实现社会主义。萧伯纳说,我们采用"社会民主主义"这个词,就是用它来表示我们企图通过民主来把所有人民包括在政府内。工人阶级要通过国会、市政当局和选举权来拯救自己。他们把当选议员,并争取多数看作是当务之急。安妮·贝桑特在《社会主义制度下的工业》中说:现在,社会主义者的命令就是改变选举人的信仰,并且夺取州议会。在他们看来,夺取了州议会,就有可能进一步通过夺取整个国家的议会,从而掌握全国政权。他们的这种观念可以溯源于黑格尔。萧伯纳对此写下如下一段话,"黑格尔生动地以'完善的国家'(Perfect State)的概念来教导人们;他的学生们看不出在事物的本质中有任何东西使他们不能(或者只有以特别的困难才能)把一个现存的国家弄成一个即使不是绝对完善的国家,至少也是一个实际上值得信赖的国家"①。赫伯特·布朗德更是明确写道,现在,国家的行动一般地不是指向把私有财产和各种特权在各阶级之间重新调整,而是指向着私有财产和各种特权的完全消灭。其实,萧伯纳也并未完全否定暴力革命,他在《向社会主义过渡》中最后写道:"对于我今天所提出的社会民主主

---

① [英]肖伯纳主编:《费边论丛》,袁绩藩、朱应庚、赵宗煜译,王琨校,生活·读书·新知三联书店1958年,第251页。

义纲领来说,工人阶级的武装组织和普遍起义,仍不失为一个唯一的、最后可能采取的另一个办法。"①

而为了通过选举取得政权,他们强调要建立工人阶级自己的独立政党,锡德尼·韦伯写道:"虽然我们不相信那种'具有阶级觉悟的少数人'以'武力'去获得胜利的革命,可是我们从来没有认为,如果不形成与自由党和保守党相对抗的社会主义政党而且参加到英国政治中去,社会主义就能实现或者就能有长足的进展。"②赫伯特·布朗德也认为一个不可避免的结果将是一个主张生产资料与交换资料的公有的社会主义政党的成立。在这种思想的支配下,费边社积极参与了工人阶级政党的成立和建设。经过费边社多年的宣传和鼓动,英国于1893年成立了独立劳工党,1906年英国工党成立,费边社都参加其中。

除了建立独立政党之外,费边社还采取了一种宣传策略,就是韦伯在1920年版的序言中所说的"渗透政策",即社会主义思想与社会主义计划,不仅要注入完全信奉社会主义的人们的思想里,同时也要注入与我们见解不同的人们的思想里——我们不遗余力地不仅在自由党人或激进主义者中进行这种宣传,也在保守党人中进行这种宣传;不仅在工会运动者和合作主义者中进行宣传,也在雇主们及金融家们中进行宣传。今天,在我们无法采取其他政治活动的时候,我不相信还会有人怀疑这是一种有力而且成功的宣传。

---

① [英]肖伯纳主编:《费边论丛》,袁绩藩、朱应庚、赵宗煜译,王琨校,生活·读书·新知三联书店1958年,第273页。

② [英]肖伯纳主编:《费边论丛》,袁绩藩、朱应庚、赵宗煜译,王琨校,生活·读书·新知三联书店1958年,第32页。

对于费边社所选择的议会主义和平方式实现社会主义的道路,萧伯纳在 1908 年为《费边论丛》再版所写的序言中不无自豪地写道:"自1889 年以来,社会主义运动在整个欧洲已经完全改变了。这种改变的结果可以公平地说成是'费边社会主义'的产生。"①他认为费边社会主义已经成为整个欧洲社会主义的代表。他把 1889 年以前,以 1848 年革命和 1871 年巴黎公社为标志的社会主义,称为浪漫主义和突变主义,其特征就是企图通过一次武装起义推翻资本主义,建立社会主义。然而那些浪漫主义的主张突变的社会主义者往往缺乏治国理政的实际经验,即便像巴黎公社那样通过突变方式取得一时的成功,掌握了政权,最终也难免失败的命运。有鉴于此,费边社决心要把那个英勇的失败变为一个平凡的成功。为此,决定了两项坚定不移的任务:第一,提出一个议会政纲以便如庇尔转而拥护自由贸易那样,使一位首相转而拥护社会主义;第二,使一个普通的令人尊敬的英国人就像做一个自由党人或保守党人那样容易而自然地做一个社会主义者。他认为只有如此,才能消解社会中相当一部分人对于以往那种暴烈的社会主义的恐惧,转而站到社会主义的立场上来。

上述体现在《费边社纲领》(1887 年通过)和《费边社会主义论丛》(1889 年出版)等书中的费边社会主义理论,是费边社的基本理论。在相信社会主义必然实现这一点上,他们和马克思主义者毫无二致,但在实现社会主义的道路方式方面,他们与马克思主义却完全不同。他们认为,即使从唯物史观出发,也不会必然推论出马克思主义的灾变论观点。他们论证说,资本主义之所以成为先进社会中的支配力量,

---

① [英]肖伯纳主编:《费边论丛》,袁绩藩、朱应庚、赵宗煜译,王琨校,生活·读书·新知三联书店 1958 年,第 34 页。

并不是由于突然猛烈地推翻封建制度,并建立一个新的阶级国家来代替它,而是通过一个长期渐进地渗透到旧制度中去的过程,从而分阶段地把旧制度改变成某种本质上不同但又符合工业社会的经济要求的制度。难道不能预料社会主义会以同样的方式发展吗?难道社会主义事实上不是已经明显地按照同样的方式在发展吗?

(五)费边社后期思想的发展——改造民主政体

《费边社会主义论丛》出版后的几十年间,费边社会主义有一定的变化和发展,主要是由于民主政体在许多国家现实政治生活中的运行低效,以及法西斯独裁政权的崛起,而对民主政体产生了一定的怀疑,并进而对实现社会主义的道路有了一些并不完全成熟的新想法。萧伯纳在1931年为《费边论丛》重版所写的序中指出:"在反对君主专制中成长起来的旧式的自由主义的国会制度,在维护群众自由的掩饰之下,已经把那种使国家事务陷于瘫痪的艺术培养到了完善的境地,它不但公开受到轻视,并且可以被取消或废除而找不到任何有力的支持者。三亿多人从君主制到共和制的这样一个转变,其结局是在经过一个短期的'边做边改'的试验以后,把大约两亿六千万人从立宪主义的国家统治之下转移到独裁者的专制统治之下。当时没有人需要这种专制,但是另外的办法却是行不通的。"[1]当时的民主体制使得无人反对的、可以在半小时内加以处理的提案,被当作是真正值得争论的措施而花费好几个月的时间去处理。

---

① [英]肖伯纳主编:《费边论丛》,袁绩藩、朱应庚、赵宗煜译,王琨校,生活·读书·新知三联书店1958年,第8—9页。

萧伯纳的结论是"情况既然是这样的十分危险,费边社发现自己面临着一种……未曾预料到的任务。它必须筹划新的政府机构,这种机构不如像我们现有的机构那样,被设计出用来阻碍政府的行动和中立皇家的特权,而是被设计出来把我们这个国家的主权加以组织并使它发生效力,从而限制私人财阀利益所僭取的特权。在没有完成这一任务以前,所有循着立宪的道路来达到社会主义的说法都是一些空谈。今天,这种立宪的道路是完全不能达到上述目的的,是行不通的。当人们走上这条道路的时候,他们只有诉诸革命或者采用独裁统治"①。这里说明他已经对以往费边社所主张的通过立宪主义道路和平实现社会主义的做法产生了怀疑和不满,因为在当时那种民主政体下面,即便工人阶级的政党通过选举取得了政权,也会由于受到各种牵制而无法或者难以推行社会主义性质的政策措施。虽然他还不至于立即把暴力革命作为实现社会主义的唯一道路,但已经把革命作为一种在无法对民主政体进行有效改造时的无奈选择。

改造民主政体的措施主要有两条:(1)改革英国议会的政党制度,政党制度必须要无情地予以废除。在他看来,英国下议院的两党制度是导致两党为夺取政权而互相扯皮、互相设拌,英国政府决策迟钝的主要原因。解决办法是实行英国地方市政府的行政制度,在市政府里,市政机关或市议会被选举出来在一定时期内负责,在这一时期内,不得再进行选举。市政事务不是由单独一个政党提出的唯一的"内阁"来管理,而是由一系列各党派所组成的委员会来管理,每一个委员会处理它自己特殊部门的公务。独立工作的这些委员会把它们自己

---

① [英]肖伯纳主编:《费边论丛》,袁绩藩、朱应庚、赵宗煜译,王琨校,生活・读书・新知三联书店1958年,第10页。

的各种措施提交市议员大会。市议员们可以十分自由地进行投票,因为除了那措施本身而外,并不涉及其他事件。摒弃这个措施既不牵涉政府改组,也不牵涉举行普选。(2)必需的主要变革就是我们的统治者之间适当的劳动分工和职能的专门化。具体来讲,就是根据经济和社会的变化而重新划分中央政府与地方政府的权限,以及同一级政府内部各个部门之间的权限。他清楚地知道,对于费边社的最终目的来说,这些宪法上的变革仅仅是手段而不是目的。费边社的最终目的仍然是实现社会主义,但是社会主义之海不能够被装在只能容纳一品脱的 19 世纪的议会里。

从萧伯纳的上述观点可以概括地讲,费边社的最终目标始终如一是社会主义,取得政权的和平方式议会道路也基本不变;唯一变化的是,他们终于认识到,为了实现社会主义,仅仅取得政权还远远不够,还必须对政府的组织结构和运行方式进行重大改造。

费边社会主义者所提倡的社会主义目标和实现道路,对英国的社会、经济、政治以及思想文化都有着长远和重大的影响。他们所参与和影响的英国工党,至今仍然是英国政坛两大政党之一,多次执掌政权,对英国经济和社会发展,尤其是从摇篮到坟墓的全民福利制度的建立,做出过重要贡献。

第七节　威廉·莫里斯

在比较温和的费边社活跃的同时,比较激进的社会主义思潮也并未绝迹。1885年，在恩格斯的支持下，由马克思女儿爱琳娜·马克思和女婿爱德华·艾威林参与组建的社会主义者同盟，就是其中的重要代表。而威廉·莫里斯就担任了该同盟机关报《公共福利》的主编。

威廉·莫里斯（William Morris，1834—1896）生于英国一个富商家庭，早年曾经热衷于文学艺术，崇拜英国浪漫主义诗人拜伦和雪莱，组建过文艺团体，出版过诗集《捍卫桂尼维尔和其他诗歌》（1858）、《捷逊的生和死》（1867）、《地上乐园》（1868—1870）。自1877年始，他积极参与政治活动，发表了题为《不正义的战争》著名政论，反对英国与土耳其结盟发动对俄国的侵略战争。1883年，加入民主联盟，成为社会主义者。1885年，与马克思女儿爱琳娜·马克思和女婿爱德华·艾威林共同组建社会主义者同盟，担任该同盟机关报《公共福利》的主编。1886—1887年，发表《梦见约翰·鲍尔》。1890年，出于对美国社会主义者贝拉米主张非暴力实现社会主义的小说《回顾》的不满，他发表其社会主义思想的代表作《乌有乡消息》。

莫里斯认为资本主义社会存在两个对立的阶级，存在着剥削。而为了消灭剥削，就必须实现生产资料的公有制。但不能通过国家社会主义的改良方式来实现，只能通过国际社会主义去实现。他所谓的国家社会主义是指那种只对资本家阶级提出改善工人经济状况，而不从政治上推翻资本主义的社会主义思潮。他反对一切不包含革命的改革，包括工厂法、社会保险、工会运动及一切以改良为目的的措施。

莫里斯在社会幻想小说《乌有乡消息》中，描写一位社会主义者在梦中生活于共产主义的英国，通过所见所闻，描绘了共产主义社会的特征：没有私有制，没有商品交换，没有货币，没有贫富差距，城乡差别消失；人人热爱劳动，既从事体力劳动也从事脑力劳动，因为机械性的乏味劳动多由机器进行，而个人从事的多为富有创意性艺术性的劳动;家庭中男女平等,完全由情爱来维系。由于不存在私有制,社会不再发生关于私有财产的司法纠纷,也不再需要监狱。

资本主义大量生产满足虚荣的不值得生产的物品,而只有社会主义才生产真正为人民所需的产品。

在政治方面,资本主义社会的议会和政府都不过是保护少数上层阶级利益、欺骗人民的工具。社会主义实行的是直接民主制,借用小说中一位人物的话说"我们的议会就是全体人民"①。人人都参与法律的制订,当对公共事务意见产生分歧时,实行少数服从多数(自愿而非强制)和多数尊重少数的原则。

莫里斯针对一些人对社会主义个人生活单调一律的担忧,强调个人生活是每个人都可以随意行动的,因而一切都是多样化的。

至于如何实现共产主义,他根据自己在社会主义运动中的体验,尤其是 1887 年 11 月 13 日英国政府野蛮镇压要求保障言论自由的集会群众,针对美国社会主义者贝拉米关于实现社会主义不需要暴力只需要教育的论断,强调只有通过工人阶级有组织的武装革命才能消灭资本主义,实现共产主义。他在小说中用文学语言模拟想象了暴力革命的过程,首先是全国工人联合会在各个报纸上宣布把国内全部天然资源的管理权和管理机构移交给工人联合会,使特权阶级都变成由工人支配的接受年金的人员。然后是集会的工人遭到资产阶级政府的暴力镇压,继而是工人开始大罢工,并进一步建立起自己的武装力量,与资产阶级开展暴力角逐,最终工人阶级取得胜利。他实际上描绘了一个从工人阶级有组织的大罢工到城市武装暴动最后夺取政权的暴力

---

① ［英］威廉·莫里斯:《乌有乡消息》,黄嘉德译,商务印书馆,2007 年,第 94 页。

革命过程。他还以《梦见约翰·鲍尔》为名,写下了歌颂英国 14 世纪主张公有制的农民起义领袖约翰·鲍尔的暴力反抗的小说。他是英国第一个通过小说主张暴力革命的社会主义者。

第八节　霍布森

霍布森(John Atkinson Hobson,1858—1940)生于英国杜贝,牛津大学文学硕士,曾任牛津大学和伦敦大学讲师,也当过新闻记者,一个非马克思主义的左派人士,于 1914 年加入英国工党。他批判资本主义的主要论著有《工业生理学》(1889,与人合著)、《现代资本主义的演进》(1894)、《帝国主义:一个研究》(1902)、《工业制度》(1909)、《自由主义的危机:民主的新问题》(1909)等。

《现代资本主义的演进》大体可以分为三个部分,首先是分析现代资本主义的产生,其次是分析资本主义的现状,最后是探讨了资本主义的未来发展。

关于现代资本主义产生的原因和条件,霍布森首先定义资本主义为一个雇主或雇主团体所设立的大规模企业组织,他们握有蓄积的资金来置备工具和原料品并雇用劳力,以生产日益增多的财富,这种财富构成他们将来的赢利,即由雇主和雇员组成的以赢利为目标的大型企业。这种资本主义的产生,他认为有五个主要条件:(1)财富的生产不是为了满足财富所有者的当前需要,而是为了储蓄赢利;而蓄积财富的最初来源是农业地租和城市地租。(2)存在不拥有生产资本的无产阶级。(3)产业技术足够发达,能够使用器具或机械进行大规模生产。(4)存在广阔的市场。(5)存在以赢利为目标的企业家精神。此外,他还指出货币贵金属的发现和利用是造成资本主义的必要条件。西欧因武力的劫掠、不平等的贸易和强制的劳动,榨取世界上其他地方的利益,这是西欧资本主义发达的最重要条件,即西欧的殖民活动对资本主义兴起的决定性影响。

霍布森指出了前资本主义的产业组织发展到资本主义产业组织的两个基本条件:(1)雇主所拥有的机械动力替代人力;(2)工人离开家庭进入工厂。他指出导致这种转变的原因是动力机械的出现。

机械对于生产活动的影响、对于劳工的影响和对于消费者的影响,主要有劳动生产率的提高、能源和人力的节约、新产业技术的形成。至于机械对于劳动者就业的影响,不能简单地提出机械虽然可以替代劳动,但是也会创造新的就业机会;而是强调机械对雇工数目的影响决定于"需要的伸缩性",即机械替代劳动引起的商品价格下跌是否能够刺激足够的需求,不能先验地断定需求一定充分扩张以至于就业不会减少。如果机械的改良是规则的、渐进的和持续的,那么对就业不会有太大的不利影响,但如果机械改良是不规则的、突然的和不可预计的,那就会对就业产生大的不利影响。同时消费时尚的突然且巨大的变化、关税的突然实施,也会对就业产生不利影响。机械改良对于就业分布的两个趋势性影响:一是越来越多的工人就业于机械制造业,或者说是更迂回的生产部门;二是越来越多的工人就业于产品需求不稳定的生产部门,如奢侈品等生产部门。至于机械对于工人生活的影响。"最多数的证据却明白地表示出:机械运转工比他们所替代的手工劳动者吃得好些,穿得好些,住得好些,及机械能率和复杂性的增进有实际工资的提高伴随着?"①。

霍布森特别分析了英国工业革命过程中技术进步的一些特征。纺织技术的进步之所以发生在棉布生产而非毛呢生产中,一是因为棉布生产在地域上比毛呢集中,二是因为棉布生产多处在不重要的地区,政府干预较少。

对于资本主义的现状,霍布森特别注意了当时出现的产业集中的趋势,即企业规模的扩大和同一产业中企业数量的减少,以及企业生产中人均资本的不断增加。他分析了造成这种趋势的各种原因,指出了使大企业优于小企业的两类因素:生产力的经济和竞争力的经济。前者包括原料的大量采购和运输所导致的节约、最新机械设备的采用、各种相关作业的大规模集中、各种管理工作效率的提升、土地的集约使用、废弃物的有效利用、科研能力的提高。竞争力的经济包括广告方面的优势、垄断商业秘密、劳动市场中的独买地位,以及融资方面的便利。同时,他也指出了有利于小企业继续生存的因素,主要就是原料和操作的非标准化以及消费的个性化。企业规模扩大有几种基本形式,即托拉斯及其若干亚类、卡特尔、辛迪加。托拉斯沿产业链上下游垂直扩张,同时扩大经营范围横向扩张。这些论点表明霍布森是企业规模经济、范围经济问题的研究先驱之一。

霍布森在分析企业规模和范围的基础上,进一步分析了垄断现象,主要是分析了出现垄断的原因。规模经济是造成垄断的一个重要因素,如果企业的最优规模可以满足甚至超过整个市场的需求,那么垄断一定会出现。但是这并非造成垄断的唯一原因,其他还有五方面

---

① [英]霍布孙:《近代资本主义进化论》第五册,傅子东译,商务印书馆,1933年,第59页。

的因素会导致垄断:(1)接近原料产地;(2)对运输和配送手段特别是铁路的支配地位;(3)专利、特许、商标;(4)限制竞争的行政特许;(5)关税,他称之为"托拉斯的母亲"。

除了分析垄断形成的原因,霍布森还以托拉斯为例,分析了垄断企业的经济势力,包括对产业链上下游企业的价格控制和影响,对竞争对手的打压,对所雇用劳工压低工资和减少数量,以及通过控制产品数量和价格对消费者的影响。在打压竞争对手方面,他并不认为削价竞争是不公平的,而最丑恶的是用金钱收买立法机构谋求特权。垄断企业通常会索取比竞争条件下更高的价格,其价格策略是对于奢侈品和偏好容易变化的商品维持低价,而对于缺乏替代品的生活必需品索取高价。最有特色的是他看到了那些产业巨头的帝国主义倾向,以及这种倾向对政府对外政策的影响。

霍布森专门探讨了他那个时代的资本主义的金融机构,分析了股票市场和银行借贷市场的一些具体运行机制。结论就是,第一,复杂的金融机构对于近代产业的微妙调整是不可缺少的;第二,为私自赢利运用着的这个机构常能因惹起产业上的扰攘和不调整取得极大的赢利。

霍布森继承了马尔萨斯的观点,认为经济萧条的主要原因是有效需求不足,尤其是消费需求不足或储蓄过多。近代机械对商业疲滞的一般关系叙述如下:改良的制造和运输机械能使愈益多量的原料更迅速、更低廉地经过生产的各种历程。事实上消费者没有这般迅速地增加他们的消费,也没有增加到相等的程度。生产过剩或生产的一般充斥,不过只是真实祸害的外部状态或征候。这个真实祸害是消费不足或储蓄过剩。因此,他把批判的矛头指向古典经济学家和新古典经济学家,认为他们所提倡的节俭无助于经济繁荣。储蓄主要以资本品的形式存在,尤其是以不断提高生产力的大机器的形式存在,但是这些大机器所生产出来的商品却没有足够的消费需求来吸收它。他认为资本品和消费品之间会有一个均衡的比例,过多的储蓄造成的过多资本品一定会引起生产过剩。他不相信利率会把储蓄调整到合适的水平,因为人们通常是按照惯例来进行储蓄的。而整个社会的储蓄水平是人们分散决策的结果,因此很难协调到合理的程度。

消费不足的原因来自收入分配,由于要素市场存在市场力量的不对称,结果是一部分人获得非劳动收入而另一部分人则收入偏低。于是穷人无力消费而富人消费不动、储蓄过度。为此,他主张改善收入分配状况,增加穷人的收入,以刺激消费,克服有效需求不足。

由于国内消费不足,就迫使企业家到海外不发达地区去投资,这是消费不足的后果。而当各发达国家都如此行事时,就产生了争夺殖民地的帝国主义战争。他强调消费不足是帝国主义的经济根源。从这一点来看,他实际上是预见到了即将出现的帝国主义战争的年代。他在20世纪初的英国和南非布尔人的战争中,站到了支持布尔人的立场上。同时,他始终坚持自由贸易的立场。

从上述认识出发,霍布森否定了亚当·斯密的"看不见的手"的作用。他指出,发明本质上的不规则性,公众嗜好的变动,市场的人为的限制,这三者都能使个别的资本家以损害社会得到利益。生产过剩导致的浪费、物价的波动、工人失业的痛苦、过度紧张的劳动、危险和不卫生的工作环境、妇女和儿童的过度使用等弊害,这些不是自由贸易和企业活动所能医治的。在对现实的资本主义展开批判的同时,他也展现了一种赞成社会主义的倾向,认为机械的进步会使得相当一些企业将最终转变成公营企业;同时城市土地也应当实行公有。而对于依然保留在私人手上的企业,应当得到改造,工人应当参与管理和分享利润。同时还要加强政府规制,以保护工人和消费者的利益。

霍布森对当时主流的边际主义理论不屑一顾,并刻意强调自己的另类特征,与新古典经济学的主流拉开距离,自认为是异端经济学家。虽然他的观点在当时不入主流,但是其消费不足的观点后来得到了凯恩斯的认可。

对于社会主义思潮的最大贡献,是霍布森在《帝国主义》一书中对于帝国主义这一新现象的分析。他的分析受到列宁的赞赏,为后者关于帝国主义的观点提供了基本素材。该书分为两篇,"帝国主义的经济"和"帝国主义的政治"。前一篇首先概述了 20 世纪初各帝国主义国家的殖民范围,然后着重分析了产生帝国主义的经济原因,从贸易、投资、金融方面发掘帝国主义的起源,分析了帝国主义的经济后果。后一篇分析了帝国主义的政治后果,批判了帝国主义和为帝国主义辩护的各种论调,尤其是社会达尔文主义,探讨了文明民族与所谓的低等民族的关系(应有的和实际的),最后提出了制止帝国主义的对策。

霍布森分析了帝国主义现象的经济根源。他在该书的一开始就明确谈到其基本论点,虽然有骄傲、威望和好斗等各种现实而有力的动机,和利他地自称是文明的使命为帝国扩张的原因,但主导的直接动机却是各个帝国主义国家出口阶级和金融阶级对市场和有利投资的需求。而这种需求的产生,源于资本主义工业生产力的增长超过了国内市场的需求,即生产的产品超过了国内的消费需求。同时,国内经济的发展也引起了对国外工业原料和各种进口消费品越来越大的需求。

这种生产增长快于消费增长的现象即储蓄过度,并且利率的涨跌并不能消除这种过度现象,至多是把储蓄适当分配到不同的投资方向上。这个观点在当时是非常非主流的。一直到凯恩斯之后,其含义才为大多数经济学家所领会。

储蓄过度现象并不是因为各个储蓄者的愚蠢，而是一般收入的分配使工人阶级所占的份额太少，占有阶级所占的份额太多。所有发达国家普遍实行的财富的生产和分配制度已经到了这种阶段，生产力受到了分配不平等的束缚。利润、地租和其他剩余产品的过度剩余，必然要长时期地致力于过度储蓄，以期提高并无购买消费品的相应出路的生产力。由于这种储蓄找不到更多工厂和其他资本设备的有利用途，于是过度储蓄的动力逐渐受到阻碍。但它也设法利用政治权力来向国外市场寻求出路，因为国外独立的市场都已封锁或受限，于是获取殖民地、保护地和其他帝国发展的地区，就成为国家政策中更为迫切而有意识的活动了。资本主义要尽可能地充分利用其新的生产力，以保持其利润，便不得不请求国家以非常露骨的手段，如关税、禁运、补助金、获取或保留殖民地来给予帮助，殖民地使国内资本家在进口和出口贸易方面都有利益，并且通过帝国的统治能够在货币问题上提供保证。这样，他就把帝国主义现象的产生与资本主义国家的收入分配联系起来了。"除非使帝国主义为其利益服务的阶级被剥夺了寻求出路的剩余收益，光是攻击帝国主义或军国主义的策略或政策，是没有用的。"[1]

除了经济根源之外，霍布森还分析了帝国主义的社会阶级基础。帝国主义政策对于英国是价值不大的，其结论为：第一，英国的对外贸易同它的国内工业和贸易比较，比例小，而且是递减的；第二，在对外贸易中，同英国和外国的贸易比较，英国同属地贸易的比例也是递

---

[1]　[英]约·阿·霍布森：《帝国主义》，纪明译，上海人民出版社 1964 年，第 75 页。

减的;第三,在同英国属地的贸易中,同热带的贸易尤其是同热带新属地的贸易中,其数量最小,进展最慢,并且波动最大,同时商品的性质也是最低级的。① 英国并不存在过剩人口需要移民殖民地。因此,他的意见就是帝国主义的殖民政策并不符合整个英国的利益。那么又为何会采取这种政策呢? 这种政策从整个国家的观点看是不合理的,而从国家的某些阶级的观点看又是完全合理的。某些靠帝国主义的支出或这种支出的结果喂养的、特定的事业和职业集团,反对公共利益;而且由于本能地相互依存,他们基于强烈的同感而联合起来,支持每一次新的帝国主义掠夺。这些集团包括为帝国主义政策提供物资准备的大资本家、职业军人、各类冒险家,尤其是那些作为投资经纪人的金融家。支持帝国主义的各种经济力量的阵容就是这样:一大群不甚严密的行业和职业集团,从武职和文职的扩充及军费支出中,求得有利的事业和划算的就业,而开发新领土并与之进行贸易,以及供给这些行动所需要的新资本,都是由金融家的权力进行核心领导和指挥的。

霍布森分析了帝国主义所带来的危害。帝国主义对于政治体制的影响就是将加强专制统治,帝国主义扩大了英国专制政治的领域,这远远超过少数民主殖民地的人口和实际自由的进展。同时帝国主义必然导致军国主义,导致穷兵黩武。帝国主义无论怎样都会造成战争和军国主义,并且使国家在军备方面的财政支出大大地、无限地增加。作为帝国竞争的结果,国家把愈来愈多的时间、精力和金钱集中在陆、海军军备上。军费的扩张将挤掉本来可以用于公共教育、住房

---

① [英]约·阿·霍布森:《帝国主义》,纪明译,上海人民出版社1964年,第33页。

改善等社会改良方面的开支。只要帝国主义及其附属品（军国主义）的扩张消耗国家的时间、精力和金钱，帝国主义便是每一项社会改良的死敌。帝国主义是如此赤裸裸地成为和平与经济不共戴天的致命敌人。而除了经济资源的浪费，帝国主义还打击了人民自由和一般公民道德的根本。因为帝国主义在其殖民地的专制统治以培养势利的奴性习惯、对财富和地位的羡慕以及腐败的封建不平等的残余，来损害本国人民的性格。而在对外经济政策方面，帝国主义必然导致贸易保护主义，保护贸易在很多方面是帝国主义的天然同盟者。

霍布森批判了帝国主义所谓的科学依据。19 世纪后期，有不少人以达尔文"物竞天择、适者生存"的生物进化论为依据，论证帝国主义弱肉强食的殖民政策的合理性。对此，霍布森做出了有力的批判。他认可达尔文的生存竞争理论，但强调竞争有低级和高级之分。低级竞争就是在落后的技术条件下不同民族为了维持生存而通过战争、饥荒和疾病来淘汰落后民族和个体。而由于科技的进步，生存竞争已经可以摆脱这种低级形式了。高级竞争则是把人们原先用于低级竞争上的全部精力用于为其他扩大的更复杂的生活目的的竞争上，即为康乐和财富，为地位和荣誉，为技能、知识、声望，甚至更高级的自我表现形式，以及为他们的同胞服务的竞争上，在所谓利他主义或公共精神的个性扩张上，个人以及他的同胞是一致的。他进一步发问，如果在一个民族内部可以消除低级的生存竞争，同时又保留每个人的个性，那么各个民族之间是否也可以消除低级竞争，并且又保留各个民族的特性呢？生物学提不出理由来使人信服，为什么民族间的竞争必须经常保持自然的生存竞争，为什么在一个民族的各个成员之间以"合理淘汰"来代替"自然淘汰"，不能扩大及于民族和种族之间的淘汰。他实际上是要以文明理性的科技方面的高级竞争替代低级野蛮的战争竞争。在这种高级竞争中，个人精神的鼓励；适者生存，不适者亡；所有生物学的生存竞争的要素都保留下来。但竞争在方式、目的和结果上变得更为合理了，理性不过是自然的高级形态。

霍布森还剥除了帝国主义者的爱国伪装，批评他们以爱国为名，向年轻人灌输军国主义。

要解决帝国主义问题，就要实现真正的民主主义，就要实现收入和财产所有权的平等。全体人民的利益和意志支配着国家权力的政治上的民主主义，会积极反对帝国主义的整个过程。要使民主主义发挥作用，收入和财产所有权方面的实质平等是必要的。

而在文明民族与落后民族的关系问题上，霍布森首先确立了两条原则：第一，文明的白人高级种族对"低等种族"的所有干涉，并非一定非法；第二，这种干涉由白人个人的私人企业来进行是不安全的。从这些原则出发，他批判了英国19世纪对中国、埃及、印度及其他殖民地的海盗政策。他认为文明国家的政府应当帮助落后国家实现自治和工业化。

霍布森的《帝国主义》一书，是分析19世纪末20世纪初出现的帝国主义现象的开山之作，其意义非同一般。虽然他并不是一个马克思主义者，但是他能够从经济方面寻找帝国主义的根源，并得出了令人信服的结论。他的书对于1910年出版《金融资本》的希法亭和1917年出版《帝国主义是资本主义的最高阶段》的列宁都是有启发的。

第九节　英国工人社会主义运动

由英国当代著名历史学家 E. P. 汤普逊的经典名著《英国工人阶级的形成》可知,以追求社会平等为目标的社会主义运动的发端和发展,与工业革命的进程,在时间上是相当吻合的。

一、萌芽期及卢德运动

英国较早地进入工业社会,因此工人运动开始得也较早。在 18 世纪即将结束的 1792 年,苏格兰的鞋匠托马斯·哈蒂(Thomas Hardy, 1752—1832),就建立了一个工人阶级的团体,伦敦通信会社(The London Correspondence Society)。这是英国第一个确定的工人阶级政治组织。类似的组织在其他地方也有建立。由于当时的政府禁止工人组织政治团体,所以他们的成员便以通信方式保持联系。伦敦通信会社成立,揭开了英国历史上下层工人阶级民众参与政治的崭新一页。它们的目标主要是实现政治民主化改革以保护劳工。但是这些组织后来很快(1799 年)便遭到政府的破坏,其成员受到迫害。

英国的激进主义思想传统也在 18 世纪末再次开始爆发。班扬(John Bunyan,1628—1688)的《天路历程》(上卷 1678 年,下卷 1684 年,有中文版)和托马斯·潘恩(Thomas Paine,1737—1809)1791 年发表的《人权论》成为19世纪早期工人运动的基本教材。1792—1796年,在法国大革命的影响下,英国社会主义运动以手工工匠为主体的英国雅各宾派为标志,以民众骚动的形式,出现了第一轮高潮。英国政治哲学家威廉·葛德文于1793年发表(1796年第二版、1798年第三版)带有一定社会主义倾向的《政治正义论》,对19世纪初期的社会主义者如欧文产生一定的影响。1799年,英国议会通过了禁止民间结社的结社法,在此后的十多年内,社会主义运动表现为各种各样的密谋反叛活动,包括以德斯帕德中校为代表的谋求以密谋暴动推翻现政府的团体。

工业革命初期,工人们往往把自己所受到的苦难归咎于机器。早在1779年,在兰开斯特侯爵管辖的地区,8万名手工业者攻击一家工厂,捣毁机器。这是后来出现的捣毁机器的卢德运动[以传说中带头捣毁机器的卢德(Ned Lud)命名)]的先声。卢德运动的高峰是1811—1813年爆发的席卷英国的以小作坊工人有组织地毁坏机器为特征的。这是19世纪初英国社会主义运动的又一个高潮,是传统意义上的工人阶级对工业革命的一种原始的反抗。政府于1812年颁布了以死刑惩罚破坏机器的工人的法令。一些正直人士也开始关注工人问题。上议院的爵士拜伦(Lord Byron)就明确表示反对这种法律。

1819年,英国发生血腥镇压曼彻斯特圣彼得广场集会工人的"彼得卢屠杀",它实际标志英国工人阶级开始作为独立的政治力量登上历史舞台。同年英国通过第一部工厂立法,对工厂卫生、学徒教育、雇工年龄、劳动时间做出了限制性规定。它是在起点为绝对放任主义,终点为国家社会主义的道路上迈出的第一步。

1820年,一位苏格兰的记者乔治·缪迪认为,解决社会问题的唯一办法是以利益的调和或合作,而非冲突和竞争作为社会的基础。在他的鼓动下,伦敦的一些排字工人开始组建合作社。这可能是英国工人阶级企图通过合作社摆脱困境的开端。

1825 年,一个欧文派社会主义者埃布勒姆·库姆(1785—1827)倾其家产,创办了英国第一个共产主义公社。

但这些早期的合作社和共产主义公社都很快以失败告终。在尔后的时间里,英国的工人运动再次大规模转向政治领域。

二、大宪章运动时期

由于卢德运动暴露了结社法的无效甚至反效,于是在信奉自由主义的议员普雷斯的主导下①,英国政府被迫于 1824 年废除了禁止组织民间团体的结社法。随之各种行业工会纷纷公开建立。由此,英国工人运动进入了一个新阶段(1825—1832 年)。在这一阶段中,工人阶级与当时仍然没有充分选举权的资产阶级结盟,要求修改选举法,希望通过政治改革改善工人阶级的状况。

工业革命期间,追求平等目标的社会主义运动的主体是那些在工业革命中丧失了其仅有的人力资本从而落入极度贫困状态的传统手工工匠、失地农民。其最终目标部分是企图恢复以往的社会地位,如斯彭斯所主张的土地公有,部分是谋求大机器这一新条件下的改善;其直接目标则时而是密谋推翻可恶的政府,时而则是希求通过降低物价提高工资来局部改善经济待遇;最富有特色的是对出版自由、结社

---

① [英]E. P. 汤普逊:《英国工人阶级的形成》(上、下),钱乘旦等译,译林出版社 2001 年,第 605—610 页。

自由和集会自由、普选权等基本政治权利及基本人权的不懈追求。在
30 年代成熟起来的工人意识形态,特别重视出版、言论、集会和个人自
由等权力。而运动的方式则随着统治阶级统治的严酷和相对宽松而
交替出现地下密谋活动和公开表达诉求;手段的激进程度往往与政府
统治的严酷程度成正比。与以结社法为标志的最严酷的统治相对应
的是卢德运动,而与以废除结社法为开端的相对宽松的统治对应的是
大宪章运动。

1830 年,在法国革命的影响下,英国再次爆发大范围的农工骚动。
1831 年,鞋匠威廉·本鲍主张后来人们通常所说的大罢工或总罢工。
骚动直接推动了 1832 年的议会选举制度的改革。这种改革虽然增加
了资产阶级在国家政治生活中的发言权,使得政府的政策开始更多地
倾向于资产阶级,但是对于工人阶级的状况却并无多少助益。尤其是
1834 年议会通过了在马尔萨斯人口论指导下的新《济贫法》,强调贫困
是贫困者自己个人的责任,从而该法更加恶化了穷人的状况。

于是从 1832 年开始,工人运动又进入了一个新阶段。在这一阶
段,工人运动呈现出三种倾向:一是欧文派倾向,即强调通过阶级合
作,建立共产主义公社,同时蔑视议会道路;二是强调争取普选权,主
张通过议会道路改善工人状况;三是强调阶级斗争,主张通过建立强
有力的工会,主要开展以提高工资改善工作条件为主要诉求的经济斗
争,就是后来的工团主义。1834 年,英国"全国工会大联盟"成立,欧文
任主席,但很快它就由于各种倾向的冲突,及其他一些原因而解体了。
其中第二种倾向逐渐酝酿成了一直持续到 1855 年的大宪章运动。

大宪章运动是一场延续长达近 20 年的工人运动。从 1836 年到
1855 年,英国工人运动重新提出政治诉求,主张成年男子的普选权。运
动以 1836 年"伦敦工人协会"创立为开端,以欧文信徒持温和态度的威

廉·洛维特(1800—1877)和约翰·柯林斯(1800—1850)、持强硬态度的费尔哥斯·奥康诺(Feargus O'Connor,1794—1855)、詹姆斯·波·奥布来恩(1805—1864)、亨利·赫瑟林顿(1792—1849)、詹姆斯·沃森(1799—1874)、亨利·文森特(1813—1879)和格·杰·哈尼(1817—1897)等人为先后领导。协会于第二年1837年提出了由洛维特主笔的著名的"六点方案"或"人民宪章"。这是一个以争取成年男子普选权为基本诉求的纲领:(1)实施普选权,进行秘密投票;(2)平等分配选举区;(3)取消议会候选人的资格审查,当选议员不受财产限制;(4)议会每年开会;(5)无记名投票;(6)议员支付薪俸。其实质就是实行社会民主主义。

到1839年,大宪章签名者达125万人以上,但是遭遇议会的否决。英国在进入40年代之初,在经济上仍然没有摆脱1837年爆发的经济危机的影响,工商业处于萧条状态。一些工商业城市呈现出一幅贫穷、困苦和绝望的图景。成千上万的工人流离失所,没有工作,在业工人的工资也下降了55%。当时又值农业歉收,全国普遍饥荒,这种情况引起了工人运动的高涨。发端于30年代的大宪章运动,在40年代又迅速恢复,并形成了新的高潮。大宪章运动的第二次高潮发生在1842年,约有330万人在更新后的纲领上签名,但是其再次遭到议会的否决,理由主要是普选权将对私有财产构成威胁。

此后,欧洲大陆的工人运动风起云涌。在法国,继1831年和1834年的里昂工人起义之后,于1848年又爆发了巴黎工人的六月起义。这些工人运动的目标,都十分鲜明地集中在反对资本的统治和剥削上。1847年的经济危机和1848年爆发的欧洲革命,在英国工人中引起强烈反响。大宪章运动的第三次高潮发生在1848年4月,签名者有197万人。

大宪章运动其实是力图通过政治上的平等(普选权)来实现经济地位的平等。在欧文主义和宪章主义的年代,要求选举权也就是要求别的东西。劳动人民已经以一种新的方式来要求对自己的生活状况和劳动进行社会控制。

持续近 20 年的大宪章运动,其领导人在如何实现运动的目标方面,一直存在分歧。强硬派不惜诉诸总罢工甚至武装暴动,但温和派则更倾向于和平的抗议活动。运动在某些地方也确实发展成为武装起义,但很快就被政府镇压下去。1848 年 4 月,运动几乎酿成全国大罢工,但最后还是因为当时的主要领导人奥康诺放弃对运动的领导而消散。随着政府的镇压措施的展开,运动领导人被逮捕或放逐,大宪章运动逐步走向终结。

1844 年,在大宪章运动期间,发生了另一件具有重要历史影响的工人运动。英格兰罗奇代尔市有 7 名织工,以 28 镑资金成立了第一个以"买货分红"为原则的工人消费合作社。它的成功引发了英国 19 世纪后半期以约翰·托马斯·怀特黑德·米切尔(1828—1895)为领袖的消费合作运动,并影响了日后西方国家规模巨大的现代工人合作运动。

作为大宪章运动的尾声之一,其运动领导人之一的詹姆斯·波·奥布来恩在 1850 年与欧文派宣传家劳埃德·琼斯合作组建了全国改革同盟,提出了作为政治纲领的《建议书》,其中包括八项建议:(1)修改《济贫法》,建立集中征收平等地方税的制度;(2)国家收购土地,安置失业工人;(3)削减国债,征收财产税以清偿国债余额;(4)土地逐步国有化,包括矿产和渔业,兴办公共工程,建立国民教育制度;(5)采取一种以实际可消费的财富为基础的货币制度,而不再以数量不变的稀有贵金属为货币基础;(6)建立公共信贷制度,以鼓励发展生产合作社和小企业;(7)普遍建立劳动交换所,以小麦和劳动量为标准进行交换;(8)进一步把铁路、运河、桥梁、船坞、自来水设施和其他公用事业收归国有。这是一个集中了当时出现的各种社会主义观点的庞杂的建议书,在当时也未产生重大影响,但是它影响了19世纪后期再次勃兴的社会主义运动。全国改革同盟也很快由于内部争吵而陷于瘫痪。在尔后的30年间,工人运动趋于低潮。

经过19世纪上半期风起云涌的工人运动,英国统治阶级被迫做出了一系列让步:1833年颁布保护幼童和少年人的《工厂法》,1836年颁布《言论出版自由法》,1837年颁布《减轻刑罚法》,1842年颁布保护妇孺的《矿场法》,1846年颁布解除禁止政治组织的《集会结社法》,同年废除了《谷物法》,1847年颁布《十小时法》。

尤其值得指出的是,在以工人阶级为主要力量的大宪章运动和工厂主为主要力量的自由贸易运动的双重作用下,英国废除了《谷物法》,工人阶级的生活水准渐渐有了明显提高,同时工业革命的阵痛也基本结束。表4-1是1850—1908年英国统计的赤贫者绝对人数和相对人数。

表4-1　1850—1908年英国统计的赤贫者绝对人数和相对人数

单位:人

年份	绝对数	每千名居民中赤贫者数
1850	1008700	574
1860	844963	429
1870	1032800	465

年份	绝对数	每千名居民中赤贫者数
1880	808030	318
1900	792367	226
1908	898474	227

　　工人阶级生活条件的改善,使得工人运动从 1855 年大宪章运动失败之后,就开始处于低潮。低潮期间,英国工人主要是改造工会和建立合作社。直到 1882 年,社会主义运动才出现复苏。

三、亨德曼与社会民主联盟、哈尔蒂与独立工党

　　复苏的最初推动者是亨德曼(Henry Mayers Hyndman,又译海德门,1842—1921)。他出身于富裕家庭,受到过良好教育。1880 年,他读过《资本论》之后开始倾向于马克思主义。他于 1881 年出版《人人共享的英国》,于 1883 年出版《英国社会主义的历史基础》。在这两本书中,他向英国公众系统介绍马克思主义,对 15 世纪到 19 世纪英国资本主义的起源、劳工运动和社会主义进行了全面探讨。他于 1881 年创立"民主联盟",次年更名为"社会民主联盟",采用社会主义的政纲:(1)普选权;(2)任期三年的议会;(3)平均选区;(4)规定议员的薪俸;(5)舞弊和受贿的选举人以刑罚论罪;(6)废除上院立法权;(7)爱尔兰自治;(8)殖民地和附属国自治;(9)土地国有。此外,还有一些更加具

体的改革措施。马克思的女儿爱琳娜(Eleanor)、诗人威廉·莫里斯等人也参加了这个组织。1884 年,该组织分裂,分裂出去的人另组"社会主义者联盟"。社会民主联盟在工人中宣传马克思主义,组织失业工人的示威运动,但效果并不明显。

其原因可能与一种革命者的两难困境有关。革命者一般希望现有体制表现越来越差,以至于大多数人都不喜欢它,从而使革命成功。这样一来,如何对待现有体制的改革就成为一个难题:改革成功将减少人们对现有体制的厌恶,将延长它的寿命;改革失败将加速它的灭亡。革命者似乎应当赞成不改革或使改革失败。然而反对改革或故意使改革失败无疑将引起一般公众的反感。于是,如何对待现有体制的改革,就成为一种革命者的两难困境。反对之,将引起公众的反感,失去民心;赞成之,就减少革命成功的可能,起码是推迟可能的成功。这一两难困境也可以看作是革命者如何处理一个社会大多数人的当前目标与革命者长远目标之间关系的难题。通过改革满足大多数人的当前目标,就可能减少他们对现有体制的反感,延长现有体制的寿命;而不去改革或反对改革,又会失去大多数人的好感或支持。苏共和中共的成功,表明革命者首先应当尽量满足大多数人的愿望,在两国当时的情景下就是实现耕者有其田——土地私有制。虽然这个目标与共产主义者的最终目标南辕北辙。但追求这一目标,就使得他们可以夺取政权。然后才可以运用政权的力量去追求实现他们自己的最终目标——土地的公有制。

正是这种两难困境,使得英国社会民主联盟在它的历届年会上提出一系列补救措施,但又恐怕它们会延缓革命的到来。这种模棱两可的态度引起许多误会和矛盾,终于使苏格兰和伦敦的会员在 1903 年和 1905 年先后退出联盟,而另行成立对抗的组织。对于改革和革命之间的关系缺乏明确认识,不相信各种理论的决议和政纲可以实现,曲解劳工政治,这些情况使"社会民主联盟"不可能发展成为伟大社会主义政党,或沟通纯粹的、崇高的理论与复杂的、浅薄的社会生活之间的隔阂。正是这种两难困境,使得社会民主联盟难与和当时的大多数更加关注工人当前利益的工会处理好关系,从而也就难以发展成为有广泛影响力的政党。

与社会民主联盟相反的是,1884年成立的赞成渐进式改良的费边社,在工人中取得了更加明显的成功。因为它不存在革命者的两难困境。

1893年,一位矿工哈尔蒂(Jams Keir Hardie,又译凯尔·哈迪,1856—1915),作为英国某地矿工工会的领袖,力图在当地自由党范围中(当时英国的工运领袖基本上都在以资产阶级自由派为主的自由党内,作为左翼争取政治上的发展)取得议会议员候选人资格,但遭遇失败,遂萌生建立独立工人政党的念头。他与友人于1893年成立了独立劳工党,于1900年推动成立"劳工代表委员会",并在1906年正式成立的工党中担任首任领袖。他是一位虔诚的清教徒,意志坚定,目标专一,威望甚高。他还是一位热忱的国际主义者,反对英国对印度的殖民统治,主张举行总罢工阻止第一次世界大战的爆发,最终因无力阻止战争的爆发而于1915年郁郁而终。

独立工党的纲领与社会民主联盟并无什么差别,要求实现生产资料全面社会化的最终目标。它主张工人需要一个在议会内外为工人奋斗、拥护劳工、与自由党和托雷党完全不同的坚强而统一的工党。这与以往的英国工会只是追求在资本主义框架之内进行局部改良的目标不同。这个党虽然以社会主义为目标,但并不以马克思主义为其理论基础和指导思想。它在实现纲领的具体方式上,注意争取工人阶级当下的各种具体目标。不仅关注已经组织工会的熟练劳动者的诉求,也关注尚未充分组织的非熟练劳动者的要求。由于它与许多工会联系密切,所以发展很快。该党的首任主席是哈尔蒂,他于1900年卸任,之后又经历了几任主席,到1906年詹姆斯·拉姆齐·麦克唐纳(James Ramsay Macdonald,1866—1937)接任。此人后来成为英国工党主席,并且于1924年1月—11月首任英国工党首相,1929—1935年再任英国首相。

1900年,劳工党(英国工党)成立,起初的名称是"劳工代表委员会",要求每个劳工团体以集体的名义加入,所有的大工会都渐渐加入,社会民主联盟、费边社、独立劳工党等也都加入其中。该党逐渐成为工会和主张社会改革的政治组织的汇聚团体,党员人数从成立时的37.6万人,迅速发展到1914年的161.2万人,并选出了70名议员,从此成为影响英国20世纪政治生活的重要力量。

其实早在1831年,在兰开夏工人创办的报纸《人民之声报》上,纺织工人领袖约翰·多赫尔蒂就主张创立英国以各个工会为单位的劳工政党。70年后,他的梦想终于实现了。

虽然19世纪后期,马克思几乎一直待在英国,并以英国为经验素材写下了传世名著《资本论》,但是马克思主义始终没有成为英国工人运动的主流思潮,对19世纪中后期及20世纪英国的社会主义运动影响有限。但是以改良主义为特色的社会主义思潮一直持续不断,其突出代表是活跃于19世纪中期的约翰·斯图亚特·穆勒,以及19世纪后期于1884年成立的"费边社"。

第五章

19 世纪法国社会主义

19 世纪（更广义讲是从 1789—1914 年）的法国，在经济上经历了一场渐进式的工业化，即没有工业革命的工业化。在这 100 年左右的时间里，法国的经济增长大体上经历了快—慢—快三个时段。从拿破仑战争结束的 1815 年到缔结《英法通商条约》实行两国自由贸易的 1860 年，是经济增长不断增速的阶段；从 1860 年到 1896 年，是经济增长相对缓慢的阶段；从 1896 年到 1913 年，是经济增长重新加速的年代。在上述三个长时段当中，法国还经历了两次经济危机，分别是 1825 年和 1848 年。

在这个工业化的世纪里，法国的产业结构和社会结构发生了重大转型。到 18 世纪 30—40 年代，现代化工业迅猛发展，共有 12.4 万家大中企业和 154.8 万家小企业。这种转型的结果之一，就是社会贫富差距一度迅速扩大。1830 年以前，工人一天工作 16 小时。1831 年，巴黎有 4 万失业者。19 世纪 30 年代和 40 年代，是法国工业迅速发展的时期，蒸汽机数量增加了 7 倍，煤炭采掘量增加了 2 倍，棉花需求量增加了 1 倍，从 1836 年到 1846 年的 10 年中，纺织品中的机织产量增加了 10 倍。1830 年开始铺设铁路，到 1846 年底，通车铁路线长达 1535 公里，铁路网迅速布满法国。工人人数达到 100 多万人。

然而，与经济迅速增长相对照的是，从 1820 年到第二帝国时期的 30 年时间里，工人的实际工资徘徊不前。作为工业革命过程的典型特征之一，雇主严酷地剥削工人，工人工作时间经常达到一天 18 个小时，而工资则只有 18 个苏。企业还大量使用童工，直到 1841 年法国才颁布禁止雇佣未满 8 周岁儿童的法律。

19 世纪（更广义讲是从 1789—1914 年）的法国，与经济上的渐进工业化相对照，在政治上却是经历了一系列的巨变。首先是 1789 年大革命。紧接着在 1792 年废除了帝制，实现了共和。1793 年爆发了英法战争，同年雅各宾派执政。1794 年发生热月政变，雅各宾派下台，以罗伯斯庇尔为代表的一批雅各宾派领导人遇害。1795 年建立督政府。1799 年督政府垮台，拿破仑第一帝国成立。1815 年波旁王朝复辟。1830 年革命推翻波旁王朝，建立奥尔良七月王朝，又称路易·菲利浦（Louis-Philippe，1773—1850）王朝。七月王朝期间，工业化迅猛发展，但社会贫富差距也迅速扩大，引起 1831 年和 1834 年里昂纺织工人的两次武装运动。1839 年，法国处于经济危机之中，布朗基发动了一次后来失败的密谋暴动。1847 年的经济危机触发了席卷整个欧洲的 1848 年革命，法国在革命中推翻了七月王朝，建立了第二共和国，实现了普选权，选民人数从 24 万人增加到 900 万人。1851 年末，路易-拿破仑·波拿巴发动政变，建立个人独裁的第二帝国。1870 年普法战争爆发，法国战败，第二帝国垮台，第三共和国成立。1871 年巴黎公社成立，旋即失败。

对于这一段时期中的社会主义思潮，熊彼特做了如下总结："18 世纪下半叶产生了若干孤立的社会主义（或半社会主义）著作，但在法国革命以前，并没有能够称为社会主义运动的东西。法国革命本身，在起源、性质和观念形态上都是资产阶级的。但是，1791 年后它的政治结构和政治思想两方面的解体却同这样一种文献连在一起，这种文献本身虽然无足轻重，却表明了在法国知识界的一部分人中间具有一种并非暂时性的社会主义情绪，并且帮助了这种情绪在拿破仑统治时期在暗地里保持活跃。这就为在第二帝国出现以前,我们在法国所看到的具有一种社会主义(或半社会主义)性质的文字宣传活动和其他宣传活动的爆发奠定了基础。1848年的革命在起源上虽然也是资产阶级的,但迅速地表明了存在着可以说是革命社会主义部队的参谋本部的东西,甚至存在着管理一个社会主义国家的或多或少是明确的计划……这样,在现代社会主义文献方面,法国在时间上就抢先了一步……英国1836—1839年的和1840—1848年的宪章运动,都从来没有达到这样的地步……唯一重要的另外一种社会主义劳工运动是德国的劳工运动,它产生了两个有组织的政党:拉萨尔的德国总工人协会(1863年)和倍倍尔与李卜克内西的社会民主工党(1869年),二者在1875年合并了。"①

法国社会主义思想史研究专家乔治·莫朗热在其1905年的博士论文《七月王朝时期的共产主义思想》中,对于1830—1848年法国的社会主义团体和思潮进行了系统的梳理。"从1830年以来,民众社团的思想发展迅速;起点是几乎纯属共和派的政治性要求的纲领,而到最后……已经完全赞同共产主义制度。"②同时,他又指出,七月王朝时期,如果说,共产主义者对根本学说问题从未有过一致的看法,那么对策略问题就更是这样了。然而,他们当中相当一部分人已开始注意通过改革或革命的途径去争取政权。那个时代的共产主义者,无论在最终目标还是实现目标的方法上,都存在相当大的分歧。"尽管七月王

<hr>

① [美]约瑟夫·熊彼特:《经济分析史》第二卷,杨敬年译,朱泱校,商务印书馆1992年,第114—116页。

② [法]乔治·莫朗热:《七月王朝时期的共产主义思想》,雷永光译,黄建华校,商务印书馆1985年,第26页。

朝时期的共产主义学说不如圣西门、傅立叶、勒鲁或者毕舍的学说那样引人注目和富有影响,但它在总的思想运动中仍然占有重要的位置。它拥有一些理论家和行动家为其服务……在这段时期,共产主义产生过重大的影响,对人民群众尤是如此。"①

第一节 圣西门及其社会主义弟子

克劳德·昂利·圣西门（Claude Henri de Rouvroy Saint-Simon,1760—1825)1760 年生于巴黎一个旧贵族家庭,据说是查理大帝的后裔。他从小就十分聪明,求知欲强,曾在一些名师的指导下接受家庭教育,著名的"百科全书派"之一的达朗贝尔(1717—1783)给他以重大影响。他 17 岁入伍并于 1778 年以志愿兵身份赴美国参加反对英国殖民统治的独立战争,屡立战功,1783 年回国时,他已经由去时的少尉提升为上校了。

战争结束后,他辗转于美洲和欧洲,直到 1789 年法国大革命爆发,才匆匆回国参加革命,并宣布放弃其贵族身份。不久,由于不赞同革命中的暴力和恐怖行为,他退出了革命,转而与一位名叫冯·列德伦的普鲁士贵族合伙进行投机买卖,赚了大笔金钱,并主要用于设宴招待和结识当时法国科学界的名流。

1797 年,他与冯·列德伦分手,开始集中精力学习自然科学和社

① 〔法〕乔治·莫朗热:《七月王朝时期的共产主义思想》,雷永光译,黄建华校,商务印书馆 1985 年,第 93 页。

会科学,并周游英、法等国,进行实地考察。在此期间,他花光了自己的积蓄,处于极其贫困的境地,但并未因此而气馁,反而笔耕不已,常常通宵达旦,提出自己对于自然和社会的各种看法。

1803年,他发表处女作《一个日内瓦居民给当代人的信》,提出对未来社会的初步设想。1807—1808年,他发表了两卷本的《19世纪科学著作导论》。1813年,他写成两部著作《人类科学概论》和《论万有引力》,在批判继承孔多塞历史进步观的基础上,开始提出了他的历史进步观。1814—1815年,他与其学生和秘书,后来著名的历史学家梯叶里(1795—1856)合作发表了《论欧洲社会的改组》和《关于应当用来对付1815年同盟的措施的意见》,大胆提出了建立欧洲各国(特别是英法德)联盟的意见。1816年,发表《给一个美国人的信》,提出"政治学就是关于生产的科学,也就是以建立最有利于各种生产的事务秩序为目的的科学"①,预言政治将完全被经济所包含。1818年发表《论财产和法律》,认为财产所有制是社会的基础;1819年发表《离合》,对当时的社会提出了批判;1821年出版《论实业体系》。1823年3月,他因为思想未能得到社会足够关注而失望自杀。但枪伤(打瞎右眼)治愈后他又重新努力写作,于1823—1824年出版《实业家问答》,论证了现存社会向实业社会发展的必要性和必然性。1825年出版《论文学、哲学和实业》,指出无产阶级有充分的远见和管理财产的能力;出版《新基督教》,最终完成了他所创建的社会主义体系。同年病逝。

---

① ［法］圣西门:《圣西门选集》第一卷,王燕生、徐仲年、徐基恩等译,董果良校,商务印书馆2004年,第169页。

一、历史进步观

首先对历史进步观作一个简短回顾。

古希腊和古罗马时代,虽然在鼎盛时都曾经出现过历史进步观,但占据主导地位的是历史循环论。柏拉图、亚里士多德、修昔德底等思想家都持有此论。只是到了古罗马晚期,基督教神学家圣·奥古斯丁(354—430)在《论上帝之城》中才提出了一种以基督教神学为基础的比较系统的历史进步观,并对人类的历史进行了初步的分期。

15世纪以后,随着商品市场经济在西欧的兴起,近代早期的思想家如法国的波丹、笛卡尔,英国的弗朗西斯·培根,以知识和理性的进步为依据,坚持历史进步观。

历史哲学的创始人之一,意大利思想家维柯(1668—1744)在1725年发表的《论民族共同性的新科学原理》中,建立了世俗的历史进步观,认为世界各民族的历史进步都经历三个阶段:神祇时代、英雄时代和凡人时代。

在18世纪的法国启蒙运动中,以航海大发现积累的各大陆不同社会形态的资料为经验基础,历史进步观逐步发展起来。法国启蒙哲学家伏尔泰(1694—1778)以人类理性为主要动力论证历史进步观。哲学家兼经济学家杜尔哥(1727—1781)于1750年在索邦神学院发表系列演讲《人类精神持续进步的哲学概述》,把理性、道德和社会的进步结合在一起,构筑了历史进步观的系统理论。杜尔阁的忠实信徒,18世纪法国最后一位哲学家马里·让·孔多塞(1743—

1794)于 1794 年发表的《人类精神进步史表纲要》,是阐发历史进步观的一部力作。书中把人类历史看作是人类理性不断进步的过程,初步划分了人类社会不断进步的十个不同阶段,乐观地指出人类社会无限进步的可能,把人与人、国家与国家之间的平等作为进步的下一阶段目标。①

18 世纪苏格兰启蒙运动的重要代表,经济学家亚当·斯密(1723—1790)在 1776 年出版的《国富论》中,把整个社会经济的发展划分为不断进步的四个历史阶段:狩猎社会、游牧社会、农业社会、制造业和商业社会或文明社会。

当然,18 世纪的思想家也并非全部赞同历史进步观,也有人持历史倒退观,如卢梭(1712—1778)就在杜尔阁发表《人类精神持续进步的哲学概述》之后 5 年,于 1755 年发表《论人类不平等的起源和基础》,认为人类社会由于私有财产的出现,从初始的黄金时代倒退成不平等的社会。尽管有历史进步观和历史倒退观的不同,但两种观点都认同历史是发展变化的,从而都与中世纪的历史轮回观划清了界线。

虽然无法具体了解上述持历史进步观的学者如何影响圣西门,但可以肯定他受到孔多塞的巨大影响。

圣西门接受孔多塞的观点,认为社会的进步是由人类理性的发展所决定的,社会的政治制度最终决定于思想家的观点。根据其自然科学的知识,他强调人类社会的发展是有其自身规律的,而不是一连串

---

① ［法］孔多塞:《人类精神进步史表纲要》,何兆武、何冰译,许明龙校,生活·读书·新知三联书店 1998 年。严建强、王渊明:《西方历史哲学——从思辨的到分析与批判的》,浙江人民出版社 1997 年,第 18—19,63 页。

偶然事件的组合。人类社会的发展是不断从一种旧制度向一种新制度的进步。而对于这种不断进步的发展前景,是可以被人们认识的。因此人们可以根据对社会发展的规律性的认识而有意识地促进新旧制度的更替。他并未简单地否定每个历史发展阶段,而是首先强调它的正面功能,然后再指出其过时之处。例如他充分肯定和强调基督教在欧洲历史上削弱和几乎消灭了奴隶制度的重大贡献后,就成了一种已经完成自己使命的制度。现在,基督教已经过时了,已成为社会的累赘。①他提出用四条标准来判断一种制度是否进步:首先它能否使大多数人过上幸福生活,其次它是否不论出生门第使最受尊敬者有更多的机会走上高级地位,再次它能否把人民团结起来并有效抵御外敌,最后它能否鼓励劳动和重大发明。他把人类社会的发展分为五个历史阶段:开化时期、古希腊和古罗马的奴隶制度、中世纪的神学和封建制度、封建制度解体后的过渡时期、未来的实业制度。

圣西门所说的开化时期相当于今天人们所说的原始社会。他并未像卢梭等人那样美化那个社会,而是强调它只是人类文明的童年时代。对于奴隶制度,他也并未简单地加以否定,而是从历史的眼光来看待它,肯定这种制度减少了对战俘的杀害,增加了社会劳动力;肯定它促进了脑力劳动与体力劳动的分工,从而促进了物质文明与精神文明的初步发展。关于封建制度,他也不同意那种简单地把它看作是野蛮时代,认为它不如古希腊和古罗马社会的观点。封建制度用农奴制代替奴隶制是一大进步,同时实业家阶级的社会地位在封建制度下也比奴隶制度下有较大提高,因此有助于促进科学发展

---

① [法]圣西门:《圣西门选集》第一卷,王燕生、徐仲年、徐基恩等译,董果良校,商务印书馆 2004 年,第 99 页。

和文明进步。他把封建社会瓦解后的社会制度,即他所生活的那个时代的制度称作"新的封建制度",认为它是从封建制度向未来的实业制度过渡的阶段。

在对社会发展的各个阶段进行分析时,圣西门看到了从奴隶社会开始的各阶段中存在的阶级分化现象。他把奴隶社会分为三大阶级:拥有奴隶的奴隶主、没有奴隶的平民以及奴隶。把封建社会也分为三大阶级:贵族、农奴和实业家阶级。实业家阶级实际上就是从封建社会中与封建贵族和僧侣阶级相对立的、逐渐生长壮大的第三等级,包括各种各样从事物质财富生产活动的个体工商业者、自由职业者、非熟练劳动者。这个实业家阶级后来分化为工业资产阶级和无产阶级。但他当时并没有清楚地意识到这种将要出现的分化,而是笼统地认为这个阶级将最终成为社会的统治者。"实业阶级在赎买自己的自由之后,达到了为自身创设政治权力的目的。这项权力,就是只有经过它们同意才能征收新税……它们渐渐强大和富裕起来……它们的社会地位在一切方面都得到改善……由此我断言,实业阶级必将继续获得成功,最后终将控制整个社会。"①由此可知,实业阶级绝非单纯是指工业无产阶级。他也并没有认为工业无产阶级将成为社会的统治阶级。在他唯一意识到实业阶级分化的,写于大约 1821 年的《无产阶级》一文中,他指出在法国大革命以前,构成实业阶级的基本群众的非熟练工人,同银行家、商人和工厂主有共同的利益。而在今天,这些非熟练工人已被实业阶级中的一切有实力的人士所抛弃。他所主张的平息工人愤恨的措施,只是要求工人向实业阶级的领袖人物呼吁,

---

① ［法］圣西门:《圣西门选集》第一卷,王燕生、徐仲年、徐基恩等译,董果良校,商务印书馆 2004 年,第 156 页。

由这些人向国王请求给予获利机会和减少政府行政开支,以增加保障就业的资金。但有时他也把当时的法国社会划分为三大阶级:由学者、艺术家和一切有自由思想的人构成的知识阶级,拥有财产者组成的阶级和没有财产者组成的阶级。

至于历史进步的动力,圣西门非常强调科学的进步,他认为科学革命和政治革命是交替进行的,互为因果。

二、批判现存制度,设想未来制度

圣西门认为当时存在于法国的是从旧的封建制度向新的科学和实业制度过渡的制度,他贬之为"新的封建制度",认为是一种新的奴役制度。在这种制度下,穷人的物质生活及精神生活都非常悲惨。当时的社会是无才能的人统治有才能的人,无道德的人支配善良的公民,大罪犯惩罚小过错的人,因此是一个黑白颠倒的世界。法国如果失去3000名科学家、艺术家和手工业者这种"法国社会之花",国家将遭受极大不幸,整个民族将变成一具没有灵魂的僵尸。但如果法国死去3万名王公、贵族、主教、元帅这些游手好闲者,不会给社会带来任何损害。

圣西门对未来社会的设想,与以往人们认为的不同,并未有多少社会主义成分,而是充满自由主义的色彩。在他的处女作《一个日内瓦居民给当代人的信》中提出,"如果实行下述制度,社会的一切阶级就可能会安居乐业:精神权力由学者掌握,世俗权力由有财产的人掌握,把选举能够担任人类的伟大领袖职责的权力交给全体人民,把尊重作为付给统治者的工资"①。在《给一个美国人的信》中,他表达了对美国社会的自由、民主和平等的高度赞赏。他强调妇女可以参加选举,也能当选。这种男女政治权利平等的思想影响了19世纪中期的英国思想家约翰·穆勒。后者提出了系统的男女平权思想。

圣西门认为,人类社会未来的制度是科学和实业制度。在这种科学和实业制度中,应当运用科学、艺术和工艺的现有知识来满足人们的需要,以改善人数最多的阶级的物质和精神生活作为一切劳动和活动的目的。科学和实业制度中最高权力机构是最高行政委员会和最高科学委员会。最高行政委员会由最卓越的实业家组成,掌管行政、生产和财政工作。实业家包括工人、农民、厂主、商人和银行家,即一切与物质生产活动密切相关的人。最高科学委员会由最有才能的学者组成,主管科学、文化和教育事业。为了保证科学和实业制度中的领导人切实为整个社会谋利益,他提出三条原则:(1)领导人由人民选举产生;(2)领导人只能是为公共利益服务的社会管理人员;(3)实行集体领导制度。

圣西门认为在科学和实业制度中,社会权力将由对人的统治变为对物的管理和对生产活动的管理。政治学就是关于生产的科学,也就是以建立最有利于各种生产的事务秩序为目的的科学。在科学和实业制度下要解决的最重要问题是规定财产的所有制,要使全体人都拥有财产所有权,以此作为整个社会大厦的基石。但他并没有明确提出废除生产资料私有制,只是提出,在科学和实业制度中人人都要劳动,

---

① [法]圣西门:《圣西门选集》第一卷,王燕生、徐仲年、徐基恩等译,董果良校,商务印书馆2004年,第22,302页。第二卷,董果良译,商务印书馆2004年,第16,155页。

实现普遍劳动的原则。每个人都应当按其才能和贡献来获得收入,按工效定能力,按劳动计报酬。实业制度建立在完全平等的原则上,它否认一切以出身为基础的权力,不承认各种特权。他乐观地认为,实业制度是一种可以使一切人得到最大限度的全体自由和个体自由,保证社会得到它所能享受到的最大安宁的制度,会使道德得到它能够用来陶冶人的言行的最大权力,给整个社会及其每个成员带来尽可能多的快乐。

至于未来社会中生产活动的组织,圣西门并未像以往人们所认为的那样,要求制订经济计划,而是要求建立以私有制为基础的市场经济,建立议会民主政治。虽然他的表达不是非常明确,有点含糊。最重要的问题是应当如何规定所有制,使它既兼顾自由和财富,又造福于整个社会,强调要把所有权建立在最有利于财富和实业自由的增长的基础之上,认为在任何一个国家里,规定财产的法律和使财产受到尊重的法令都是根本法。这种法律本身依附于一个更高的和更普遍的法律,即自然法则。而他所推崇的所有制就是其产权可以转让的私有制,而且法律应当使这种转让费用尽量低廉和手续尽量简便,并且"立法者必须保证私有财产的自由使用"①。

在未来社会中,一切思想和努力所应追求的唯一目的,就是最合理地组织实业。这指的是最广义的实业,它包括一切有益的工作,包括理论和应用,包括脑力劳动和体力劳动。最合理地组织实业,就是建立这样一个政府,在这个政府中,要把一切工作安排得使劳动者能够自己学会组成真正的社会,能够彼此直接地和完全自由地交换各种

---

① [法]圣西门:《圣西门选集》第三卷,董果良、赵鸣远译,商务印书馆2004年,第109页。

劳动产品。其意思显然不是要由政府按照计划来管理整个经济,而是要由政府来建立市场机制。在政治上,他强调建立完全由实业界选出的代表组成的下议院,以提高实业界的政治作用,使它们得到最高政治权利,然后再用最适当的方式行使这项权利。而当选议员的必要条件是缴纳一定金额的直接税。通过如此形成的下议院来控制政府的税收,减轻税负。他强调实业的财产应当是授予税收表决权的主要依据。可见他实际上是要通过民主制度来维护实业界的利益。而他所谓的实业界,实际上就是企业家阶级。这可以通过他对实业界历史发展的回顾看出来。值得注意的是,他从事著述的年代,法国的工业化刚刚起步,企业家的主要成分是个体小手工业者、小商人。大企业还并不多见,因此资产阶级与工人阶级的矛盾和冲突尚未引起他的关注。他看到的社会矛盾主要是实业家或企业家阶级与以封建性质的僧侣和贵族为主要成分的非生产阶级之间的矛盾。

确切地讲,圣西门更像是一个反对封建制度的经济自由主义者。他对于经济自由主义的认同,在他对英国古典经济学家亚当·斯密和法国古典经济学家萨伊的高度赞赏中也表现了出来。"斯密的著作是对封建制度空前的最有力、最直接和最全面的批判。"[①]"萨伊的《政治经济学教程》,我觉得是一部含有最多数量的积极而又彼此协调的观点的著作……他的这部著作包含着政治经济学至今所发现的并已证明的一切东西。就目前而言,它仍是这门科学在欧洲的顶峰。"[②]他

---

①　[法]圣西门:《圣西门选集》第一卷,王燕生、徐仲年、徐基恩等译,董果良校,商务印书馆2004年,第224页。

②　[法]圣西门:《圣西门选集》第一卷,王燕生、徐仲年、徐基恩等译,董果良校,商务印书馆2004年,第165,167页。

像大多数自由主义者一样,都把政府看作是必不可少的祸害,政府是必要的东西,即必要的灾祸。

关于建立科学和实业制度的道路,圣西门不主张通过暴力革命,在一切手段中,暴力是最不能令人满意的手段。因为凡是使用武力,对实业界来说都是一种灾难。因为在一切财产之中,实业财产最容易遭到破坏。在拿破仑下台以后的王朝复辟时期,他主张通过宣传,唤起实业家们的参政意识,主张通过说服国王与实业家结盟,逐渐地消除贵族和僧侣阶级的政治影响,非暴力地实现科学和实业制度。他主张通过代议制政体,由旧的社会制度和平地、不知不觉地过渡到教化和文明的现状所要求的制度。由于过于寄希望于统治者对其主张的采纳,他对统治者的态度往往表现得令人作呕,包括拿破仑在位时的肉麻吹捧和下台后的极力贬低,以及对七月王朝的过度赞美。

由以上介绍可知,起码从翻译成中文的《圣西门选集》三卷来看,圣西门本人所主张的实际上是经济自由主义,赞同私有制和市场经济,只是他使用了非常不明确的语言,从而给后人造成了错觉,以为他主张计划经济。这实在是一场误会。他反对封建社会的残余,反对当时依然存在的非生产阶级对所谓的实业阶级的欺压。

圣西门对于社会主义思想的最大贡献是在继承孔多塞思想的基础上提出了一套历史进步观,从而使得社会进步不再是一种偶然的现象,而是一种历史的必然。在他之前,社会主义思潮基本上是提出一种又一种理想模式,然后希望通过宣教和劝说使这些理性模式得以实现。从他开始,社会主义思潮开始具有了自信心,开始把理想模式的实现看作是不可避免的历史宿命。在他的基础上,马克思需要做的就是找到历史发展的动力。马克思、恩格斯之所以对他那么欣赏,原因可能就在于此。

从今天的情况来看,圣西门依然富有生命力的思想是他对于科学知识的高度重视,以及对于实业家或者说企业家社会功能和历史地位的正确评价和准确预测。

熊彼特认为:"圣西门的社会主义……两个主要特点……一方面,是它的强烈的人道主义的乐观主义;另一方面,是它对'科学'(技术)和工业制度的赞美。在其他的人道主义者对资本主义工业会给全人类提供一种什么样的前途感到愁眉不展和疑虑重重的时候,圣西门却提供了安慰。"①他认为圣西门的观点有两个方面值得注意,"第一,有一种社会变化的构想,这可以说是隐约地预示了经济史观。圣西门对旧制度的崩溃和一个新时代的到来有一种敏锐的现实感……第二,有一种对于资本主义过程的真实性质的理解或瞥见,这是马克思和他的同时代的资产阶级人士所都没有的,因而具有特殊的重要性:圣西门看出了实业领导的关键作用。诚然,他把企业家同设计新工艺技术的'科学家'混同起来了……然而,从他的看法中只能得出这样的结论:他的社会主义——如果他的'体系'还能够称为社会主义的——是教阶制度的而不是平等主义的。"②

今天人们对于圣西门思想的误会,很可能是因为他的那些弟子把他的思想向着社会主义的方向进行了大规模的转释,尤其是对用计划经济机制配置资源的初步探讨。法国的经济思想史学者夏尔·季德和夏尔·利斯特就非常明确地指出了这一点,"事实上,我们应

---

① [美]约瑟夫·熊彼特:《经济分析史》第二卷,杨敬年译,朱泱校,商务印书馆1992年,第126—127页。

② [美]约瑟夫·熊彼特:《经济分析史》第二卷,杨敬年译,朱泱校,商务印书馆1992年,第128—129页。

该区别圣西门主义的两种思潮。一种代表圣西门本人所教导的学说，另一种是他的门徒们——圣西门学派——的学说。圣西门的教义可以恰当地称为'工业主义'掺杂以一定程度的社会主义，因此它自然而然地与经济自由主义相联结起来，而它只是后者的夸大的发展……他的门徒们的学说只能称为集体主义"①。

三、圣西门主义者对其学说的释义和发展

1825 年，圣西门去世时，其周围已经形成了一个由学生所组成的学术宗教团体。从他去世到 1830 年 7 月这段时期，通过他的学生们的阐释和发展，圣西门主义在理论上取得了重要的进步。

圣西门的三个学生，圣阿芒·巴扎尔（Saint Amand Bazard，1791—1832）、巴特勒米·普罗斯佩·安凡丹（Barthelemy-Prosper Enfantin，1796—1864）、邦雅门·奥连德·罗德里格（Benjamin Olinde Rodrigues，1795—1851），于 1828—1829 年以讲义的形式写下了《圣西门学说释义》一书。

该书从以下这些方面阐释和发展了圣西门的思想，把它向社会主义方向推进了一大步。第一，该书强调了人类社会的进步观，人类社会实际上是不断地向未来前进的，这个未来现在已由圣西门向人类宣布了。前进的方向是全人类倾向于全世界的联合，倾向于对抗的不断减弱。最初由于战争形成的社会都具有融合为一个和平的全世界联

---

① ［法］夏尔·季德、夏尔·利斯特：《经济学说史》上册，徐卓英、李炳焕、李履端译，商务印书馆 1986 年，第 237 页。

合的倾向,就是人类协作的范围不断扩大,从家庭到城市再到整个民族;同时,对抗和战争不断减少和减弱。因此,人类的发展也许可以用爱、和谐、和平的统治不断成长来表示。在指出人类协作的发展时,该书还特别强调了提高妇女地位的必然性和必要性。

该书肯定了人类社会不断进步的必然性,否定了那种认为人类历史发展中重大事件的发生类似于巨额抽奖的偶然史观,认为这种对人类历史的可怜解释同正在逐渐体现自己的存在规律的人类向我们显示的那种真正伟大的、雄浑的图景相距很远,同事件的那种历史相距很远,那种交替呈现为长长的一系列彼此联系的必然后果,使人们能够通过对已经发生的事件的正确评价判定将要发生的事件。

该书虽然强调人类社会不断进步的必然性,但并不认可宿命论。而是认为人一旦认识到历史进步的必然性,就会通过自己的努力去加速实现这种必然性。人越是意识到自己的命运,他便愈是努力与上帝一心去实现这种命运。

人类社会不断进步的必然性,也并不是直线式的。与圣西门不同的是,该书提出了类似中国历史哲学中的治乱循环观,即社会具有两种不同的互相交替的状态:一种被称作是有机时代,这时人类活动都以共同的理论加以分类、规定和调整,社会活动的目的是明确规定的,越来越大的各种协作体的成员团结一致,争取达到共同的目标;另一种被称作批判时代,这时任何思想的共同性、任何联合行动、任何协调都停顿了,社会只是个人互相斗争的、孤立的集合体,最终导致普遍的利己主义。而批判状态又包括两个时期:第一时期是集体活动占优势,活动的目的是破坏普遍令人不满的现存制度;第二时期是旧制度被破坏和新制度待建立的中间时期,这个时期社会会出现严重分歧,出现无政府状态。

但是该书并不完全否定批判时代,而是认为批判时代破坏了曾经促进人类发展的但已经成为进一步发展的旧制度,这就为人类社会寻求和建立新制度准备了前提条件。从这种观点出发,该书既肯定奴隶制是对杀害战俘制度的一种进步,同时又必然被农奴制所替代。由此可知,该书的两种社会状态交替论,并非无进步的单纯的治乱循环观,而是人类社会不断进步的具体表现方式。秩序时代和混乱时代的更迭就是社会进步的条件。

该书不仅提到社会进步在时间上的非连续性,还认识到它在空间上的非连续性,即进步不会始终发生在一个地方一个民族中间。每当一个在人类中领先的民族陷入停滞状态,在这个民族中受到压制的进步之芽马上就会转移到另外一个地方,转移到适合它生长的土壤中去。文明在迁移,正像候鸟飞往远方去寻找它们在故乡一时得不到的适宜的气候和空气一样。根据这种观点,该书的作者认为虽然个别民族个别地方的进步有可能陷入停滞,但是对全人类而言,进步将是持续而迅速的,因为各个民族将会互相学习,互相支持。

第二,该书认为人类社会自奴隶制以来一直存在着阶级对立,一直存在着人剥削人:主人剥削奴隶,贵族剥削平民,领主剥削农奴,土地占有者剥削佃农,游手好闲者剥削劳动者,这便是到目前为止人类进步的历史。剥削一直存在,但其形式则随历史发展而变化。现在的工人是奴隶和农奴的直系后裔,不得不在饥饿死亡的威胁下签订雇主向他提出的契约。该书比圣西门更清楚地认识到了当时社会的基本阶级矛盾是工人与雇主之间的矛盾。

第三,该书对当时社会的批判着重于揭露利己主义的危害,指出在当时的欧洲社会中处处都是抱怨或恐惧,见不到喜悦和希望;怀疑和仇恨,撞骗和狡诈笼罩着一切,甚至也出现在私人生活中。

"总而言之,我们生活在一个完全为利己主义渗透了的社会里。"①社会中的企业家很少关心社会利益,只关心他的家庭、生产工具和个人财产,渴望其竞争对手的破产。

当时生产的无政府状态和无情的竞争,应当为生产过剩的经济危机承担责任。因为生产资料的所有者或者说游手好闲者并不精明,也不可能了解整个社会的需求。生产和消费之间平衡的不断破坏是在一定方向上生产过剩和彼此无联系的努力的必然结果,由此产生了无数的大灾难。商业危机使投机商人陷入灾祸,使最好的产品停止生产。通过自由放任这个基本原则去实现个人利益和公共利益之间的永久和谐,这个假设已为无数事实所驳倒。这表明该书作者对于市场自由竞争的高度不信任,他们突出强调了技术进步引起的竞争过程给工人带来的危害。

第四,在圣西门关于财产所有制是社会大厦的基石这一思想的基础上,该书认为所有制是社会制度的物质基础,并进一步认为,作为社会大厦基石的财产所有制并非任何性质的财产,而是作为生产手段的财产,即地产和资本。而生产资料的所有制形式是随历史的发展而发展的。该书提出,在未来的社会中,应当通过取消财产继承权来消灭生产资料私有制,现在这种形式的所有制必须废除。应当变生产资料之私有为公有,具体地讲便是社团所有和国家所有。该书还进一步明确指出财产的所有权就是财产的管理权、使用权和经营权。而被赋予这些权利的人必须是能胜任这些工作的人。当我们责难以征服权和出身门第权为根据的所有制时,我们是用未来的所有制即只能用才能

---

① 〔法〕巴扎尔·安凡丹·罗德里格:《圣西门学说释义》,王永江、黄鸿森、李昭时译,商务印书馆1986年,第10页。

证明的所有制反对古代世界和中世纪的;它将用和平劳动,而不用战争和欺骗,以个人的贡献,而不以出身门第来取得。

第五,该书不仅考虑了未来社会的所有制问题,而且进一步考虑了收入分配问题,提出了按才能计报酬,按功效定才能的分配原则。这是按劳分配原则的萌芽。他们批判了收入分配中的平均主义,认为平均分配不区分勤劳者与懒汉,破坏了真正的平等原则。他们所理解的平等,是人人平等地靠能力、工效和劳动获取报酬,是平等地取消租金和利息收入。他们坦承人与人之间存在着体力与智力的差异,从而劳动生产率不会相等,而对不相等的劳动生产率付给相等的报酬是不公平的。只有对不同的劳动生产率付给不同的报酬,才能激励劳动者发挥自己的才能。

第六,该书提出,在未来的公有制社会中,生产资料的分配须符合三个条件:(1)依据各个地区和各产业部门的需要按比例分配;(2)按各个人的能力进行分配;(3)分配的结果使各生产部门都不出现不足或过剩。这实际上就是提出了资源合理配置的条件。对于实现资源合理配置的方式,该书认为社会必须按照事先设想的总规划进行组织,并且要根据这个总规划来不断地、全面而具体地领导这个社会前进。具体地讲,生产资料的合理配置就是应当由一个社会机关来承担。这个社会机关是所有生产工具的保管者,它领导所有物资方面的经营。由于它所处的这种地位,使它能立即观察到工业作坊的一切方面。它借助自己的分属机构和所有地方的所有工业以及所有的工作者取得联系,从而能够对一般需要和个别需要有准确的了解,把工人和劳动工具调到迫切需要的地方。总而言之,它能够指挥生产,使生产与消费协调起来,把劳动工具给予最当之无愧的工业家,因为它经常努力了解工业家们的才能,并且由于它所处的地位,也最有可能使他们的才能得到发展。这实际上就是通过计划经济来配置资源的基本设想。值得注意的是,圣西门本人并未提及这种观念。这完全是他的弟子关于未来社会经济运行机制的推论。

具有这种管理整个经济的能力的社会机关,就是新兴的银行系统。因为银行家更了解工业的需要、企业的价值和企业家的才能,从而资本经过银行家之手就能为自己找到更有利和更合理的使用之处。对于整个银行系统,该书进行了初步的构想,指出要建立一个中心银行,它是所有财富、所有生产基金、所有生产工具的保管者;从属于中心银行的是各个地方的二级银行,负责向中心银行通报各个地区的需要和生产能力;由二级银行管辖对应某个工业产业或行业的更加专业化的银行。通过这样一个等级制、科层制的银行系统,中心银行就可以掌握有关各种产品的需求和供给的信息,只要事先估计和筹划好各种业务,大银行就可以给每个地区以贷款,即给各地区提供生产工具。然后,这些贷款通过各工业部门设立的专业银行在劳动者之间进行分配。

社会的政治说到底就是经济,因此,银行和由银行家完成的社会工业职能的完善,也就是政治的完善。

第七,为了实现未来的理想社会,教育极其重要。教育是社会制度最重要的部分,并且未来要求我们为它打下教育的基础。教育的进步是同全体人类解放的发展相联系的。

未来社会将由艺术家、学者和工业家三部分人组成,因而,教育将分为三个部门:一个部门发展感情,是美术的来源;另一个部门发展理性能力,科学的工具;最后,第三个部门发展物质活动,是工业的工具。这是人从童年起到进入社会机体的三个重要部分之一。以前,所有人都将受到三种训练,而且,甚至这三个部分中的现今的每一代还将继续受到道德、智力和体力的教育。这或许就是德智体终身教育的理念。该书还区分了通识教育和专业教育,前者主要是道德教育,后者主要是专业能力教育。该书还提出了普及教育和因材施教的理念,一方面是教育向所有的人开放,不问他们的出身和财产状况如何;另一方面是教育要按照个人的才能和志向进行安排。该书还指出,法律是教育的一种必要的补充。同时,法律在社会发展的有机时代将发挥正面作用,而在批判时代将发挥负面作用。

对于实现未来社会的方式,该书明确提出,圣西门学说除了规劝和说服的力量外,没有也不承认还有什么别的力量能够指导人们。它的目的是创造,而不是破坏。无论是在哪种情况下,它所希望的都是秩序、协调和创造。圣西门学说不希望进行变革、革命,它的出现是为了预言和实现改造、进化。这表明了该书作者的非暴力倾向。

第八,该书强调了宗教的重要性。人类的宗教发展迄今包含着三个互相连续的阶段——拜物教、多神教、一神教。拜物教阶段支配人们的主要是对于神的恐惧;多神教阶段,恐惧依然存在,但爱的情感开始滋生;一神教阶段,爱的情感大大增强。同时它又包括两个小阶段:犹太教和基督教。犹太教阶段,爱的情感主要局限于本民族内部;基督教阶段,爱的情感成为普遍的了。它指出,基督教强调了博爱和平等,废除了按照出身门第选择教会职务的做法,其本质上是爱好和平的。

在充分肯定基督教以后,该书进一步宣布:人类有一个宗教的未来,未来的宗教将比以往的任何宗教都更加伟大和有力。它是人类全部观念的综合,而且是超过一切宗教存在形式的综合。政治制度在其总和中将是一种宗教法典,因为对任何一种事实都不应该在上帝之外去做更多的思考或者在上帝的法规之外去发挥。总之,宗教将包容整个世界,因为宗教教义是全世界的。该书并不认为宗教与科学是冲突的,科学并非天生就是宗教的永久敌人。科学发展水平越高,就越接近宗教。科学的灵感在自己的最高程度上是同宗教的灵感会合在一起的。该书的作者其实是想建立一种比基督教更加博爱、更加和平、更加平等的新宗教,以此为支撑来实现他们的理想。

圣西门主义者作为一个有组织的团体,在安凡丹的影响下,宗教神秘气氛日益浓厚,引起一些人的不满,终于在1831年出现分裂,巴扎尔等人宣告退出,而安凡丹则成为"教父"。但不久这个组织就因当时禁止结社的法律,被以非法社团的罪名起诉,结果安凡丹等领导被判处拘禁一年,导致该组织的涣散。它作为一个有组织的团体被解散了,但尔后这些圣西门主义者大都以个人身份在经济管理、科学研究等方面对法国社会做出了贡献。

1814—1817年,圣西门的重要学生之一奥古斯特·孔德(Auguste Comte,1798—1857),担任他的秘书。他曾为圣西门的《实业家问答》一书的第三册执笔,后来发表了《实证哲学教程》和《实证政治体系》等,成为实证主义哲学和社会学的创始人。他沿袭孔多塞和圣西门的理论,把人类历史划分为不断进步的三个阶段:神学时代、形而上学时代和实证时代,认为所有社会都将经历相同的历史发展过程;认为当时欧洲社会的问题是从神学——军事主导的社会向科学——实业主导的社会转型的结果。主张通过改良的方法,建立新型宗教,来拯救社会。

圣西门的另一位重要学生是米歇尔·舍瓦利埃(Michel Chevalier,1806—1879)后来成为法兰西学院经济学教授。他主要继承了圣西门的自由主义观点,其主要活动是为法国政府解决各种各样的实际问题。其主要功绩是在1860年代表法国与英国签订了实施自由贸易的英法条约(《科布登－舍瓦利埃条约》)。

信徒安凡丹参加创建了巴黎－里昂－马赛铁路,并且是为开凿苏伊士运河而创办的公司的最早筹款人之一。

另一对信徒比埃尔兄弟于1863年建立了一个信贷组织,成为现代金融机构的雏形。

还有一位信徒就是下一小节将要介绍的皮埃尔·勒鲁。

由此可见,19世纪初,圣西门周围确实聚集了相当一批法国社会的精英。

四、皮埃尔·勒鲁

皮埃尔·勒鲁(Pierre Leroux,1797—1871)出身于巴黎附近一个工匠的家庭,幼年丧父,不得不中断学业做工供养家庭。他深受卢梭自由、平等思想的影响。1824年,他与杜布瓦创办《环球报》,宣传社会主义。1825年,他的评论《手工业者的解放》引起圣西门的关注,两人相识。1830年,他把《环球报》变为圣西门主义者的机构,宣传圣西门的学说。1831年底,因内部分歧加剧,他与巴扎尔等人脱离圣西门派,开始发展自己的社会主义体系。所以在一定程度上,也可以把他算作是与圣西门有比较密切联系的社会主义者。

19世纪30—40年代是勒鲁最高产的时期,他先后出版了《百科全书评论》《新百科全书》《独立评论》和《社会评论》等。1848年二月革命时期被选为国民议会议员,1849年又被选为立法议会议员。1851年路易·波拿巴政变后,他被迫流亡英国。1869年法国大赦后回国,两年后于巴黎公社时期去世。他的主要著作有《论平等》(1838),《论人道》(1840),《论国民宗教》(1846)等。

《论平等》原来是勒鲁主编的《新百科全书》的一个词条。该书强调平等是社会应有的基础,同时认为当今社会是不平等占统治地位的。在法国大革命所提出的自由、平等、博爱三个理想目标中,他认为其中每一个都只是真理的一小部分。而当它们合在一起时,才是真理和生命的最妙的表达形式。但是三者的重要性并非一样,其中平等是最主要的、基础性的。因为自由,就是有权行动。博爱的意思是:人的本性在他的全部活动中充满感情。为什么我们人人都应该有自由的权利,为什么我们要有像兄弟般的相亲相爱,互相帮助的义务?原因就在于平等。"我之所以设想一个人人自由,并像兄弟一般相处的政治社会,则是由于我设想了一个由人类平等的信条所统治着的社会。"①人只有确立了平等的信念,才会反对强制追求自由,才会尊重别人博爱众生。因此他强调平等应当成为一种先于所有法律的法律,一种派生出各种法律的法律,即平等应当具有宪法的地位。

勒鲁不仅提出了平等的基本理念,而且提出了平等的具体内容,就是公民在刑法、政法、民法各个方面的平等。(1)人人都有平等履行公职的义务,否定任何人有免责的特权。他以军队为例,强调所有公民都要服兵役,同时也有平等的晋升机会。(2)人人都有参与制订法律和管理国家的平等权力。(3)自由竞争的平等。(4)刑法面前的平等。(5)民法面前的平等。(6)智慧的平等。(7)男女平等。他尤其推崇男女平等,如果妇女的奴役不消灭,我们就无法解放奴隶;如果爱情

① ［法］皮埃尔·勒鲁:《论平等》,王允道译,肖厚德校,商务印书馆2005年,第15页。

不解放,我们就不能废除血统贵族。倒不如说爱情本身是人类主要的解放者,因为爱情是与所有争取公民平等和政治平等的革命交织在一起的。

同时勒鲁也清醒地看到,平等在当时的社会中,还仅仅是一项原则,一种信仰,一个观念,远非现实世界的真实情景,在作为事实的平等和作为原则的平等之间,存在着如孟德斯鸠所说的"天壤之别"。现实社会在各个方面依然存在大量的不平等现象。尤其是在经济领域,在这方面实际上占优势的是最可怕的不平等。真正的竞争并不存在,因为只有一小撮人占有劳动工具,其他人不得不在悲惨的情况下沦为工业奴隶。他认为当时的社会正处于一个即将结束的世界和一个正在开始的新世界之间。平等的原则已经宣告,但是现实中到处都是不平等,这"就造成我们的巨大痛苦"①。

勒鲁回顾了平等观念的发展历史,首先指出了"公民平等"和"人的平等"两种观念的差别,前者往往是指特定人群(一个国家、一个阶级、一部分人)中间的平等,而后者是指所有人(不分阶级、民族、国家)中间普遍的平等。如果没有人人平等的理念,那么战争状态就是人类的自然状态,部落与部落之间、民族与民族之间的自然状态。他指出古希腊和古罗马的思想家没有人人平等的观念,至多只有"公民平等"的观念。他们一般是把社会比喻为一个人,把社会的各个阶级比喻为一个人的头脑、心脏和躯体,从而把社会分为地位不平等的各个阶级,通常是统治者、士兵和普通劳动者三个阶级;并认为人类的正义就是每一等级都单独履行着属于它职责范围的一切义务。他坚决反对这

---

① [法]皮埃尔·勒鲁:《论平等》,王允道译,肖厚德校,商务印书馆2005年,第65页。

种观念。他认为西方的耶稣和东方的佛是社会等级的摧毁人，因为他们提出了人人平等的观念、人类博爱的精神。他的结论是"我们深信人类早先的生活包含着平等的萌芽。一切伟大的宗教，一切伟大的哲学，一切伟大的立法，都包含着这种萌芽"①。由此，他强调宗教实现人类平等的重要功能，认为任何缺乏宗教的社会都不能在精神、道德、物质上存在。

勒鲁也回顾了人类实现平等的实践，他以赞赏的口吻肯定了古希腊斯巴达的政治家莱格古士实行的公有制改革，认为它实现了平等。犹太人的摩西立法同样是以在犹太人中间建立平等为基本原则的。他进而描绘了摩西立法以后出现的作为向基督教过渡的埃塞尼教派通过公有制实现的平等生活。人类的历史就是平等的发展史，"平等这个词概括了人类迄今为止所取得的一切进步，也可以说它概括了人类过去的一切生活"②。

勒鲁对于社会主义思潮的贡献主要是突出强调了社会主义的核心价值观：平等。他分析了平等、自由和博爱三者之间在理念上的关系，指出了平等理念至高无上的统领地位。对三者理念上关系的分析使他认为只要实现了平等，自由和博爱的目标自然也会实现。这也是几乎所有社会主义者的信念，所以他们都不遗余力地首先追求平等。这并不意味着他们忽视了自由，而是因为他们都像勒鲁一样乐观地认为自由可以通过平等自动实现。自由主义者恰恰相反，往往乐观地认

---

① ［法］皮埃尔·勒鲁：《论平等》，王允道译，肖厚德校，商务印书馆 2005年，第 248 页。

② ［法］皮埃尔·勒鲁：《论平等》，王允道译，肖厚德校，商务印书馆 2005年，第 266 页。

为平等可以通过自由自动实现。

通过回顾历史,勒鲁认为平等可以通过公有制和宗教来实现。至于这些实现平等的具体措施会给自由和博爱带来哪些不利影响,他和大多数社会主义者一样都没有深入思考和分析。

第二节　傅立叶及其弟子孔西得朗的合作和谐社会主义

一、傅立叶的合作和谐社会主义

沙利·傅立叶(Charles Fourier,1772—1837),1772 年生于法国东部一个富商家庭。父亲曾是当地商业法庭的庭长。他早年丧父,中学时代成绩优秀、兴趣广泛,特别喜欢数学的精确性和讽刺诗的幽默感。中学毕业后,他学习经商,当过店员、推销员和经纪人,在法国及欧洲各地处理业务,这使他深谙商界黑幕。法国大革命时期,他曾在里昂独资经商,战乱使他丧失了财产,又险些送命。法国大革命所暴露出来的种种矛盾,使他逐渐成为一名社会主义者。为了找出解救社会的良方,他研究了法国启蒙学者和其他社会主义者的思想,研究法国 18 世纪 70—80 年代出现的各种有关合作社的方案。1803 年,他发表论文《全世界和谐》,指出文明制度的不合理,认为它将被和谐制度所代替。1808 年,他发表重要著作《四种运动和普遍命运的理论》,阐述他的宇宙观和历史观,批判现存制度,提出关于未来社会的主张。1822年,他发表重要著作《论家务和农业合作社》,着重描绘未来社会的经济生活。1829年,他发表《经济的和合作的新世界》,全面系统地说明了和谐社会的组织方式。1837年,他写了《论商业》一书,主题是批判当时商业中的不良习气。他不仅几十年如一日地坚持研究和创立自己的社会主义学说,与学生共同创办了《法伦斯泰尔》杂志和《法朗吉》杂志,以宣传自己的社会主义主张,还曾于1832年亲自在法国组织"法朗吉"合作社,但一年后失败。1837年,傅立叶病逝于巴黎。

傅立叶生前一再遭受冷遇和恶意的批评挖苦。1836年,天主教会对他进行猛烈攻击,梵蒂冈把他的著作列入禁书目录,但这并不妨碍他在社会主义思想史上所发挥的重要作用。他是富有法国特色的合作和谐社会主义的先驱,对以后法国社会主义的发展具有重要影响。

傅立叶以他对整个宇宙和人的本性的看法为基础,推论出他的合作和谐社会主义观点。他认为整个宇宙的运动可以分为四种:社会运动、动物运动、有机运动和物质运动。支配物质运动的是牛顿发现的万有引力,而支配社会运动的则是他发现的情欲引力。他把这个发现称作情欲引力论。他宣称"情欲引力的规律在各个方面都符合由牛顿和莱布尼茨所阐明的物质引力规律"①。情欲虽然一再为哲学家们所贬低和鄙视,可是在宇宙运动方面却发挥了仅次于上帝所发挥的作用。情欲类似于一棵树,可以首先分为不同的级别,而每个级别又存在不同的分枝,包括个人的各种感官追求以及对交往的欲望。从他所列举的具体情欲来看,他所谓的情欲接近我们通常所说的本能欲望。情欲是与理性相对立的,是不可改变的,是趋向合作的。情欲引力论

---

① [法]傅立叶:《傅立叶选集》第一卷,赵俊欣、吴模信、徐知勉等译,商务印书馆1979年,第12页。

为他的和谐社会论奠定了基础,是他合作和谐社会主义思想的出发点。

以情欲引力论为起点,傅立叶提出了他的社会发展阶段论。他以产业特征、生产规模和生产方式的性质作为划分社会发展阶段的基本标志,把人类社会划分为不断进步的 8 个阶段:(1)原始时期;(2)蒙昧时期;(3)宗法制度;(4)野蛮制度;(5)文明制度;(6)保障制度;(7)协作制度;(8)和谐制度。原始时期只有畜牧业和农业的萌芽,以渔猎为主,没有交换;蒙昧时期以畜牧业为主,存在着物物交换;宗法制度下部落分解为家庭,导致分散的小规模生产,出现原始商业;野蛮制度下开始出现了奴隶制,出现了中等规模的生产,商业由简单的流通发展为复杂的流通;文明制度分为几个阶段,第一阶段是典型的古希腊和古罗马的奴隶制,第二阶段是封建的农奴制,第三和第四阶段是资本主义。他认为文明制度将逐步进化为保障制度、合作制度与和谐制度,它们都以合作为特色,只是分别为半合作制度、简单合作制度和复杂合作制度。

傅立叶深刻地批判了当时的资本主义社会,认为文明制度虽然比野蛮制度进步,不可避免要取代后者,但其本身也会随时间的推移而转变成社会继续进步的障碍,从而也必然被比它更高级的社会制度所代替。他认为,在文明制度中,个人利益与社会利益相互矛盾:医生希望病人多,律师希望官司多,建筑师梦想大火灾,玻璃匠梦想下冰雹,裁缝和皮匠希望大家的衣服和皮鞋更快穿坏。他揭露了资本主义商业的种种罪行,如囤积居奇、投机倒把、买空卖空、哄抬物价、掺假掺杂、制造饥荒、宣告破产、贩卖黑奴等。商人们为了获得超额利润,有意囤积粮食甚至有意毁掉,以抬高粮价。他们还以各种形式(概括为36 种)的破产骗局大发横财,造成严重的社会恶果。这些商人们的行径比拦路抢劫还要坏得多,商人团体(应当注意不要把他们和工业家们混为一谈)在社会制度中不过是一帮联合起来的海盗,是一群掠夺农业和工业生产并在一切方面奴役整个社会的匪徒。他特别提到,"所有商人都用假秤,都出售假货而不受到惩罚……每个商人都有三把秤,一把是用来欺骗买主的小秤,一把是用来欺骗卖主的大秤,一把是自己专用的标准秤"①。他以商业的种种劣迹来论证经济自由主义的荒诞,认为正是这种商业自由导致了这种种恶果。他是经济自由主义坚决的反对者。他所揭露的种种商业恶行,确实是自由主义经济学家长期以来一直未能正视,主流经济学不予研究,直到 20 世纪中期以后才在机会主义行为的标题下加以研究的现象。从这一点看,傅立叶可以算是揭露市场经济中机会主义行为的先驱。然而有趣的是他只是反对商业,对工业则别有钟情,认为工业主和消费者一样受到大商人的掠夺,商业正是工业生产的真正敌人。

傅立叶揭露了资本主义制度对雇佣工人的残酷剥削。他说文明制度带来了大规模工业生产和高度发达的科学艺术,但却不能保证人民的劳动和面包。文明制度在一切方面都是巧妙地掠夺穷人而使富人发财致富的制度。他提到文明制度下工人被迫工作长达 16 小时,而工资收入则很低,工人往往死于贫困所导致的长期饥饿和各种疾病。而那些饱食终日无所事事的官吏、军人、商人和绅士们则过着寄生生活。他谴责文明制度是社会地狱,是恢复的奴隶制度,而资本主义工厂则是温和的监狱。

文明制度一方面是大规模生产,另一方面是整个社会的生产分散进行,从这一点出发,他认为竞争和无政府状态是不可避免的。追逐私利的商人不可避免地相互竞争,力求击败对手。整个社会处于对抗

---

① 　[法]傅立叶:《傅立叶选集》第一卷,赵俊欣、吴模信、徐知勉等译,商务印书馆 1979 年,第 69 页。

之中,整个文明制度处于无政府状态下。当 1825 年资本主义世界爆发第一次经济危机时,他指出了危机的必然性,指出危机的特征在于生产过剩,在于商人盲目的贪婪,由于物资过多造成了萧条,过剩是贫困和匮乏的源泉。他认为由于生产的无政府状态,由于经济危机,文明制度下存在着劳动力的浪费、资本的浪费以及商品的浪费。他正确地看到文明制度下的竞争将导致垄断,猜测到少数大公司将吞并所有工业和金融系统,形成垄断,而其中也包含了官方导致的垄断。他也看到了文明制度中国有企业将增多的趋势。他还看到文明制度与战争的联系,认为战争是文明制度下的一种周期现象。

人类社会要摆脱一切苦难,必须具备三个条件:一是要有大规模的生产,高度发达的科学和优美的艺术;二是要发明与当前那种分散经营相反的合作组织,建立经济新世界;三是要节制人口,防止人口无限制增长。

第一个条件已经具备,而创设第二个条件则是他本人的历史使命。他把自己所构想的理想社会称作和谐制度。从当前生产分散经营的文明制度发展到复杂合作的和谐制度要经历两个过渡性的制度:保障制度和简单合作制度,然后才能发展到和谐制度。在保障制度下实行半合作,在简单合作制度下实行简单合作,只有到和谐制度下才实行复杂合作。由此可见,他看到合作制度的发展有一个从低级阶段到高级阶段的过渡过程。

傅立叶的和谐制度是以自愿参加为原则的生产和消费合作社的总和。在和谐制度下,工业劳动、农业劳动、商业劳动、教育劳动、科学劳动、艺术劳动以及家务劳动都要实行联合和合作。在和谐制度下,由于劳动义务普遍化、家务劳动社会化、劳动者工作热情高涨技术熟练、重视运用科技和合理组织生产,整个社会的生产量将大幅度提高至文明社会的 3 倍、10 倍甚至 100 倍。同时由于实行集体食堂制度,将导致燃料、仓储等的大规模节约。

至于如何建立和谐制度的基层组织,傅立叶认为生产和消费合作社要通过自愿入股的形式来建立。入股者将自己的资金作为股份交给合作社并收取股息,同时也要参加劳动。合作社的规模以1620人为最佳,因为他认为人的性格有810种,每种性格都适应一定的工作,而每种工作都应当设有正副职位,故810的两倍便是1620。规模不能超过2000人,也不能低于1600人。过多则乱,易起纠纷;过少则不易建立牢固联系。他还认为,合作社成员将统一居住在公共宿舍内,他还精心设计并绘制了公共宿舍的平面图。

鉴于欧文派公有制实验的失败,傅立叶从情欲引力论推导出劳动引力,认为在和谐制度下,每个人都将参加劳动,劳动不再像在文明制度下那样是一桩令人厌烦和痛苦的活动,而将是一种娱乐性的、对每个人都具有吸引力的活动,劳动成为一种享受。因为在和谐制度下,劳动者将不再终身从事一种职业,旧式分工将被淘汰,代之而起的是自由调换工作。人们的劳动将是自由劳动,自由地从一种劳动转移到另一种劳动。每种劳动最长不得超过两小时,一个人在一天之内可先后从事多种工作,同时每天的工作又都不一样。这样劳动者就能避免产生厌烦感,就能始终保持工作热情,从而提高劳动生产率。至于那些又脏又苦的工作,他提出可以让儿童们去完成,因为他们天生好动,不嫌脏累。他提出,劳动权是12种天赋人权中的第一种权利,而在文明制度中,这种权利得不到保障,只有在和谐制度中,它才成为真正的权利。他提出,人们天然就具有一种竞赛欲,但在文明制度下,这种欲望被表现为无情的竞争;只有在和谐制度下,这种欲望才合理地表现为同一专业的劳动者之间的劳动竞赛。人们将由于荣誉感等高尚的动机而展开竞赛,从而使各种产品不论在数量上还是在质量上都达到极高的水平,促使和谐制度实现文明制度无法实现的高速度发展。

傅立叶可能是股份合作制度的最早提倡者。在谈到合作社的分配制度时,主张继续保留资本收入,让那些资本入股的富人继续取得利润和红利。每个合作社成员按其入股的资金获得股票,股息随合作社的经营状况而定,股票所有者也可申请定息。股票可以通过股票交易所自由买卖。同时,他坚持按照每个成员所投入的资本、劳动和才能实行有差别的收入分配制度,即按比例分配原则,具体地讲,劳动收入占 3/6,资本收入占 2/6,而才能收入占 1/6。他也承认,如何按照资本、劳动和才能三种生产能力来确定人人满意的分配,是他的合作理论的明显困难之处。人的自私贪婪使每个人都希望自己多得,因此在文明制度下很难出现令所有人满意的分配格局。然而在和谐社会里,由于每个人都同时从事多种职业,都兼有资本、劳动和才能,所以尽管自私贪心,却不会过于偏袒某一职业或某一生产要素。职业和要素的多样化约束了每个人的自私贪婪,使社会出现人人满意的分配格局。同时他也看到,富人的慈善心和人性中的慷慨大方也是促进分配和谐的重要因素。

傅立叶不仅思考了不同生产要素之间的和谐分配,同时还思考了不同产业的劳动之间的和谐分配。他首先把不同产业分为必需类、有益类和愉快类,提出要按照不同类别中工作的重要性、令人厌恶(愉快)的程度来确定报酬的等级。

合作社的主要制度是"劳动引力,比例分配,动力节约,人口平衡"①,

———————————

① [法]傅立叶:《傅立叶选集》第一卷,赵俊欣、吴模信、徐知勉等译,商务印书馆 1979 年,第 116,126—127 页。

也被解释为"劳动引力,均衡分配,阶级融合,人口平衡"①。

在未来的和谐制度中,农业将是合作结构的基础,工业只是农业的附属和补充。由于合作社成员既从事农业劳动又从事工业劳动,故那时将没有工农业差别和城乡差别。在未来的和谐制度中仍然存在商品货币关系,不同合作社之间存在商品交换。他指出不能简单地鄙视商业,因为商业是各种关系的轴心。但商业活动不再由私人经营,政府将管理全部商业,这就扫除了商业欺诈现象。他还设想了实现这一点的具体操作方法,就是由政府出资举办官办农场或收容农场,一方面解决贫苦大众的就业问题,另一方面由这些农场经商,同时在城市里由政府入股,建立竞争性的仓库,吞吐各类物资,以逐步把私人商业排除出去。

与当时其他的一些社会主义者不同,傅立叶并不主张公有制,反而一再否定欧文派的公有制实验,把它蔑称为财产公有的寺院制度,认为它不考虑和尊重人的情欲。他对待公有制的这种态度,是他观察和总结欧文派公有制实验屡遭失败的结果。他明确宣称"在协作社内,将借助股票和授予无产者以经济表决权来刺激私有制精神。凡通过勤俭节约,积累起在评议会有表决权的必须资本的1/12的无产者都有经济表决权"②。与此相应,他也反对收入分配的平均主义,宣称任何平均主义都是政治毒药。人按其本能来说是反对均等,并且倾向于等级制度或上升阶梯制度的。他甚至提出没有财产、性格、嗜好和本

---

① ［法］傅立叶:《傅立叶选集》第二卷,赵俊欣、吴模信、徐知勉等译,商务印书馆1981年,第52页。

② ［法］傅立叶:《傅立叶选集》第二卷,赵俊欣、吴模信、徐知勉等译,商务印书馆1981年,第323页。

能方面的极不平等,就必须在各方面创立这种不平等的级别,然后才有可能使那属于情欲的东西协作起来。不平等在他那里竟然成为合作的前提。在"平等"与"和谐"这两个价值目标中,他更加倾向于"和谐",尤其是不同阶级之间的和谐。他的合作社能够实现皆大欢喜的和谐局面,是因为富人有红利可得,穷人认为劳动有趣。协作社制度使每一种情欲都得到最广泛的发展、在各种程度上的发展,这就使协作社制度在互相憎恶的各个阶级——富有阶级和贫苦阶级等等——之间的全面协调和结合得到保证。由此,他反对通过革命的手段建立新社会,并认为折磨国家的革命和折磨个人的贫困是文明社会的两个无药可医的毛病。他寄希望于政府和富人,一旦他们了解并相信了他的理论,就会首先在小范围里实验,而实验的成功就会吸引更多的人参与和组建合作社。

傅立叶还坚决反对禁欲主义,他认为人们应当得到无限满足和十足的幸福。因为在和谐制度下,生产力高度发达,人们有条件讲究衣食住行,穷人的生活可以超过当前的达官贵人,甚至超过国王的生活水平。同时他也清楚地看到,消费在和谐制度下也并不能按需分配,不同收入水平的人将有不同的消费水平、享受水平。

概括地讲,傅立叶力图从人的自然本性出发去考虑设计理想制度。他心目中理想的经济制度是由实行股份——劳动合作的合作社来组织工农业生产,由政府组织和控制商业的。在政治制度上,他反对三权分立的代议制,但是没有给出理想的政治制度。

傅立叶不仅考虑了未来和谐社会的经济制度,还考虑了它的社会问题,其中最有特色的是妇女解放问题。在文明制度中,婚姻制度是一种使妇女受害的制度,只有在和谐制度下,妇女才能得到彻底解放。那时儿童的教养将由社会负担,家务劳动由公共食堂和各种公共服务事业所代替,妇女将摆脱沉重的家务劳动,和男人一样参加集体劳动、科学研究和艺术创造。同时,两性的结合和离异也将完全自由。"社会幸福之源泉……除了逐步解放妇女以外,没有别的轴心,也没有别的指南针。"①他认为男性给女性和儿童所享有的自由越多,自己就越富有、越幸福。

关于教育,傅立叶也提出许多颇有价值的见解。他提出要注意发展幼儿的天然禀赋,由社会负担儿童的教养费用,让儿童从小便参加集体劳动、科学研究和艺术活动,以培养其社会感情和劳动习惯。要使全体人民都受到高等教育,使每个人都既能从事体力劳动,又能从事脑力劳动,即从事科学研究和艺术创造活动。和谐制度将是人才辈出、群星灿烂的时代,将会涌现出无数的荷马式的诗人、牛顿式的数学家和莫里哀式的剧作家。和谐制度下将有极其丰富的文化生活,博物馆遍及各地,到处都有科研机构和艺术团体。最贫穷的人都能欣赏精彩的文艺演出,一个小乡村的文娱生活也将超过文明制度中都市的水平。

傅立叶是社会主义思想家当中比较少见的指出人口过剩危害和资源过度开发导致环境危害的人。至于防止人口过剩的方法之一,未来的和谐社会有 2/3 的妇女自由自愿地委身于许多男人,这将成为避免过多人口的重要因素。因为,性伴侣多的女人不易怀孕。不过,他这种过分认可性自由的论点,引起当时许多人的反感。

值得注意的是,傅立叶并不是一个唯物主义无神论者。他强调宗教有其重要性,商人精神无疑是宗教的天然敌人。宗教特别应该谴责

---

① [法]傅立叶:《傅立叶选集》第一卷,赵俊欣、吴模信、徐知勉等译,商务印书馆 1979 年,第 71 页。

它从来就不认可的这种精神中的任何一个基本原则。基督教在人类消除奴隶制度的过程中有着重大贡献。上帝通过决定人的情欲来为社会制订规律。因此不能否定或者贬低人的情欲,而是应当研究情欲,发现能够使情欲最正常发挥的经济、政治和社会制度。

傅立叶不仅用其丰富的想象力构想了未来的和谐制度,还积极投身于实践,以试验他的设想。1832 年,他在两个学生的帮助下筹集了一笔资金,组织了一个合作社,建设了一个农场和一些建筑物。但令他失望的是入股者全是劳苦的工人,且人数也远远低于 1620 人的标准。合作社成立之后,由他负责全面管理,由其学生分管各部门的业务。到 1833 年秋季,试验宣布失败。

傅立叶对社会主义思想的贡献可以大体概括为下述几点。

第一,较早提出了历史发展阶段论,从而把社会主义的出现看作是历史发展的必然结果。

这种论证方式为后来的马克思主义所继承。但是他的历史发展阶段更多立足于猜测臆想,并未建立在对历史史实的严密考证的基础上。这就削弱了他历史发展阶段论的论证力量。

第二,较早从人的本性(即情欲)出发论证合作和谐社会主义的合理性,强调制度的重要性,强调通过改变制度而不是通过改变人性来建立社会主义,并且反对禁欲主义。这在社会主义思潮的历史长河中是比较罕见的。

第三,有力地揭示了现实市场经济中竞争所导致的各种实际恶果,这为后来的社会主义者提供了批判资本主义的有力武器。同时也提醒人们注意西方主流经济学关于市场竞争功能的乐观主义观点的局限性。

第四,把合作和谐而不是平等作为社会主义的核心价值观,可能是社会主义思潮中的特例。他对于和谐价值的突出强调，对于我们今天建设和谐社会具有一定的启示意义，同时也反映出和谐与平等之间的张力和矛盾。它告诉我们，也许可以区分两类社会主义：平等取向的社会主义与和谐取向的社会主义。

第五，强调发展生产力对社会主义的重要意义，发展生产力的基本手段是建立股份合作制的生产单位，而不是简单地主张单纯的公有制。这一主张使得他的合作和谐社会主义与我们今天的社会现实有更多的亲近感。

第六，较早地提出了节制人口和保护环境的主张。

第七，较早指出了妇女解放、男女平等的重要意义。

由于以上贡献，傅立叶也许是以往社会主义者中更能够为当代社会所接受的一位先驱。

傅立叶生前有一批信奉他思想的学生围绕在他周围。其中既有官吏和地主，也有一些青年学生。他们曾于1832年创办了杂志《法伦斯泰尔》，还出版了报纸《法朗吉》（后改为杂志），他们中间最著名的代表人物是维克多·孔西得朗。

二、孔西得朗对傅立叶思想的发展

孔西得朗（1808—1893）出生于一个知识分子家庭，在中学时代就对傅立叶的观点有浓厚兴趣。进入梅斯军事工程学院之后，于1830年开始信奉傅立叶主义，并组织同学钻研傅立叶的著作，积极宣传傅立叶主义。1831年，辞去军职，参加傅立叶学派理论刊物《法朗吉》的编辑工作。1834 年,开始分卷出版其代表作《社会命运》,而后又发表《合作派宣言》(1841)、《旧世界的社会主义》(1848)、《政治的崩溃》《傅立叶体系解说》《社会主义原理》《所有权和劳动理论》《解决问题还是直接的人民政府》等著作。他曾经担任过军事工程师,从事过新闻工作,还当选过议员。为了防止路易-拿破仑·波拿巴可能发动的政变,他在 1849 年 2 月成立了联合选举委员会,准备 5 月选举议会,事败后被法国高等法院缺席判处流刑。他秘密逃离法国去了美国,在那儿按傅立叶的设想组织协作社,先后建立了约 40 个协作社,但均经历一个短时期后失败。1869 年,他返回法国,退出政坛。临终前一年,发表《资本主义的封建主义简史》一书。

《社会命运》一书的目的是要对傅立叶从人类天性的规律推导出来的社会组织做一个简明易懂的扼要陈述。该书同意傅立叶的基本观点,"社会的形式是可以改变的,而人的天性是不可制服的"①。孔西得朗师承傅立叶,无情批判资本主义,尤其是批判了资本主义商业中的无政府状态竞争。商业是非生产性活动,既不增加产品数量,也不提高产品质量。而商业活动中的竞争在不断败坏社会的肌体。应当建立一个统一的管理机构以促成生产者与消费者之间的直接联系,减少商人的中间剥削。政府官员和军队也是非生产人员,他们的存在使社会损失许多财富。他反对农业和工业分散经营所造成的无政府状态,认为这是导致文明社会种种弊端的主要根源。

孔西得朗对于文明社会的阶级结构有着比傅立叶更清晰的认识,他指出无产阶级是被剥夺了生产工具的阶级,在饥饿的胁迫下不得不

---

① [法]维克多·孔西得朗:《社会命运》第二卷,李平沤译,商务印书馆 1986 年,第 605 页。

每天寻找工作,毫无半点自由。而文明社会的工业组织像一部强大的机器,生产着人数日益增加的无产阶级。他认为在文明社会中,除了资产阶级和无产阶级之外,其他的阶级和阶层都只是中间的、暂时的,迟早要向两端分化从而归于消灭。他认为文明社会造成了新的奴隶制,其特征不是直接的个人奴役而是间接的集体奴役。他以钢铁抛光工人为例,说明恶劣的工作条件对工人寿命的严重摧残。

孔西得朗接受傅立叶关于和谐制度的观点,认为实现和谐社会需要两个条件:大量生产财富和公平分配财富。"总之:如果不大量增加社会财富,就不可能对人民进行教育,就没有自由、幸福和社会的和谐。如果所生产的财富不按照对生产贡献的大小分配给有权利分配的人……就不可能有正义、稳定、和谐与利益的一致。"[①]大量的社会财富是美好社会的物质基础,没有这个基础,自由就是一句空话,教育也无法实施,人与人也不可能和睦相处。至于如何增加财富,须依靠工业手段,包括技术的和专业的手段,制度的和一般的手段。制度就是要建立实行股份合作制的公社。他并不主张彻底废除生产资料的私有制,主张保留一定的私有资本。至于如何公平分配财富,他提出了一个公正公式:

$$p_i = Q\frac{c_i}{C} + R\frac{t_i}{T} + S\frac{\theta_i}{\Theta} \quad i = 1, 2, 3, \cdots\cdots, n$$

p_i、c_i、t_i、θ_i 分别为第 i 个人应得的收入份额,贡献的资本、劳动和才能。

$$C = \sum_{i=1}^{n} c_i, T = \sum_{i=1}^{n} t_i, \Theta = \sum_{i=1}^{n} \theta_i$$

---

① [法]维克多·孔西得朗:《社会命运》第一卷,李平沤译,商务印书馆1986年,第178页。

分别为所有人贡献的总资本、总劳动时间、总才能。

$$Q=P\,\frac{q}{q+r+s},R=P\,\frac{r}{q+r+s},S=P\,\frac{s}{q+r+s}$$

分别为总资本 C、总劳动时间 T、总才能 Θ 有权从总收入 P 中获得的份额；q,r,s 分别为资本、劳动、才能的生产能力系数，其数值由公社全体社员按一致同意原则讨论决定。按照这些公式，社会产品将按每个人投入的资本、劳动和才能的多少，按比例分配。这将使拥有资本的人和仅拥有劳动的人都感到满足。人类的公正，并不是把每一种社会利益平分给每一个人，也不是把所有的利益都集中给某几部分人，而是按自然的和社会的不平等的程度，按每一个人在每一个等级中的特别职位，把社会的利益按比例以报酬的形式分配给大家。要准确确定一个人的劳动和才能的贡献并非易事，为此，可以通过不同合作社之间对人的竞争来加以解决。

孔西得朗设想的理想社会，在政治和行政结构上，是一个实行自上而下逐级计划控制的等级制社会，其顶端是全球中央政府，通过统一管理，协调平衡各洲的生产和消费；然后是第二级政府，主管各洲的类似事务；第三级是各国政府，然后是省政府、区政府；其基础是以一定人数为单位的、实行股份合作制的公社。各级政府都委托公认的专家进行管理。至于各级领导人员，他强调一切都通过选举来解决。

合作社制度将把小地产的优势（产权明确所引起的激励）和大地产的优势（规模经营）有效地结合，同时有助于在生产者和消费者之间建立直接联系，避免商人的中间盘剥，各个合作社之间也将有竞争，但是这种竞争将增加产量、提高质量。他强调合作社内部的分工，同时认为分工不能过度，把分工保持在适当的范围，那是好的、健康的；分工一旦超过了限度，那就有害了，就危险了。为了避免分工带来的危害,解决劳动的激励,他主张在合作社内部实行工作的轮替和竞赛。同时,在合作社内部对劳动实行计划管理,不能听任各家各户自行其是。

孔西得朗用专门的一章对他所谓的实行公有制和收入绝对平均分配的共产制度进行了批判,以为可以用"废除私有财产,把财产都归公有"一句话来解决所有一切问题。那实际上是在牧场上饲养牲畜的社会制度,并没有实现真正意义上的平等,而且还压抑人的个性,破坏个人自由。

他反对通过暴力革命来实现他的理想社会,只是希望首先通过小范围的试验来证明其主张的合理性与可行性,然后再加以复制和推广。

孔西得朗认为,傅立叶的学说中,秩序比自由有更加重要的地位。

第三节 卡 贝

埃蒂耶纳·卡贝(Etienne Cabet,1788—1856),生于法国第戎市一个工匠家中,于1812年获法学博士学位,开始从事政治活动。19世纪20年代初加入旨在推翻波旁王朝的秘密革命团体烧炭党。1830年,七月革命爆发后积极参加革命,但对革命后建立的七月王朝残酷镇压民主运动表示了不满,因此被调往科西嘉岛当检察官。1831年,当选为众议院议员,坚持民主主义,抨击政府,因此数次受到控告。1833年,创办了《平民报》,传播民主思想,提出的政治纲领是:不掠夺富人,但要使穷人富裕;不羞辱统治者,但要提高人民的地位;不采取暴力,但要进行说服。1835 年,卡贝因宣传激进政治主张被判刑 2 年,他逃离了法国,经历了 5 年的流亡生活。其间,他深入、广泛研究以往社会主义者和启蒙学者的思想,考察英国的工业社会,形成社会主义思想,于 1838 年完成了富于哲理性的空想社会主义小说《伊加利亚旅行记》。1839 年他返回法国,次年出版了《伊加利亚旅行记》。小说以通俗、活泼的笔调描绘了未来的共产主义社会,深受劳苦大众的欢迎。1841 年,他复刊了《平民报》,成为宣传伊加利亚共产主义的重要阵地,到 1846 年该报订户达到 4000 人。当时在法国的许多工业城市都成立了卡贝主义者的团体,其成员多为无产者和手工业者,这些团体在法国兴起了规模可观的伊加利亚运动。同时,法国的菲力浦政府也加强了对伊加利亚各团体的打击迫害。1847 年,在法国二月革命的前夜,卡贝号召人民到美洲去建立共产主义试验点。1848 年,共产主义移民区在美国得克萨斯州建立,它在卡贝去世后继续维持,直至 1898 年才宣告结束,历时 50 年。1848 年,二月革命之后,卡贝的思想出现右转,支持当时的临时政府。1856 年,卡贝去世。

一、批判资本主义

当时的旧社会制度有三个根本性的弊病。第一个根本性弊病是财富与权力分配的不平等,它使社会分裂为穷人与富人、苦难者与幸福者、压迫者与被压迫者。这引起了不同阶级之间的嫉恨和纷争。不平等制度是任何个人和民族所存在的种种丑恶现象的根源。第二个根本性弊病是私有制及与之相联系的各种遗产继承制,它们使富有阶级永久保持其财富,而使穷苦阶级永远处于贫困、受奴役的状态。劳动人民在资本主义条件下只得到形式上的自由,依然无法摆脱实质上的奴隶地位,而且人民群体仍然是整个贵族阶层的奴隶和财产。第三个根本性弊病是货币,因为货币使富有阶级可以把难以长期保存、大量堆积的产品换成金银,长期积蓄,从而不断增加自己的财富,维护和加剧社会财富分配的不平等。货币、财富的不平等和私有制这三者,乃是一切弊害、一切罪恶的根源。对于建立在这三种根本性弊病之上的各种罪恶现象,他进行了无情的揭露。工人由于过度劳累却又所得无几,成为充饥无粮、遮体无衣的奴隶,寿命大大缩短。而富人和贵族则游手好闲,暴殄天物。资本家阶级则贪得无厌,伪造钱币,投机倒把,垄断市场,囤积居奇,借天灾人祸大发横财,靠杀人掠夺致富。

卡贝还进一步把批判的矛头指向当时的政治制度。当时政治制度的主要弊病是由富人和贵族来制订法律,因此这种法律必定是巩固富人和贵族对劳苦大众的统治和压迫的。宪法中所说的主权在民、代议政府、平等自由等,都不过是欺骗人民的东西,并不会给劳苦大众带来真实的利益。那些所谓的立法议员不过是专制政权的工具。他指出,作为政权支柱的军队,虽然其基础成员征召自人民,但它仍然是为维护富人和贵族的利益而组建的,是压迫人民的工具。至于监狱和警察,他认为那都是统治阶级对人民实行报复与压迫的工具。他还指出,统治阶级为了巩固自己的统治地位,通过教育和宗教来实行愚民政策,并实行严密的书报检查制度。① 他对当时社会的政治制度的批

---

① [法]埃蒂耶纳·卡贝:《伊加利亚旅行记第二、三卷》,李雄飞译,余航校,商务印书馆1978年,第36—37页。

判超越了同时代的其他人。

二、革命道路和过渡性社会

推翻旧社会建立新社会需要一个卓越的富有献身精神的领袖人物,在时机成熟时发动一场有组织有纪律的暴力革命。同时,通过非暴力的宣传教育和说服来和平地实现共产制度。因为他担心暴力革命可能失败,同时也担心暴力革命会导致新的压迫者和被压迫者。他对于暴力革命的态度存在明显的不一致。

在私有制和未来的共产主义社会之间,将有一个过渡性的社会制度。这种过渡性社会一方面保留私有制,另一方面尽快地消灭贫困和逐渐废除财产与权利的不平等;它将通过教育为未来的共产主义制度培养一代和几代新人;它在政治上将实行普选制,实行言论自由和结社自由。为何需要一个过渡时期呢?有三点理由:第一是因为富人和私有者思想中的旧习惯和旧成见,若强行没收他们的财产,将使他们铤而走险,起来反抗,阻挠和破坏社会变革;第二是因为穷人长期受压迫,短时间内还缺乏应有的习惯和必要的才能来管理共产主义社会的经济和生活;第三是因为建立共产主义社会是一项艰巨的工作,是人类历史上最宏大的工程,需要在物质基础和精神领域做大量的、长期的准备工作。

关于过渡性社会的具体实施方案,卡贝提出了如下几点意见:(1)暂时保留私有财产,尊重既定的产权;实行累进所得税,废除旁系继承制,取消遗赠权,禁止赠送不动产;国家有偿征用私人财产,同时利用国有财产、公共土地来协助工人和其他劳动者组织协作社和试办公社,逐步扩大公有制。(2)在政治上建立民主共和国,解散军队,真正实行主权在民原则和公民一律平等原则;但同时仍需保留镇压手段,因为私有财产仍然存在,难免出现各种犯罪活动;在过渡社会建立的初期,甚至还需要组织以独裁长官为首的包括人民中的优秀成员组成的专政委员会,以镇压敌对势力对过渡社会的破坏。(3)对原有的贵族阶层实行宽大为怀的政策,反对不必要的报复。(4)大力发展教育,使教师成为最重要的公职人员,使人人都能得到一定的教育,以便在过渡社会结束、共产主义社会到来时,每个人都能有足够的基础知识和专业知识以从事一项适当的劳动。(5)调整工人和职员的工薪,固定产品的价格,取消无益的公共开支,为穷人修建住房,鼓励生育。

卡贝是社会主义者中间第一个提出"过渡时期"概念的思想家。

三、共产主义蓝图

卡贝把平等和博爱作为根本目标。他对平等目标的论证是:"就平等这个词的最概括、最广泛的意义来说……一切人天生的体力和智力,一般说来总是平等或者接近平等的,因而,他们在权利上也是天然平等的……即使我们假定人们天生在力量上是不平等的,难道仅仅因为这一点他们的权利就应该不平等吗?"①他进一步强调那种认为人们天生力量不平等的观念是违背基督教精神的,既然所有人都是上帝的

---

①　[法]埃蒂耶纳·卡贝:《伊加利亚旅行记第二、三卷》,李雄飞译,余航校,商务印书馆1978年,第107页。

儿女,那么公正善良的上帝自然会赋予每个人同样的智慧、愿望、情感以及满足这些愿望的手段。可见,他的平等观是以人类具有平等的潜力为前提的。他认为使人们在知识与教养上不平等的并不是自然,而是社会。即人们的先天潜力是平等的,而能力在事实上的不平等是后天由社会造成的。因此应该用社会与政治平等来巩固和完善天赋平等。平等的具体原则之一是自然公理不容许任何人在别人,哪怕只是一个人缺乏必需品的时候仍然占有多余东西的,即便这些多余的东西是他通过劳动获得的。他强调平等制度之所以必将胜利,是因为它符合正义,符合理性,是因为它的胜利是一条自然规律。

对于自由,卡贝认为:"自由不过是意味着人们有权做自然、理性和社会所不禁止的那些事情和有权不做这三者所没有要求人们做的事情;自由必须从属于自然、理性和社会的无数规范……自由既不是放肆无度,也不是无政府状态,更不是一片混乱;自由应该限制在人民根据社会利益而规定的一定范围之内。"①由此可知,他更强调自由所应当受到的制约。

要实现平等、博爱和自由这些目标,就必须实行财产共有。他对于共有制的论证是以自然法和天赋权利为基础的,"大自然是把一切东西赋予一切人,而并没有加以分割;因此,地球上的一切财富都是天赋的和原始的共有财产"②。每个人都应该有平等的天赋权利,都有权从共同的母亲那里得到同等份额的财富。他甚至否定劳动是劳动者

---

① [法]埃蒂耶纳·卡贝:《伊加利亚旅行记第二、三卷》,李雄飞译,余航校,商务印书馆 1978 年,第 132—133 页。

② [法]埃蒂耶纳·卡贝:《伊加利亚旅行记第二、三卷》,李雄飞译,余航校,商务印书馆 1978 年,第 373 页。

私人占有土地和产品的理由。同时他通过指责私有制来论证共有制。"私有制、不平等和贫困能产生自由吗？不！不！它们只能产生压迫和奴役！真正能给人们以自由的是共产制度和民主制度，是完善的平等制度和幸福的生活，是秩序与和平！"①他相信由于技术进步、工业发展，共产社会的生产力将有显著且无止境的发展，从而可能实现富裕的平等。他认为共产主义就是基督主义。

卡贝进一步从社会结构、经济制度及经济发展、政治制度、文化教育、婚姻制度和对外关系这几个方面描绘了未来共产主义社会的蓝图。

1. 未来的共产主义称作伊加利亚共和国，它是以小公社为基础的大家庭。全国分为人口和面积大体相等的100个省，每个省再分为10个人口和面积相当的公社。共和国社会组织的原则是人人在权利与义务方面平等，生产资料和消费资料归全社会所有，即实行共产制度，财产共有，共同劳动。

所有人不论男女都是劳动者，在一定的年龄阶段都要掌握一种技能并参加一种生产行业从事劳动。各种职业（如鞋匠和医生）只要是社会所需的，地位一律平等。职业的分配通过新参加工作的年轻人的报名和考试来完成。人们把劳动看作是生活的乐趣，进行劳动竞赛。获胜者将受到尊重，获得各种荣誉。

2. 实行计划经济，由工业委员会制定计划和执行计划，对经济资源进行合理调配，决定生产什么产品、生产多少产品、产品如何合理调配；决定在哪里建厂、采用什么工艺；积极推广新发明新技术；负责工

---

① ［法］埃蒂耶纳·卡贝：《伊加利亚旅行记第二、三卷》，李雄飞译，余航校，商务印书馆1978年，第134页。

人的培训,实行最有效的分工。整个社会形成由人民像一个人一样来经营的统一的实业,通过劳动分工和统一指挥来生产一切必需的产品,既不过剩,又不匮乏。以服装为例,就是首先掌握全社会对各种原料和服装的需求,然后组织农民生产或者进口原料,最后在大工厂中进行有计划的服装生产。不存在也不需要市场交换和商品货币。他认为计划安排可以避免浪费,减少损失。因为计划的原则是"首先考虑'需要',然后是'实用',最后才是'美观'"①。社会并不禁止豪华和舒适,但必须首先满足对必需品的需要,并且必须是所有人都能平等地享受豪华和舒适。

伊加利亚重视发明创造,重视分工和效率,大量使用机器,一切繁重、肮脏、单调的工作都由机器进行。因此每天的工作时间一再缩短。

企业管理实行民主制度,规章制度由工人讨论决定,各级负责人由工人推举产生。

伊加利亚的工业、农业和交通运输业、仓储业都非常发达,产品非常丰富,因此个人消费品按照直供方式实行按需分配,但并非绝对平等的分配,而是以每个人的实际需要为根据的相对平等。同时各种消费品在整齐划一和丰富多彩两方面都巧妙结合。如果数量只够分配给一部分居民,就根据情况按年、按月或按日轮流分配。如果某种东西实在太少,不够分配给所有的人,那就一个人也不给。分配中不考虑个人才能、智力和天资的不同,因为社会应当补救这种由盲目的自然所偶然造成的不平等。

3.政治制度是民主共和制,它有三个特点:一是真正实行主权在

———————

① [法]埃蒂耶纳·卡贝:《伊加利亚旅行记第一卷》,李雄飞译,余航校,商务印书馆1978年,第61,22页。

民,只有人民才有权制定或委托别人制定宪法和各种法律。为了使人民明了讨论问题所需要的真相,所有事实都要用统计数字来说明,并通过报纸告知每个公民。全国人民代表大会是最高权力机关,由全国1000 个公社各选出 2 名代表共 2000 人组成,实行一院制,每年改选半数代表,任期 2 年。代表大会休会期间由监察委员会代行职权。代表大会下设 15 个部门委员会,负责审查和讨论经济、政治各方面的提案。二是实行立法与行政相分离,最基本的原则是行政权从属于立法权,行政机关对人民和全国人大负责,其成员可随时撤换。另一个基本原则是行政机关的领导实行集体负责制,不搞一长制,由执行委员会行使行政权力,各级执行委员会由 16 人组成,有 1 名主席。其成员由民选产生,任期 2 年,每年改选半数。三是任何公职人员都由选举产生,任期可随时罢免,为防止僭越职权,不得同时兼任立法和行政职务,且无任何特殊待遇,与其他公民处于相同生活水平。一个国家如果没有普选制,它的人民就仍然是奴隶。各级地方政权也有类似结构。

4. 教育是整个共产社会的基础,应由国家统一安排。所有公民不论性别一律受到相同的基础教育,内容是应有的基础知识。同时每个成员根据其所从事的职业还需接受专门教育,内容是有关该行业的理论和实践知识。伊加利亚重视教育,教师是最光荣的职业。

5. 实行书报检查制度,任何作品要经过一个委员会审查,否则不允许出版,以防止坏书的出笼。所有被认为危险和无用的旧书一律烧掉,只在国家图书馆保留几本,用以反证伊加利亚社会的进步。每个公社和每个省都只能发行一份报纸,报纸的编辑和记者都由选举产生,可随时撤换。报纸只从事报道,不作评论。

6. 实行宗教信仰自由,反对宗教迫害;实行政教分离。

7. 男女平等,妇女在经济、政治、文化和社会生活各方面与男人享有同样的权利和义务。婚姻自由,离婚自愿。每个家庭只是生活单位,但不再是一个经济单位,家庭的需求由社会统一分配安排。

8.由于实现了人人平等,社会将再也没有犯罪和镇压,再也没有捐税和警察,再也没有纠纷和诉讼,再也没有不安和忧虑。所有的人都不但过着幸福的生活,而且是同等的幸福!

9.对外关系上实行睦邻政策,不干预别国的内部事务,不强加本国的制度于他国,更不企图征服其他国家,只是通过本国成功的尝试,使伊加利亚的共产主义制度逐渐为别国自愿接受。同时,为了防止外国的侵略,所有公民都是国民军成员,从 18 岁到 21 岁都要接受军事训练。

四、重视科技进步对人类历史的巨大促进作用

"科学和工业上的各种重大发明并不仅仅引起科学和工业的革命,而且也导致社会与政治的革命……指南针、火药和印刷术的发明,难道不是在引起三次工商业革命的同时,也导致三次社会与政治革命吗?"[1]最强有力的宣传者和最伟大的革命者既是耶稣基督和路德,也是印刷术的发明者和蒸汽机的创造者!蒸汽机终将把贵族阶层炸得粉碎。他的这些论点,表明他已经具有历史唯物主义的初步理念。他甚至谈到了通过科技改良人种的工作。

---

[1] [法]埃蒂耶纳·卡贝:《伊加利亚旅行记第一卷》,李雄飞译,余航校,商务印书馆 1978 年,第 232—233 页。

卡贝虽然对未来共产社会做出了一定的具体设想，但是并未对这一设想采取唯我独尊的态度，而是谦虚地承认它可以有难以胜数的多种形式，甚至连政治体制也既可以是君主立宪国，又可以是总统制共和国。这种谦恭的态度在当时和以后的社会主义者中间是很罕见的。

卡贝也许是马克思、恩格斯以前对于共产主义社会的基本特征及若干细节和实现方式考虑得最全面的社会主义者。他对经济、政治、社会、文化等各个方面都进行了探讨。公有制、计划经济（生产的安排和劳动的配置）、按需分配这些基本的经济特征都已提出，民主选举公职人员等基本政治特征也被充分考虑，和平睦邻的外交政策也已被提出。在生活上他也不像以往的许多社会主义者那样主张禁欲主义，而是主张平等地享受豪华和舒适。同时，他对于暴力革命一定条件下的必要性和革命后的过渡阶段也进行了深度的分析。

卡贝社会哲学的核心价值观是平等，至于自由这一价值观，他几乎很少涉及和深入考虑。甚至可以说是反对言论等表达自由，主张由政府通过审批制和审查制严格控制传媒。但同时他又主张宗教信仰自由。

为了实现平等，卡贝主张在财产共有的基础上，用教育解决人们的工作激励，用计划解决资源的配置，用技术进步和遏制过度消费解决资源稀缺，用实物消费品的直供式按需分配实现社会平等。

卡贝思想中对于今天仍然具有价值的观点，一是关于民主政治的具体设想，二是对教育的高度重视。

第四节　德萨米

泰奥多尔·德萨米（Theodore Dezamy，1808—1850），生于法国吕松城。学生时代他学过医学、哲学和法律，后来还当过教师。19世纪30年代开始，他投身于工人运动，加入了布朗基领导的革命密谋组织"四季社"。1838年，他出版了自己第一本系统叙述共产主义思想的著作《各族人民在文化教育方面的进展超过实用道德方面的进展　探讨这种差别的原因并提出对策》。1839年，他成为卡贝的《平民报》的助编并兼任卡贝的秘书。不久之后由于意见不一致而离开了卡贝。他们之间关系破裂的原因，是在实现社会主义的策略问题上存在根本性的意见分歧，他不同意卡贝的和平主义倾向。

1840年，德萨米创办《平等主义者》杂志，同时为《公有主义者》和《人道主义者》杂志撰写文章，宣传他的思想，反对当时社会主义运动中的各种和平主义倾向，包括路易·勃朗、卡贝、基督教社会主义者拉麦涅、前圣西门主义者毕舍等人。他公开表明自己是巴贝夫事业的继承者，并亲身从事革命的密谋活动，曾为当时法国有影响的秘密团体制定纲领，并成为这些组织的领导人和创始人。他还参加过社会主义者布朗基组织的秘密团体"四季社"和"中央共和社"。1842年，德萨米最主要的著作《公有法典》出版。书中系统详细地阐述了他关于未来共产主义的设想。1843年，他又出版了专供工人阅读的通俗刊物《公有文库》。他的思想和行为引起统治阶级的震怒，以渎神罪的名义逮捕了他，但他并未屈服。1845—1846 年，他又出版两本著作《被社会主义所战败和消灭了的耶稣会教义》和《自由和普遍幸福的组织》。

1848 年的二月革命中，德萨米积极组织和参加了要求成立"劳动和进步内阁"的工人示威，尔后又创办发行了《人权、无产者论坛报》，并加入布朗基领导的"中央共和社"。在国民议会的选举中，他曾被提名为候选人。六月起义失败之后，他回到故乡，于 1850 年逝于故乡。

德萨米与他同时代的其他一些社会主义者的重大不同在于他不仅著书立说宣传社会主义，更是身体力行参加工人运动。他的社会主义思想主要包括对资本主义的批判，对公有制的赞美，以及实现公有制的策略。

当时的资本主义社会是一种以时运、特权、势力、欺骗、垄断、压迫等为基础的社会，是一个颠倒的社会：一方面富人的地窖和仓库里堆满了各种美酒和食品，豪华的商店里挂满精致的服装；另一方面生产这些产品的劳动阶级却遭受贫穷的折磨，只能去啃浸满泪水和汗水的黑面包。而那些高利贷者、包卖者和官僚却悠闲自在，挥霍无度。还有哪一个世纪比我们这个世纪更充满这类不道德行为、这类反常现象呢！

造成这种罪恶的不公正现象的原因正是私有制，是财富分配的不平等。德萨米批判了资本主义制度下的生产无政府状态。由于这种无政府状态，到处都是互相倾轧和垄断。大垄断巨头不断扩张自己的势力，促使小企业不断破产。他尤其憎恶资本主义商业，认为它是私有制的孪生兄弟，是社会的吸血虫，靠吸食工农业创造的财富而自肥。他认为资本主义中的商人没有一点人的诚实和良心，是一群靠欺骗而致富的骗子。商业所带来的最致命的灾难是关于货币的发现,可怕的黄金欲造成了种种祸害。

德萨米在批判资本主义经济制度的同时,还批判了它的政治制度。法国大革命并未给人民带来真正的权利,法律不过是为少数统治阶级服务的工具,是为了保护富人的财产和安宁。法官则是吃人阶层,军队是屠杀人民的野兽,官吏则是人民的吸血鬼。他指出了资本主义议会民主的虚伪性,认为议会斗争不会给无产阶级带来任何好处,普选制也只能在社会革命后才能真正给人民带来利益。

他对资本主义道德的批判尤为突出的。在私有制下,除了金钱关系,人们相互间不再有任何其他关系。因此人们彼此之间变得冷酷无情,老子反对儿子,儿子反对老子,兄弟反目,夫妻争执,不再有亲情,不再有友谊,一切围绕着金钱。人类纯朴善良的美德完全被利己主义的冷酷、粗暴、残忍和野蛮所代替。

一个理想社会应当实现的价值准则包括幸福、自由、平等、博爱、统一、公有制。幸福就是"我们本身自由的、正常的和全面的发展,就是我们一切需要(肉体、智力和精神的需要)的完全充分的满足"①。人的自由在于实现他权利之内的东西,同胡来或任性是没有丝毫共同之处的。个人愈自由,国家就愈繁荣;反过来说,国家愈自由,个人愈幸福。因为自由就是人的一切,包含他所拥有的最重要和最神圣的东西。平等是一种和谐,即完全的均衡,它支配万物。这是一条规律,是一切社会原则的基础。离开了平等,任何社会都不可能存在:那只有混乱和强制、纠纷和战争!现实社会中人们在能力方面的差异不是天生的,而是社会状况、腐败邪恶的教育制度,以及多少世纪来压迫在全

---

① [法]泰·德萨米:《公有法典》,黄建华、姜亚洲译,商务印书馆1982年,第8页。

人类头上的长期奴役的结果。这种不平等与其说是社会不平等之母，毋宁说是它的女儿。他认为博爱是一种极其高尚的感情，它促使人们像一个家庭的成员那样生活，把他们各种不同的愿望、他们全部的个人力量都汇合于统一的利益之中。博爱是自由和平等的自然结论，是自由和平等的唯一真正保证。统一是表示社会机体各部分的和谐，是一切利益和一切意愿的不可分割的同一性，是一切幸福和祸害的完全充分的共有性。公有制是排除阻扰社会原则发展的一切障碍的唯一可靠的手段，因为它满足一切人的需要，让所有欲望得到合理的发展。公有制乃是统一和博爱的体现。公有制本身包含着，而且必然在最高程度上联系自由、平等、博爱、统一。公有制是实现其他价值准则的唯一手段。"公有制！公有制！所有可能达到的善和美都概括在这一个名词之中了。"①它将带来经济上可观的增产节约，同时也能够带来社会平等，它最可贵的优越性之一，就是任何等级、行会、集团，都完全消灭。公有制是一种最有利于科学和艺术的制度，是唯一真正有利的制度，能够同时解决平等和效率问题。正是在这种意义上，实现财产公有制是实现社会平等的可靠保证。"因为我已经没有丝毫的疑惑，因为我已感到能够向所有世人指出救世宝鉴的光辉，我才以空前未有的巨大热情高呼：公有制！公有制！"②

德萨米对于公有制的推崇，是建立在他对于人性的看法上的。人一生下来，既未具有才能和恶习，也不具备美德；他仅具有能力和需

————————

① ［法］泰·德萨米:《公有法典》，黄建华、姜亚洲译，商务印书馆1982年，第25页。

② ［法］泰·德萨米:《公有法典》，黄建华、姜亚洲译，商务印书馆1982年，第6，252—253页。

要。他同外部世界的关系使这些需要变成活动的动力。自爱是我们全部动力的总和,是欲望之树的主干。而各种欲望,可以说仅仅是它的树枝,它的必要的根子深扎于感觉之中。献身精神和利己主义是人性的两个极端,而居中的则是理性、博爱、平等,是人的同情心。这种人性中性论使他坚信公有制会同时解决平等和效率问题。

德萨米主张在生产资料公有制的基础上建立1万人左右的公社,作为共产主义的基本社会单位,每个公社都配备学校、商店、图书馆、剧院等公共设施。这种1万人左右的公社,将避免规模过大,也将避免僻远孤单,将集中城市和农村的一切优点。这表明他已经考虑到消除城乡差别的问题。一定数量的公社构成一个省,一定数量的省构成一个共和国,所有共和国构成人类共同体。

公社中公民应当自由选择自己的职业,同时所有享用社会产品的人都应参加劳动,并且劳动得到合理的分工和组织,大力发展竞赛,使劳动生产率大大提高。关于劳动的四条原则:(1)公有制条件下只存在劳动者,不存在不劳而获者;(2)任何劳动都同样光荣;(3)手工劳动要根据自然和科学所确定的年龄开始和结束;(4)不能强迫儿童、病人和弱者从事力不能及的劳动。至于劳动的激励,是因为人们全都受了不可遏制的冲动来参加劳动。这种冲动来源于从小受到的职业教育、劳动时间的缩短、劳动种类的多样性、劳动环境的改善、机器的大量使用、抨击懒汉的社会舆论压力、希望博得荣誉的愿望、喜欢聚集害怕孤独的倾向,以及本能地、有理智地热爱平等和博爱。至于那些令人厌恶的劳动,相信可以通过科技进步来加以解决。他以许多历史事例来反驳人们关于公有制将导致懒惰的论点。

德萨米主张实行计划经济,把土地和所有产品变作巨大的、统一的社会产业。每个公社将其每年的产出上报中央产业管理局,把自己生产的产品交归共和国的国库,由中央产业管理局汇总并计算出各个公社需要调出和调入的产品数量,以及应当调出和调入的地点,进行合理分配。这里既不需要部长,也不需要财政部、贸易部等。只要在国家的最高一级设一位会计员和一份账册就足以妥善调动整个社会产业。

对于个人消费品,有四种分配方式:私有制度、圣西门制度、绝对平等、按比例的平等。德萨米既反对私有制条件下的分配方式,也反对圣西门所提出的"按能力计报酬,按工效定能力"的原则,认为那不过是以神权政治和才能贵族政治为其基本原则的,只不过是社会地位和特权的简单转移而已;同时也反对绝对平等的分配方式。依照按比例的平等原则进行分配,就是按每个人的实际需要进行分配,而不是绝对平均地进行分配。由于财富实行按比例的平均分配,将不会出现必需品的缺乏。对于具体的吃穿住,总原则是必需、实用和称心,取消一切真正用于打扮的东西,不要首饰,也不要鲜花和香水。在每个公社的中心建立统一的公社宫解决住房问题,同时把共同用膳制度作为一条基本原则,以发展和维持平等人中间的博爱感情。

德萨米考虑了环境保护问题,指出了当时出现的环境恶化问题,主张在公有制条件下把所有肮脏或危险的工业部门和建筑物都迁出公社宫,而分散设于乡村地区。他提出最新奇而又最值得学者和社会主义者深思的计划之一,就是通过全球的全面垦殖来恢复气候。这是一项异常重要的工作,只有在公有制管理下才能进行。

在政治制度方面,主张平等民主制,每个公民只要达到一定年龄,都可参加一年一次的公社政治会议,发表自己的意见。普遍同意或大多数人同意的意见以法律形式公布。在各个公社之间发展和睦平等关系。在未来共产主义的政治制度下,法院和军队将被取消,警察的作用在于避免混乱、拥挤和不幸事故。

在家庭关系上,主张自由结合,两性完全平等,离婚自由。

德萨米十分重视教育,认为在共产主义社会中,教育将是普遍、免费、平等的,基础教育和专业教育并行。强调要防止由于知识的垄断而导致的特权,强调人们平等的受教育权利。

在如何实现共产主义这个问题上,德萨米不排除暴力革命。并且认为无产阶级是变革现存社会的基本力量,主张向无产阶级灌输革命思想,并组织无产阶级的独立政党,以领导社会革命。一旦革命取得成功,还要经历一个过渡时期才能实现共产主义。在这个过渡时期中,首先要组织革命政府,对敌人实行专政,剥夺有产者的私有财产,同时建立公社组织生产和分配,逐步过渡到共产主义。然后要争取共产主义在全世界的胜利,要消除各个国家之间的屏障,使各个不同的共和国联合起来,组成一个伟大的全人类的共同体。

德萨米对于通过公有制解决平等和效率问题的观点是建立在对人性中性论的乐观看法上的。只要实行人人劳动和按比例的平均分配,同时实行近似于禁欲主义的消费,就可以消除产品的稀缺和浪费。他关注了人们的劳动激励,并且表示了很乐观的看法,以为人人都有平等和博爱的天性,以及喜欢群集的倾向,所以只要通过教育和社会舆论,改善劳动条件,就会保持这种激励。他没有考虑公民自由择业如何能够使得劳动在各行业的分工正好适合社会的需要,更是低估了用计划安排整个社会生产的困难之处。

第五节　布朗基

路易·奥古斯特·布朗基(Louis Auguste Blanqui,1805—1881)是19世纪法国著名工人运动领袖、反对封建君主制度的伟大旗手、早期无产阶级政党的领袖、共产主义者。其父是中学教师,深受启蒙思想影响,积极参加法国大革命,是1793年国民公会议员和吉伦特派成员。其母是一位坚强的妇女,曾两次帮助布朗基越狱。其兄阿道夫·布朗基是一位著名经济学家,萨伊经济自由主义思想的忠实学生和继承人。

布朗基一生充满传奇色彩和悲剧性。在经历两个拿破仑帝国、两个王朝(波旁王朝和奥尔良王朝)、两个共和国、三次革命(1830年、1848年、1871年)的76年生涯中竟有36年身陷牢狱,两次被判死刑。他的爱妻阿梅丽因他入狱而于27岁时郁郁而终,唯一的儿子因从小生活于不同的环境而反对他的选择。他领导的三次暴动均以失败告终。

布朗基于1824年19岁时加入密谋组织烧炭党,1825年考入巴黎大学,1827年参加反对复辟王朝的示威和巷战并负伤。1829年,他开始接触圣西门和傅立叶的空想社会主义学说。1830年,七月革命爆发,布朗基亲自参加战斗,年底加入青年共和党人的团体"人民之友社"。次年7月,他与该社的其他15名领导人一起被捕受审。布朗基宣布自己代表无产者发言,慷慨陈词,揭露政府和法院为一小撮特权阶级和寄生阶级服务的本质,结果被判一年监禁和200法郎罚款。但在假释期间他仍以"人民之友社"副主席身份参加各项政治活动。他在一次演说中指出，七月革命虽然推翻了贵族的统治，但人民并未掌握政权。1835年，他积极参与组织"家族社"。1836年，该组织准备起义的计划败露，他被判两年监禁和2000法郎罚款。1837年，他率领500名革命者攻占了市政厅，经两天激战后失败。他被捕并被判死刑，后改为无期徒刑。

1848年，二月革命后，布朗基获释，成立了"中央共和主义社"并任主席，领导示威游行。年中，他再次被捕，并被判10年徒刑。狱中他组织政治犯学习哲学、政治经济学。1859年，遇大赦出狱重返巴黎。布朗基在巴黎再次从事革命活动，组织秘密组织，再次被捕，被判刑4年。后来他利用监外就医的机会逃往比利时的布鲁塞尔，并结识许多革命者如保尔·拉法格等，还写了不少关于哲学、政治经济学和社会主义的文章。

1869年，他回巴黎组建布朗基战斗队；到1870年，队员已发展到2500人。1870年，普法战争爆发，布朗基重抵巴黎组织一次起义，失败。该年9月，在被普鲁士军队围困的危急状态中，他创办了《祖国在危急中报》，围绕如何摆脱危机发表了大量文稿，号召人民组织起来，保护共和国，抵制妥协投降，反抗侵略军。1871年，巴黎公社爆发前一天他被捕，未能直接参加起义，但仍被巴黎的两个区选为公社委员，在公社委员会第一次会议上他又当选为公社名誉主席。公社失败后，他被判无期徒刑。

1878年1月，法国社会主义的《平等报》发动了要求释放他的运动，他在狱中被波尔多人民当选为国民议会议员。1879年，政府虽然取消他的议员资格，但不得不特赦已74岁的布朗基。出狱后他继续从事政治活动，去各地发表演说，呼吁大赦巴黎公社战士。生命不息，战斗不止。1880年12月27日,他在一次工人集会的演说后中风,于1881年元旦不治身亡。1月5日,巴黎20万人自发为布朗基送葬。

布朗基的社会主义思想源于当时法国社会的悲惨状况(参考雨果的《悲惨世界》),其目标模式显然与圣西门、傅立叶等人有一定相同之处,但是与他们也都有一定的区别;在实现目标的手段方式上,与18世纪的巴贝夫有一定的相通之处,但是也并非直接受其影响。

布朗基的历史观是非宿命论的,他不属于那些坚决主张人类的进步不以人们的意志为转移的人。不存在命中注定的进程,否则人们经常所写的人类历史,早就可以被全部预先写出来。他强调人们有意识活动的作用。

布朗基的社会主义思想主要包括四个方面:批判资本主义,批判基督教,描绘共产主义,坚持暴力革命夺取政权。

资本主义私有制的产生是因为一些人利用欺骗或暴力霸占了公有的土地,进而从占有土地扩展到占有其他劳动工具,占有劳动产品的积累——资本。资本是由个人独占积累而成,而不是由协作积累而成,因此这种积累不利于群众,只利于少数富人。这些富有而贪婪的人毕生从事残酷无情的剥削。分工虽然是一种进步,但是分工引起交换,交换需要货币,而货币造成了高利贷,造成了资本主义剥削和它的一切罪恶后果,那就是不平等和贫困。资本主义制度实际上是金钱皇帝、金钱王朝的统治。资本是至高无上的统治者,它残酷无情地镇压人民,通过高利贷、投机取巧、证券交易、破产骗局和其他背信弃义的手段来剥削劳动人民。以征服为基础的资本主义制度实际上就是把社会分成征服者和被征服者的奴隶制。劳动者除了有选择主人的自由,不再有别的自由。资本主义民主制度只是10万个资产阶级分子的自由民主,表面上分立的立法、行政和司法实际上集中在一小撮特权阶级手中。他们对无产阶级实行最残酷的暴政,把无产阶级排斥在议院之外。这个由少数特权阶级操纵的议院制订出各种税法、刑法和行政法,以达到掠夺和压迫劳动人民的目的。他还激烈地批判了基督教,认为宗教历来为统治阶级服务,为统治阶级剥削和压迫人民披上神圣的外衣,让劳动人民默默忍受这种剥削和压迫。资本和宗教是两个狼狈为奸的杀人犯,一切新宗教和一切旧宗教一样都是革命永远的敌人。

布朗基认为共产主义是人类未来最理想的平等社会,是社会发展的必然产物,是人类文明高度发展的社会。但是他的共产主义是非常广义的,他提出:一切税收制度的改革,用专卖局代替包税制度、邮电业务、烟草税和食盐税,这些都是共产主义的革新。工商业公司各种性质的相互保险,乃至印章,这一切都同样是共产主义的革新。军队、学校、监狱、兵营,也是共产主义的萌芽,虽然它们比较粗糙、残酷,但却是不可避免的。捐税、政府本身,都是共产主义的一部分,当然是最低级的共产主义,但也是绝对必需的低级共产主义。他把共产主义等同于社会的文明进步,而非现在人们一般赋予这个术语所特有的含义。要发展文明就要普及教育,因此争取共产主义要和普及教育同时进行,共产主义从某种意义上讲是普及教育的结果,不普及教育,共产主义就无法实现。因为不普及教育人们就会愚昧无知,而愚昧无知是实现共产主义的最大障碍,甚至是比资产阶级国家的军队、法庭以及基督教还要严重的障碍。同时他坚决反对教会插手教育。

布朗基心目中发展到最终的共产主义是一个以全面协作制为基础的"平等共和国",平等是他关于共产主义的主要观念,平等将是共产主义的"第一条法律"。实现平等,就需要消灭私有制和人对人的剥削,代之以人与人相互间的协作。而这种以平等为基础的协作,并不会妨碍个人自由,反而会促进个人自由。共产主义是保护个人的,"直到今天,共产社会给人们看到的只是协作的、讨厌的表现形式,修道院似的形式。可是共产社会未来的表现形式却是自由。"①共产主义社会中平等和自由是可以兼得的。

共产主义社会的全面协作并非一蹴而就的,全民协作由部分协作逐步形成,部分协作又随联合组织的不断扩大而成。最后迅速形成一种没有专制、没有束缚、没有任何压迫的全面协作。同时,协作制不等于平分土地。而且随着全面协作的实现,国家将最终走向消亡。布朗基对未来的共产主义做出了大致的轮廓性的描绘,但并没有也不打算勾画其中的细节,认为这种勾画没有多少实际价值。

布朗基社会主义思想的最突出之处,是在实现共产主义的途径问题上,坚持主张依靠密谋组织在中心城市即巴黎发动暴力革命,夺取政权。他认为一切革命都是由社会内部的矛盾、由阶级斗争的激化引发的。在资本主义社会中,便是由资本家阶级和无产阶级之间的斗争引起的。他认为革命的最终目的便是实现共产主义,而共产主义本身也就是革命。他不同意圣西门主义者、傅立叶主义者、实证主义者等人否认革命的主张,也否定蒲鲁东主义者反对罢工运动和一切政治斗争的见解。他特别花费笔墨反对蒲鲁东所主张的通过工人合作社改善工人处境的观点,因为绝大多数无产者没有足够的知识来独立判断应该如何管理一个合作社,更没有知识去参与管理工作,他们由于害怕受骗而放弃了管理的权利。他分别分析了合作社的三种形式:消费合作社、信贷合作社和生产合作社,指出它们的不可行。他强调了在

---

① [法]奥古斯特·布朗基:《布朗基文选》,皇甫庆莲译,许渊冲校,商务印书馆 2011 年,第 96,114 页。

资本主义条件下劳动人民团结起来争取出版、结社自由的政治运动的重要性。

布朗基非常重视革命暴力和革命武装在夺取政权中的作用，认为武器和组织是进步的决定因素，只要法国有了武装的劳动人民，就是社会主义的来临。他还专门总结了1830年和1848年暴力革命的经验教训，强调革命者要有统一行动和整体观念，要有组织纪律。组织纪律就是胜利，散漫就是灭亡。他还主张建立革命专政，认为在革命胜利后要实现向共产主义社会的过渡，巩固革命成果，就必须建立强大的革命政权，向敌人实行专政。他提出四点具体措施：(1)解散旧军队，建立人民武装，就是武装全体工人；(2)剥夺敌人的财产，但私有财产在很大范围内得以保留，同时加强对工商企业的管制；(3)改组旧政府，撤换中级和高级官员，废除普选制，取消国民议会；(4)禁止资产阶级报刊，不给敌人以自由。

在布朗基的革命生涯中，战士的角色远远超过思想家的作用，组织密谋团体占有重要地位。从早期参加烧炭党和"人民之友社"，到后来亲自组织"家族社""四季社"等等。他把密谋组织看作是发动武装起义的核心力量。为了在专制体制下展开活动，保护自己，这些密谋组织往往具有严密的纪律，要求其成员无条件服从上级和领袖，不存在民主协商和民主选举领导人的制度。在组织结构上，一般只具有垂直的上下级领导被领导关系，不允许其成员发生横向关系，甚至不允许其成员越级建立联系。从布朗基一生的多次失败来看，这种密谋组织作为专制统治下保存革命实力的一种方式，有其一定的然而有限的存在价值。但是它往往不能够使其领袖及其政纲为公众所了解，从而难以抓住民主选举的机会；而且一旦领袖出事，整个组织就会群龙无首，成为一盘散沙，丧失武装起义成功的机会。

但是,布朗基也并非一味主张暴力革命,在 1848 年 2 月革命后的短暂时期,他也曾经认为人民的要求可以靠普选权得到。只是在当年 4 月 23 日的选举中遭到失败之后,尤其是当年 12 月 10 日的选举中所有社会主义者的获票数都远远落于路易-拿破仑·波拿巴之后,他才与普选权等民主政治制度彻底决裂,又重新主张密谋暴动。

布朗基是一个永不屈服的斗士,"一个革命者的天职,就是不断地斗争,不顾一切地斗争,一直斗争到死为止"①。他关于建立密谋组织推动暴力革命的思想,以及建立革命专政的思想,对于后来的俄国民粹派和布尔什维克有着重大影响。

第六节　路易·勃朗

19 世纪 40 年代,曾经广为传播的圣西门主义和傅立叶主义在法国劳动群众中的影响已逐渐消失,取而代之的是以路易·勃朗和蒲鲁东为代表的社会主义理论家和政治活动家。他们自认为代表工人阶级,对当时资本主义社会的种种弊端进行了猛烈抨击,对资产者和地主进行了批判,提出了不少在一定程度上反映当时工人群众要求的口号。1848 年,二月革命推翻了法国七月王朝的反动统治,把他们推上了实践的舞台。六月起义的失败使他们的设想惨遭失败,结束了他们的历史使命。

---

① ［法］奥古斯特·布朗基:《布朗基文选》,皇甫庆莲译,许渊冲校,商务印书馆 2011 年,第 171 页。

  路易·勃朗（M. Louis Blanc,1811—1882）的家庭是世代相传的保皇党,祖父和父亲都反对法国大革命。1793 年,雅各宾专政时期,其祖父被处死,其父逃亡。拿破仑下台之后,勃朗一家曾经历了一段困苦生活。复辟之后,依靠路易十八发给的抚恤金,勃朗才受到高等教育。1830 年七月革命以后,他在报刊上发表了许多讨论社会问题的文章,引起了人们的注意。1838 年,他创办了自己的报纸《政治、社会和文学进步评论》;1839 年,他发表重要著作《劳动组织》,此书在工人群众中颇受欢迎。1843 年起,他成为民主刊物《改革报》的编辑,并陆续写了《1830—1840 年十年革命史》(1841—1844)、《法国革命史》(1847—1862)、《社会主义:劳动权》(1849)、《社会主义问答》(1849)和《更多的吉伦特党人》(1851)等著作。在此期间,他与其他空想社会主义者不同,积极主张工人阶级参与政治和争取民主制度的斗争,提出由政府帮助工人的主张。1848 年,二月革命爆发,他以工人代表的身份参加临时政府,成为临时政府研究工人问题的委员会的两主席之一。六月起义失败后,他以激起群众暴行阴谋罪被控,被迫流亡英国。第二帝国崩溃后,他于 1870 年回到法国,并被选入国民议会。1871 年,又被选为下议院议员。巴黎公社时期,他起先进行调解,而后反对公社。他于 1882 年去世。

  勃朗激烈批判当时处于工业革命进程中的法国资本主义社会,尤其是自由竞争制度,他从经济著述、政府统计报告、报刊的报道以及个人的观察中,论证竞争是万恶之源,使劳资两个阶级都同样遭受苦难。竞争使劳动者处于日益贫困的境地,使工人的精神和道德毁灭。竞争所导致的贫困是引起犯罪的根源,指出犯罪人数的增加和资本主义的发展是同步并行的。而且竞争也危害了资产阶级本身,尔虞我诈、弱肉强食使大批中小企业沦入破产境地。"贫困的根源——竞争,对于穷人来说,是无休止的暴政,而对于富人说来,却是一种永久的威胁。"①资本家通过价格战消灭竞争对手,尔后又通过高价格来盘剥消费者。他还进一步指出竞争对消费者的损害:在竞争的影响下,几乎所有的产品都走上了伪造的途径,甚至关系到人的健康和生命的产品也是这样。因此,商业竟成为一种可怕的说谎科学,成为一连串没有止境的不受法律制裁的偷窃行为了。他认为竞争的本质是:只有使一些人遭到不幸才能使另一些人得到幸福。他还以英法两国为例进一步指出竞争将导致国与国之间的战争。"有竞争就没有自由,因为竞争阻止弱者发展他们的能力,并使他们成为强者的战利品。有竞争就没有平等,因为竞争不过就是不平等本身的行动表现。有竞争就没有博爱,因为竞争是一场战斗。"②

为了消灭贫困,消灭导致普遍贫困的竞争,勃朗主张在政府的帮助下建立社团性质的社会工厂,而这个政府是以民主方式组织起来的。具体做法是首先由政府发行公债,以公债收入先在最重要的工业部门中创立这类工厂。工厂的规章制度由政府制订,然后经由全国代表大会讨论和表决而具有法律效力。工厂成立后的第一年由政府指定各级管理人员,一年之后将由工厂成员自己选举管理人员。工厂的工资制度是平等工资制,并尽可能体现各尽所能、按需分配的原则。工厂的利润分为三份,第一份按工场人数均分给个人,第二份作为对老弱病残的抚恤金以及对其他遭受损失的工厂的援助,第三份作为扩大再生产的基金。随着工厂积累资金的增加,原有的工厂可

---

① 　[法]路易·勃朗:《劳动组织》,何钦译,商务印书馆 1997 年,第 44 页。

② 　[法]路易·勃朗:《劳动组织》,何钦译,商务印书馆 1997 年,第 197—198 页。

以扩建,也可以建立新的工厂吸收新人。社会工厂还可邀请资本家参加,并支付他们投资的利息,当他们参加劳动时也同样支付其工资。社会工厂可以与私人企业展开竞争,利用自己的优越性逐步地兼并私人企业,最后消灭之,使社会工厂成为主要的生产组织形式,以消灭竞争和由此带来的贫困。他强调,这个过程将是逐步地而非突然地、和平地而非暴力地进行的。在这个过程中政府有必要对私人企业进行一定程度的保护,防止竞争给它们造成过大的伤害。为了消除竞争所带来的危害,他甚至提出要取消专利权和著作权,为了个人利益而承认著作的所有权,这不仅对社会有害,而且简直是对社会的盗窃。

在劳动工厂中,任何人只有通过公共利益的胜利才能找到个人利益的满足,工人将不再偷懒。而秉赋的不平等,只在过渡时期作为报酬上的差别的基础,并且还带有重大的限制。同时,由于各个劳动工厂之间保持着联系,生产运动不再会盲目地和混乱地进行,将不再出现商品积压。由此可知,他相信人们将各尽所能,从而劳动工厂将最终实行平等分配制度。同时,整个社会将保持生产的协调。"各尽所能,按需分配"这一分配原则在很大程度上就源自于他。

勃朗并不认为由国家组建社会工厂是对于私人自由的侵害。他认为自由是应该争取的,但是它必须与平等和博爱相伴。"自由在没有它不朽的姐妹——平等和博爱的地方,是怎么也找不到的。"[①]他心目中的自由是一种积极自由,自由不仅是所赋予的权利,而且包含在赋予人们在正义的统辖和法律的保护之下去运用并发展个人才能的权利中。而这种积极自由是离不开平等的。他坚决反对经济放任

---

① [法]路易·勃朗:《劳动组织》,何钦译,商务印书馆1997年,第15页。

主义,认为在存在严重贫富的社会中,放任主义只能导致富人对穷人的压迫,穷人将毫无自由可言。政府应当干预经济生活,通过社会工场实现社会平等,直至社会上再没有低级的和弱小的阶级。① 政府干预的必要性是相对的。他并不像圣西门主义者那样要求国家成为企业的所有者,只是要求国家帮助工人建立社会工场,一旦工场自我运行了,国家就退出管理。如果国家不是仅仅指导和调整工业,而是从事管理工业的琐碎事务,国家的行动将极不方便,甚至出现暴政。不管产生政府的政治组织怎样完美,一个政府总是由能犯错误和能为情欲所迷的人组成的,而社会的生存是不应当由这些错误和情欲来决定的。因此可知,他更加倾向于通过民间的力量实现其理想。

1848年,二月革命之后,勃朗作为工人的代表被选入临时政府,成为"政府劳动委员会"的副主席,正主席是另一位工人代表阿尔伯。在任期间,他大力呼吁劳资合作,并希望落实他建立社会工厂的理想。然而在实践中,具体操办人却是他的反对者工程师伊密尔·托马斯。这些人组织的国家工场的目的是控制工人,破坏勃朗的社会主义计划。同时,国家工场虽然一时解决了部分失业工人的就业问题,但由于登记的失业工人远远超出原来估计的1万人,到4月底已经达到近10万人,这就增加了政府的支出。政府以此为理由增加税收,从而导致相当一部分纳税人的不满。同时,国家工场的工资水平,也成为私人企业工资的下限,这就引起企业家们对国家工场的不满。在这种情况下,临时政府在5月重组时就没有再让勃朗参加,并解散了"政府劳动委员会";然后于6月下令解散各地的国家工厂,并将工人中的18—25岁未婚男子强制编入军队,其他工人则发配外地垦荒或从事

---

① ［法］路易·勃朗:《劳动组织》,何钦译,商务印书馆1997年,第19页。

其他劳役。这种做法激起了巴黎工人的六月暴动。暴动失败后,勃朗受到法院起诉,被迫逃亡英国。社会工场的实践就此告终。

勃朗揭示和批判了法国工业化进程中出现的种种恶劣现象,贫富差距扩大、工人失业、企业破产,并把它们归咎于自由竞争。但他只是看到了市场竞争的负面作用,尤其是社会不存在消解这些负面作用的相应制度时;却并未意识到市场机制的正面功能,从而不恰当地把消除市场竞争作为主要目标。

勃朗不像圣西门、傅立叶那样提出一个关于未来理想社会的全面蓝图,而是拿出一个似乎在现实基础上马上可以实施的具体改革方案,即劳动者自愿的联社组织,或者说是由各同行工人组成的以生产合作单位为基础的交换社会。而且这个方案主要是通过劳资合作的和平道路,依靠政府来加以贯彻实施的。而政府应当是建立在普选制基础上的共和国政府。

这套解决方案的提出,使得勃朗成为19世纪后期在德国涌现的国家社会主义思潮的先驱。它的问题正如当时的法国经济学家舍瓦利埃所指出的,一是忽略了个人利益是人们从事经济活动的主要动机,误以为在劳动工场中每个人都将尽力工作;二是把绝对平等作为最终目标。因此,他的方案不可能成为解决当时法国贫富差别的基本出路。当然,他的方案作为缓解失业工人痛苦的权宜之策,还是有一定价值的,与一个世纪以后凯恩斯的方案有异曲同工之处。

勃朗由于对政府存在的问题有比较清醒的认识,所以只是主张有限政府干预,反对圣西门学派全面政府干预的主张。这说明他在社会主义者中间是比较明智的。

勃朗以自由、平等、博爱为终极目标的社会主义方案,虽然存在许多不切实际之处,但是也包含了一定的睿智之见,对法国乃至西欧以后社会主义思潮和实践,尤其是工人合作社运动,产生了一定的影响。

第七节　蒲鲁东

比埃尔·约瑟夫·蒲鲁东(Pierre Joseph Proudhon,1809—1865),生于法国贝桑松省一个农民兼手工业者的家庭,少年时曾当过雇工,务过农。他勉强能有上学机会,后由于生活所迫而辍学,当过排字工人。1837 年,他因写了《普通语法试论》一文获贝桑松大学助学金,后迁居巴黎当职业作家。1840 年,出版《什么是财产》一书。1843—1844 年间,他与马克思有过往来。1846 年,出版《经济的矛盾或贫困的哲学》一书。马克思写了《哲学的贫困》作为对它的批判。在1848 年革命中,他起先并未参加政治活动,但在 6 月国民议会补选时,他当选为巴黎代表。在议会中他提出了改革税制和组织无息贷款的议案,但未被通过。1849 年,他以招股方式创立"人民银行",并撰写了《一个革命者的自白》(1849)、《19 世纪革命的总观念》(1851)和《进步的哲学》(1853)。后因其攻击法国总统路易·波拿巴而被判刑 3 年,银行也随后被关闭。出狱后他不再参与政治,重新著书立说。1858 年,他又因撰文《论革命和教会的公平》,被控侮辱了大主教而被判刑,但这次他逃亡到比利时。1861 年,他遇赦回国,又撰写了《论联邦制和革命政党改组的必要性》(1863)、《论工人阶级的政治能力》(1865)。蒲鲁东于 1865 年去世。

　　与路易·勃朗相比,蒲鲁东对法国工人阶级有着深远得多的影响,他是无政府主义的鼻祖之一。蒲鲁东主义产生于19世纪40年代,于50—60年代日益臻于完善,并在法国、意大利、西班牙、比利时等国传播,其中在法国的影响最大。蒲鲁东主义的基本特点是"和平的无政府主义",它设想通过"合作社""交换银行"实现工人的解放,建立一个没有国家和权威,人人都绝对自由的无政府主义社会。

　　当第一国际于1864年在伦敦成立时,法国工人的代表几乎全是蒲鲁东主义者。直到1869年巴塞尔会议之后,蒲鲁东主义在第一国际中的影响才完全消除。19世纪70年代以后出现的法国无政府主义者中,许多也深受蒲鲁东的影响,尊其为鼻祖。

　　《什么是财产》一书主要承袭了卢梭的观点,批判了特定形式的私有权,即凭借对于生产资料的所有权而不劳而获的权利,论证这种私有制是不平等的源泉;同时对于当时其他一些社会主义者所主张的共产主义也进行了批判。但是他也并非主张劳动者拥有生产资料所有权的小私有制,而是主张一种生产资料全社会公有,但其使用权归劳动者分散拥有的制度。在其《经济的矛盾或贫困的哲学》一书中,他不再单纯分析所有权,而是对当时社会的各种经济现象进行分析。这种分析往往是首先肯定现象的正面意义,然后指出其负面影响,最后提出解决方案。例如对于市场自由竞争的分析,在充分指出其缺憾的同时,又基本肯定了市场自由竞争的功效。结合这两本书的内容,可以说他提出了一种朦朦胧胧的市场社会主义模式,即把市场自由竞争与生产资料公有制和劳动者分散经营三者结合在一起的经济制度,在一定程度上预示了后来出现的南斯拉夫的工人自治的市场社会主义。

　　《什么是财产》一书的主要目的就是"确定正义的观念、它的原理、它的性质和它的公式"①。而蒲鲁东的正义概念在很大程度上就是平等。"正义的观念既然和社会的观念是等同的,而社会又必然意味着平等。"②因此,他的目标就是发现并证实那些为了维持地位之间的平等而限制所有权和分配劳动的经济法则。就是要致力于发现某种能够改善人数最多且最穷困阶级的身体、道德和文化状况的方法。

但是在充分肯定蒲鲁东追求平等目标的同时,也需要指出,他与几乎所有其他社会主义者一个很大的不同是他令人不可思议地反对男女平等。"在男女之间可能发生爱情、热恋、习惯上的关系等等;但是不存在真正的社会关系。男人和女人不能结为伙伴。性别的不同在他们之间设置一道障壁,像族类的不同在鸟兽之间设置一道障壁一样。所以,我不但很不赞成现今的所谓妇女解放运动,而且如果没有其他的选择,我宁可倾向于把妇女禁闭起来。"③赫尔岑为此而严厉地批评他:"蒲鲁东有他的致命弱点……这是指他在家庭生活和妇女问题上的观点……在家庭关系上,他的观点是粗俗的、反动的……是乡下'一家之主'的顽固感情,他们高傲地认为妇女是从属于他们的女工,而自己是家庭中大权独揽的主人。"④

蒲鲁东认为,法国历次革命及尔后制定的宪法,虽然强调了公民在法律面前的平等,但是它们却都以财富和等级上的不平等为前提,

---

①　[法]蒲鲁东:《什么是所有权》,孙署冰译,商务印书馆1963年,第4页。

②　[法]蒲鲁东:《什么是所有权》,孙署冰译,商务印书馆1963年,第249—250页。

③　[法]蒲鲁东:《什么是所有权》,孙署冰译,商务印书馆1963年,第258页注1。

④　[俄]赫尔岑:《往事与随想》中,项星耀译,人民文学出版社1993年,第504页。

由于存在着这种不平等,所以权利上的平等连影子也找不到了。在这个问题上,他基本沿袭了卢梭的观点,把人类不平等的起源归咎于财产权。平等、自由与安全是每个人的绝对权利,而所有权则不是。于是他为自己提出的任务就是"在一场激烈的决斗中,我必须消灭不平等和所有权"①。而且,人们要享受政治上的平等,就应当废除所有权。"为了消灭社会的最后的消极因素,提出最后的革命思想……就必须改变旧日的号召的口号,把废除专制、废除贵族、废除奴隶! 变为废除所有权!"②

为了反对所有权,蒲鲁东花费了大量笔墨去论证所有权的不合理性。他的名言是:"所有权就是盗窃!"③他非常看重这句名言,把它看作是自己首创的重要命题。从他个人主观的角度来看,也许确实如此,即他并非看到别人的类似命题后才提出来的。但是与这句名言类似的论断,其实早已有之。至于如何理解他的这句名言,必须注意,他在遣词造句时往往不是按照约定俗成的原则,而是给出自己特殊的含义。

"所有权是一个人对一件东西的绝对的、专属的、独断独行的支配权;一种由于长期占用而开始的,通过占有而维持下来的,并在最后得到民法的批准的支配权;一种使人和物等同起来的支配权,以至于所有人可以说:'利用我的田地的人就像为自己从事劳动一样,所以他应

---

① [法]蒲鲁东:《什么是所有权》,孙署冰译,商务印书馆1963年,第6页。

② [法]蒲鲁东:《什么是所有权》,孙署冰译,商务印书馆1963年,第448页。

③ [法]蒲鲁东:《什么是所有权》,孙署冰译,商务印书馆1963年,第38,39,41页。《贫困的哲学》下卷,余叔通、王雪华译,商务印书馆2010年,第744页。

当给我报酬'。"①这种绝对的支配权中主要是收益权,即所有人对一件标明为他自己的东西所主张的那种收益权。这种收益权具体表现为地租和租金、利润和利息。此外,所有权还包括出卖权、互易权、赠与权、改变权、改造权、消费权、毁弃权、使用权和滥用权等等。

在蒲鲁东那里,所有权和财产被看作是同一件事。于是,他定义作为所有权核心的收益权是一种可以不劳动而生产的能力。财产是享受别人勤劳或劳动成果和随意支配这些成果给别人的权利,可见财产主要是指取得和支配别人劳动成果的权利。所有权是一种特殊的私有权,即不需要劳动,单纯凭借对生产资料的所有就可以获得产品的权利。这种权利之所以是一种盗窃行为,是因为它使得拥有这种权利的人可以不劳而获地占有和享用别人劳动的成果。而只有劳动才创造财富,因此凭借这种权利获取别人的劳动成果,就是盗窃。对于另一种意义上的财产,即劳动者支配和享受自己劳动成果的权利,并不是盗窃,而是社会自由的前提要素。

那么富人是通过什么手段盗窃了劳动阶级的成果的呢?蒲鲁东认为这是因为工人的集体劳动成果远远超过他们个人劳动的总和。资本家只向工人支付了相当于他们个人劳动的产品,而保留了集体劳动超过个人劳动总和的那部分产品。这可以用一个虚构的例子来说明,假设200个劳动者在一天中合作完成的工作,若由一个劳动者完成的话,需要300天。若劳动者一天的工资都是1元,则前一种情况下资本家需要支付200元工资成本,而在后一种情况下就要支付300元工资成本,两者的差额100元就是资本家的利润。

---

① ［法］蒲鲁东:《什么是所有权》,孙署冰,商务印书馆1963年,第310,385页。

那么蒲鲁东所反对的所有权是如何产生的呢？他从历史角度探讨了这个问题。首先,他区分了占有权和所有权,占有权是领先占用和劳动的结果,要成为所有人,你就必须占用和劳动,而取得占有还必须及时。这就意味着,谁首先使用某物,谁就有权占用;谁通过劳动创造了某物,谁就有权占用。虽然他没有明确区分,但实际上他是确定了生产资料特别是土地以及产品的不同占有权原则。对于生产资料,是优先使用原则;对于产品,是劳动原则。对于这种占有权(也就是我们今天所说的劳动者对于其所使用的生产资料的所有权),他基本上是肯定的。他认为这种占有权是不同于所有权的。"那块我已开垦并耕种的、我已经在上面盖了房屋的,养活我自己、我的家属和我的牲口的土地,我可以这样地加以占有:(1)以先占人的名义;(2)以劳动者的名义;(3)根据在分割时把这块土地分配给我的社会契约。但是所有这些名义的任何一种都没有给我所有权……只存在着一些占有的根据,而不存在任何所有权的根据。"①那么,这种占有权又是如何转变为他所反对的所有权的呢？

蒲鲁东认为,从激励生产者的需要出发,占有权就已经足够。如果要安定种田人的心,那么保证他对于收获物享有占有权就够了。在他自己继续从事耕种的期间,维持他对土地的占有权。这就是他有权希冀的全部内容,这就是文明进步所需求的一切。既然如此,那么所有权又是因为什么原因而出现的呢？他认为是法律在占有权的基础上创造了所有权。那么法律为何要这么做呢？其初衷是什么呢？他的回答令人惊讶。万万料想不到:这就是平等。为了保护弱者不受强有力者的侵犯,为了消灭掠夺和欺诈,人们觉得有必要在占有人与占

---

① 〔法〕蒲鲁东:《什么是所有权》,孙署冰译,商务印书馆1963年,第98页。

有人之间确立一些永久性的分界线、一些不能逾越的障碍。人们就认为最好是树立起一些使野心不能逾越的界线,从而可以把野心控制住。这样,由于需要得到为维持公共安全和每个人的安乐所必要的平等,土地就被私有化了。平等曾经认可了占有,平等又认可了所有权。简单地说,为了永久实现平等,法律在占有权的基础上认可了所有权。

至于以平等为目标的所有权最后引起的不平等,蒲鲁东是以立法者的有限理性来解释的,即立法者没有预见到所有权会导致不平等。土地所有权的过去的奠基人没有预料到,这种能够保留一个人的产业的永久的绝对权,这种在他们看来既是大家都能享受的因而也就是公允的权利,包含着转让、出卖、赠与、取得和抛弃等等的权利,恰恰有助于摧毁平等,而他们当初正是为了保持平等才确立这种权利的。即使他们曾经预料到这一点,他们也毫不在意:眼前的需要占据了他们的全部注意力,并且像在类似情况下常常发生的那样,缺点起初并不太大,而且是难以觉察到的。

"所有权"与"财产"是同义的,而"占有权"和"所有权"乃至和"财产"是两个不同的东西。财产是盗窃,而占有权是取消不劳而获的权利后占有自己劳动产品的权利。占有权保障劳动者可以利用生产资料进行生产,可以享用自己生产的生产资料。占用不但可以导致平等,还可以防止所有权。因为"占有权"是一种以全体劳动者定期均分生产资料使用权为基础的对于劳动产品的所有权。这样的占有权对于一切人是平等的。而定期均分生产资料使用权的根据是这些生产资料或是天然形成的如土地,或是人类劳动的结果,而由一切人的活动所生产出来的价值或财富,根据它的创造过程本身,是集体的财富,这种财富像土地一样,是可以分割使用的,但它作为财产则始终是没有分割的。因为从事创造活动的社会本身是不可分割的,是一个永久的、不能化成许多零碎部分的整体。他反对财产而拥护占有权,其实质是反对雇佣劳动制,拥护定期均分生产资料使用权及劳动产品归劳动者私有的权利。

首先,蒲鲁东依次批驳了通常为财产或所有权辩护的三种论证:私有化,或通过占有而形成所有权;人们的承认;时效。他尤其强调土地是不能被私有的。"人根据什么权利把他所没有创造的而是大自然无偿地赠与他的财富据为私有?"①针对一些人以土地的稀缺性为土地私有制辩护的论点,他说:"水、空气和阳光之所以成为公有的东西,并不是因为它们是用之不尽的,而是因为它们是不可缺少的,并且不能缺少到这样的程度,以致大自然在创造它们的时候好像使它们的数量几乎达到无限,以便使它们不能作为任何私有化的对象。土地同样是我们生存所不可缺少的东西,因而它是公有的,是不能被私有化的……土地的数量比其他几项的数量要少得多,所以它的使用应该受到节制,这样不是为了少数人的利益,而是为了所有的人的利益和安全。总之,权利的平等是被需要的平等所证明的;可是,如果一种物品的数量有限,那就只能通过占有的平等来实现权利的平等。"②

其次,蒲鲁东对于最早由洛克提出,在当时颇为流行的劳动私产论提出了反对意见。劳动私产论的基本思想就是认为劳动产品天然应当属于劳动者个人所有,并进而推论出生产产品的工具也应当私有。对于这种观点,他的基本观点是劳动者对于其产品的所有权不能引申为对生产资料的所有权,"让劳动者享有他的劳动果实,这我是同

---

① [法]蒲鲁东:《什么是所有权》,孙署冰译,商务印书馆1963年,第113页。
② [法]蒲鲁东:《什么是所有权》,孙署冰译,商务印书馆1963年,第116页。

意的;但是我却不了解为什么产品的所有权可以带来生产资料的所有权"①。他的结论是"劳动没有使自然财富私有化的固有能力"②。他认为劳动者拥有对其所有劳动产品的权利,劳动者即使在领到了工资以后,对他所生产出来的产物还是保有一种天然的所有权。工资是劳动者维持每天生活和补充精力所必需的费用,把它当作是一项出让所生产出来的价值的代价,那就错了。资本家之所以能获得不劳而获的收入,是因为在劳动市场中等价交换的准则遭到了破坏,是资本家利用工人缺乏生活资料的困境,进行了不平等的交换,用工人迫切需要的工资换取了工人所生产的远远高于其工资的产品。

在批驳为财产或所有权辩护的各种论点之后,蒲鲁东从正面立论,对于所有权提出了十大反对命题。其核心思想一是强调如果没有劳动,单凭对于生产资料的所有权,一切产品不可能产生;二是所有权导致劳动大众的贫困和周期性经济危机,违背了平等原则和效率原则。在私有制条件下,本来应该给社会所有人带来福利的分工和机器,却给劳动者带来灾难。在现存的社会经济制度下,机器和分工一样,既是财富的一个源泉,同时又是产生贫困的一个永久性的无可幸免的原因。

既然劳动者是他所创造的价值的所有人,那么,劳动者应该获得财产,而不是游手好闲的所有人都获得财产。一切生产过程既然一定是集体的,工人应当有权按照他的劳动的比例分享产品和盈利。一切积累起来的资本既然是社会的财产,谁也不能把它当作他的专属财

---

①　[法]蒲鲁东:《什么是所有权》,孙署冰译,商务印书馆 1963 年,第 131,132—133 页。

②　[法]蒲鲁东:《什么是所有权》,孙署冰译,商务印书馆 1963 年,第 127 页。

产。这些观点是他主张工人合作社的思想基础。

交换中的不平等和不公正,正是贫困最主要的根源。因此要恢复等价交换的准则,使商品都按其自身的价值进行交换,这样劳动者就能获得其全部劳动产品了。那么商品的内在价值是多少呢?他提出了构成价值的概念。所谓构成价值就是商品在交换中被社会所承认、所接受的价值。若它不被社会所承认,它就是"非价值"。而为了使一切商品都能够被交换,或者说被社会所承认,就要求它们都按其生产时所耗费的劳动来确定它们之间的交换比例。一件东西的绝对价值就是它耗费的时间和费用。

为了保证所有商品都能按其构成价值进行交换,蒲鲁东提出了"交换银行"的改革方案。交换银行主要包括两个机构:商品交易所和无息信贷机构。商品交易所接受卖给它的一切商品,并支付用劳动时间标明价值的证券。人们也可以用这些证券在商品交易所换取等值的商品。这样就保证使劳动者得到其全部劳动产品。无息贷款机构使劳动者能够摆脱货币所有者的剥削。他认为利息是资本剥夺劳动的基本形式,利息的存在破坏了商品的构成价值,使劳动者无法以其出售产品的收入换回等值的劳动产品,妨碍了劳动者获取全部产品的权利的实现。因此,要消除资本对劳动的剥削,就必须建立无息贷款机构。无息贷款使劳动者获得了他们所需要的生产资料,以及生产期间维持生存所需要的生活资料,这样劳动者就无须求助于资本家,也就不需要向资本家付出相应的代价了。

交换组织的改革只是过渡性措施,那么他最终的理想社会是什么呢?

蒲鲁东既反对私有财产制度,尤其是支配别人劳动的雇佣劳动制度,又反对共产主义制度,认为这两种政治制度同样是和人的本性相违背的。他反对共产主义的理由有两条。

首先,共产主义制度下社会成员作为个人仍然一无所有,而社会则不但支配了物质财富,还支配了个人的人身和意志。"一个共产主义社会的成员固然丝毫没有他们自己所私有的东西;但是共产主义社会却是所有人,不但是财物的所有人,而且还是人身和意志的所有人。由于这种绝对所有制的原则,本来只应该是大自然加于人类的一种条件的劳动,就变成一种人为的诫命,因而就成为可厌的了;那种与具有思考能力的意志无法调和的消极服从就被严格地规定下来了;对于规章制度的忠诚就不能容忍任何反对的意见,虽然这些规章制度,无论人们以为它们是多么贤明,却永远是有缺点的;人的生命、才干和一切能力都成为国家的财产,国家为了公共的利益有权任意加以利用;尽管存在着性质不同的好恶,个别的小社会就不得不严加禁止,因为如果容忍这些个别的小社会的存在,就会在大的共产主义社会中造成一些小的共产主义社会,因而产生私有财产;强者不得不为弱者工作,虽然这个责任是应当出于仁爱而不带强迫性的,是适宜的而不是命令的;勤奋的人不得不为懒汉工作,虽然这是不合乎正义的;能干的人不得不为笨蛋工作,虽然这是荒谬的;最后,人抛弃了他的个性、自发性、天才、情感以后,就不得不在公共法律的权威和严格性面前低首下心地自取灭亡。"①

其次,共产主义仍然是不平等的。"但这和私有制的不平等的意义是相反的。私有制是强者剥削弱者,共产制是弱者剥削强者。在私

---

① 〔法〕蒲鲁东:《什么是所有权》,孙署冰译,商务印书馆 1963 年,第 272,273 页。《贫困的哲学》下卷,余叔通、王雪华译,商务印书馆 2010 年,第 788,794 页。

有制中,地位的不平等是暴力的结果,无论这个暴力在伪装时所用的是哪种名称:体力或智力;事变、意外、幸运的力量;既得的财产的力量;等等。在共产制中,不平等是从才能和劳动上的平庸而来的,这种平庸被抬举到与暴力相等的地位。"①他认为如果私有制是由于大家竞相积累而无法忍受的话,共产制不久就将由于大家争取偷懒而变成无法忍受的了。共产制社会无法在兼顾公平和效率的基础上解决收入分配问题。直到目前,还没有一位社会主义著作家敢于正面回答分配问题,他们全都认为无法确定分配的规则。甚至在共产主义社会里,都需要有一种交换尺度,否则,生产者或者消费者的权利便会受到损害,分配也将是不公平的。"共产制在把一致性误认为法律并把划一误认为平等时,就变成是暴虐的和不合乎正义了。而私有制由于它的专制性和侵占行为,很快就表现出是具有压迫性和反社会性的……共产制反对独立性和相称性;私有制则不能使平等和法律得到满足。"②

蒲鲁东虽然反对私有制、反对共产主义,但是并不反对市场、不反对自由竞争。相反,他看到了市场自由竞争的功能,就是通过自由竞争激发人们的工作积极性,通过自由竞争揭示商品的真实价值,从而实现等价交换。而等价交换就能避免资本家对工人的盘剥,实现平等。竞争是价值构成所必需的,也就是分配原则本身所必需的,因而也是实现平等所不可或缺的。只要某种产品只由唯一的一个制造商来提供,这种产品的真实价值就始终是一个谜,其原因或是由于生产者故意地隐瞒,或是由于他忽视或者无力把成本降低到极限。如果不

---

① [法]蒲鲁东:《什么是所有权》,孙署冰译,商务印书馆1963年,第272页。

② [法]蒲鲁东:《什么是所有权》,孙署冰译,商务印书馆1963年,第291页。《贫困的哲学》下卷,余叔通、王雪华译,商务印书馆2010年,第783页。

正确地认识价值,工资的保障就不可能实现;而这种价值又只能借助于竞争才能发现,绝不是各种共产主义制度或者人民的一道法令所能确定的。原因就在这里存在着一种比立法者和人民的意志更为有力的规律,这就是一个人一旦摆脱了自己应负的一切责任,就绝对不会去履行自己的义务,而所谓自己应负的责任,从劳动方面说,就必然意味着与别人竞争。从这种观点出发,他反对各种专卖特权和商业保护。当然,他也指出了竞争所导致的种种恶果,如压低工人工资、窃取商业机密进行不正当竞争、盲目过度投资,以及投机赌博,等等。因此,竞争就它有益的一面来说应该普遍化,而且应该提到最大的高度;可是,就其消极的一面来说,则应该到处都加以扼杀,一点残余也不留。与认可市场相并行,他也认可货币,因为所谓丑恶的金钱、作为不平等和掠夺标志的金钱,是一种比共产主义的灵丹妙药有效百倍、强大百倍、可靠百倍的手段。从认可市场自由竞争出发,他合乎逻辑地赞成国与国之间的自由贸易。同时,他又不反对征收关税,理由是国内商品由于征税而提高了成本和价格,因此如果外国进口的同类商品不需要征收关税的话,国内商品就将在竞争上处于不利的不平等的地位;而关税恰好可以解决这个问题。

蒲鲁东最终的理想社会建立在四种原则基础上:平等、法律、独立性、相称性。平等是指机会平等或地位平等;法律是以必要性为依据的,不触犯个人独立性的;独立性实际上就是个人在法律约束下的自由;相称性是指按照每个人贡献的不同予以不同的声誉,但不允许这种不同扩展到物质领域。他所钟情的这种社会是共产制和私有制的综合,即"自由"社会。在另一处,他又把它称作"社团制"。

为了实现人与人的平等和国与国的平衡,必须把农业和工业、教育、商业和仓库的中心点,按照每个国家的地理和气候的条件、产品的种类、居民的特征和天然的才能等来加以分配,分配的比例要合乎正义、明智、和谐,使任何一个地区永远不会发生人口、消费和生产的过剩,也不致发生人口、消费和生产不足的情况。

在他所设想的自由社会中,个人消费品的分配应当遵循绝对平等原则。他反对其他一些社会主义者所主张的按劳分配、多劳多得的收入分配制度。其理由是劳动必须联合进行,每个劳动者都是这种联合中不可缺少的一员,因此他们的工资和财富都应当是平等的。每个人的才能会有差别,这种差别首先是才能多样性的一种表现,但是一个人的才能一旦被培养出来,就不再属于他而是属于社会了。因此,每个人才能上的差别不应该成为工资收入和财富不平等的理由。"在一切所有权中,最可恨的是那种以才能为借口的所有权。"①

自由社会或社团制社会具有无政府主义的性质。"自由就是无政府状态,因为它不容许有意志的统治,而只容许有法律,即必要性的权力。"②由此可知,无政府主义并不排斥法律,只是反对没有法律依据的权威,尤其是政府这个统治权威。政府的存在以人与人之间的对抗性斗争为前提。经济充分发展之后,所有人都成为了劳动者,同时又是自己资产的所有者。那时便不需要政府这个权威统治了。无政府状态就是没有主人,没有元首,就是我们一天天在接近着的政治形式。这种社会状态的经济基础就是不存在规模经济,全部生产活动都由规模很小的生产单位里的劳动者进行。在一个财产分散而拥有小型工业的国家中,各人的权利和要求起着互相抗衡的作用,侵吞的力量就

---

① [法]蒲鲁东:《贫困的哲学》下卷,余叔通、王雪华译,商务印书馆 2010年,第 704 页。

② [法]蒲鲁东:《什么是所有权》,孙署冰译,商务印书馆 1963 年,第 292 页。

互相抵消了。在那里,所有权是不存在的,因为收益权几乎是无法行使的。就劳动者的生命安全来说,他们的地位仿佛与他们之间存在着的绝对平等一样。他们享受不到充分地和自由地联合起来的好处,但是他们的生存是丝毫不受威胁的。

无政府主义适应成熟的人类社会,就像等级主义适应原始社会那样。而人类社会的发展便是一个从原始的等级社会趋向成熟的无政府主义社会的历史过程。

至于实现理想社会的路径和方式,蒲鲁东强调渐进的改革,反对革命尤其是暴力革命。"这就是我和我的那些同行大相径庭的地方,我不相信为了达到平等,就有必要把什么事情都颠倒过来。据我看来,主张只有来一次彻底的毁灭才能导致改革这一意见,乃是构造一个三段论法,是在未知的领域中寻找真理。我是赞成概括、归纳和进步的。"[1]他在 1846 年 5 月 17 日给马克思的一封信中写道:"也许你依然认为,如果没有斗争或通常所说的革命,改革是不可能的……我过去长期抱着这种想法。我过去一直愿意加以讨论、说明和辩护。但在我后来的研究中,我完全改变了我的意见。我认为这是完全不必要的。因此我们不应该把革命看作是社会改革的一种手段。革命意味着使用暴力,这显然是与一切社会改革计划矛盾的。我宁愿用另一种方式提出这个问题,那就是,我们怎样才能把社会的经济活动安排得使现在社会所失掉的财富可以保留下来供社会使用。"[2]在另一篇文章中他写道,"只有自发的、和平的和渐进的革命才是正当的。镇压革命

---

[1]　[法]蒲鲁东:《什么是所有权》,孙署冰译,商务印书馆 1963 年,第 464 页。

[2]　转引自[法]夏尔·季德、夏尔·利斯特:《经济学说史》上册,徐卓英等译,商务印书馆 1986 年,第 373 页。

和用暴力发动革命,同样是残暴的"①。

同时,他又否定普选权,否定民选政府的想法。那些所谓的民权论者认为结束暴政之道在于建立民权政府,只要权威、私有制和等级制仍然是政权的构成要件,普选就不过是人民对政权的压迫行为表示同意罢了,因此这是一种最恶意的骗局。他对于当时其他一些社会主义者所主张的由国家或政府负责信贷,在劳动者中间建立储蓄银行的见解,都表示了反对意见。

当自由占优势时,劳动和交换可以导致财产的平等,服务的相互性可以消除特权。并认为随着资本积累的增加,对劳动的需求会越来越大,从而使工资不断提高,利润不断下降,最终实现平等状态。因此,他反对简单地剥夺富人的财产,而是主张给富人一笔终身年金来赎买这些财产。政府拥有支配一切资本的优越地位。这样,巨额的钱财就可不必通过没收或暴力而归于消失,个人占有制就可不必经过共产制而自动地在共和国的监督之下建立起来,并且地位的平等将不再单纯由公民的意志来决定了。

从以上介绍可知,蒲鲁东所构想的理想社会,存在着一些他没有很好考虑的问题,一是生产资料虽然公有,但其使用权可以被劳动者个人或集体拥有,不过要定期重新分配。他显然低估了重新分配的困难,也没有给出重新分配所应当因循的准则。二是他提出劳动产品归劳动者自己所有,如果产品都是消费品还好办;如果是资本品,那岂不是与他所主张的生产资料公有制相冲突了吗?三是他一方面要求实行消费品绝对平均分配,甚至反对按劳分配;另一方面他又要

---

① 转引自[法]夏尔·季德、夏尔·利斯特:《经济学说史》上册,徐卓英等译,商务印书馆 1986 年,第 373 页。

求保持市场交换,要求按照劳动所创造的价值进行交换:他没有很好地意识到这两方面的矛盾冲突。

第八节　索雷尔

19世纪90年代,法国工人运动中兴起了一股以蒲鲁东的无政府主义为基础的工团主义思潮,反对热衷于议会选举的工人政党,强调以工会为工人阶级的主要斗争组织,主张以工会联盟代替国家机构,故又被称作"无政府工团主义"。它所主张的主要斗争手段是总罢工,主要组织是1895年成立的法国总工会。在1906年的法国总工会亚眠代表会议上,工团社会主义取得完全的胜利,通过了纲领性文件《亚眠宪章》,强调阶级斗争,但反对与工人政党联合行动,主张通过总罢工剥夺资本家的财产,由工会组织未来社会的生产和分配。法国的工团主义运动,曾经一度比较热闹,但由于通过几次罢工,工人阶级的状况并未有多大改善,到第一次世界大战前夕,就已经趋于消沉。法国工团主义早期的主要活动家是F. 佩洛蒂埃(Fernand Pelloutier,1867—1901),他曾经担任法国"劳动介绍所联合会"的书记,著有《劳动介绍所史》(1902)。

法国工团主义最主要的理论家是乔治·索雷尔(又译为索列尔、索芮勒)(Georges Sorel,1847—1922),他生于法国瑟堡一个中产阶级家庭,毕业于佩皮尼昂的综合工科学校,曾是新闻记者,思想上深受蒲鲁东、尼采和柏格森的影响,并试图折中马克思主义与蒲鲁东主义。

他曾一度与饶勒斯合作,但由于对实现社会主义的道路有不同看法,最终与其分手。作为法国工团主义的理论家,索雷尔的主要论著有《苏格拉底审判》(1889)、《工团社会主义的未来》(1898)、《社会主义伦理学》(1899)、《关于解释马克思主义的论战》(1900)、《古代社会的毁灭:历史唯物主义的见解》(1901)、《现代经济研究导论》(1902)、《论国家与教会》(1902)、《对马克思主义批判》(1902)、《当代经济的社会意义》(1906)、《当代经济学的社会基础》(1907)、《进步的幻想》(1908)、《马克思主义的剖析》(1908)、《暴力论》(1908,有中译本)、《德雷福斯革命》(1909)、《一种无产阶级学说的实质》(1919)、《实用主义的效用》(1921)等。下面着重介绍他的《暴力论》。

《暴力论》是一部论战性散文式的书,涉及 19 世纪末 20 世纪初法国社会的许多具体事件。因此对于今天的读者来说,不是一本容易读懂的书。该书的目的,就是要唤醒人们的天职。因为激发出创新精神远比获得庸人——他们要么不断地重复教条,要么就把自己的脑袋当成别人思想的跑马场——的称赞更有价值。"从来没有一个伟大的历史学家会缺乏求真的激情;只要我们仔细地去研究激情,我们就会发现,正是由于它,才产生了如此难能可贵的直觉。"① 为此,他认为需要使工人阶级确立一种通过总罢工、通过暴力取得胜利的信念,即他所谓的"神话","参加伟大社会运动的人通常会以一系列的意象来描绘自己未来的行动,他们相信自己一定会取得胜利。我把这些……知识建构称为'神话':工团主义者举行的总罢工和马克思的末世论就属于

---

① [法]乔治·索雷尔:《论暴力》,乐启良译,上海人民出版社 2005 年,第 3 页。

这类神话之列"①。不过,他所说的"神话"并不是如我们通常所理解的那样是一种虚构,而是推动人们行动的一种信念,只要群众没有接受神话,人们就可以无休止地谈论造反,而不会引发任何革命运动。它们不是对事物的描述,而是行动意志的表达。他强调神话与乌托邦的区别,当前的神话引导人们为一场战斗做准备,目的是要摧毁现存的一切事物,乌托邦的影响却是劝说人们支持改良,让现存的制度苟延残喘。因此,他把自己的这种信念称之为"革命工团主义",以区别于以往醉心于改良的工团主义,同时也区别于无政府主义。他称革命工团主义为新学派,以区别于他所谓的伪马克思主义。新学派将会慢慢地获得它不同于社会主义政党的独立观念,它无意于宣布成立一个新政党,它的抱负完全不同于此,它的抱负在于理解对每一个人来说似乎都是无法理解的运动的本质。渐渐地,它拒绝了所有来自于乌托邦或者是来自于布朗基主义的各种教条,这样,它就把伪马克思主义者清除出去了。它想要的仅仅是马克思学说的内核,而这个内核就是阶级斗争的概念。

索雷尔认为19世纪后期兴起的工人运动是世界性历史现象,主张用暴力而非渐进道路对社会进行改造,主张工人阶级的战斗组织只能是工会,而总罢工是工人夺取政权的主要方式。他认为,社会主义只有在爆发伴有暴力的大罢工的情况下,才能取得成功。他反对当时流行的非暴力的议会道路,讥之为"议会社会主义",认为他们见人说人话,见鬼说鬼话,以博取选票。他认为"无产阶级暴力就变成了马克思主义的一个根本要素……如果无产阶级暴力能够得到恰当

①　[法]乔治·索雷尔:《论暴力》,乐启良译,上海人民出版社2005年,第15—16页。

的引导,它将会消灭议会社会主义,因为它没有能力再充当工人阶级的领导,再担任秩序的捍卫者"①。他毫不犹豫地说,如果不为暴力进行辩护,社会主义就不能继续生存。

为了避免人们把无产阶级的暴力与残暴行为混为一谈,索雷尔强调要区分两者,绝不能把工团主义暴力——希望摧毁国家的无产阶级将之渗透到了各罢工进程中去——和1793年革命者的残暴行为画上等号。他认为这种摧毁国家的暴力才能实现马克思的构想:社会主义革命不应该以一小撮统治者取代另一撮统治者。由此可知,他所谓的革命工团主义暴力就是马克思所说的摧毁国家机器。同时,他也坦承,暴力有可能阻止经济的进步,甚至,在它超出一定限度之后,会对道德产生危害。不过他认为革命工团主义的暴力肯定不需要多少残忍,血流成河更是没有必要,坚持社会主义与把残忍维持最低水平并行不悖。

索雷尔强调了总罢工思想与马克思主义的一致性,"总罢工思想有助于研究马克思主义的所有领域……只有借助总罢工的图景,我们才能真正全面地理解马克思的根本原则……也可以反过来说,唯有精通马克思主义学说的人才能清楚地理解总罢工图景的全部意义"②。革命工团主义通过坚持罢工活动而缓慢发展出来的学说与马克思看法之间存在的一致性,比其他任何事情都更好地说明了马克思的天才。革命工团主义正走向一条真正的马克思主义道路。他认为总罢工会激化阶级斗争,而阶级斗争是所有社会主义思想的起点。他认为

---

① [法]乔治·索雷尔:《论暴力》,乐启良译,上海人民出版社 2005 年,第 65,237—238 页。

② [法]乔治·索雷尔:《论暴力》,乐启良译,上海人民出版社 2005 年,第 104 页。

总罢工是否定其他一切改良主义思潮,符合马克思主义的正确策略。他区分了以摧毁国家机器为目标的总罢工和以改良为目标的所谓政治总罢工。

索雷尔充分肯定马克思主义,同时并不认同对马克思主义的教条式态度,用冗长的注释来解释马克思的话语,并不能保证革命的思想不受损害,只有不断地修正马克思学说,使之符合能凸显一种革命特征的事实,才能让革命思想不受损害。今天,总罢工本身就能产生这样的结果。

索雷尔分析了社会主义所需要的伦理精神,指出革命工团主义的总罢工思想光辉照耀下的暴力将推进社会主义的道德建设,正是借助于暴力,社会主义才产生了崇高的道德力量,使得世界得到拯救。这种道德就是追求更好的努力而不去计较个人眼前的利益,不为报酬斤斤计较。

为了组织总罢工,索雷尔强调了把少数骨干组织起来的重要性,工团与其争取大多数的拥护者,还不如把少数骨干组织起来,革命的罢工就是有效的选择手段,它们能把损害精英团体的和平主义者剔除出队伍。

在这种为革命工团主义的暴力辩护的思想支配下,索雷尔在俄国十月革命之后的1919年,在《论暴力》的第四版序言中,对布尔什维克表达了支持态度。他认为列宁"既是自马克思以来最伟大的社会主义理论家,又是一位其天赋会让我们想起彼得大帝的国家领袖"[1]。他认为列宁正在促进俄罗斯建设一个生产者的共和国,它能容纳一种和我

①　[法]乔治·索雷尔:《论暴力》,乐启良译,上海人民出版社2005年,第243页。

们资本主义民主经济同样先进的经济。

索雷尔的《论暴力》，是在晚年恩格斯鉴于武器的进步而对工人阶级通过城市起义夺取政权的方式表示疑虑之后，对于工人阶级夺取政权新方式（总罢工）的一种探索。它出版于1906年，很可能受到1905年以俄国工人大罢工为主要方式的革命运动的影响。列宁是否了解他的观点并受到其影响，尚有待于进一步研究。

附录1 法国女社会主义者特莉斯坦①

弗洛拉·特莉斯坦（Flora Tristan，1803—1844）是法国一位具有传奇色彩的妇女，是社会主义思想史上第一位女性思想家。她在1843年出版的小册子《工人联合会》中，第一次提出建立世界性工人国际组织的计划，并提出了九点改善工人阶级状况的建议：（1）建立联合会把工人阶级组织起来；（2）选派代表为工人阶级争取生存权利；（3）反对侵害工人阶级的生存权利，反对特权；（4）确保财产权在于人的双手这一原则；（5）不分男女，人人享有劳动权；（6）研究在现存社会中建立劳动组织的可能性；（7）在各地建立工人联合会馆，对工人阶级子弟进行文化和技术教育，并收容老弱病残的工人；（8）承认妇女迫切需要获得道德教育、文化教育和技术教育的权利；（9）男女平等是实现人类团结的唯一道路。

---

① ［英］G. D. H. 柯尔：《社会主义思想史》第一卷，何瑞丰译，俞大畏校，商务印书馆1977年，第184—189页。

附录 2　比利时的三位社会主义者①

当 19 世纪 50 年代西欧社会主义处于低潮时期,比利时涌现出了三位社会主义者:柯林斯(Colins,1783—1859)、雅可布·卡茨(1804—1886)和纳波里昂·德·凯色尔(1806—?)。

柯林斯出身于布鲁塞尔的贵族家庭,曾加入法国军队,是拿破仑的忠诚卫士;后钻研科技,成为费拉德尔菲亚科学院院士,同时又钻研医学,后开业行医,显然是一位智商颇高的人。他于 1813 年出版《农业经济笔记》,获法国农业协会金质奖章,1834 年出版《社会契约》,提出土地国有化的主张。其他重要论著有《什么是社会科学》(1851—1854)、《政治经济学、革命和所谓社会主义乌托邦的来源》、《新社会及其需要》(1856)、《论主权》、《社会科学》(1857)、《论教会和革命以外的科学的正义》(1861)。

柯林斯的历史观非常简单,认为人类在以往只经历了两个阶段,未来将进入第三阶段。第一阶段是弱肉强食,强者欺负弱者,并且用宗教蒙蔽弱者安于现状。由于科技进步(大航海、印刷术、铁路和电报等)使人类进入第二阶段即革命阶段。"穷人奋起反对富人。而且由于人数众多,结果取得了胜利。但是仅仅是穷人获得胜利并不能解决任何问题。胜利只是带来了另一个同样风雨飘摇的强者统治。于是

---

① ［英］G. D. H. 柯尔:《社会主义思想史》第二卷,何瑞丰译,俞大畏校,商务印书馆 1977 年,第 61—74 页。

革命一个接着一个,永无尽头。"①这显然是他所处的那个时代的特征。如何解决问题,他认为只有两个办法:一是通过遗产税消灭私有制,实行土地和所有生产资料的公有制,具体而言是集体所有制;二是由国家对所有儿童免费进行养育和教育,使他们从小懂得真正的理性法则。同时在社会管理方面实行中央集权和地方分权兼行并施的制度,由每一层地方公社选举上一层公社委员会,同时由每一层上级公社委派下级行政官员。

雅可布·卡茨要求由国家建立劳动组织,同时实行普选制以促进国民的福利,主张对富人的过分利得课征赋税。

凯色尔则于 1854 年发表《自然的支配》,要求实现土地公社所有制。

---

① [英]G. D. H. 柯尔:《社会主义思想史》第二卷,何瑞丰译,俞大畏校,商务印书馆 1977 年,第 65 页。

第六章

19 世纪德国社会主义

19世纪初叶,是德国社会由封建农奴制向资本主义工商业转型的重要时期。以普鲁士为例,1815年时,其73%的人口为农民。农业中仍保留着封建农奴制度,阻碍着资本主义生产方式的发展。但普鲁士政府颁布了一系列改革农奴制的法令:1807年的《十月法令》、1811年的《调整法令》、1821年的《义务解除法》和《公有地分割法》。社会转型促进了资本主义农业的发展,经济核算原则逐渐渗入农业生产管理过程。

当时德国的工业盛行中世纪行会制度,资本主义工厂制度仍属罕见。在英、法等国的影响下,资本主义生产方式开始萌芽,但当时资本主义生产方式的发展,受到国家不统一的阻碍。到19世纪中期,德国一直分割为若干小邦,这种封建时代遗留下来的政治结构,以其不统一的复杂的税制,阻碍着商业的发展。例如1800年,货物由汉堡运往马德堡,须付14次通过税;经马因河由班堡运至马因斯,须付33次通过税。除了税制不统一外,币制不统一也成为商业发展的大障碍。而同时,各个邦国又对外国敞开大门。

因此,当拿破仑战争结束以后,英国商品大量涌入德国各个邦国,给德国幼稚的工业造成极大压力。但工商业的发展推动了德国关税同盟的建立,1834年由北德、南德和中德各关税同盟合并组建德意志关税同盟,促进了德国从30年代开始的工业革命。德国工业才有了长足的发展。

与其他社会一样,工业革命的过程是一个社会的产业结构发生重大调整的过程,往往导致一个社会大多数劳动者原有人力资本的急遽贬值,使社会贫富差距迅速扩大,社会阶级矛盾日益激化。这种激化以一系列代表性事件作为标志:1836年,以流亡者为核心的、德国工人最早的组织"正义者同盟"成立;1844年,爆发西里西亚纺织工人起义;1847年,马克思、恩格斯应邀加入"正义者同盟",随即把它改组成"共产主义者同盟",并于1848年2月应同盟之邀发表了著名的《共产党宣言》;1848年,席卷欧洲的革命是社会转型所蕴积的社会矛盾的总爆发。

1871年,德意志帝国的建立,完成了德意志民族统一的历史任务。普法战争后,德国从法国得到了50亿法郎的战争赔款,占领了盛产煤铁的阿尔萨斯和洛林,建立了统一的国内市场。这一切加速了德国的工业化发展。在工业迅速发展的同时,由普鲁士所领导的"自上而下的农业改革"实现了在农业中发展资本主义的"普鲁士道路"。

19世纪中期以后,德国的工业化迅猛发展,1870年的关税改革,建立了统一的关税制度;1871年,普法战争以后,德国的胜利更是刺激了经济的发展。随着德国工业化的发展,德国工人运动也获得了长足进步。1874年,全德工人联合会与德国社会民主工党合并,组建了德国社会民主党。该党在1877年帝国议会选举中获得50万张选票。

与英国经济基本上在自由放任状态中发展起来的情况不同,德国经济发展是在政府进行大量干预的条件下发展起来的。面对工业化和城市化进程中日渐出现的贫富差距和不断激化的社会冲突,以俾斯麦为代表的德国政府颁布一系列法令,用"胡萝卜加大棒"的方式来打击、瓦解工人运动。早在1862年俾斯麦就任首相5个月后,就成立了一个委员会研究劳工问题。该委员会提出了工资法律、利润共享、工人住宅、劳资仲裁、工人信用合作社、劳动保险等一系列社会保障设想。1878年，俾斯麦政府颁布了《反社会党人非常法》；随后于1881年开始，又颁布了一系列关于劳动问题的法案和若干社会保障法令，推行了部分企业国有化的措施。19世纪80年代以后，德国的社会立法和企业工业化程度远超于其他欧洲国家。俾斯麦宣称："只要我们能使得不到遗产的人满意，哪怕花大价钱也值……花了这样的钱，就没有革命发生。革命所花的钱可要多得多。"①但是这种"胡萝卜加大棒"的策略并未有效压抑社会主义运动。1890年，《反社会党人非常法》被废除之后，1893年的选举中有44个工人政党代表当选为议员。

第一节　魏特林

威廉·魏特林（Wilhelm Weitling，1808—1871），德国早期社会主义的著名代表，工人运动活动家，恩格斯称其为"德国共产主义创始者"。

1808年，魏特林出生于普鲁士马格德堡，生父是一名法国军官，死于拿破仑的侵俄战争；其母为一女仆，后同一名裁缝结婚。魏特林在继父家长大。由于家境贫寒，他未能接受良好教育，只在马格德堡上过中等市民学校。1822年，14岁时他开始当学徒，学习制作女装。1827年，他为了逃避兵役到了汉堡，成为一名裁缝。1829年开始，他为了谋生到处流荡，走遍了德国，还去了欧洲不少国家。1830年，他来

---

① 引自[德]艾密尔·鲁特维克：《俾斯麦》，韩洁等译，国际文化出版公司2005年，第406页。

到莱比锡,参加了当地爆发的革命。1832 年秋,他到了德累斯顿,两年后又赴维也纳。1835 年,奔赴巴黎。

多年的游荡生活使魏特林了解各种社会现象和社会问题,逐步形成了平等观念。在巴黎,他以惊人的毅力博览群书,刻苦自学,研究了法国的巴贝夫、圣西门、傅立叶、布朗基、卡贝、德萨米,英国的欧文及德国的闵采尔等社会主义者的著作,形成了自己的共产主义思想体系。同时,他加入了德国工人在巴黎的组织"流亡者联盟",并投入了联盟内部左派对右派的斗争。1836 年,"流亡者联盟"中的左派分化出来建立了"正义者同盟",他成为主要领导人之一。1838 年,他受"正义者同盟"中央委员会的委托,发表了论证同盟纲领的著作《现实的人类与理想的人类》,从平等原则出发论证了共产主义的必要性和可能性,描绘了理想社会的蓝图,倡导通过暴力革命摧毁旧社会、建立新社会。1839年,"正义者同盟"参加了布朗基领导的四季社发动的起义,失败后,同盟的活动中心被迫转移到伦敦。他从德国赶回巴黎后,开展艰苦的宣传和组织工作,恢复同盟组织,第二年还领导了巴黎裁缝工人的罢工。

1840 年,魏特林受巴黎同盟委员会的委托去瑞士开展工人运动,很快就建立同盟的秘密组织,又建立了自学小组、歌咏团、合作社、共产主义食堂等各种公开的工人组织。1841 年,他在日内瓦创办杂志《德国青年的呼吁》,后更名为《年轻一代》,批判资本主义,宣传共产主义。1842 年,魏特林的代表作《和谐与自由的保证》出版,深受广大工人的欢迎,很快就译成英、法等数国文字。该书受到知识界名流如费尔巴哈和海涅的高度赞扬,马克思也评价它是德国工人的"史无前例光辉灿烂的处女作"。但该书的激进思想引起了瑞士统治阶级的不安,他被驱逐出境,《年轻一代》被迫停刊。

1843 年,他写了第三部著作《一个贫苦罪人的福音》,该书用《圣经》来解释共产主义,并主张偷盗富人的钱财。于是他被苏黎世法院以破坏宗教煽动暴乱罪判处一年监禁,到 1844 年又被引渡给普鲁士政府。普鲁士政府打算把他遣送美洲,遭到他的拒绝。后来他到了伦敦,在那里受到英、法、德等国共产主义者的热烈欢迎。但魏特林到伦敦后,思想开始僵化,固守自己的思想体系,又自命不凡。1845 年,伦敦的德国工人共产主义教育协会组织关于共产主义的讨论,许多受马克思、恩格斯影响的"正义者同盟"领导人不同意其观点。

1846 年,在布鲁塞尔,共产主义通讯委员会在马克思家召开会议,围绕共产主义的宣传和革命策略等问题,马克思、恩格斯与魏特林发生激烈冲突,导致双方公开决裂。1846 年,他离开欧洲去了美国,继续宣传其设想的共产主义。1847 年,"正义者同盟"代表大会召开,改组成"共产主义者同盟",同时把他开除出同盟。他到美国后,在德国侨民中组建了"解放同盟"。1848 年欧洲革命中,他以"解放同盟"名义返欧参加革命,1849 年回美国纽约。尔后他在美国还继续从事工人运动,如建立组织、创办刊物、建立"共产主义"试验区等。1855 年以后,由于上述工作成效甚微,他便退出工人运动,从事语言学、天文学等研究,但其立场仍然站在工人阶级一边,还参加了第一国际在纽约的德、英、法支部的联合大会。1871 年,他病逝于纽约。

魏特林共产主义思想的主要内容有以下六点:(1)人类历史的进步发展观和阶段论;(2)批判资本主义制度;(3)关于实现理想社会的途径;(4)关于无产阶级国际主义;(5)关于过渡时期;(6)关于未来社会。

社会总是不断进步的,进步是自然的法则,停止进步就等于是社会的逐渐解体。在一个秩序良好的社会里只有一个规律是永久不变的,那就是进步的规律,它是社会的自然法则,并且,为了使这样一个秩序成为可能,必须把一切个人的利益融化在一个公共的一般利益中,并且把这个利益的领导委托给那些在各种最有益的科学中最有才能的人。

社会的进步是有不同阶段的。人类社会的最初阶段是原始状态,在这个阶段中,没有私有财产,虽然物质并不丰裕,生活也不便利,但是人人平等、自由和独立。随着畜牧业的出现,人类社会开始出现猎人和牧人之间的职业分工和私有财产。但是,只要土地资源非常丰富,人人都可以自由取得他想要的任何数量的土地,当每个人,只要他愿意就可以成为私有主的时候,这时候私有财产对于社会并没有害处。但是一旦土地成为稀缺资源,被少数人占有,私有制也就不再是一个人的正当权利,而是一种最残忍的不正当行为,特别是当它已经变成了千百万人穷困和痛苦的根源的时候。他高呼:"私有财产是一切罪恶的根源!"①它导致了遗产继承制度、战争和奴隶制,以及偷窃和劫杀。

魏特林认为以私有制为基础的资本主义制度是现代奴隶制度,与古代奴隶制度没有区别,是用契约和法律掩盖起来的奴隶制。资本主义社会是资产者的乐园和无产者的地狱。资本主义的金钱拜物教,是私有制导致了拜金主义,因此他发出了废除金钱的呼声。他强烈谴责人们为了解决物物交换的困难所形成的货币制度,金钱给社会带来的道德败坏真是可怕。资本主义商业靠盈利、投机而发财,就是盗窃和掠夺。金钱、商人和窃贼是三位一体不可分的坏事,或者毋宁说,是数不清的坏事的不可分的原因。如果把人类的全部罪恶和缺点都开列

---

① [德]威廉·魏特林:《和谐与自由的保证》,孙则明译,商务印书馆1960年,第74页。

出来,其中的大多数,尤其是那些最令人厌恶而且最有损于公众利益的,没有金钱就不会存在。资本主义的法律是针对无产者的大炮,民主制度是对无产阶级的欺骗,只是在形式上给了无产阶级以选举权。资本主义条件下不可能有真正的言论自由和出版自由,谁钱最多就最自由。

祖国的观念是在私有制产生之后才出现的。在私有制社会中,祖国与私有财产密切相连,而无产阶级的财产都已被剥夺一空。因此,工人没有祖国。资产阶级挑动民族仇恨,在爱国心的名义之下,驱使不同国度的劳动者互相拼杀,在战场上充当炮灰,为本国的资产阶级谋取利益。对无产者来说,不论本国还是外国的资产阶级,都无本质差别,都必须反对。各个资本主义国家,都不是无产者的祖国,只是他们的监狱。各国无产者应采取跨越国界的团结,共同推翻各国资产阶级的统治。语言、疆界和祖国的概念和一切现存的宗教教条一样都是对于人类不必要的东西。只有革命成功之后,无产阶级才可以说有自己的祖国。

不能通过单纯的征收财产税、实行普选权、建立工人或穷人的联合组织来解决问题。他也怀疑当时一些社会主义者所主张的建立专门资助工人的国家银行、国家工厂能够解决问题——只有通过革命才能实现未来的理想社会。宇宙间不存在万古不变的东西,也不存在永远最好的社会组织。资本主义社会必定被新的社会组织所代替。而用新社会代替资本主义就是革命。他喊出了"革命万岁"的口号。革命有物质的和精神的、暴力的与和平的、流血的与不流血的两种不同形式,他把侧重点放在暴力革命上,因为消灭私有制的革命必定会遭到有产阶级的拼死反抗,他们一定会利用军队来镇压革命群众。因此,人民必须通过暴力来完成革命。

在实现共产主义之前,需要一个过渡时期,这个时期要有一个旨在实现共产主义的人所领导的政府,来完成破坏旧制度、建立新制度的任务。过渡时期的政府领导采取下述改造社会的措施:取消一切贵族特权和继承权;削弱富有者阶级的影响;没收逃亡国外的富人的产业,原国家和教会的田产一律收归公有;永远废除国家最高领导与最小职员之间的贫富贵贱差别;废除金钱;办好排除一切宗教的学校;发展生产;等等。他认为通过上述措施,将在大约三年时间里可将新社会建立起来。如果出现有产阶级的反抗,则战争将是过渡时期所不可避免的事情。为此他主张加强人民的军队,以消灭有产阶级发动的战争。

为了进行不可避免的革命,魏特林对共产主义者的个人伦理素养,提出了如下原则要求:忍耐、忠实、坦率、谦虚、善意、怜悯和保密,并根据这些原则,提出了一些具体的行为准则。"一个人,如果他的一颗心为最普遍的目的及其维护者而充满牺牲、爱情、勇敢、同情等一切高尚的情感,他必定是一个共产主义者;一个人,如果他的理智从内心深处维护共产主义,爱护和培植那些高尚的感情,他必定尊重共产主义的学说。"①此外,他还对共产主义者的组织形式,提出了一些非常具体的建议。这些想法表明,他的共产主义理想已经不再仅仅停留在设想阶段,而是发展到了准备具体行动的阶段。

魏特林的理想社会是以财产共有制为基础的和谐与自由的社会,称作民主共产主义家庭联盟。"人民的真正的利益只有在建立一个民主共产主义的家庭联盟中才能实现。我们说家庭联盟以代替共和国,

---

① 〔德〕威廉·魏特林:《现实的人类和理想的人类:一个贫苦罪人的福音》,胡文建、顾家庆译,商务印书馆1984年,第245页。

既因为这个词更清楚地说明问题,又因为必须有一个尽可能明白的名称,而人类受'共和国'这个词的欺骗已经太多了。我们说共产主义的,因为在这个联盟里一切人只有一个共同的利益,这就是如何去关心每个人的福利。我们说民主的,因为在这个联盟里每个人都是他自己的主人。"①在这个社会里没有政府,而只有行政管理;没有法律,而只有义务;没有刑罚,而只有治病救人的手段。没有私产,没有商业和货币,人人劳动,人人平等,所有成员的能力得到充分发挥,所有成员的愿望得到充分满足。全体人的自由只有在一种财产共有共享的情况下才是可以想象的。这个社会的基础是关于社会和个人的自然法则,其核心是科学的成就和进步。在这种财产共有共享的社会里,物质产品将得到极大的丰富,可以预料,在财富共有共享制度实现五年之后就可以使产品增加两倍,达到极大的富裕。城乡差别将不再存在,既没有大都市,也没有穷乡僻壤。脑力劳动与体力劳动的差别也将不再存在,手工业工人和农民将同时是学者,学者也将是手工业者和农民。

　　未来社会里管理具有特别重要的地位,管理工作的具体内容主要有:(1)对于整体的和谐的领导;(2)一切新的有益的理想、科学、发明和发现的实现和利用;(3)对于一切劳动的领导;(4)对于生产的分配和交换的领导。魏特林还设想了一套管理组织和管理制度,基本上是把整个社会组织成一个科层等级制的管理体系。社会最高管理机关是三人委员会,由最伟大的哲学家们组成;其次是技工团,由杰出思想家组成,由他们选出三人委员会;再次是各地区的技工团,同样由各地

---

① 〔德〕威廉·魏特林:《和谐与自由的保证》,孙则明译,商务印书馆1960年,第341页。

区的杰出人物组成。各级技工团选出其执行机构——工作理事会,由各行业领导组成。由科学院辅助各级技工团。他主张通过"能力选举"方式产生各级管理机构的成员,即通过选题征解、送审解题的方式来考察各应征者的能力水平,由科学院中最有知识的专家进行评审。通过此种方式把最有能力者送入各级管理机构。他强调三人委员会、中央技工团、地区技工团,以及科学院的成员的选举时间和任期都不能固定,应当随时让更有能力者替代现任的管理者。同时他强调要对各级管理者进行教育和监督,不让他们拥有任何特权,与其他人一律平等。

魏特林把整个社会的管理分为两个系统:生产系统和享受系统。生产系统负责生产活动,而生产活动分为两类,一类是必要劳动,生产每个人都必需的各类物品,因此全体社会成员都需参加,约每天 6 小时。劳动时间的长短,由三人委员会按照全体人的消费需要量计算规定。另一类是有益劳动,指一切减轻和改进各种必要劳动的劳动,即促进技术进步的劳动,以及给人带来舒适物品的劳动,这种劳动由劳动者自愿参加。而妇女有优先选择的权利。

对于各种性质的脑力劳动,魏特林也加以考虑。必要的和有益的文学作品须首先经由三人委员会或科学院的事先审核,然后印行。同时给予作者一定数量的"交易小时"作为报酬。对于教授、教师、医生等科技人员和各级管理人员,由于这些人员一年中对于人类所做出的贡献比 100 万名手工劳动者的终生的贡献还要重大,所以可以听任他们每个人自由选择执行他的职务的劳动时间。

与两类劳动相应,未来社会的物品分配制度是平均分配和多劳多得相结合。凡按规定参加必要劳动者,获得同比例的必需品;而舒适品的分配则按照各成员参加生产舒适品的劳动时间进行。他把一切在规定的劳动时间以外完成的劳动小时,称作"交易小时"。每个人都有在规定的劳动时间之外再做交易小时的劳动的自由。因此交易小时较多的人自然可以享用较多的舒适品。这样就既实现了必需品分配上的和谐与平等,又实现了非必需品分配上的个人选择自由。

至于具体的分配方式,魏特林主张给每个成员颁发交易簿,用于记载其参加生产舒适品劳动的时间和已用掉的劳动时间,劳动者凭簿领取与其所提供劳动相当的舒适消费品。整个社会的享受系统负责管理消费品,并凭交易簿向劳动者发放消费品。对于这种交易簿的一个特别设想就是每年定期更换制度,并且更换时劳动者没有用完的交易小时不会全额转移至下一期。他用这种性质的交易簿来替代货币的目的,是为了防止人们积累财富,迫使人们不断提供劳动。由于取消了货币,交易簿就是一种不能被用于囤积、赠与、赌博,不能被继承、盗窃的交易手段。不仅如此,这种交易簿同时是旅行证、出生证、籍贯证、通行证、艺徒证、毕业证、支票、收据、账簿、日记簿、入场券、介绍信、公份册、存款证、月份牌;它是一面个人的一切精神和物质需要的镜子,是人的一张半身相片和履历。总之,是一个人的全部形象化的"我",一个还从来没有这样表现出来过的"我"。

一切物品的价值都由相应的管理机构"按照劳动小时来规定",并且随供求关系的变化而变化。至于整个社会各种物品的供求平衡,他认为社会最高管理机构可以方便地根据人数计算出需要量和为了满足这些需要的劳动时间。对于一些供过于求的物品,以及对社会有不良影响的物品,管理部门将禁止人们进一步提供更多的劳动时间,或者干脆禁止人们提供劳动时间,他称之为"事业封锁"。

知识在未来社会管理中有重要作用,因此教育意义重大,认为一切儿童和青年男女都要接受教育,一边学习,一边劳动,掌握进入社会所必需的知识和技术。

魏特林的共产主义思想,具有浓厚的基督教色彩。在这方面,他继承了德国托马斯·闵采尔①、卡尔斯塔特和法国拉梅耐②的基督教社会主义传统。他的这种基督教色彩,大半是他的信仰,同时也有一部分是他的策略。从信仰角度出发,他认为基督教的真正本意是废除财产,废除私有制,这与共产主义一脉相通。"一切民主观念都是由基督教产生的。因此,不应当毁灭宗教,为了解放人类,必须利用宗教。基督教是自由、节制和享乐的宗教,而不是奴役。基督是自由的先知,他的学说是自由和爱的学说,因而对我们来说,他是上帝和爱的象征。"③从策略的角度出发,理智告诉我们,共产主义可能给自己招来的最大敌人是受伤害的宗教感情,宗教感情具有巨大的力量,可以而且必须利用它来为共产主义谋利益,因为宗教曾经是一种心的事业,而共产主义也是心的事业。

第二节　真正的社会主义

19 世纪三四十年代,德国曾经出现过一次被称作"真正的社会主

---

① 托马斯·闵采尔(Thomas Münzer,1489—1525),详见本书第一章第二节。

② 拉梅耐(Felicité La Mennais,1782—1854),法国神父,基督教社会主义思想家,详见第八章附录。

③ [德]威廉·魏特林:《现实的人类和理想的人类:一个贫苦罪人的福音》,胡文建、顾家庆译,商务印书馆 1984 年,第 70 页。

义"的思潮。① 最初，是一位德国的法学家和历史学家 L. 施泰因
(Lorenz Stein,1815—1890)去了法国,接触了一些法国的社会主义者,
并于 1842 年发表《现代法国的社会主义和共产主义》一书,开始在德国
传播社会主义。

这种社会主义首先吸引的是德国一些受到黑格尔、费尔巴哈熏陶
的爱好哲学思考的富有正义感的正直知识分子,所以开始又被称作哲
学社会主义。它的主要代表人物是 M. 赫斯(Moses Hess,1812—
1875)、K. 格律恩(Karl Grün,1817—1887)、H. 克里盖(Hermann Kriege,
1820—1850)、F. H. 泽米希(Friedrich Hermann Semmig,1820—1897)以
及 O. 吕宁和 H. 皮特曼。

赫斯的主要论著:《人类圣史——斯宾诺莎的一个信徒》(1837)、
《欧洲的三头政治》(1841)、《行动的哲学》(1842)、《社会主义和共产主
义》(1842)、《论德国的社会主义运动》(1844)、《共产主义信条问答》
(1844)、《论社会贫困及其消灭的办法》(1845)、《论金钱的本质》
(1845)。

赫斯比马克思、恩格斯更早转向社会主义,并在比利时布鲁塞尔
与马克思有一段时间的交往。他对马克思非常推崇,在给朋友的信中
他这样评价马克思,"这个人的出现给我一种敬佩的感觉……这位伟
大的、也许是现在活着的唯一的真正的哲学家,不久当他公开发表
文章,或出现在讲台上的时候,就会受到所有德国人的注目……他
将给中世纪的宗教和政治以最后的打击,他把哲学的最大的严肃性

_____

① 由于缺乏相关的中文文献,所以难以对这个思潮作出详细介绍。本段
内容在资料方面主要参考徐觉哉:《社会主义流派史》,上海人民出版社 2007 年,
第七章。

同最尖锐的诙谐联系起来;你可以设想是卢梭、伏尔泰、霍尔巴赫、莱辛、海涅和黑格尔集于一人之身;我说是集,而不是说混合——这就是马克思博士"①。此人后来并未成为马克思主义者,但在晚年还加入德国社会民主党,是一个忠诚的社会主义者。②

格律恩的主要论著:《论真正的教育》(1844)、《法兰西和比利时的社会运动》(1845)、《费尔巴哈和社会主义》(1845)、《政治和社会主义》(1845)、《从人的观点论歌德》(1846)。

泽米希的主要论著:《共产主义、社会主义、人道主义》(1845)。

真正的社会主义发轫的契机,主要是 1844 年德国西里西亚纺织工人起义。在这种背景之下,他们的基本思想倾向,首先是同情德国工业化初期陷入极其贫困状况的劳动群众。他们用大量的哲学概念来表达他们的社会主义观点,这种观点主要是强调人的至上,强调人道主义,谴责社会的贫富不均现象。不过他们解决问题的方法是软弱无力的,只是强调阶级和谐,主张普遍的爱,寄希望唤起富人的同情心来解决穷人的贫困问题。梅林评价这些真正的社会主义者"以他们特有的方式同情劳动阶级,从来没有想把无产阶级的利益出卖给三月革命前的反动派"③。

---

① [德]弗·梅林:《德国社会民主党史》第一卷,青载繁译,生活·读书·新知三联书店 1963 年,第 272—273 页脚注。

② [德]弗·梅林:《德国社会民主党史》第一卷,青载繁译,生活·读书·新知三联书店 1963 年,第 272—273 页。

③ [德]弗·梅林:《德国社会民主党史》第一卷,青载繁译,生活·读书·新知三联书店 1963 年,第 344 页。

第三节　约翰·卡尔·洛贝尔图斯

约翰·卡尔·洛贝尔图斯(Johann Karl Rodbertus,1805—1875)，出生于波罗的海沿岸的格赖夫斯瓦尔德一个富有的教授家庭，曾在德国哥廷根和柏林的大学攻读法律。毕业后到俄国政府工作一段时期，1836 年以后到自己波美拉尼亚的一个农庄定居，专注于社会问题和经济问题，成为一名 19 世纪后期比较著名的经济学家。其主要论著有《工人阶级的要求》(1839)、《关于德国国家经济状况的认识》(1842，有中译本)、《普鲁士货币危机》(1845)、《生产过剩与危机》(1850)、《给冯·基尔希曼的社会问题书简》(1850—1851)、《论当前地产金融的困难及其解决办法》(1868—1869)、《标准劳动日》(1871)。

洛贝尔图斯同情当时德国工业革命过程中贫困的工人阶级，是欧洲大陆最早(1839 年)通过著述来明确表达工人阶级的不满和诉求的人。他在《关于德国国家经济状况的认识》中写道，"我的研究工作的主旨，是提高劳动阶级在国民收入中所占的份额，使它建立在稳固的基础上，不受流通的变化无常的影响。我想让这个阶级获得劳动生产率增长之利，并且想废除那个有朝一日可能会置我们于死地的规律。按照那个规律，无论生产率怎样提高，工人总要被在流通中占统治地位的规律强行推向这样一个不超过必要生活资料总量的工资水平，这一工资水平使工人无法享受本世纪的文明(它早已应当取代迄今紧紧束缚着工人的劳役制了)，同工人的现代法律地位，即我们的一切主要制度所标榜的、同其余等级在形式上平等的地位,产生了最突出的矛盾"①。他对劳动阶级的同情、对所谓的工资铁律的痛恨都溢于言表。

洛贝尔图斯提出了消除工人阶级贫困的侧重于经济方面的方案,主要是主张由政府实施仁政来解决问题,要求政府保证国民财富中工人的份额与资本家的份额同步增长,要求政府规定最低工资和标准工作日,等等。在政府的作用这个问题上,他并不赞同亚当·斯密的自由主义思想和小政府观念,而是认为没有一个国家幸运得或也许倒霉得不需要任何人的自觉努力就能通过自然规律来满足社会的自然需要。国家是一种历史性的机体,它所具有的特殊组织必须由国家本身的各成员来决定。每一个国家必须制订它本身的法律和发展它本身的组织。国家的各个机构并不是自发地成长的,它们必须由国家加以培养、巩固和管理。从这种国家观出发,作为社会中富裕阶层中的一员,他在政治上是保守的,主张保留君主制。因此他属于国家社会主义的先驱,与后来德国著名的国家社会主义者拉萨尔和德国新历史学派经济学家重要代表之一的瓦格纳关系密切。

洛贝尔图斯的经济危机理论主要集中在他的《生产过剩与危机》一书中,他认为工人阶级的过低收入引起的消费不足是导致生产过剩、经济危机的主要原因。他在《关于德国国家经济状况的认识》中写道:"我想用让工人在国民收入中占更大份额的办法,同时克服周期性的骇人听闻的工业危机。工业危机的发生,纯粹是由于购买力同生产力不相适应,并不是(像萨伊和李嘉图所认为的那样)由于生产力不足,也不是像马尔萨斯和西斯蒙第所设想的那样,由于生产力

---

① [德]卡·洛贝尔图斯:《关于德国国家经济状况的认识》,斯竹、陈慧译,商务印书馆 1980 年,第 80 页脚注。

的发展超过了购买力,而是由于生产力的成果没有妥善地加以分配,因此使购买力落后于生产力,因为换句话说,购买力不外是生产力成果的份额或国民收入的份额。"①至于如何妥善分配国民收入,他主张由政府重新分配收入以消除贫困的经济波动。

支持洛贝尔图斯上述政策主张的基本理论是他对于李嘉图劳动价值论的认可和坚持。他首先区分了与产品有关的四个概念:(1)有用物品,就是其客观品质有助于人们达到某种目的的物品;(2)有价值的物品,就是有用物品中被人们需要的物品;(3)财货,就是有价值的物品中实际被人所占有从而可以支配的物品;(4)经济财货,就是财货中需要以劳动为代价的财货。他明确指出一切经济财货都以劳动为代价,并且仅以劳动为代价。虽然生产活动除了需要劳动之外,还需要工具和劳动对象,但它们也都是劳动的产物,从而坚持财货的价值完全由劳动决定,其大小由劳动时间决定。

洛贝尔图斯不仅认为劳动是价值的源泉,还在分析了需要价值标准的各种理由,指出贵金属作为价值标准的缺陷之后,强调只有劳动才是最好的价值标准。

由劳动所决定的产品价值,在数量上不仅包括工资和一般租金,还包括资本的补偿,如果财货价值仅等于按劳动计算的费用总和,则在劳动生产率一般足以保证租金存在的这个唯一前提下,财货价值总的来说既包括地租和资本租金,又包括资本的补偿。同时,关于按劳动计算的价值足以补偿资本并支付工资和租金的论断,在现代状况下,只是就总的方面和全局来说是正确的。在各个局部,即在每个部

---

① [德]卡·洛贝尔图斯:《关于德国国家经济状况的认识》,斯竹、陈慧译,商务印书馆 1980 年,第 80 页脚注。

门和分工的每个阶段,产品不可能准确地按照其中所包含的劳动量进行交换。这里有两个原因:(1)因为资本利润至少具有在一切企业内平均化的趋势;(2)因为现在,某种产品的公认的价值,取决于在最劣等条件下进行生产的企业的费用。这说明,他已经意识到劳动价值论与等量资本获得等量利润这一现象之间的矛盾,意识到产品在实际交换中并不是严格按照其劳动价值论所决定的价值,而是会出现一定的偏离。但一种产品交换价格对于其价值的偏离,会引起另外产品交换价格在相反方向上的同量偏离。为了提供相同的资本利润,也就是使一种产品的价值必须提高到这种产品所消耗的劳动量以上,而另一种产品的价值因此必然降低到这个劳动量以下,后一种产品价值在降到低于已消耗劳动量的条件下,仍然能提供相同的资本利润。重要的是,他指出了产品实际交换价格对于产品所消耗劳动量的偏离,与产生一般租金的所有权有关,能不能设法把财货价值一贯保持在所消耗的劳动量的水平上呢? 在不存在产生租金的所有权的状况下,一切财货都能做到这一点;在存在产生租金的所有权的状况下(这时,土地和资本的私有权是无法加以限制的),至少有一部分流通中的财货可以做到这一点。上述这些论点虽然粗糙,但在一定程度上预示了后来马克思的生产价格理论。

在分配理论方面,洛贝尔图斯首先认为,一个国家一定时期的国民收入(他常常称之为直接财货)需要在劳动阶级和不劳而获阶级之间分配,一个民族的收入在一定期间所生产的一批直接财货,或者归直接参加生产并有权获得产品的阶级所有,或者归只因偶然占有财产而有权获得产品的阶级所有,依此分为工资和租金。可见,租金是无须任何劳动,凭财产而获得的一种收入。租金因其凭借的财产是土地或是资本而分为地租和资本租金。这里,他正确地强调了地租和利润的共性,统称它们为租金,并认为它们都是土地所有者和资本所有者不需付出任何劳动就可以获取的收入。"我把占有者不付出任何劳动就成为其收入来源的所有权,即土地所有权和资本所有权,称作产生租金的所有权。"同时,他把"只有劳动才能确立的所有权",称作"自己的产品的所有权"。① 他的这种租金概念,可以说是后来马克思把地租和利润统统归结为剩余价值概念的雏形。

　　洛贝尔图斯强调了租金对劳动生产率的依存性,一切租金——地租或资本租金——唯有在生产率很高,足以生产超过生产部门劳动者生存需要的财货时,才可能形成,并且租金总是在劳动生产率提高时才能增加。他特别强调了农业劳动生产率的重要性,认为农业超过一定水平的劳动生产率,是一般租金的基础,即地租和资本租金二者的基础。同时,一定的劳动生产率只是为一般租金的形成提供了基础,只是由于私有制才使得超过劳动者生存需要的产品成为一般租金。如果劳动生产率很高,除劳动者必需生活资料外还能生产许多消费资料,若是存在土地和资本的私有制,这种多余产品就成为租金,即被他人不劳而获,换言之,土地和资本的私有制是获取租金的原则。私有制使得劳动者从总产品中得到的东西,不超过他们维持生活所必需的限度。这说明,他认识到私有制是劳动阶级贫困的根源。但是由于其地主阶级的身份,他并不主张消灭私有制,而是希望保存土地和资本的私有制,改善劳动阶级状况的改革极少触动地产和资本所有权。

　　如前所述,洛贝尔图斯正确地反对李嘉图的维生工资论,即所谓的工资铁律。反对工资铁律的重要论据就是反对把工资归为资本家

---

　　① ［德］卡·洛贝尔图斯:《关于德国国家经济状况的认识》,斯竹、陈慧译,商务印书馆1980年,第69页注1。

的资本,如果工资属于资本,则提高工资便意味着减少资本。"须知,工资若是由资本支付,那么,一则,它无论如何绝不可能提高到超过这个资本的程度,而不使整个国民生产和国民福利遭受根本的损失;二则,如果有人见到生产力的加速发展造成过剩,使一些人深受其苦,却还劝另一些人了解挨饿的必要性,那就是做对了。既然工资是由国民收入中支付的,因此它就可以增加,并不触及资本,而是(如果知道怎样做的话)靠减少租金,或者——我的建议就是如此——不减少租金,靠采取一些措施,使工人享受如今科学掌握实业时生产率每日提高之利。"①从这段话可知,他主张提高工资,也知道提高工资可能会出现的结果,即租金(按照他的定义就是利润与地租之和)下降,因此他的建议是通过提高生产率,在不降低租金的条件下提高工资。

在论证工资不属于资本的过程中,洛贝尔图斯修正了英国古典经济学的资本理论,启发了后来奥地利学派经济学家庞巴维克的资本理论。他反对把工资与作为劳动对象的材料和劳动工具并列为资本,不同意把工资看作是(如英国古典经济学所认为的那样)资本家从上一期节余下来充当本期资本的一部分。工资是本期产品的一部分,与利润和地租并列为本期国民收入。他正确地区分了整个社会的消费品(直接财货)和资本品(间接财货),把工人的工资看作是全部消费品中的一部分,而资本品只是生产中所使用的劳动对象和劳动工具。他区分了从整个社会角度来看的狭义资本和从资本家(企业家)个人角度来看的广义资本,必须把狭义的或本义的资本同广义的资本或企业家基金区别开来。前者包括材料和工具的实际储备,后者包括在现代分

---

① [德]卡·洛贝尔图斯:《关于德国国家经济状况的认识》,斯竹、陈慧译,商务印书馆 1980 年,第 80 页脚注。

工关系下经营企业所需的全部基金。在现代关系下，企业家基金中不仅要有材料和工具，并且要有数额足够的货币，使企业家能够以出售产品的进款支付必要的工资和租金。对企业家来说，这两部分都是他的财产；而对于自己从企业内获得的收益，他是按照对全部基金的比例去计算的。第一部分是生产所绝对必要的资本，第二部分只是在现代关系下才成为相对必要的。所以，唯有第一部分是狭义的和本义的资本，国民资本的概念唯独同它相吻合。这与奥地利学派的资本概念非常接近，只是我们不知道奥地利学派经济学家是否受到过他的启发。

除了分析劳动阶级和不劳而获阶级的收入分配之外，洛贝尔图斯还进一步分析了不劳而获阶级内部两大部门的收入分配，即地租与利润（资本租金）利息之间的此消彼长关系，认为某个部门劳动生产率的提高将使得其产品价值下降，从而降低该部门的租金。工业、运输业的生产率比农业劳动提高得愈多，资本租金和利息就下降得愈低，地租也就相应地增长。由此可知，他是以农业和非农业劳动生产率的不同变化来解释总租金在地租和利润利息两者之间的分配的。

最后值得一提的是卡尔·洛贝尔图斯与马克思的经济思想的关系。

首先可以肯定，两者的思想有一定的相近之处，他们都同情工人阶级的悲惨处境，都试图对此作出解释，而且都进行了方向大致相同但层次和深度差别很大的理论探讨。恩格斯在 1883 年的一封信中就承认洛贝尔图斯"这个人曾经接近于发现剩余价值"，同时又认为，他的地主身份妨碍了他。[1] 从上述对洛贝尔图斯观点的介绍来看，他确

---

[1]　[俄]阿尼金：《改变历史的经济学家》，晏智杰译，华夏出版社 2007 年，第 286 页。

实具有了剩余价值理论和生产价格理论的雏形。这些仅仅具有雏形的理论发表于 1842 年,在时间上肯定早于马克思。但这些雏形的理论是粗糙的,远远比不上马克思相关理论的精致和系统。

另外,洛贝尔图斯显然读过马克思 1867 年出版的《资本论》,并埋怨马克思没有承认他的贡献。在一封私人信件中他写道,"您将会发现,这一点已经十分巧妙地被马克思……利用了,当然他没有引证我的话"。在另一封信中他声称早于马克思说明了剩余价值的起源。[①]但他的埋怨更可能是一种错怪。

真实的情况很可能是洛贝尔图斯虽然早于马克思提出了剩余价值理论和生产价格理论雏形,但马克思在形成相关理论的过程中并不了解洛贝尔图斯的理论,是自己独立的发现。恩格斯曾指出,马克思是在 1859 年以后才知道洛贝尔图斯的。[②] 从马克思在其论著中大量引证前人的习惯来看,他不会知道了洛贝尔图斯的理论而故意不提起他,他也不像是那种刻意忽略甚至故意埋没洛贝尔图斯贡献的人,因为他没必要为了领先权而这么做。从两人的理论水平来看,可以说洛贝尔图斯只是提出了一个观点,而马克思则是构建了一座理论大厦。

在思想史上,相同或相近思想由几个人同时或相继独立提出的例子并不罕见,由此而引起的误会更不罕见。

倍倍尔对于洛贝尔图斯的评价是"他无论如何远远超出我们的所谓国民经济学者的一般水平。这人有判断力,有思想,但作为保守的

---

① 〔俄〕阿尼金:《改变历史的经济学家》,晏智杰译,华夏出版社 2007 年,第 285—286 页。

② 〔俄〕阿尼金:《改变历史的经济学家》,晏智杰译,华夏出版社 2007 年,第 287 页。

社会主义者,自己本身有极其严重的矛盾"①。

第四节 斐迪南·拉萨尔

斐迪南·拉萨尔(Ferdinand Lassalle,1825—1864),生于德国布勒斯劳市一个犹太富商家庭。1840 年后,他阅读过歌德、席勒、莱辛、伏尔泰和海涅等人作品,接受了民主主义思想。曾在柏林大学学习哲学、历史、古典艺术和语言学等,获哲学博士学位,成为黑格尔唯心主义哲学的忠实信徒,接触了"青年黑格尔派"和法国社会主义者的思想,同情工人运动。大学毕业后,拉萨尔在柏林当律师。1846 年初,拉萨尔承办了哈茨费尔特伯爵夫人的离婚和财产诉讼案。

1848 年,拉萨尔卷入了德国革命浪潮。他在莱茵地区的杜塞尔多夫市参加革命活动,并成为该地区革命运动的领导人之一。这时,他认识了马克思,并同马克思领导的民主主义者莱茵区委和《新莱茵报》建立了联系。1848 年 11 月,拉萨尔因支持抗税斗争和建议议会以武装反对王室而被逮捕,直到 1851 年 4 月才被法庭宣告无罪释放。鉴于拉萨尔在狱中和法庭上的表现,马克思于 1850 年 6 月建议共产主义者同盟科伦区委吸收拉萨尔为盟员。

在 1848 年革命失败后的反动年代,拉萨尔留在德国,表现出一定的勇气,也为革命运动做过一些有益的工作。但在这期间,他的主要

① [德]奥古斯特·倍倍尔:《我的一生》第三卷,薄芝宇译,李稼年校,生活·读书·新知三联书店 1965 年,第 190 页。

精力用在承办哈茨费尔特伯爵夫人的诉讼案上。他先后花了整整8年时间,于1854年8月了结此案。为哈茨费尔特伯爵夫人争得30万塔勒的财产,而拉萨尔自己也从这位伯爵夫人那里得到每年7000塔勒的固定年金。

1857年,拉萨尔以保证"奉公守法"为条件,得到当局准许,移居柏林,从事著述活动。1861年3月和4月,他两次向马克思建议,在柏林合办一份报纸来指导德国工人运动。1862年4月12日,拉萨尔在柏林郊区奥兰宁堡手工业协会做了题为《工人纲领——论当前历史时期与工人阶级思想的特殊联系》的演讲,开始了他的宣传工作。1863年,他组建了德国第一个社会主义政党(全德工人联合会),并于5月23日在莱比锡举行的"全德工人联合会"成立大会上,当选为联合会的第一任主席。"全德工人联合会"是在德国十多年黑暗反动统治后建立起来的独立工人组织。

1864年8月28日,拉萨尔在瑞士与罗马尼亚的贵族扬科·腊科维茨(Janko Racowit)为争夺巴伐利亚驻瑞士联邦代办的女儿海伦娜·窦尼盖斯,进行决斗,腹部中弹,于8月31日重伤而亡。

拉萨尔虽然死了,但其追随者贝克尔(B. Becker,1864—1865年任全德工人联合会主席)和施韦泽(J. B. Schweitzer,1867—1871年任全德工人联合会主席),全盘继承了他的观点和策略,继续推行他的路线。1867年,工人联合会中的倍倍尔(A. Bebel,1840—1913)和李卜克内西(W. Liebknecht,1826—1900)等人,与拉萨尔的追随者贝克尔、施韦泽领导的全德工人联合会决裂,1869年在爱森纳赫成立了社会民主工党(通常称爱森纳赫派),并宣布加入第一国际。这样,德国工人运动就分裂成两派,即爱森纳赫派与拉萨尔派。但是工人运动的发展,要求工人运动的统一。1874年,两派合并,起草了一个《德国工人党纲领》草案。1875 年 3 月 7 日,纲领在双方的机关报上发表,1875 年 5 月在哥达举行的两派合并大会上通过,这就是《哥达纲领》。

拉萨尔的主要论著:《爱非斯的晦涩哲人赫拉克利特的哲学》(1857)、《费兰茨·冯·济金根》(1859)、《意大利战争和普鲁士的任务》(1859)、《黑格尔的逻辑学和罗生克拉茨的逻辑学以及黑格尔体系中的黑格尔历史哲学的基础》(1859)、《费希特的政治遗嘱和最新的现实》(1860)、《哥特霍尔德·埃夫拉伊姆·莱辛》(1861)、《既得权利体系》(1861)、《工人纲领——论目前历史时期同工人等级的观念的特殊关系》(1862,有中译本)、《论宪法实质》(1862)、《费希特的哲学和德意志民族精神的意义》(1862)、《现在怎么办?》(1862)、《科学与工人》(1863)、《公开答复——就莱比锡全德工人代表大会的召开给中央委员会的公开答复》(1863,有中译本)、《论工人问题》(1863)、《工人读本》(1863)、《庆宴、报刊和法兰克福议员大会》(1863)、《告柏林工人书》(1863)、《巴斯夏-舒尔采-德里奇,经济上的恺撒或资本和劳动》(1864)、《全德工人联合会的鼓动和普鲁士国王的诺言》(1864)。

拉萨尔的主要思想是如何改善工人阶级的生活条件。针对当时一些工人希望通过各种类型的合作社来改善生活条件的想法,他对合作社的利弊进行了分析。分析的出发点是众所周知的工资铁律。在这个规律的支配下,工人实际的日工资不能长期地高于这个平均数,否则由于工人的状况有所改善,工人结婚和繁殖后代的数量就会增加,工人人口就会增加,从而人手的供应就会增加,结果又会把工资压低到原来的或者低于原来的水平。当然,工资也不可能长期地大大低于这个必要的生活水平。因为,那时就会发生人口流动、独身生活、节制生育,最后由于贫困而造成工人人数减少等现象,这样就会使工人人力供应短缺,从而使工资重新回到它原来的水平。因此,平均工资限制在一国人民为维持生存和繁殖后代按照习惯所要求的必要的生活水平上,这是在现今条件下支配着工资的严酷的铁的规律。这个规律是任何人所否定不了的。这是考虑一切问题的"出发点"。

这个工资铁律实际上就是英国古典经济学的马尔萨斯—李嘉图的维生工资理论。对此,拉萨尔毫不隐讳,"这个规律恰恰是自由经济学派发现和证明了的"①。他并不认为这个铁律是超历史的,而认为它仅仅是在现今的条件下,在劳动的供求的支配之下,决定工资的铁的经济规律。而他的目标就是要废除这个铁律。"自然规律受必然性所支配,人们既不能取消它也不能改变它的条件。在现今关系下,工资规律当然受像自然规律那样一种必然性的支配;但是我们却能够取消它的条件,于是规律也就改变了,由此可知,它并不是'自然规律'。这个规律是以下列条件为基础的:假如国家认为自己的原则就是不以任何方式干预社会关系和经济关系;假如生产仅仅由私人企业主经营;假如自由竞争居于统治地位;如果是这样,那么它当然像自然规律一样是必然的,因而是断乎不可排除的。但是,只要你们取消其中一个条件,那么这一所谓的自然规律就会消失。譬如,只要你们取消生产必须由私人企业主经营的假设,使工人组成合作社,那个规律也就不复存在了。"②

从工资铁律出发,拉萨尔认为各种互助合作社,如储蓄互助会、伤残互助会、困难互助会、疾病互助会,对于改善全部工人的生活条件作

---

① [德]拉萨尔:《公开答复 工人纲领》,金海民、桑伍译,商务印书馆 1974 年,第 14 页。

② [德]拉萨尔:《拉萨尔言论》,编译组译,生活·读书·新知三联书店 1976 年,第 156—157 页。

用有限,至多只能稍微改善部分工人的困境。对于当时呼声很高的,一个被看作是德国合作社事业之父和奠基人的舒尔采-德里奇(Schulze-Dridge,1808—1883)所倡导的借贷和信用合作社、原料合作社和消费合作社,他同样表示了反对意见。对于前面两种合作社,他认为在大企业不断发展壮大的条件下,它们最多只能缓解小手工业者的困境,延缓他们的破产。至于消费合作社,由于工资铁律,工人的困境主要是由于生产者的身份,而消费合作社只能减轻参加合作社的部分工人的生活负担,一旦所有工人都参加了,生活有所改善了,那么工资铁律将会再次压低平均工资。工资一定会因为消费合作社降低的生活费用而同样降低。拉萨尔认为,要彻底改善工人阶级的不幸,使工人阶级成为它自己的企业主,是消除那个决定工资的铁的、无情的规律的唯一手段。如果工人阶级成为它自己的企业主,那么工资与企业赢利的区别就要消失,随之工资亦将完全消失,代替它的是劳动报酬:劳动所得! 单凭部分工人建立合作社是不够的,因为那样会使得部分工人成为股东,成为从事剥削的企业主,而不是股东的工人仍然只能按照工资铁律获取可怜的工资。而且工人也难以筹集足够的资金,而在竞争的市场中,当问题涉及没有资金、没有资本的人同资本家之间的竞争时,这种竞争就成了有武器的人对没有武器的人的比赛! 工人的结局是一目了然的。

在否认了舒尔采-德里奇的自发合作社方案之后,拉萨尔提出了什么对策呢? 他的对策与其历史观和国家观密切相关。

拉萨尔的历史观把人类历史分为三个阶段:(1)以土地作为最主要财富的中世纪;(2)以1517年路德宗教改革为象征性开端的,以资本作为最主要财富的资本主义时代;(3)以1848年欧洲革命为象征性开端的新时代。而社会的统治原则在中世纪是地产,在近代是资本,从 1848 年起,世界的新时期,劳动原则成为社会的统治原则。根据这一历史观,他认为工人阶级将自然和应然地成为统治阶级。而工人阶级统治的具体形式,就是普遍的工人合作社。同时他提出工人阶级的统治是以消灭一切阶级差别、阶级分裂为特征的。工人阶级的内心并没有任何新的特权的萌芽,正因为如此,这个等级同全人类是完全一致的。它的事业实际上就是全人类的事业,它的自由就是全人类本身的自由,它的统治就是一切人的统治。

拉萨尔的国家观并不是从实然的角度,即从国家实际上是什么、实际上干什么的角度出发对国家的分析;而是主要从应然的角度,即国家应当是什么、应当干什么的角度去看待国家。所以他完全没有从实然的分析角度得出,国家是阶级压迫的工具这种结论。

从应然的角度,拉萨尔提出国家不是属于大臣或国王的,而是通过一切人和为了一切人而存在的!他以普鲁士王国政府 1851 年公布的统计表为依据,收入在 400 塔勒以下处于贫困状态的人群达 96.25%,由此他得出结论向工人们说:"国家是属于你们受苦阶级的,而不是属于我们上层等级的,因为国家是由你们组成的!……什么是国家?……你们贫苦阶级的大合作社——这就是国家!"①国家就应当是劳动阶级的巨大的组织、巨大的合作社;因此,国家通过帮助和鼓励能够使较小的合作社得以实现,这种帮助和鼓励无非是完全自然而正当的、完全合法的社会自助,这种自助是由劳动阶级作为大合作社本身向它的作为分散的个体成员提供的。国家应当是统一道德整体中个性的结合体,这种结合体使得加入它的各个个人的力量增长千万倍,这种结合体使得供

---

① [德]拉萨尔:《拉萨尔言论》,编辑组译,生活·读书·新知三联书店1976 年,第 137 页。

每个个人使唤的力量增长千万倍。

国家的真正道德本质、国家的真正崇高使命，就是积极地发展和不断地完善人类的本质，换句话说，就是真正实现人的使命，即实现人类所能够达到的文化；国家的方针就是朝着自由的方向教育和发展人类。国家的使命就在于发展自由，使人类朝着自由的方向发展。

拉萨尔的这种应然的国家观，主要是针对和反对资产阶级自由主义的规范国家观。那种观念认为国家只应当充当一个守夜人的角色，它要完完全全地保护个人自由和个人财产。它的全部使命就是防盗和防贼。他认为这种应然国家观是建立在资产阶级的道德观念基础上的，而这种观念的问题在于无视不同人之间的差异，如果我们大家天生同样富裕，同样聪明，同样有学问，那么这样的道德观念也许就足够了。但是，因为这样的相等情况是没有的，也是不可能有的，因为我们在世界上不是简单的一些个人，而是在财产和才能方面有一定的差别，这些差别又决定了教育方面的差别，所以这样的道德观念还是不够的。因为，如果在社会中只保证个人毫无阻碍地发挥自己的个人力量，那么这必然会导致较强者剥削较弱者。因此，在他看来，个人毫无阻碍地、自由地发挥自己的力量是不够的，工人阶级在一个有道德秩序的共同体中，还必须有利害的团结、发展上的共同性和相互性。他认为国家就应当是这种共同体。

拉萨尔的国家观主要是一种规范的应然分析，问题在于他并没有准确地区分应然分析和实然分析，把国家应当履行的职责当作国家实际上一直在履行的职责。于是，他在应然分析的结论基础上，也做了一点实然分析，认为以往的国家实际是由于事物的本性和为环境所逼迫，都不自觉地甚至往往违反自己的意志为这种道德目的服务。他的这一结论，显然与事实有不少距离。更为离谱的是，他竟然认为国家具有一个崇高的、伟大的使命：要扶植人性的幼芽，就像它有史以来就曾这样做了，而且将永远做下去的那样；要作为为一切人而存在的机关，把一切人的状况置于自己的保护之下。他实际上是把他所认为的工人阶级的国家将要履行的职责，误以为是历史上所有国家都在履行的，只是程度不同而已。他的这种观念，与他年轻时深受黑格尔的影响有关，在他于1843年所写的一部哲学手稿中，他以典型的黑格尔式的语言提出："国家是真正的道德意志的实现，是普遍精神的自我体现。"①

拉萨尔坚信，工人阶级的思想一经居于统治地位，国家就将十分明确地、完全自觉地把国家这一道德性作为自己的任务。国家必然会创造出一个世界史上空前的精神繁荣局面，即幸福、教育、康乐和自由无比的发展，连历代最光辉的成就也要在它们面前黯然失色。

拉萨尔从他那种应然的国家观出发，提出了通过"国家帮助"来实现工人阶级经济解放的主张。他认为，工人所正当要求的生存状况的真正改善，特别对于整个工人等级来说，只有通过国家的那种帮助才能实行。国家可以提供工人所需要的信贷资金，从而使工人有可能同资本家进行自由的、平等的竞争。为此，他列举了英法两国成功发展的合作社例子，也列举了国家对铁路之类事业的资助。他相信通过国家资助来广泛建立工人的生产合作社，让工人自己成为企业主，就会彻底摆脱工资铁律，获得全部的劳动所得，提高工人的生活水平，从而社会主义也就到来了。他说，解放工人阶级的唯一道路，废除那个置工人阶级于死地的决定工资的严酷规律的唯一道路，是通过国家帮助

---

① ［德］拉萨尔：《拉萨尔言论》，编辑组译，生活·读书·新知三联书店1976年，第333，335，336，497页。

促进并发展自由的个体的工人合作社,使工人等级成为它自己的企业主。而国家的事业和任务就是使你们能够做到这一点,就是要把工人阶级的自由个体的合作社伟大事业抓到国家手中,促进它,发展它,就是要把向你们自己的组织和自己的合作社提供资金和可能性当作国家最神圣的义务。

拉萨尔还算了一笔账,只要国家拿出 1 亿塔勒,就可逐渐为全德工人的解放开辟道路。他说,1 亿塔勒能使 40 万名工人加入合作社:假定每家平均人口为 5 人,那么就是 200 万人口;以每年 1000 万的利息计算,这就每年又可以使 4 万工人,即又有 20 万人口可能得到自由和福利,或者说在开头 14 年,我们假设每年只得到 500 万利息,这至少每年又可以使另外 2 万工人及其家属得到自由和福利,这样在一定的时期内就为你们大家,为社会上一切劳动阶级摆脱贫困状况开辟了道路。只要合作化一旦着手进行和发展起来,每年就有大批工人可以实现合作化,从而进入自由和福利的世界。随着工人合作社的大量涌现,一个地区、一个生产部门总是很快集中为一个统一的合作社,这就可以避免竞争,并发挥规模优势,提高生产效率。并且还会出现全国统一的信用和保险的联合组织,可以通过互通情报而避免生产过剩。他已经有了通过各个合作社的自下而上的协调实现生产计划化的初步思想。"我只向国家要求一个小手指!而其余的一切就会以一种持续的生命力自然而然地有机地发展起来。在采取这个措施 50 年之后,这个世界就会变得不可辨认了!"①

---

① [德]拉萨尔:《拉萨尔言论》,编辑组译,生活·读书·新知三联书店 1976 年,第 188 页。

　　针对一些人担心国家会通过贷款控制工人合作社,威胁个人自由,拉萨尔强调:国家只具有贷款人的权利,只监督贷款的使用,不是合作社的具体经营管理者,因此不可能妨碍工人的自治,干涉个人自由。依靠国家出资建立生产合作社,使工人摆脱贫困,以实现社会主义,这是拉萨尔国家社会主义经济思想的基本点。为了论证这一思想,他严厉批判了反对政府干预的自由主义观点:总之,把国家绝对不应当干预,一切都应当成为自由竞争这一原则运用于资本家同工人的关系方面,这是世界上最空洞、最残暴不仁的偏见!"我们的主要原理,即不是通过放任自流,不是通过进步党①经济学家断言是颠扑不破的经济规律的自由竞争,而是通过立法来调整工人关系。"②

　　那么如何使得国家去支持工人呢?拉萨尔当然明白不能指望当时实际存在的国家。为了实现理想中的国家,他寄希望于直接的普选权,而普选权同反动的官僚统治的国家是难以相容的。显然,实行普遍的、直接的选举权以后,国家就完全不是现在这样的国家了。那时的国会将出现工人阶级的代表,将提出并通过有利于工人的政策主张。因此他主张通过实施普选权来实现工人阶级的解放。社会主义只有通过普遍的、直接的选举权才能实现。而为了取得普选权,他向工人宣称:"普遍的、直接的选举权不仅是你们的政治原则,也是你们的基本社会原则,是一切社会帮助的基本条件。这是改善工人等级物

---

① 进步党是普鲁士当时主要反映资产阶级自由派观点的一个党。

② 〔德〕拉萨尔:《拉萨尔言论》,编辑组译,生活·读书·新知三联书店1976年,第327页。

质状况的唯一手段。"①因为只有取得普选权,才能把普鲁士专制国家变为"自由国家","自由国家"把用于战争的钱拿来建立生产合作社,使工人摆脱贫困。他认为,当德国立法机构是通过直接的普选权产生的时候,才能决定国家履行干预这一职责,即由国家帮助工人阶级建立广泛的合作社。当然,普选权不是立马解决一切问题的魔杖,工人们在选举中也会选错人,但是普选权是一根医治自己造成的创伤的矛,它给了工人纠正错误、增长见识的机会。

那么如何实现普选权呢?拉萨尔以英国反《谷物法》运动的胜利为榜样,认为工人们要在和平的、公开的集会上和私人的接触当中,随时随地无休止地争论和讨论普遍的、直接的选举权的必要性。工人的呼声越是得到千百万倍的响应,这种声音的力量就会越来越变得不可抗拒,为此就需要建立工人阶级自己的组织。他提出以在德意志各地实行直接的普选权为目的,组织一个全德工人协会,并为此开展一个合法的、和平的,同时又是孜孜不倦的、不间断的宣传运动!

针对当时一些工人代表不关心政治活动的态度,拉萨尔强调工人阶级必须参与政治,工人只有在政治上自由了,才能期望实现他的合法利益。为此,他认为工人阶级必须拥有自己的独立政党,拥有自己独立的政治纲领。工人阶级必须缔造一个独立的政党,应以普遍的、平等的、直接的选举权作为这个党的原则、口号和旗帜。工人阶级在德国立法机构中要有代表,这是在政治上满足它的合法利益的唯一办法。为此目的用所有合法手段展开一个和平的宣传活动,这就是而且必须是——工人党的政治纲领。这个过程将是完全和平的发展,尽管

---

①　[德]拉萨尔:《拉萨尔言论》,编辑组译,生活·读书·新知三联书店1976年,第142,182,232,322页。

并不是因此就不能产生社会状况最和平的彻底革命,彻底变革。这说明他完全相信可以通过和平的方式实现社会主义目标。

为了达到实现普选权的目标,第一,确定工人阶级独立政党的宗旨是通过和平和合法的道路,特别是通过争取公众的信念,为实行普遍的、平等的和直接的选举权而进行活动的。第二,党的组织特征是非密谋的、非集权的、民主的、开放的、群众性的,任何德国工人,只要提出简单的入会声明,都可以成为享有完全平等表决权的联合会会员,并可以随时退会。它虽然是一个以工人阶级为主体的政党,但并不排斥出身于资产阶级的优秀分子。它的领导成员是自下而上选举产生的、定期更换的。它的决策也是以简单多数决定的。但它在行动中是强调纪律统一指挥的。第三,党的策略是利用矛盾注意结盟。他分析了工人政党成立后的形势,认为国内存在三个大党:一是进步党或自由资产阶级的党;二是政府党,具有保守党的全部色彩;三是他有幸领导的党或真正的人民党。在这种形势下,显然对于他的党来说,比较有利的是使前两个党彼此相持不下,于是它们就不得不按照自己的方式来求助于人民,求助于举足轻重的第三个党。正是在这种策略思想的支配下,为了达到实现普选权的目标,他采取了与当时德国的"铁血宰相"俾斯麦结盟的战术性策略,结盟的交换条件是政府给工人阶级以普选权,工人阶级则不再用武力反对政府,并支持普鲁士政府统一德意志。

1860年开始,德国工人运动的重新高涨,引起了德国统治集团的恐慌,它们力图控制和利用新兴的工人运动。1862年9月,俾斯麦一上台,就一面镇压工人的革命行动,另一面又收买工人阶级以对付资产阶级。

从1863年5月11日起,拉萨尔就与俾斯麦秘密联系,多次密谋和通信。1863年5月11日,俾斯麦写信给拉萨尔,约他就工人问题进行密谈。在5月12—13日,拉萨尔与俾斯麦进行第一次会面,要求当局帮助建立生产合作社,他表示支持俾斯麦"用铁和血"统一德国。6月8日,拉萨尔写信给俾斯麦,表示愿意接受国王的"社会独裁",并把《全德工人联合章程》奉献给俾斯麦审阅。6月10—15日,拉萨尔与俾斯麦进行第二次密谈,向俾斯麦汇报工人联合会的活动情况,并同俾斯麦商讨反对资产阶级进步党的共同行动。10月23日,拉萨尔与俾斯麦进行第三次密谋,商讨在国会选举时工人联合会与俾斯麦的保守党结盟问题。1864年1月9日,拉萨尔写信给俾斯麦,要求就普选权问题举行密谈。1月12日,拉萨尔与俾斯麦进行第四次密谈,并由俾斯麦委托拉萨尔起草选举法草案。1月底,拉萨尔与俾斯麦进行第五次密谈,并向俾斯麦呈上他起草的选举法草案。2月5日,拉萨尔写信给俾斯麦,并将自己刚出版的著作《巴斯夏-舒尔采-德里奇,经济上的恺撒或资本和劳动》寄给俾斯麦,告知该书的主旨是为俾斯麦钳制自由资产阶级的政策服务的,并请求接见。同年4月底,就实施普选权等问题,拉萨尔与俾斯麦进行第六次密谈,并再次表示支持俾斯麦的铁血政策,支持普鲁士王国对丹麦的战争。

概括地讲,拉萨尔实现社会主义的道路就是,建立一个独立的工人阶级政党,以推进普选权为目标,开展大规模群众宣传运动和以放弃武装暴动为条件争取政府支持;通过普选权把国家掌握在工人阶级手里,由这个国家去推进所有工人的合作社运动;通过这种合作社,使工人成为自己企业的主人,废除工资铁律,获得全部劳动所得,提高工人的生活水平,实现工人的解放。

虽然拉萨尔曾经遭到马克思的严厉批评,尤其是他与俾斯麦结盟的做法。但从上述介绍可知,从理论上看,他的"工资铁律"不过是英国古典经济学家李嘉图的维生工资论,"工资铁律"并不是他提出的,更不是他认可或主张的;①相反,他是力图消灭它的。因此,不应该因为他谈到"工资铁律"就误以为他赞成之,并因此而批判他。同时,他对当时流行于法德两国的合作社运动及其理论依据的批评也是非常精准到位的。从实践上看,他创建了德国第一个独立的工人政党,这个党与以往社会主义者所建立的密谋的或者少数人的组织有很大不同,为以后欧洲发达国家的群众性工人阶级政党提供了典范,功劳不可谓不大矣。最后,他选择的工人阶级的解放道路和策略,从长期来看,就是德国和其他不少欧洲国家的工人阶级最终选择并取得成功的道路和策略。而马克思所提倡的暴力革命道路,并未在那些国家得到成功。德国社会民主党人弗·梅林在其《马克思传》中,对拉萨尔及其后继者施韦泽都有一定的正面评价。② 倍倍尔在评价拉萨尔时,也谈到"拉萨尔的著作事实上(这是不容辩驳的)以其通俗的语言奠定了群众的社会主义观的基础。这些著作在德国传播,比任何其他社会主义作品要多 10 倍、20 倍,所以拉萨尔享有这样大的声望"③。

拉萨尔的思想,对以后的社会主义运动产生过重大影响,而对伯恩斯坦的影响尤其大。

---

① [德]弗·梅林:《德国社会民主党史》第三卷,青载繁译,生活·读书·新知三联书店 1963 年,第 43 页。

② [德]弗·梅林:《马克思传》,樊集译,持平校,生活·读书·新知三联书店 1965 年,第 396—399,418—422,496—500 页。

③ [德]奥古斯特·倍倍尔:《我的一生》第二卷,薄芝宇译,李稼年校,生活·读书·新知三联书店 1965 年,第 237 页。

第五节　德国讲坛社会主义

德国讲坛社会主义,在西方经济思想史中又被称作德国新历史学派。这个学派之所以被称作是讲坛社会主义,是与 19 世纪后半期德国社会主义运动的蓬勃发展密切相关的。社会主义运动的发展,不可避免地影响到了德国新历史主义的经济学家,他们一方面对劳工的苦难有一定的同情心,另一方面又不希望实行过于激烈的社会变革,而是希望走改良主义的道路。他们的代表之一阿道夫·瓦格纳在 1871 年的一次演讲中指责德国的自由主义者无视劳动群众的苦难、忽视劳资关系问题的解决,主张通过政府干预来解决问题。这种主张激怒了德国的自由主义者,一位名叫 H. 奥本海姆的自由派记者于 1872 年发表了一篇讥讽性的文章《讲坛社会主义》,他们反倒欣然接受了这个称号。

讲坛社会主义或新历史学派是一个真正的关系紧密型学派,有一位公认的宗师——施穆勒,有大体相同的研究领域、研究方法。

古斯塔夫·冯·施穆勒 (Gustav von Schmoller,1838—1917),生于德国海尔布隆一个官员家庭,23 岁获得博士学位,在财政部门工作一段时间以后,于 1864—1872 年在哈勒大学任教,1872—1882 年到斯特拉斯堡大学担任教授,1882—1913 年在柏林大学任教授。他是德国讲坛社会主义的领袖。他主持的经济学重要刊物《德国立法、管理和国民经济年鉴》,被后人简称为《施穆勒年鉴》。他在普鲁士上议院代表柏林大学,1908 年被授予贵族头衔。其代表作包括:《关于宗教改革时期德国的国家经济思想史》(1861)、《19 世纪德意志手工业史》(1870)、《法律与道德问题》(1875)、《斯特拉斯堡的纺织工人协会》(1879)、《分工事例》(1889)、《分工性质与社会阶级形成》(1889)、《现代社会与实业的政策》(1890)、《企业之史的进化》(1890—1893)、《社会政策和国民经济学的若干基本问题》(1898)和《国民经济学大纲》(1900—1904)等。

讲坛社会主义的代表人物除了施穆勒之外,还有下面几位。

阿道夫·瓦格纳(Adolf Wagner,1835—1917),其主要著作有:《银行学说论》(1857)、《皮尔银行法的货币和信贷理论》(1862)、《土地私有制的废除》(1870)、《金融学》(1871)、《政治经济学基础》(1876)、《财政学》(1877—1901)和《社会经济学理论》(1907—1909)等。

路德维希·约瑟夫·布伦坦诺(Ludwig Joseph Brentano,1844—1931),其主要著作有:《关于行会的历史和发展,以及工会的起源》(1870)、《现代劳动行会》(1871—1872)、《劳动与今日法律的关系》(1877)、《我和卡尔·马克思的论战》(1890)、《与生产有关的小时和工资》(1894)、《农业政治》(1897)、《历史中的伦理和经济》(1901 年)、《价值理论的发展》(1908 年)、《德国谷物税》(1911)和《我为德国社会发展而奋斗的生活》(1931)等。

韦尔纳·桑巴特(Werner Sombart,1863—1941)出生于德国埃姆斯莱本,于 1888 年获柏林大学哲学博士学位,1888—1890 年任德国布莱梅商会会长,1890—1906 年任德国布莱斯劳大学政治经济学副教授,1906—1918 年任柏林商业学院教授,1918—1941 年任柏林大学教授。他早年信奉马克思主义,晚年转向法西斯国家社会主义,政治观

点剧烈变化。主要著作有:《评卡尔·马克思的经济体系》(1894)、《19
世纪的社会主义与社会运动》(1896)、《现代资本主义》(1902)、《19 世
纪德国国民经济》(1903)、《为什么美国没有社会主义》(1906,有中译
本)、《犹太人与经济生活》(1911)、《奢侈与资本主义》(1912,有中译本)、
《资产者》(1913)、《现代资本主义发展史研究》(1913)、《商人和英雄》
(1915)、《无产阶级社会主义》(1924)、《经济生活制度》(1925)、《三卷本政
治经济学》(1930)、《德国的社会主义》(1934,有中译本)和《哲学人类学》
(1941)等。

　　讲坛社会主义极力宣扬国家的超阶级性,强调国家在社会经济发
展中的特殊地位和作用。施穆勒宣称人与人之间有比经济关系更为
基本的道义上的结合,而国家就是这种道义结合的具体机构,因此国
家应当成为国民经济的中心。瓦格纳则认为国家是集体经济的最高
形式。

　　在政策主张方面,讲坛社会主义最突出的特征就是改良主义。他
们认为当时年轻的德意志帝国所面临的最危险的社会经济问题是劳
工问题,是阶级矛盾的激化。但是他们反对主张阶级斗争和无产阶级
革命的德国社会民主党。

　　1872 年,讲坛社会主义的代表人物专门召开过一个讨论社会问题
的会议。施穆勒在会议的开幕式上声称,劳资之间不存在经济上的对
立,而有教养、情感方面的罅隙。因此关键在于一方面要由国家出手
制订法规,改善工人阶级的生活条件;另一方面则应当在改善条件的
同时,提高工人阶级的道德水准。他认为工人阶级的痛苦是经济自由
主义造成的,是国家放弃干预的后果。因此以他为代表的一些人,反
对古典经济学的自由放任,强调政府干预的作用,主张通过改良主义
的手段来解决经济和社会问题。具体地讲,他们主张利用政府,通过

各种法令实行自上而下的改良。要求修改关于自由、权利、财产和契约等法律,加强国家对于劳资关系的干预,制订改善劳资关系的社会经济政策。他们所提倡的社会经济政策涉及工厂立法、劳动保险、工厂监督、劳资纠纷仲裁、孤寡救济、干预劳动合同等。还要求实行河流、森林、矿产、铁路、银行等生产事业的国有化,要求限制城市土地私有权,实行财政赋税改革,等等。为了宣传这些政策主张,他们于1872年成立了"社会政策协会"。在协会的成立宣言中写道:我们极力反对旨在破坏现行的经济制度,使资本主义消灭,而代之以共产主义社会的那种社会主义。我们虽然不满意现在社会的各种关系,痛感改良的必要,但我们不是说要变革一切科学,打破一切现存的关系。我们反对一切社会主义的实验。我们在一切方面承认现存的东西,即经济立法、生产形态、种种社会阶级现存的教养和心理状态的基础,是我们活动的出发点。我们不但这样认识,而且要毫不犹豫地改良它。

以布伦坦诺为代表的另一些人,则主张实行工联主义,由工会来推行改良措施,认为由工会和消费合作社所实行的自助是解决工人阶级贫困问题的最重大措施。同时,他还是提出"有组织的资本主义"的第一人,肯定了卡特尔组织,认为它将使经济计划化,从而有助于缓和资本主义危机;并且它也将改善工人生活,因为它保证了商品销路,减少了失业。①

到1879年以后,瓦格纳更进一步地把他们的改良主义称作"国家社会主义"。他认为经济自由主义和社会主义是两个不同的错误极端。他尤其批评了社会主义,"社会主义,依据历史和自然科学的新成

---

① [美]本·塞利格曼:《现代经济学主要流派》,贾拥民译,华夏出版社2010年,第32—33页。

果、达尔文的进化论、史前社会和初民社会的历史的材料，提出了一个他们认为对于经济不同发展阶段的唯一的解释。社会主义者认为简单的'历史唯物主义'的公式不但说明了过去和当前社会经济的情况，并且准确地预测了它将来的发展趋势……这趋势就是从私人经济组织……走向生产资料完全公有化的社会主义、共产主义的经济组织。从心理和经济观点来说，这是一个不可想象的学说，它造成了一种幻觉，把它所认为'无可非议的科学的'而实际上不可靠的和半真实的论证提高到新的教条的地位……社会主义并没有如恩格斯所说的，已经从空想发展到科学，而还是深深地沉滞在空想中"①。

　　瓦格纳宣称国家社会主义是一个特殊的政治经济学体系，在理论和应用上它处于个人主义和社会主义之间的调和地位。它同意社会主义对于当时社会批评的部分意见，认为社会主义者对于私产制改革的要求可以局部实现。但是它对社会主义的要求有所保留，因为在原则上它认为个人主义即便在集体利益的范围内也是必要的和正当的。国家社会主义在原则上承认应该限制生产资料的私有制和干涉私有经济，但是它并不主张依据某些理论或公式以集体经济来代替私人经济，只是要求依据经济和技术发展的情况，在社会和政治观点认为可能和有利的条件下逐步进行改革。国家社会主义并不意味着赋予国家全部的生产和分配的职能，也不意味着对全部私有经济制度的排斥，它只是在社会利益的前提下给予国家管理社会经济和节制私有经济的权力。他强调由国家进行收入的再分配，"理所当然，国家社会主义必须承担两项彼此密切联系着的任务。首先，它必须牺牲上层阶级的利益来提高劳动阶级的低下地位。其次，它必须限制财富在某些社

---

　　①　参阅［德］瓦格纳：《政治经济学纲要》第一卷，英文版，第9、48页。

会阶层或有产阶级的某些成员中的过度的积累"①。

讲坛社会主义的上述政策主张,对于德国19世纪后期的经济政策走向,产生了相当大的影响。"铁血宰相"俾斯麦就认同他们的主张,并通过一系列的社会立法尤其是各种社会保险制度和一些重要产业的国有化措施,把他们的主张付诸实践。

附　录　马洛和杜林

在19世纪后半期的非马克思主义的社会主义者当中,还有两位值得提及,一位是卡尔·马洛(1810—1865),另一位是卡尔·欧根·杜林(Karl Eugen Dühring,1833—1921)。

卡尔·马洛的真名是卡尔·格奥尔格·温克尔布莱希。他是卡塞尔高级商业学校的化学教授,独立社会主义者,曾影响俾斯麦。1850—1859年间,他发表了三卷本的《关于劳动组织的探究或世界经济制度》。②

马洛认为以1789年为界,可以把人类历史分为两个阶段。1789年之前,人类社会通行少数人剥削多数人,人与人之间存在不平等。1789年之后,基督教所主张的平等才真正成为社会的基本准则。但是这条准则受到两方面的干扰:一方面是自由放任主义的干扰,自由放任决不会

---

① 转引自[法]夏尔·季德、夏尔·利斯特:《经济学说史》下册,徐卓英、李炳焕、李履端译,商务印书馆1986年,第504页。

② [英]G. D. H. 柯尔:《社会主义思想史》第二卷,何瑞丰译,俞大畏校,商务印书馆1978年,第28页。

导致真正的社会平等,只不过导致工人受到资本家的剥削;另一方面是他所谓的共产主义(即巴贝夫和卡贝所推崇的平均主义)的干扰,它不过使社会在平均化的过程中,人民普遍贫困。他认为自己设想的社会主义制度是一种兼容主义,即调和了自由主义和共产主义,同时追求自由和富裕。社会中每个有能力者都有劳动的义务,且不再受人剥削;每个人都有权享有与其劳动贡献相当的收入和产品。为此,国家将接管全部主要公用事业(如铁路、港口、自来水、煤气、银行和教育)的控制权和经营权;此外,国家还将掌握大规模的经济活动,包括采矿、渔业、林业、对外贸易等。私人则经营农业、小规模的生产、零售贸易和地方运输业。但是要由国家在这些部门组织基尔特。原有的私人资本任其自生自灭,但新的私人资本将不再允许积累,应当成为公共财产。他还主张通过自愿捐助建立一种综合保险基金,为疾病、意外事故、老年人和孤儿寡妇提供保险。据说关于综合社会保险的想法影响过俾斯麦。① 他实际上是主张一种由国家承担许多责任的国家社会主义。

虽然马洛在他所在的时代影响有限,但现在一般被认为是社会民主主义中伦理社会主义的先驱。

杜林生于德国柏林一个普鲁士官吏家庭,1861 年获柏林大学哲学博士学位,1863—1877 年任柏林大学历史、哲学和国民经济学私人讲师。从 19 世纪 70 年代开始,他信奉社会主义,是 19 世纪后半期一度有相当影响的社会主义者。他的理论受到伯恩斯坦的称赞,在德国社会民主党内有很大影响,后来又由于他的反犹倾向被希特勒称作"精神先驱"。其主要论著:《资本和劳动》(1865)、《国民经济学原理》

---

① ［英］G. D. H. 柯尔:《社会主义思想史》第二卷,何瑞丰译,俞大畏校,商务印书馆 1978 年,第 29—31 页。

(1866)、《哲学批判史》(1869)、《国民经济学与社会主义批判史》(1871)、《国民经济学与社会经济学教程》(1873)、《哲学教程——严格的科学世界观和人生观》(1875)。

杜林的社会主义是反对马克思主义的。他认为当时德国社会的不公正并不是由于马克思所说的经济原因,而是由于社会政治因素,因此主张通过工人组织和政府干预私人资本,使之不得滥用而不是消灭之。因此,他的观点受到恩格斯《反杜林论》一书的批判,而这种批判也反映了他当时在德国社会民主党中的重要影响。

杜林关于时间和空间的观点,通过马赫间接影响了爱因斯坦,"爱因斯坦大大地受惠于马赫的关于空间和时间的合理概念。而马赫则在他的《力学》中非常豪爽地感谢杜林,特别感谢杜林的批判著作"①。

---

① [美]悉尼·胡克:《对卡尔·马克思的理解》,徐崇温译,重庆出版社1989年,第382页。

第七章

19 世纪美国社会主义

19世纪是美国开始进入工业化的世纪,虽然在世纪初,美国受英国工业革命的影响,就已经拥有一些早期的纺织厂、炼铁厂等。到1810年为止的第一阶段,大多数工业依然是家庭手工业。1810—1840年的第二阶段,工业逐步发展。1840—1860年的第三阶段,工业迅猛发展,年增长率从1%增加到1.67%。从1810年到1860年,工业产值增加10倍多。1860年,工业人口已经占劳动人口的40%。但直至1860年,雇佣劳动者依然约有60%以务农为业。

大规模工业化主要还是发生在1860年开始的南北战争之后,工业在经济中逐渐占了上风。到1890年,制造业产值已经是农业的3倍。到1894年美国成为工业上领先的大国。1860—1910年,农业部门雇用的劳动力的占比由60%下降到31%左右。同时,工业部门雇用的劳动力占比由18%上升为28%。南北战争后的半个世纪也是美国社会发生大动荡的时期。

工业化带来的问题——工人罢工、职业性危害、垄断、污染等——渐渐成为公共政策的主要议题,吸引了公众的注意。1873年和1883年,美国发生两次经济危机,失业工人达数百万人。80年代美国已经成为贫富极为悬殊的国家,占人口10%左右的富人控制了七八成的社会财富。绝大多数工厂工人每天工作10小时以上,有的甚至工作15小时。

伴随着资本主义工业化的发展,劳工运动和社会主义思潮也开始兴起。早期的记录有:1792年费城制鞋业工人联合会成立,1794年纽约活版印刷社成立,1795 年巴尔的摩缝纫工人组织成立,1803 年巴尔的摩活版印刷社成立,1805 年纽约制鞋业工人联合会成立。1825 年纽约女成衣工首次举行全部是女工参加的罢工。同年,英国社会主义者罗伯特·欧文到印第安纳州建立了一个实行公有制的公社,虽然不久失败了,但是对 40 年代的劳工运动深有影响。

1827 年是美国现代工人运动的真正起点,该年费城机工工会联合会成立,作为一个同业工会,它要求缩短工时、建立免费学校、废除债务监禁、要求厂主破产时优先偿还工资;反对银行、垄断和宗教立法;还要求直接选举政府官员,带有一定的政治色彩。不久就发展成为费城工人政党。但工人政党的失败导致了反对政治纲领和政治手段的倾向。1833 年以后,工会的目标以缩短工时和提高工资为重点。1835 年的罢工主要是要求每天工作 10 小时,取得成功之后,1836 年的罢工多以提高工资为诉求。

工人们组织工会的一般过程是先在一个城市成立若干同业工会,然后成立城市的总工会,最后成立全国性工会。

工会能否取得成功在很大程度上取决于经济周期的不同阶段。19 世纪 30 年代工会在缩短工时和提高工资方面取得的成就,随着 1837 年的经济不景气而一扫而光。于是在下一个 10 年中,工人们更加倾向于通过政治活动推动社会改革。从简单的社会改革立法到设计一些乌托邦社会。从主张通过立法实行 10 小时工作制等,到建立生产和消费合作社,再到建立乌托邦性质的社会主义小团体。后者在这段时期达到约 40 个种类不同的小组。其中最有名的是 1843 年纽约附近成立的法国社会主义者傅立叶所提倡的股份合作制性质的"法郎吉",其最后于 1856 年瓦解。

到 19 世纪 50 年代,工人们再次意识到政治行动不易成功,从而转向单纯要求改进经济地位的工联主义。从 1853—1854 年大约发生了数百次罢工。到 1856 年，许多行业的工人都成立了全国性工会。但是这些工会在 1857 年的危机中大多难以幸免。

从 1827 年到 1860 年南北战争爆发，美国工人运动尽管遭受多次挫折，但依然取得一定的成果。一是在 30 年代，许多州宣布债务监禁非法，规定了厂主破产时工人工资的优先偿付。二是 1840 年马丁·范布伦总统签发了行政命令，规定了 10 小时工作制。三是 1842 年马萨诸塞州高等法院判定工会为合法组织。四是逐步在各州建立了公费小学制度。

南北战争结束之后，美国进入快速工业化阶段，大企业不断出现，企业内的工人已经不再像小企业时代那样总有一定可能成为独立业主，也无法与厂主直接交往。一个工人几乎完全不可能单枪匹马挑战业主取得成功以改善处境，于是工会组织不断发展。

1866 年召开全国劳工第一次代表大会，成立了全国劳工联盟，其领袖是机工和锻工工会会员艾拉·史图尔德，大会要求实行 8 小时工作制。经过努力，安德鲁·约翰逊总统在 1868 年签署了联邦公务人员 8 小时工作制的法律。全国劳工联盟于 1872 年解散。

1869 年，劳动骑士团在费城成立，其领导人是尤赖亚·S. 斯蒂芬斯，其目标一是大造有利于工人的舆论，提高工人组织在公众心目中的地位，关心工人；二是争取通过有利于工人的立法；三是组织工人合作社。劳动骑士团广泛吸纳熟练工人和非熟练工人，从而使得其组织的罢工不易成功，多次失败，降低了其威信。1886 年之后，劳动骑士团趋于衰败。

1881 年，一批不满于劳动骑士团的、信奉工联主义的熟练工人同若干社会主义者一起开始组织美国劳工联合会（简称劳联）。劳联是一个由熟练工人组成的各个行业工会的联合体。劳联的领导人有不少都曾经参加过社会主义运动,但都拒绝马克思主义者所宣传的激烈阶级斗争。其主要领导人塞缪尔·冈珀斯也了解社会主义论著,但始终坚守工联主义,接受资本主义制度,只是争取在现有制度下不断改善熟练工人的生活状况。劳联的工联主义实际上受到工人的广泛支持,1897年时其会员人数是26.5万人,占当时全国各工会会员总数44万人的一半多,到1914年,其会员已经突破200万人。

对冈珀斯和劳联的工联主义不满的是人数很有限的社会主义者和无政府主义者。成立于1864年的第一国际于1869年在美国纽约建立了一个支部。1874年美国的社会民主党成立,1876年第一国际解散后,1877年更名为社会民主工党。党内分为拉萨尔派和马克思派,争执不断。19世纪末其主要领导人是德布斯。1900年,他在5个提名参加总统竞选者中名列榜首,得到9.6万张选票。1901年,社会民主工党分裂,他组建了美国社会党;1912年,总统选举时他得到89.7万多张选票。该党的主要纲领就是建立公有制。一批更加激进的左翼工联主义者和社会主义者出于对社会党的不满,于1905年成立了世界产业联盟,其主要领导人是威廉·D.海伍德,其纲领是主张通过暴力摧毁资本主义,建立工人国家。激进工人运动并不受大多数美国工人欢迎,虽然在19世纪末和20世纪初他们对保守的工联主义构成一定的威胁,但始终未能成为美国工人运动的主流。

从1881年到1900年,美国全国发生22793起罢工事件,波及约11.7万家企业。约75%的罢工源于对工资和工时的不满。其中比较重大的有1877年铁路大罢工,引起暴力冲突,导致26人遭到军队的枪杀。工人争取8小时工作制的罢工示威运动此起彼伏,到1886年5月1日达到顶峰。1886年5月4日,芝加哥收割机厂工人罢工,引发的冲突也导致多人死亡。1892年,卡内基钢铁公司的工人罢工以及1894年要求普尔曼车厢改善的工人罢工。这两场罢工均以失败告终,显示出大公司并不愿意对工人的要求做出让步。这种局面一直到1900年西奥多·罗斯福出任总统才有所改变。1902年,无烟煤矿工人的罢工在罗斯福总统的干预下取得成功。

整个19世纪从总体上看,美国有工人运动,尤其是19世纪的后半期,但是基本上没有以消灭私有制为目标,以暴力为手段的狭义社会主义。为何如此? 德国经济学家韦尔纳·桑巴特(Werner Sombart,1863—1941),曾经探讨过这一问题,并写下了《为什么美国没有社会主义》一书。该书认为,在经济上,美国工人阶级具有比欧洲同辈更好的物质待遇,美国工人的货币工资是德国工人的2~3倍。美国工人比他的德国同事住得更好,穿得更好,也吃得更好。并且美国工人拥有更多的个人上升空间,每一个工资劳动者的经济状况都改善在烤牛肉和苹果派上面,一切社会主义的乌托邦都烟消云散了。而且美国广阔的新边疆,使得每个美国人"只是认识到自己可以随时成为一个自由的农场主,就可以感到安全和满意,这是一种不为欧洲工人所知的状态。一个人,如果他生活在被迫逃离时有能力逃离的幻想之中,那么他就更容易忍受压迫性的环境"①。在政治上,普通工人也具有选举权,两党政治使得社会民主党人难以独立发展,在美国,第三党的历史因此是一个由不断的失败,没有给未来留下什么希望所组成的悲伤故事。而且美国的两大政党并无确定的意识形态,一切以获取最大多数选票而转移,所以他们的诉求都以他们所认为的多数人的诉求而转

---

① [德]W.桑巴特:《为什么美国没有社会主义》,赖海榕译,社会科学文献出版社2003年,第211页。

移。两大党互相竞争的制度环境如今使无产阶级和所有比较低下的社会阶层受到益处。这个事实得以确保,是因为两党一开始就要争取这个阶级的选民的支持,或者做出积极的努力以保持他们的支持。可以说,在普选权政治制度下,简单地认为两个政党都不过是一小撮资本家的代表,是难以说明美国政治的各种现象的。每个政党都力图通过满足工人的眼前利益而获取最多选票十分常见,区别只在于对这个眼前利益的不同判断上。

第一节　亨利·乔治的经济思想

一、乔治时代的美国及其生平与著作

亨利·乔治(Henry George,1839—1897),年轻时曾经当过水手、勘探者、印刷工人、记者、报纸编辑和发行人、演说家和政治活动家。他从事著述的时代,正好是美国进入工业革命的年代,他对美国社会出现的不平等现象恶痛绝,可以算是广义的社会主义者。

1865 年,南北战争结束之后,美国迅速展开了工业化和城市化的历史进程。整个社会迅速进步,财富加速积累;同时,工业化之殇在美国也日渐增长,贫困现象触目惊心,遍地皆是。工业化之殇在美国的一种特殊表现就是一些富人借城市化之机,大肆囤积并闲置土地,不进行开发,待价而沽,出售谋利。而在少数人暴富的同时,大量的穷人却缺吃少穿,无立锥之地。

1869年,30岁的乔治从西部来到纽约的时候,他所看到的就是这样一幅贫富差距巨大的画面。面对这种令人愤怒的场景,他于1871年发表《我们的土地和土地政策》,初步提出集中向地价征收单一税的主张。尔后于1877年发表其成名作《进步与贫困》,系统考察了英国古典经济学的收入分配理论,批判了马尔萨斯的人口理论,否定了工资与利润之间的冲突,强调了地租与工资和利润两者之间的矛盾,指出"土地是私人财产时必然引起的土地投机的剧增,是地租上升和工资下降的引申而得的最重大的原因……这个原因必然会造成周期性的工业萧条……只要土地属于私人,不管人口怎样增加,物质进步的后果必然迫使劳动者得到只能维持最低生活的工资……只有使土地成为公共财产,才能永远解脱贫困并制止工资下降到饥饿点"①。进而他依据自然法论证劳动产品私有的正义性和土地私有制的非正义性,并全面阐述了实现土地公有的主要措施:地价单一税。该书使他声名鹊起,激进改革主义者纷纷投奔于其麾下。在工会、社会主义者和少数民族的支持下,他组织了联合工党,并在1886年差一点竞选成功纽约市长。1897年,他在再次竞选纽约市长时去世。他的其他论著:《爱尔兰土地问题》(1881)、《社会问题》(1883)、《保护还是自由贸易》(1886)、《劳工条件》(1891)。

---

① ［美］亨利·乔治:《进步与贫困》,吴良健、王翼龙译,商务印书馆2010年,第6—8页。

二、基本观点

(一)难解之谜,批判马尔萨斯人口理论

乔治首先指出当时美国社会的基本特征,一方面是源于快速的技术进步所带来的巨大财富,另一方面是社会下层民众的极度贫困。"贫困与进步的这种形影相随是我们时代的难解之谜。"①

为了求解这个谜,乔治首先给出了人类行动的基本原则,并认为该原则在政治经济学中的地位就相当于万有引力在物理学中的地位,就是企图用最少力量满足欲望。他按照这个基本原则建立并阐述了他的分配理论。

乔治首先仔细考察了英国古典经济学用于解释工资水平的工资基金论,发现按照工资基金论的推论,工资低(高)一定对应利息高(低);然而该推论与美国的事实不符,与经济波动中工资与利息同向变动的事实不符。他的结论就是"工资的决定因素是工资与生产量的比率而不是工资与资本的比率"②。因此,他否定了工资源于预付资本的观念,认为它不过是劳动所增加的财富的一部分,是劳动的产品。

① [美]亨利·乔治:《进步与贫困》,吴良健、王翼龙译,商务印书馆 2010 年,第 13—17 页。

② [美]亨利·乔治:《进步与贫困》,吴良健、王翼龙译,商务印书馆 2010 年,第 26 页。

他认为这一结论即便在劳动者并不生产生活用品的情况下同样成立，只要同时还有生产生活资料的劳动者需要他们生产的非生活用品，不直接生产生活资料的劳动者，其生活资料来自别人在同时生产的生活资料。他赞同工资同时论而反对工资预付论。

资本如果不是对劳动的工资预付，那么它是什么？资本的真正职能是增加劳动生产财富的力量。同时，以当时的墨西哥和突尼斯为例，如果没有特定的制度、文化和相关技术的配套，资本并不能增加劳动的力量。这是多年之后发展经济学重新发现的真理。

只要把资本等同于食物，把劳动人数等同于人口，工资基金论便与马尔萨斯人口论合而为一了。马尔萨斯人口论的广泛传播的原因是它把社会的贫困现象归结于穷人自身，而非社会制度，从而安抚了富人，维持了原有的社会制度。它"把不平等的责任从人制定的制度转移到造物主制定的规律上"①。他以当时的印度、中国和爱尔兰的事实为据，反驳了作为工资基金论基础的马尔萨斯人口论，认为这些地方的贫困并非由于大自然的吝啬，而是因为敲骨吸髓的暴政、不保护产权的恶法和战争。一句话，不是稠密的人口，而是阻止社会组织趋向自然发展的原因和阻止劳动力获得完全报酬的原因使几百万人生活在饥饿的边缘，并时时迫使几百万人陷于饥饿。同时，他通过比较美国和英国指出，人口最稠密的地方财富最多；随着人口增加，一定量劳动生产出来的财富也增加。在同样的文明程度、同样的技术、同样的政治发展等的阶段里，人口最多的国家总是最富裕的国家，即人口众多和富裕正相关。因此，富裕中的贫困是马尔萨斯人口说所无法解

① ［美］亨利·乔治：《进步与贫困》，吴良健、王翼龙译，商务印书馆2010年，第95页。

释的现象。

（二）收入分配理论

在否定马尔萨斯人口论能够解释贫困之后，乔治转向用收入分配理论来解释贫困。他认可李嘉图的地租定义和级差地租理论。他给出的地租规律为"一块土地的产品超过对最贫瘠土地投入相同劳动与资本能够收获数量的部分叫地租"①。由于优质土地数量有限，而劳动之间和资本之间的竞争将使得它们所生产的超过它们在最贫瘠土地上所能生产的产品部分都成为地租。于是工资和利息不取决于劳动和资本的产品，而取决于产品中取走地租后还留下多少；或者取决于劳动和资本能够从使用最下等土地（不付地租）时获得的产品。因而不管生产能力增加多少，如果地租以同样速度增加的话，工资和利息都不会增加。这就是进步国家地租不断增加而工资和利息停止不变的原因。

关于利息，乔治按照通常的观点把利润区分为使用资本报酬的纯利息、监督管理工资和风险补偿。他着重论证了纯利息的公正性。他认为生产有三种方式：更动或改变自然产品的形式或地点，使它们满足人的欲望；种植或利用自然的生命力，如栽培植物和饲养动物；交换或利用因地点改变而提高的那些自然力的较高能力，和因环境、职业与性格而改变的那些人力的较高能力，以求增加财富的总量。这三种生产方式中的每一种，资本都可以帮助劳动。第一种方式是通过使用

---

① ［美］亨利·乔治：《进步与贫困》，吴良健、王翼龙译，商务印书馆 2010年，第156页。

资本增加收益,第二种方式是利用自然力增值收益,第三种方式是通过交换增值收益。由于资本的流动性和逐利性,使得任何使用方式都必须从增加的收益中取得报酬,这种报酬就是利息。因此,利息产生于增值能力,这种能力是自然的生殖力以及事实上进行交换的类似能力给予资本的。它不是专断的,而是自然的事情;它不是特定社会组织的结果,而是作为社会基础的普遍规律,因而它是公正的。同时他也指出,大量资本拥有者通过专横、贪婪和投机的手段获得的利润并不能与作为生产要素之一的资本所得到的合法报酬混为一谈。

乔治认为根据事实,利息与工资是同向变化的,即在工资高的时候和地方,利息也高;在工资低的时候和地方,利息也低。究其原因,是因为劳动和资本只是同一件事情——人力——的不同形式。资本由劳动生产出来;它事实上只是体现在物质上的劳动。储存在物质中的劳动,在需要时再释放出来,就像太阳的热储存在煤中,在火炉中释放出来。他认为资本只是劳动的一种形式,它与劳动的区别实际上只是名词的细分罢了,正如劳动分为熟练劳动和非熟练劳动一般。因此他断言:"即使在一般劳动阶级和一般资本家阶级之间有最明显区别的社会里,这两个阶级在难以觉察的渐变中彼此淡化,在极端的事例中,这两个阶级融合为同一批人。"①在否定资本与劳动冲突的基础上,他强调工资和利息之间不存在此消彼长的对立关系,它们的共同涨跌一定是受制于另一个因素,就是地租。他给出的利息规律为工资和利息的关系决定于资本作用在再生产方式中所具有的平均增值能力。随着地租上升,利息将与工资同时下降,或者利息将由耕种的边际

---

① [美]亨利·乔治:《进步与贫困》,吴良健、王翼龙译,商务印书馆2010年,第183页。

决定。

关于工资,根据这个原则,他给出了工资规律:"工资决定于生产边际,或决定于劳动不需支付地租有机会从事的自然生产能力最高点而得到的产品。"[1]若土地不需付费,也无资本帮助,则工资就是劳动的全部产品;若土地不需付费,但有资本帮助,则工资就是全部产品减去被诱导积累成资本后的剩余;若土地需要支付地租,则工资便由劳动不需支付地租而能够从事的最好机会中获得的产品所决定;若土地全部被私有从而都需支付地租,那么劳动之间的竞争就可能被迫降到劳动者同意再生产的最低点。这意味着他认为李嘉图的维生工资只是土地全部私有化后的结果,并非通则。这种观点一方面反映了当时美国的现实,即过低的工资将迫使劳动者去开垦无须付租的荒地;另一方面也是他反对土地私有化的论据。他认为由耕种边际所决定的工资是雇主和劳动者双方讨价还价所围绕的中心,实际工资不可能长期偏离之。

乔治还考察了工资差别及其决定因素,认为这种差别取决于社会对各种特殊劳动的供求,但它们之间存在并非固定的相互联系和相互影响,且所有等级的工资最终取决于最低和最普遍等级的工资,最低和最普遍等级工资升降时,一般工资比例也随之升降。因此工资水平归根结底取决于耕种边际。

最后,乔治用对比的方法总结性地指出了他的分配理论与他认为的通常观点的区分。

---

① [美]亨利·乔治:《进步与贫困》,吴良健、王翼龙译,商务印书馆2010年,第193页。

当前政治经济学说法	正确的说法
地租取决于耕种边际,后者下降,地租上升;后者上升,地租下降	地租取决于耕种边际,后者下降,地租上升;后者上升,地租下降
工资取决于劳动者人数和用于雇用劳动者的资本量之间的比例	工资取决于耕种边际,后者下降,工资下降;后者上升,工资上升
利息取决于资本供给与需求的平衡。或者,在说到利润时涉及工资(或劳动富有),工资下降,利润上升;工资上升,利润下降	利息(它与工资的比率由资本的净增值力决定)取决于耕种边际,后者下降,利息下降;后者上升,利息上升

可见,乔治的收入分配理论的特点是否定工资与利润之间存在此消彼长的关系,否定资本与劳动之间的矛盾和利益冲突;突出强调工资和利润共同与地租之间此消彼长的关系和利益冲突,强调地租上升对工资和利润的不利影响。

乔治认为,人口增加、技术进步等动态因素的作用无一例外是增加地租在总产品中的比重,工资和利润也许绝对量增加,但它们在总产品中的比重一定下降。因为这些动态因素降低耕种边际,或(和)提高了土地的生产能力。不断增加的人口对财富分配的后果是增加地租以及减少产品中资本和劳动的比例。其方式有二:第一,降低耕种边际;第二显示出原来潜伏的土地特殊能力,和给予特定土地的特殊能力。还有,即使人口不增加,发明创新的进展一直促使将产品中的较大部分给予地主,把越来越小的部分留给劳动和资本。

乔治认为除了人口增加、技术进步这些动态因素之外,另一个引起地租上升的重要因素是对土地的投机。这个因素尤其在不断进步的国家中刺激地租上升。因为在这些国家中,人们对今后土地价值的提高充满信心。这种信心产生于地租的稳步提高,导致投机或购买土地以待价而沽。在这种期望下,往往有大量土地被闲置,这就将迫使社会的耕种边际下降到没有投机时不会达到的低水平,从而提升了地租。土地投机对地租增加的影响是一件重要事实,进步国家财富分配的完整理论绝不可忽视这种情况。

乔治进一步认为,土地投机是导致经济波动的主要或根本原因,土地价值的投机性上涨是每一个文明国家越来越易遭到周期性工业萧条的主要原因。他分析了土地投机导致经济波动——从繁荣到突然崩溃再到缓慢复苏——的机制,强调了土地投机的根本作用以及银行货币信用在延缓危机和导致突然崩溃中的作用。

进步所导致的地租不断上升要为下层劳动大众的贫困负责,文化不平等发展的原因不在于资本和劳动的关系,也不在于人口对食物的压力。财富分配不平等主要是土地所有权不平等。土地所有权是最后决定社会、政治以及与之相应的人民知识和道德水平的最重要的基本事实。因此,当土地被垄断时,即使物质有无限的进步,也不会增加工资或改善仅具有劳动力的人们的生活条件。它只能增加地价和土地占有的力量。无论何时何地,在所有民族中,占有土地是贵族政治的基础、巨大产业的根本和力量的源泉。他愤怒地指出:"对一个人赖以为生的土地的占有,实际上就是对此人的占有。允许有些个人独占地使用和享受土地,等于迫使另外一些人陷于奴隶境地,像正式罚他们做奴隶一样的完全和实在。"①造成奴隶状态的原因,永远是一

---

① 〔美〕亨利·乔治:《进步与贫困》,吴良健、王翼龙译,商务印书馆 2010年,第313页。

些人垄断了大自然为所有人设计的东西。

(三)解决问题的对策方案

乔治首先对当时流行的六种对策进行了剖析,指出它们的不可行之处。① 然后提出了他认为正确的答案,"要消灭贫困,要使工资达到正当要求应有的数额,即劳动者的全部收益,我们必须以土地公有制取代土地私有制……纠正财富分配不公的唯一办法是实行土地公有"②。

乔治从自然法的自然权利出发,论证土地私有的不公正,论证劳动产品私人所有的合理性。他指出,因为一个人属于他自己,所以当他的劳动变成具体物体时也属于他。因此,凡由人力生产的任何物品,生产者有充足的、无可争辩的、独自占有与享受的权利,完全符合公正的原则,除此之外不可能有其他的正当权利。因为不存在能获得任何其他所有权的自然权利。因为承认任何其他所有权就与这个道理相悖,并破坏这个道理。要区分劳动产品和大自然无偿贡献的物品:第一类东西的基本特征是它体现劳动,由人力造成;第二类东西的基本特征是它们不体现劳动,其存在与人力无关、与人无关。一旦了解这种区别,人们就知道自然的正义只属于第一类财产,不属于另一类财产;认定个人劳动产品财产的正当便暗示个人土地财产的错误。

---

① ［美］亨利·乔治:《进步与贫困》,吴良健、王翼龙译,商务印书馆 2010年,第 270—293 页。

② ［美］亨利·乔治:《进步与贫困》,吴良健、王翼龙译,商务印书馆 2010年,第 294—295 页。

所有人都有使用土地的平等权利的道理,就像他们有呼吸空气的平等权利一样清楚,后者是人们存在的事实所宣告的权利。他相信上帝让所有人(包括现世的和来世的)有平等权利使用大自然如此公平提供的全部东西。这也包括不是由劳动造成的土地,因此世界上没有任何权力可以正当地让任何人有土地的独占所有权。为此,他否定了为土地私有制辩护的先占原则,指出它是最荒谬的理由。他宣称,只要我们承认土地私有制度,我们所夸耀的自由必然包括奴隶状态。在消灭土地私有之前,《独立宣言》和《解放法案》都不起作用。只要有一个人能够对其他人必须赖以为生的土地宣称有独占所有权,奴隶状态将一直存在,并随着物质不断进步,还必将扩大和加深!因此,"颠扑不破的真理是,对土地的独占所有权是非正义的,土地私有制是一个无耻的、巨大的、赤裸裸的错误,与奴隶制的错误毫无不同"[1]。

乔治要求无偿地把土地收归公有,并不需要对地主进行补偿,除了其改良土地的投资。他反驳了认为土地公有将不利于土地有效使用的观点。

至于土地收归公有的具体做法,乔治想到的是征收地租税和地价税。"我提议的不是收购私有土地,也不是充公私有土地。前者是不公正的;后者是不必要的……没有必要充公土地;只有必要充公地租。"[2]他非常明智地看到充公土地再由政府出租所可能引起的弊端,如要建立新的政府机构,会出现各种徇私、勾结和舞弊。他还从动态

---

① [美]亨利·乔治:《进步与贫困》,吴良健、王翼龙译,商务印书馆 2010年,第 321 页。

② [美]亨利·乔治:《进步与贫困》,吴良健、王翼龙译,商务印书馆 2010年,第 362 页。

的角度论证,随着人口增加、技术进步,地价会越来越高,从而保证了政府的税收收入。因此可以取消除地价税外的全部税收。他从税收角度论证了地租税和地价税的优越性:不会妨碍生产、交易和资本积累,不容易出现纳税人偷逃和征收者舞弊的现象,征收成本低廉,税收负担平等。他还分析了可能反对以地租税和地价税代替其他各种税的利益集团,从整个经济的角度论证了单一的地租税和地价税的各种好处:由于取消了其他各种税,将促进生产和交易;由于这种单一税制实际上是将土地通过竞价方式交给愿意向政府支付最高税额的人使用,因此它将抑止对土地的垄断性投机,抑止对土地的占而不用的行为,从而有助于抑止由土地投机引起的经济波动;有助于提高工资和利润,并用地租税和地价税作为基金向整个社会提供公共福利,从而能够促进收入分配的平等,促进整个社会的改良。

三、影响与评价

乔治的土地单一税思想,在法国拥有久远的传统。一个多世纪以前的重农主义就已经提出过类似主张。19 世纪 30—40 年代,法国老瓦尔拉斯甚至主张通过政府收购实行土地国有化,作为过渡性措施,再次提出类似主张,以缓解法国工业化过程中出现的贫富差距、社会矛盾。19 世纪 50 年代正处于工业化过程中的德国的戈森同样提出土地国有化的意见。由此可知,土地国有化或土地单一税确实是为了缓解各国工业化和城市化过程中出现的贫富差距社会矛盾,被一些经济学家屡次提出的选项。目前不清楚乔治是否曾经受到过这些先驱的影响,但不能简单地认为他只是重复了前人的观点,因为思想史上同时发现、重新独立发现某种观点的现象不在少数。

乔治的影响是深远并广阔的。在他的影响下,美国在 20 世纪的头20 年展开了轰轰烈烈的"进步运动",对美国社会的改革和进步发挥了重要作用。他以非革命方式进行根本性收入分配改革的方案,影响了英国的费边社会主义,影响了美国和加拿大的不动产税制,影响了孙中山和20 世纪 50 年代台湾地区的农地改革。此外,他关于免费提供公共物品和社会红利、按边际成本对城市公共交通和公用事业定价的观点,关于城市经济学和按照城市规划建设城市的观点,关于环境经济学的观点,关于未来的乐观主义观点,都影响了许多后来的经济学家。

乔治虽然没有提出资本公有制的主张,因此过去一般也不认为他属于社会主义者。但如果我们同意社会主义最广义的含义,即主张社会平等,那么把他归入广义的社会主义者也并无问题。

第二节　爱德华·贝拉米

正是在工业化过程中工人运动的背景下,美国社会主义作家爱德华·贝拉米也开始考虑和设计未来的理想社会以及实现理想社会的道路。他于 1888 年出版的长篇小说《回顾——公元 2000—1887年》,就是其中代表。

1850 年,爱德华·贝拉米生于美国马萨诸塞州,他曾留学德国,返乡后从事新闻工作,是一个热心的社会改革者。在 19 世纪后半叶社会主义运动蓬勃发展的时期,他发表了描绘理想社会的《回顾——公元 2000—1887 年》(以下简称《回顾》)这一幻想性小说,对未来的理想社会进行了一定的构想。他最后的作品是《平等》(1897),其主题思想是论证社会经济平等的重要意义,论证这种经济平等是美国宪法的逻辑结论。他的作品在当时的美国和其他一些国家都大受欢迎,10 年之中在英美的销售就达到 100 万册,并被译为德、法、俄、意、阿拉伯文等文字。由于创作《平等》一书的艰辛,贝拉米不幸患上了肺炎,于 1898 年 5 月去世。

贝拉米在《回顾》一书中意识到私人资本占有制度是一切社会灾难的根源,而这种制度在经济上是荒唐的。针对当时美国社会工业化过程中出现的无情竞争和经济波动造成的巨大浪费,以及工人的大规模失业等现象,他指控了资本主义。"当时普遍存在的生产上和社会上的骚动、各阶级对于社会不平等现象的不满以及人类一般的悲惨遭遇,都预示某些巨大变革的来临。"①劳工问题的出现是因为技术进步所引起的大量资本较以往更为集中的结果。这种集中化的趋势将不断发展,最终将导致少数大公司控制几乎所有工商业的地步。这种集中一方面大大提高了全国各种工业部门的生产效率,而且由于管理的集中和组织的统一,也大大地节省了费用。同时,大公司所积累的经营管理经验,为国有化准备了条件。但是集中化在另一方面则降低了工人的地位,造成社会贫富悬殊更加扩大。而在这种集中不存在时,工商业由许多资本不大的小企业经营,工人对于雇主而言,地位也还比较重要,也有机会自己建立企业,两个阶级之间并不存在不可逾越

---

① ［美］爱德华·贝拉米:《回顾——公元 2000—1887 年》,林天斗、张自谋译,商务印书馆 1997 年,第 41 页。

的界限。但是大企业出现之后,单个工人对于雇主而言就不再重要,也不再有机会成为雇主。于是工人只能联合起来为自己的利益而斗争。

贝拉米的解决方案是要在经济上实现工商业的国有化,由国家替代所有私人业主来组织社会生产。国家组织成为一个大的企业公司,成为最后一个垄断组织。它的利润和各种节余由全体公民共同享受。整个经济由国家统一领导管理,通过统计人民对各种物品的消费需求实行计划生产。全部生产性的和建设性的事业分为十大部门,每一部门管辖一组相互关联的生产事业,每项特殊事业又由部门所属的管理局管辖,这个局对所属的厂房、设备和劳动力,目前的生产量,以及增加产量的方法,等等,都有完整的记录。分配部门的预算数字,经过行政机构批准以后,就作为命令传达到十大生产部门,转而分派给下面管辖各项特殊事业的管理局,工人们就按照命令生产。同时,他还考虑了产品的质量检查体系,每个局对分配给它的生产任务负责,并接受部门和行政机构的监督,而且分配部门接受产品时也并非不做检查;甚至产品到了消费者手中,如果发现不合格,在这种制度下,可以层层追究,直到最初制造产品的工人。他也认识到需要把整个经济分为消费品生产和资本品生产。关于劳动力的统一安排问题,贝拉米提出的组织原则是,根据每人在智力与体力方面的天赋才能,来决定他应该做什么工作才对国家最有益处,对他自己也最为相宜。他强调通过教育和专业训练使年轻人掌握相应的劳动技能。同时,行政管理部门将努力使各行各业的劳动供求相等,基本方法是通过工作时间的调整和授予国家荣誉来使得劳动供给与辛苦程度不同的劳动需求相适应,假使有一项职业本身非常艰苦,有必要将一天的工作缩短为十分钟的话,那也必须照办。

　　贝拉米认为理想社会的生活用品分配的原则是完全的平均主义。其理由就是所有人对大自然提供的财富如空气和饮水都是平等享受的,而每个人都是人类大家庭的成员,都是上帝创造的,每人都有权获得经济来源。而且在个人对社会的贡献和他在劳动产品中应当享受的份额之间,根本无法制订任何公平的比例。同时,人人都必须参加体力劳动。贝拉米认为理想社会将不再需要商业、银行和货币,由国家货栈直接向企业和家庭分配产品。具体地讲就是每个人都得到相同的取货证,凭证到国家货栈提取自己需要的物品。同时,他认为,各种物品仍然需要有价格,而定价的基础主要是物品生产中的劳动成本和运输成本,同时个别物品还要考虑稀缺性,但是大宗物品将由于相当充裕而不必考虑稀缺因素。至于劳动成本的计算,由于人人收入一致,所以造成劳动成本差别的是各个行业规定完成一天工作量所需的长短不同的时间。一个工人在艰苦行业中每天工作四小时,他的劳动成本就是一天工作八小时的工人的两倍。而大多数物品的价格在长期中将趋于下降,同时政府也可以随时根据供求情况调节各种物品的价格。所以,每个人凭借相同的收入获取的物品还是要受到价格的约束。可见,它的相对价格只具有影响需求的功能,不影响生产供给。

　　有趣的是,贝拉米对于未来社会的国际贸易,构想了一个排除货币的多边结算的易货贸易体系。

　　可见,贝拉米的国有化思想是以技术进步所导致的产业集中化趋势为基础的,他关于未来社会生产机制的设想,具有高度集中的计划经济的特征;消费机制的设想则具有兰格模式的特征;而收入分配机制则是完全平均主义。他的绝对平均分配的思想是没有区分稀缺财富和非稀缺财富的结果,也是认识到按照个人贡献确定公平分配比例的困难的结果。

在政治制度上,贝拉米设想未来社会的国家行政机构将与生产管理系统合而为一,政府官员的主要职责是组织社会生产。而政府官员由选举产生,候选人一般都是在下一级岗位上工作表现优秀者,而选举者是同一岗位上已经退休的前任。总统在各个大生产部门的负责人中通过选举产生。这种不让一般生产人员及下级参加对官员的选举的做法,主要是为了防止官员讨好他将要管辖的选民,并且保证官员们对业务的熟悉。针对人们关于由官员来管理生产是否会出现贪污腐败的疑虑,他认为新社会中的公务人员将都是廉洁奉公的公仆。公务人员是名副其实的人民的总管和仆人。而且社会组织的方式使得任何一个官员绝不可能假借职权为自己或任何人谋取私利,也绝不可能贪污,人们已经没有贪污的动机了。同时,军队和监狱都将取消。在文化教育政策上,实现作者自负盈亏的出版自由,反对书报审查制度;主张普及高等教育。

一旦全球各个国家都实行了上述他所构想的经济、政治制度,就将形成一个全球自由联邦同盟,最后过渡为单一国家,实现全人类的平等。

贝拉米认为在未来的理想社会中,由于实行了公有制和平均分配,将实现真正的平等、自由与博爱。妇女将与男人地位平等,而这种平等将使妇女拥有择优选择丈夫的充分自由,从而有助于整个民族生理素质的改善。人类有史以来第一次毫无拘束地执行了选择异性的原则,及其保留并延续种族中的优秀类型而淘汰低劣类型的倾向。

贝拉米对于上述制度可行性的论证,建立在他对人性的乐观看法上。人的本性是善的,而不是恶的;是慷慨的,而不是自私的;是慈悲的,而不是残忍的;是富有同情心的,而不是傲慢的。只是由于现实社会的生活压力,才使得人性恶的倾向掩盖了人的善良本性。

贝拉米认为从当前社会向理想社会的过渡,不需要革命和暴力,只需要宣传和辩论,一旦大家通过讨论认可了新制度的优越性,社会就会自然由旧制度走向新制度。他具有一种历史循环观,"人类的历史正如一切伟大的运动一样,循环不息,周而复始"[1]。

第三节　托尔斯坦·本德·凡勃伦

凡勃伦(Thorstein Bunde Veblen,1857—1929)是活跃于19世纪末20世纪初的一位美国经济学家,通常被认为是美国制度学派的创始人。其实他与另外两位美国制度学派的康芒斯(John Rogers Commons,1862—1944)和米切尔(Wesley C. Mitchell,1874—1948),在关注的问题领域和提出的理论观点方面,差距都甚大,唯一的共同点就是他们都不属于美国经济学的主流。凡勃伦对他所处时代的美国资本主义社会多有批判,对于资本主义社会未来发展的趋势,也做了从今天的眼光来看是有一定水平的预判。因此把他列入广义的社会主义并无不妥。[2] 其主要代表性论著有:《有闲阶级论》(1899)、《企业论》(1904)等。

凡勃伦从经济制度演化的角度展开对资本主义的批判。他认为

---

[1]　[美]爱德华·贝拉米:《回顾——公元2000—1887年》,林天斗、张自谋译,商务印书馆1997年,第20页。

[2]　[英]G. D. H. 柯尔:《社会主义思想史》第三卷下册,何瑞丰译,俞大畏校,商务印书馆1986年,第292页。

经济学应当是一门关于进化的科学,其研究对象应当是经济制度的发展变化。他把制度定义为"个人或社会对有关的某些关系或某些作用的一般思想习惯……从心理学的方面来说,可以概括地把它说成是一种流行的精神态度或一种流行的生活理论"①。简言之,制度就是广泛存在的社会习惯、公认的生活方式。

凡勃伦是第一位运用达尔文进化论来分析制度演化的经济学家,把制度演化看作是一个累积因果过程,是各项制度的一个自然淘汰过程。

制度演化的动因是人口增加,人们支配自然的知识和技能的扩大和提高。这些动因使得原有的推进整个集体生活的习惯方式、处理集体中不同成员之间关系的习惯方式都不如以前有效,因此需要改变。制度发展表现为人类思想习惯的改变,并认为制度发展的特征是只有渐进而无飞跃,当前的制度总是从过去逐渐改进、逐渐遗留下来的。②

富有的有闲阶级是制度演化过程中的保守势力,在社会进化过程中,有闲阶级的作用是对社会的动向从中阻挠,保留腐朽、落后的事物。他们反对进步的主要原因是一种对违反习惯现象的本能反对,并非出于物质利益的考虑。而且有闲阶级的这种保守态度,还会由于两方面的原因而影响整个社会。一个原因是属于任何一种文化或任何一个民族的制度系统总是一个整体,其间任何一项制度都不是孤立的,这使得任何一项制度的变化都会牵动多项制度的变化,由此带来

---

① [美]凡勃伦:《有闲阶级论——关于制度的经济研究》,蔡受百译,商务印书馆1981年,第139页。

② [美]凡勃伦:《有闲阶级论——关于制度的经济研究》,蔡受百译,商务印书馆1981年,第140—142页。

的骚扰和混乱足以使人们感到不便和不满。而牵动面大的制度的变化尤其如此。另一个原因是有闲阶级的压迫使得下层阶级无暇顾及制度演化,只能冷漠对待。

人有两种本能:工作本能和掠夺本能。前者导致物质生产技术,后者导致私有财产制度。这两种本能在不同时期有不同的表现,在资本主义社会中分别表现为"机械操作"和"企业原则",即以机器为代表的生产技术制度和以财产所有权所代表的企业营利制度。它们之间的矛盾和协调可以说明制度的演化。

机械操作是当代企业经营的物质基础,它有两个特征,一是机械和操作的标准化,二是整个社会联系紧密的分工协作。由此可知,他所说的机械操作就是存在复杂投入——产出关系的工业化大生产。关于企业原则,他认为企业在精神上的基础则是所有权制度。因此企业的原则就是财产的原则、金钱的原则。企业的目标就是追求利润。

机械操作和企业原则之间存在矛盾,机械操作要求工业各个部门之间相互配合,维持投入—产出之间的平衡;但是这种平衡并不有利于企业利润。因此,企业经常为了追求利润而不惜破坏产业间的平衡,其表现方式之一就是与对手之间展开你死我活的竞争,而这种竞争一般都是不利于整个工业的平衡和效率的。并且这种竞争也是导致经济周期性恐慌和萧条的根源。于是,在他看来企业家的社会功能主要是负面的,这种负面评价反映了他那个时代(工业化初期)美国盛产强盗贵族式的企业家及其钩心斗角、尔虞我诈的真实一面。这与主流经济学强调企业家的正面社会功能形成鲜明对照。

为了减少及消除这种竞争带来的恶果,可以通过企业之间的合并,建立托拉斯来消除竞争,合并不仅减少生产成本,而且还将减少管理成本和交易成本。广告等推销手段也仅仅是一种浪费资源的竞争手段,需要通过合并来减少这种浪费。

机械操作的结果是无限制的商品生产,而企业经营的目的却是利润最大而非产量最大。两者之间的矛盾导致商品过剩、利润下降这种长期的慢性萧条。为了克服萧条,他提出这种可恼的、折磨人的萧条,只有在垄断的基础上才能把它干脆地推开。由此可知,他是主张通过垄断来消除竞争,消除经济恐慌和萧条的。这与主流经济学反对垄断的态度形成鲜明对照。

企业原则或金钱原则在法律上的反映就是金钱至上、天赋自由、缔约自由,由此造成劳资纠纷时偏袒企业主、牺牲工人利益的法律裁决。同时,企业原则或金钱原则在政治上就是政府为企业服务,尤其是在议会政治制度下,"一个立宪政府就是一个企业政府"[①]。他指出,政府将支持企业参与国际竞争,为此而不惜扩张军备,采取帝国主义的政策。他在一定程度上预见到了不久以后爆发的第一次世界大战。

机械操作与企业原则之间的冲突将导致后者的衰落。企业没有了机械操作就无法进行。但机械操作的锻炼足以破坏企业在精神上、制度上的基础。企业与机械操作是不能和平共处、携手并进的。因为机械系统如果受到有力的破坏或抑制,将逐渐使企业处于绝境;然而机械系统如果获得自由发展,则企业原则不久也陷于停滞状态。其原因据他看来是因为社会主义和无政府主义的不满情绪将动摇企业原则的自然权利基础,破坏天赋自由的制度。天赋自由制是手工业和小商业和平制度下的产物,但继续不断的和平与工业发展势必引起机械操作与大规模企业,从而使文化发展越出自然权利的局面。这样,就使自然权利一方面失去效力,一方面被切断了精神基础,从而破坏了

---

① [美]凡勃伦:《企业论》,蔡受百译,商务印书馆2012年,第186页。

它的结构。

至于机械操作与企业原则之间冲突最终的结局,有两种可能,一种是企业推动政府走上对外扩张的好战道路,最终将导致国家的军事专制和民间的沙文主义,企业所需要的自由将不复存在,企业的利益也将受到政府扩张军备的挤压,企业原则将受到压制。这说明他已经预见法西斯极权主义发展的可能性。另一种是出现"技术工程人员苏维埃"。技术工程人员已经日趋控制生产过程,只是暂时尚未控制经营过程。但总有一天技术工程人员将根据大规模有秩序的原则来管理经济,消除"机械操作"与"企业原则"之间的矛盾。他不像马克思那样把未来的希望寄托于工人阶级。

凡勃伦对制度的重视,对制度进化的关注,对资本主义的批判,对其内在矛盾的揭示,对技术工程人员未来社会功能的预想,与正统经济学相比确有格外引人注意的地方,对美国经济学非主流思潮产生了长远的影响。

第八章

19 世纪俄国社会主义

以往的一些论著，一般不将本章介绍的一些人物算作社会主义者。虽然这些人物不一定追求公有制，但他们同样追求社会平等。他们的努力和艰辛丝毫不亚于追求公有制的那些社会主义者。因此按照本书广义的社会主义概念，也可以把他们列入社会主义者这个大家族之中。

第一节　19 世纪俄国的经济政治概况

俄国是从不发达的奴隶制进入封建农奴制的，每个农民都是贵族地主的私人财产，没有人身自由，甚至没有选择结婚配偶的自由。

俄国农村的基本社会机构是原始公社瓦解时遗留下的农民村社。这种村社，在形式上虽是农民组织，实质上是沙皇和封建贵族统治和奴役农民的工具。这种村社实行土地共有，定期按照全部人口重新平均分配土地给各个家庭，各自耕种。这种制度使得农民都失去了改良土壤的积极性。而且随着人口的增加，人均耕种的土地面积不断减少，农民困苦不堪。村社的所有成员对每个成员的赋税和租税承担连带责任。因此，农民都不愿意有人离开村社，以免增加自己的负担。这就把农民牢牢束缚在他的所在地，没有任何迁徙自由。

从 19 世纪开始,俄国的农奴制进入衰落和瓦解时期。19 世纪上半期,俄国工农业中的资本主义关系有了一定的发展,与占统治地位的农奴制度发生了尖锐矛盾。农奴制经济的矛盾特别反映在农民与贵族之间的斗争尖锐化上,农民反对贵族的起义频繁发生。据统计,1826—1861 年,农民起义达上千次。

1853—1856 年,沙皇政府在克里米亚战争中的溃败,充分暴露了农奴制度的腐败性。这次战败,全国群情激怒,使原来已经危机四伏的农奴制,可能被立即爆发的革命所推翻。

克里米亚战败后即位的沙皇亚历山大二世,意识到农奴制再也不能维持下去了,不得不采取自上而下的改革农奴制的办法,来继续维持其统治。于是在 1861 年 3 月 3 日(俄历 2 月 19 日),沙皇颁布了废除农奴制法令,其主要内容是:(1)宣布农奴获得人身自由,地主不得买卖和交换农奴,农民可以拥有动产和不动产;(2)宣布农民可以获得土地,但必须交付比实际地价高出两三倍的赎金,农民可先缴纳全部赎金的 20%～25%,其余由国家垫付,在 49 年内按年偿还并付利息;(3)沙皇政府利用农村原有的村社组织,重新设立管理农民的组织机构,将几个村社合并组成注册人口 300～2000 人的乡。村社和乡名义上实行自治,实际上仍处于地方贵族势力的严密控制之下。

这次农奴制改革是一次很不彻底的资本主义性质的改革,实行的结果是对农民土地、财物和金钱的一次有组织有计划的大掠夺。广大农民在改革后无力独立进行农业生产经营,而成为"分成制农民",或者外出打工,或者向地主、商人告贷,做零工度日。这样,农民从人身依附于地主,变成了在经济上依附于地主,从而农奴制残余被保存了下来。"因此,沙皇 1861 年的'解放农奴'并不意味着封建剥削关系的废除,而只是这种剥削关系的法律形式的改变。构成 1861 年到 1917

年俄国社会基础的土地制度始终还是建立在封建的基础之上的，认识这一点，对于理解伟大的俄国革命具有决定性的意义。"①

这次改革远远不能满足农民的需要，致使农民暴动和骚乱事件有增无减。但这次改革毕竟使农民获得了人身自由，为资本主义经济的发展提供了充足的廉价劳动力，扩大了国内商品市场。改革后的地主经济也逐渐转化为资本主义经济，农民交付的巨额赎金则成为俄国资本原始积累的一个重要来源。因此，1861 年的农奴制改革，成为俄国历史发展中的一个重要里程碑，它标志着俄国从封建主义生产方式过渡到资本主义生产方式。这次改革并没有改变俄国沙皇封建君主专制的实质，沙皇政府奉行的发展资本主义的政策，以不危害沙皇统治为限。

农奴制改革后，尤其是 1881 年降低赎金的改革，使俄国的农业经济日益走上了资本主义的发展道路。农村产生了两极分化，出现了靠出卖劳动力为生的贫雇农和雇佣劳工、采用新式农具从事资本主义经营的富农。到 19 世纪 80 年代，占农户总数 20％的富农在各个不同的州里占有耕地面积的 29％～36.7％；而占有农户总数 50％的贫农却只占耕地面积的 33.2％～37.7％。同时，由于国内外市场对农业原料与商品粮食需要的逐年增多，有不少贵族地主为了牟取高额利润，也采用了资本主义经营方式，从而使俄国的地主经济逐渐向资本主义经济转化。随着资本主义经济在农业中逐渐发展，俄国的农业技术和农业生产都有了较大的提高。

农奴制改革加速了俄国工业革命的进程。到 19 世纪 80 年代末，

① ［奥］奥托·鲍威尔：《鲍威尔文选》，殷叙彝译，人民出版社 2008 年，第 149 页。

俄国各主要工业部门中机器生产已逐渐排挤手工劳动,占据统治地位,基本上完成了从工场手工业向机器大工业的过渡。随着工业革命的进展,俄国的工业生产有了显著的提高。1866—1890 年,大工厂(100 名工人以上)的生产额,由 20107 万卢布增加到 58797 万卢布,差不多增加了 2 倍;工人由 23 万人增加到 46 万人。纺织、食品等轻工业生产,在商业性农业发展的基础上迅速增长起来。棉织品的产值,由 1860 年的 5000 万卢布增加到 1890 年的 2 亿卢布。重工业增长的速度更快,1890 年的煤产量比 1860 年增加 19 倍,钢产量增加 3 倍。这时,除彼得堡和莫斯科等工业中心外,还出现了许多新的工业部门和工业区。

随着城乡资本主义经济的发展,俄国社会结构发生了明显变化。

第一,贵族地主阶级虽然仍旧是统治阶级,但它不论在经济方面还是政治方面,都发生了某种分化。许多贵族地主不能适应新的条件和情况,很快花掉了赎金,出卖或抵押了自己的土地和庄园,从而使贵族地主阶级的领地减少了许多。而在俄国中部地区保持了自己半封建半资本主义经营的大领地贵族地主,是那些有爵位的贵族和服公职的上层官僚,他们成为俄国经济、政治上最保守的力量。那些大权在握的省长、总督、高级军官和大臣都是从他们中间出来的,他们还把持了参政院这个从农奴制时代保存下来的沙皇咨询机构。同时,也出现了新兴的资本主义型的地主,他们在政治方面的势力比较小,在 19 世纪 60 年代改革中建立的地方自治局是他们的支柱,这个所谓的"自由贵族"集团企图同执政的上层分子达成协议,进一步推进改革和在专制制度范围内建立代议制机关。

第二,现代工商业资产阶级形成,昨天的商人、包税者、粮食贸易者、发财的乡村富农和高利贷者,变成了铁路、工业、银行的巨头。另外,从被解放的农民中分化出来的资产阶级,也加入了工商业资产阶级的队伍。这个工商业资产阶级的政治势力极其薄弱,缺乏阶级组织,同他们的经济力量不相适应,他们中的大多数追随"自由贵族",希望在沙皇领导下继续推进有利于工业化的改革和代议制改革。而实行贵族地主阶级专政的沙皇专制国家,也不能不在越来越大的程度上考虑这个新兴资产阶级的利益和要求。

第三,现代无产阶级形成,随着俄国工业革命的进展,工业无产阶级亦随之形成和发展,这是改革后俄国社会生活中最有意义的重要现象。到19世纪末,据可靠计算,在俄国人口中,属于无产阶级各阶层的总数不下2200万人,其中农业雇佣工人,工厂、矿山及铁路工人,建筑工人,木材工人以及在家庭中工作的工人,约为1000万人。俄国无产阶级深受本国资本、封建贵族和外国资本的剥削和压迫,并且高度集中在大企业,它的组织性和革命性很强,是一支强大的政治力量。

第四,俄国居民的绝大多数仍然是农民。尽管1861年农奴制改革后资本主义经济,尤其工业生产有了迅速的发展,出现了许多大城市和新兴工业区,但是,俄国经济的发展程度仍远远落后于其他资本主义国家。19世纪下半叶的俄国仍旧是一个农业国,它的绝大多数居民还是农民。直到1899年,农业人口仍占全国人口的5/6。广大农民群众,在农奴制改革时就被剥夺得一贫如洗,改革后他们又遭受着资本主义与封建主义的双重剥削与压迫。因此,俄国农民始终是19世纪60—70年代,无产阶级登上政治舞台以前,俄国革命运动的主要动力。

第五,在政治制度上,俄国依然是一个基本没有自由民主制度的专制帝制国家,没有由选举产生的具有立法权的议会。因此,一切希望改变现状的进步人士都不得不走上革命的道路,选择非法的方式来表达自己的诉求。

第二节　十二月党人

19 世纪上半期，随着俄国社会经济文化的发展，腐朽的专制农奴制度日益成为资本主义经济发展的严重阻碍。于是，全国掀起了更加广泛深刻的反农奴制斗争。在国内农奴起义浪潮的推动下和西方自由民主思潮的影响下，一部分贵族先进分子与平民知识分子，走上了反农奴制斗争的道路。

1825 年 12 月，俄国贵族的先进代表，其中大部分是参加过 1812 年对拿破仑作战的，并作为俄国占领军在法国驻扎过的青年军官，发动了一次有组织、有纲领的试图推翻沙皇专制农奴制度的武装起义，史称十二月党人起义。他们想解决俄国农民问题，建立君主立宪制国家。起义遭到沙皇镇压而失败。但十二月党人反对农奴制斗争的革命精神，激发了俄国人民更坚决地为反对腐朽反动的农奴制而斗争。

在 19 世纪中叶，以革命民主主义者为代表的平民知识分子，继承和发扬了十二月党人的革命传统，为反对沙皇专制的农奴制度有效地开展了宣传鼓动工作。他们大部分出身于低级官吏、普通商人、市民和农民的家庭，由于那时反农奴制革命运动的高涨，推动他们走上了反农奴制斗争的革命道路。他们竭力主张用革命方式消灭农奴制，推翻沙皇制统治。

俄国 19 世纪的反农奴制斗争中，产生了一批先进代表和思想家，如屠格涅夫、彼斯节里、赫尔岑、车尔尼雪夫斯基等。

十二月党人的思想,集中体现在屠格涅夫的《赋税理论》(1818)和彼斯节里的《俄罗斯真理》(1824)这两本著作中。

屠格涅夫(Н. И. Тургенев,1789—1871),就学于莫斯科大学,曾任国家经济局高级职员,后任财政部办公厅主任。他是十二月党人三个秘密团体之一的"北方协会"的成员。他立志要为消灭俄国农奴制而奋斗。他在《赋税理论》一书的序言中提出,写作该书的目的是"尽可能地公开说明自己对农奴状况的看法"①。因此,该书不仅只是论述赋税问题,它实际上是通过赋税分析俄国农奴制经济,说明消灭农奴制的必要性。

屠格涅夫在分析农奴制经济时,认为俄国的封建农奴制度是靠不平等和压迫、社会划分等级、直接生产者贫困、国民经济"衰落"来支撑的。因此,他指出,俄国的封建农奴制是不符合"时代精神"的,它是社会进步、文明、繁荣的障碍。在他看来,"新的时代精神"在经济上首先有利于地主本身。他提出的改革保留了地主所有制,并使地主经济沿着资本主义道路发展。

屠格涅夫认为,农民的解放,首先要在法律上废除超经济强制。他指出,农民应该得到自由公民阶层的权利,以保证他们的迁徙自由和经济活动自由。只有这种活动,才会给农民带来幸福。

彼斯捷里(П. И. Пестель,1793—1826),十二月党人三个秘密团体之一的"南方协会"的领导人。起义失败后,他和数百名起义者被捕,英勇不屈,惨死于沙皇的绞刑架下。《俄罗斯真理》一书是他为十

---

① 转引自[苏]尼·康·卡拉达耶夫:《经济学说史讲义》上册,杨慧廉等译,中国人民大学出版社 1957 年,第 217 页。

二月党人撰写的纲领性著作,该著作概括表述了这一贵族革命团体斗争的政治、经济目标。他用了十多年时间研究和撰写这一纲领性著作。在写作过程中,他还与该秘密团体成员进行过多次讨论;初稿写成后,又多次在团体成员中征求意见,进行修改后定稿。因此,这部纲领性著作所拟定的废除农奴制、改造俄国社会生活的政治经济结构,在十二月党人的三个秘密团体中具有最激进的倾向。

彼斯捷里的反农奴制纲领是建筑在"天赋权利"理论的基础上的。他认为,人的权利是天赋的、不可剥夺的,每个人都应该受到政府的保护,都应当享有个人自由,生活在安乐和幸福之中。他强调指出,所有权是人的权利的主要基石,任何独裁制度也不能剥夺人民丝毫财产。他在《俄罗斯真理》中愤怒地宣布:农奴制"必须坚决废除,贵族一定要放弃占有他人的肮脏特权"①。

彼斯捷里认为,人们在财产上存在差别是不可避免的,也是必要的,但是,这不是特权。他反对按照财产定资格,反对一切同个人的富裕或贫穷相联系的政治限制。他强调指出,通过政权和特权达到富有是一种罪孽。

彼斯捷里在《俄罗斯真理》中设想,在未来社会里,全部土地应该分为两个部分,即公地和私地。公地应当由从占有5000俄亩或更多土地的地主那里没收来的土地以及部分官地构成。公地必须按照平均原则在土地需要者之间分配使用,以保证每个公民的生活来源。在他看来,这是防止人民贫困的基本保证。而私地的总数,则包括大地主剩下的土地、中小地主的土地、官方剩留的土地,以及农民为了加速富

① 转引自[苏]M. H. 雷金娜等:《经济学说史教科书》,傅殷才等译,武汉大学出版社1987年,第130页。

裕而向地主或向官方购买的土地。在他看来,私地适于最合理地组织经济,从而刺激生产发展,并使私地所有者富裕起来。

十二月党人的经济、政治纲领,尽管带有局限性,但仍具有进步性质。十二月党人的英勇起义虽然失败了,但它对俄国的社会思想和解放运动,却产生了巨大的影响。

第三节　赫尔岑

亚历山大·伊万诺维奇·赫尔岑(Александр Иванович Герцен,1812—1870),俄国革命民主主义者、思想家、作家,生于莫斯科的一个贵族地主家庭。自幼就受到十二月党人起义及其革命思想的影响。少年时代(1827 年)他就和尼·普·奥加辽夫(Н. Л. Огарёв,1813—1877)一起在莫斯科沃罗比约夫山上宣誓继承十二月党人的事业,毕生献身于俄国革命运动。1829—1833 年,在莫斯科大学数理系学习期间,他就组织、领导过一个宣传革命思想的小组进行活动。

1834 年,赫尔岑和莫斯科大学革命小组成员一起被捕,1835 年被判流放彼尔姆,后转到维亚特卡。1838 年,又转到新的流放地——弗拉基米尔。1839 年被解除警察监视,1840 年回到莫斯科,后迁居彼得堡,在内务部供职,继续进行革命活动。1841 年,又被流放到诺夫哥罗德,后在该省公署任高级文官职务。1843 年离职,回到莫斯科,在《祖国纪事》上发表著名论文《科学中华而不实的作风》。1844 年开始撰写《自然研究通信》一组论文。1845—1846 年,在《祖国纪事》上连载《自然研究通信》及著名中篇小说《谁之罪?》,并开始撰写另一部著名中篇小说《偷东西的喜鹊》。

从 1847 年起,赫尔岑被迫侨居国外,但他继续进行反农奴制的革命斗争。1853 年,在伦敦创办了自由俄罗斯印刷所。这个印刷所在一个时期内成了反对俄国农奴制斗争的中心。1855 年创办文学政治丛刊《北极星》,1857 年又创办政治性杂志《钟声》,进行革命的宣传鼓动。在这期间,他创作了一系列的著名作品和论著,如《经过洗礼的所有权》、《来自彼岸》(1847—1850)、《俄罗斯》(1849)、《论俄国革命思想的发展》(1850)、《往事与随想》(1852—1867)、《俄国人民与社会主义》和《开端与终结》等。1859—1861 年,他还参与建立作为国外宣传中心的秘密团体"土地与自由协会",后来成为这个俄国革命组织的领导人之一。1869 年,即在赫尔岑逝世前一年,他在巴黎写作了《致老友书》,与无政府主义者巴枯宁决裂。

赫尔岑在许多论文、书信、日记和著作中阐述了自己的思想,可以概述如下。

赫尔岑的历史观具有强烈的概率论色彩,坚决反对宿命论和预定论。"不论大自然还是历史,都没有固定的目的地,因此可以走向要它们走向的任何地方……它们是由无限多的互相作用、互相会合、互相制约和吸引的局部,日积月累地形成的;但是这绝不意味着人便因此像山上的石子一般毫无作用,完全屈服于自然的力量,处在必然性的严格控制下;相反,人会逐渐成长,了解自己的地位,掌握自己的命运……历史是一支杂乱无章的即兴曲,它没有纲领,没有预定的目标,也没有不可避免的结局……在发展的每一步中,都蕴藏着无限多的可能性、插曲和新发现……只有给历史排除了任何预定的道路,人和历史才会变得严肃认真,实事求是,充满深刻的乐趣。"①

反对俄国农奴制是赫尔岑一生中最主要的革命活动,对俄国封建农奴制的批判,在他的思想中居于首要地位。他把当时俄国社会发展的全部要求归结为废除农奴制,使俄国农民获得解放。他说:"全部俄国问题,至少就目前而论,是农奴制度问题。当俄国的农奴地位还没有消灭的时候,俄国是寸步难进的。俄国农民的农奴状况,就是整个俄罗斯帝国的奴隶地位。"②

赫尔岑认为,俄国农奴制经济的实质,不仅在于地主土地所有制,而且还在于农奴对地主的人身依附,在于超经济控制。他指出,在俄国农奴制度下,农民是受过洗礼的所有物,在这里,地主占有的人比土地还多,他掌握和支配的不是俄亩,而是筋肉、是呼吸。他深刻揭露了农奴和地主之间不可调和的阶级矛盾。他认为只有废除农奴制,解放农奴,使地主不再存在,才能消除农奴与地主阶级之间的矛盾。他号召农民弟兄们:"去拿起斧头吧! 你们不能一辈子都被关闭,不能一辈子都去服徭役和任主人使唤,捍卫神圣的自由吧! 主人从我们身上得到的欢乐够了,我们的闺女被污辱得够了。老人们的筋骨被折断得够了……喂,孩子们,把稻草搬到主人的屋边,让那些游手好闲的人们去取他们的最后一次暖吧!"③

赫尔岑的后半生是在西欧的几个主要的资本主义国家度过的。

---

① 　[俄]赫尔岑:《往事与随想》下,项星耀译,人民文学出版社1998年,第266—268页。

② 　转引自吴易风:《赫尔岑的经济思想》,《光明日报》1962年5月21日,第4版。

③ 　转引自[苏]尼·康·卡拉达耶夫:《经济学说史讲义》上册,杨慧廉等译,中国人民大学出版社1957年,第263—264页。

他从亲身体验中,对资本主义制度有了深刻了解。和封建制度相比较,他认为"封建社会向资产阶级社会过渡是一个无可争议的进步"。但他又指责"靠剥削工人发财的工厂主"乃是一种"吃人的变相"。他以辛辣讽刺的语调描绘了欧洲新兴资产阶级的特征,指出"这个阶级的目的便是不择手段地发财致富"①。资本主义制度是一种吃人的制度,资本主义社会和一切阶级社会一样,也是存在着尖锐的阶级对立和充满着矛盾的;无产阶级和资产阶级之间的矛盾也是不可调和的,只有通过革命的暴力才能推翻这种暴力统治。"一方面是劳动,另一方面是资本;一方面是工作,另一方面是机器;一方面是饥饿,另一方面是刺刀。不论社会主义如何看待自己的问题,但除了铁棍和步枪以外别无解决办法。"②

赫尔岑还看出了资本主义制度的历史暂时性,他把这种制度称作"西方老人"。他指出,现在西方社会所进行的斗争,已经不是反对神甫,不是反对国王,不是反对贵族,而是反对他们的继承人——工厂主,反对天字第一号的劳动工具所有主的斗争了。他预言,在这场斗争中,"西方老人"必将死亡。

赫尔岑在揭露、批判农奴制危害的同时,也看到了资本主义制度的弊害。因此他设想在俄国建立一种既摆脱农奴制灾难又不受资本主义制度痛苦的社会制度。他把俄国社会中早已存在的村社理想化,认为村社是未来社会主义社会的胚胎。他把农民连带土地的解

① [俄]赫尔岑:《往事与随想》中,项星耀译,人民文学出版社 1993 年,第424,422—428 页。

② 转引自吴易风:《赫尔岑的经济思想》,《光明日报》1962 年 5 月 21 日,第 4 版。

放、把村社土地所有制和农民的"地权"思想看作社会主义。他认为俄国农民村社中已经包括了社会主义的三个原则：(1)村社每个成员的土地权；(2)村社对土地的占有；(3)村社对各项事务的管理。在他看来，只要消灭了农奴制，通过村社这一社会基层组织，依靠农民的基本力量，就可使俄国摆脱贫困与落后，从而使俄国避免资本主义的发展，由农奴制直接走向社会主义。1859年，由他参与起草的关于秘密社团目标的文件中明确写道："在村社土地占有制的基础上来奠定社会主义世界的基石。"①同时，他也强调了西方进步思想的重要作用："只有西方在漫长的历史中形成的强大思想，才足以使斯拉夫宗法制社会中酣睡的种子发芽生根。劳动组合的村社，利益和土地分配制度，村民大会和以若干村庄联合构成的自治性行政单位——这一切都是基石，我们未来自由村社的大厦就要建筑在这些基石上。但基石毕竟只是基石……没有西方的思想，我们未来的大厦将始终只是一片地基而已。"②

第四节　车尔尼雪夫斯基

尼古拉·加夫里诺维奇·车尔尼雪夫斯基（Николай Гаврилович

---

①　转引自[苏]尼·康·卡拉达耶夫：《经济学说史讲义》上册，杨慧廉等译，中国人民大学出版社1957年，第269页。

②　[俄]赫尔岑：《往事与随想》中，项星耀译，人民文学出版社1993年，第164页。

Чернышевский，1828—1889），俄国伟大的革命民主主义者，伟大的思想家、唯物主义哲学家、作家和文艺批评家，同时也是一位经济学家。马克思曾说过："在所有现代经济学家中，车尔尼雪夫斯基是唯一真正具有创新精神的思想家。"①

车尔尼雪夫斯基生于一个神甫家庭，从小受到良好家庭教育，幼年时代在父亲教育下学完了小学教学大纲规定的文化知识。1846—1850年，在彼得堡大学学习，研究哲学、历史、经济学和文学。在此期间，他深受当时俄国和西欧进步思想与革命运动的影响，成为坚定的革命民主主义者和沙皇专制农奴制的坚决批判者；在此期间，他还确立了唯物主义哲学信仰和先进的文学志趣。1851年，大学毕业后，他在彼得堡武备中学当过一段时间的语文教师。1851—1853年，回到故乡中学任教。

从1853年起，车尔尼雪夫斯基在彼得堡从事著述活动，开始为《祖国纪事》和《同时代人》杂志撰稿。1856—1862年，主编《同时代人》杂志，把该杂志办成了传播革命思想的中心和团结俄国民主力量准备发动革命的特殊司令部。他在《同时代人》杂志上发表了一系列重要论著，如《艺术与现实的美学关系》(1855)、《俄国文学果戈理时期概观》(1856)、《对反对村社所有制的哲学偏见的批判》(1858)、《哲学中的人本主义原理》(1860)、《穆勒〈政治经济学〉注释》和《穆勒政治经济学概述》(1861)等。

1860—1862年，车尔尼雪夫斯基和《同时代人》杂志的战友们，创建了秘密革命组织"土地与自由协会"。该组织的彼得堡中心同莫斯

---

① 转引自[苏]E.波古萨耶夫：《车尔尼雪夫斯基》，钟遗、殷桑译，天津人民出版社1982年，第2页。

科的小组,以及同乌克兰与波兰的地下组织都有联系,该组织在喀山、萨拉托夫和俄罗斯的其他一些城市,都有分会组织。他亲自起草和组织散发革命传单,号召农民、士兵和革命青年准备武装起义,推翻沙皇专制制度,消灭地主土地所有制,把土地分给农民。

沙皇政府为了镇压革命,勒令《同时代人》杂志停刊,并于 1862 年 7 月 7 日逮捕了车尔尼雪夫斯基。从 1862 年 7 月至 1864 年 5 月,车尔尼雪夫斯基被囚禁在彼得—保罗要塞中。他在生活和斗争的各个方面,都表达出一个不屈的革命者的坚定信念和坚强意志,克服了种种困难,创作了长篇小说《怎么办?》,这部小说被称作"生活的教科书"。

1864 年 5 月,车尔尼雪夫斯基被流放到西伯利亚,在那里度过了 21 年的苦役和监狱生活。在这期间,在极其困难的条件下,他都充满热情地埋头于研究和写作。他写给朋友的信往往具有独特的理论研究形式,探讨哲学、历史、自然科学、政治、经济学等问题,而文艺作品的写作尤显成效。在此期间,他又创作了长篇小说《序幕》《霞光余晖》,中篇小说《一位姑娘的故事》,剧本《没有收场的戏》《宽宏大量的丈夫》和《惹是生非的女人》等。1883 年 10 月,他又被流放到新的地点——阿斯特拉罕。直到 1889 年 6 月,他才被准许回到故乡——萨拉托夫,就在这一年的 10 月 29 日,车尔尼雪夫斯基与世长辞。

一、批判俄国农奴制

车尔尼雪夫斯基在其有关论著中,比他以前的任何先辈,都更全面、更深刻地批判了俄国的封建农奴制度。俄国农奴制的实质是地主和农民的一种关系,在这种关系下,地主既作为土地所有者,又对居住在这块土地上为地主的利益而耕作的农民实行超经济控制。

车尔尼雪夫斯基善于通过经济、政治、文学、艺术等各种方式揭露沙皇专制和农奴制是俄国人民的最大祸害,并巧妙地表明地主占有农民劳动成果的各种形式:劳役地租——直接占有剩余劳动;实物地租——占有剩余产品;货币地租——占有货币形式的剩余产品。正由于作为生产者的农民被剥夺了劳动和劳动产品,这就使农民不关心农业生产的发展,造成了生产技术简陋、因循守旧和劳动生产率低下。因此,他认为农奴制成了俄国农业发展的桎梏,它是农民贫困、逃亡、状况恶化的根源;他痛斥沙皇专制制度是恣意妄为的极权统治,它同人民生活的自然发展是背道而驰的,是敌对的。他的结论是摆脱极其有害的现状,即废除沙皇专制和农奴制。为此,他利用一切机会抨击沙皇政府和地主阶级的统治,他号召农民"去抢他们的土地,从他们身上剥去一切,直到最后一件衬衣;最好让他们赤身露体,脖子上只挂着一个十字架去沿街乞讨"①。

二、批判资本主义、憧憬社会主义

车尔尼雪夫斯基把资本主义看作是一种在经济上比封建主义进步的制度,同时又把它看作是剥削那些丧失生产资料的劳动者的特殊形式。他对资本主义的剥削、掠夺性经营所产生的矛盾和冲突,曾做

---

① 本段引文均转引自[苏]E.波古萨耶夫:《车尔尼雪夫斯基》,钟遗、殷桑译,天津人民出版社1982年,第57—64页。

过这样的描绘:"生产者为推销产品彼此进行的斗争、劳动者为得到工作彼此进行的斗争……贫穷者反对夺走他们以前的工作和饭碗的机器的斗争……谁资本多,谁就发家致富,而所有其余的人就破产;从自由中产生奴役一切的百万富翁的垄断组织;土地所有者负债累累;以前自己是主人的手工业者,现在变成雇佣工人;投机风气把社会引上了以商业危机告终的实行拼命的冒险的道路……市场上堆满了找不到销路的货物,工厂倒闭,工人没有饭吃。一切科学发现都变成了奴役的手段,甚至进步本身也在加强这种奴役的手段,因为无产者简直变成了机器的摇杆,并不断地被迫以乞讨为生……他们的女儿由于饥饿而出卖自己的肉体,他们的儿子从七岁起就呼吸开工厂有毒的空气。"一切都受金钱支配,甚至连"婚姻也变成了不过是买卖交易"①。

　　生产的无政府状态和生产过剩的经济危机是资本主义固有的现象。资本家的生产连续不景气,不是以消费而是以销路为基础的整个经济制度遭受工业和商业危机的打击,每一次这样的危机都会丧失几百万、几千万个工作机会。他对资本主义的市场竞争机制进行了批判,指出竞争的根本缺点是,它不选取事物的本质,而是采取事物的外在属性(不是价值而是价格)作为核算标准。竞争的另一个缺点——除了获利的好方法之外,它还留给人们相反的坏方法:在竞争中,人们不仅因为自己工作的成就而获利,而且也由于别人工作的失败而取胜。显然,这第二个缺点是从第一个主要缺点派生出来的。

　　资本主义不能进行准确的经济核算,从而不能实现资源的有效配置和利用,现在的生产不是以准确的核算为基础,而是以其非常粗略

---

　　①　本段引文均转引自[苏]E.波古萨耶夫:《车尔尼雪夫斯基》,钟遗、殷桑译,天津人民出版社1982年,第78—79页。

的财产、价格为基础的。只有当生产是以准确的计算为基础的时候，才能准确计算为获得一定量产品、为满足一定需要所必须的劳动量。车尔尼雪夫斯基在分析工资、利润、地租的性质及其相互关系时，揭示了资本主义分配的对抗性：利润的增长，势必引起工资的下降，在工资问题上他们的利益是直接对立的。而地租的增长不仅使利润而且使工资下降。

在资本主义制度下，工人阶级将由于过度生育而贫困，如果不用任何手段来节制生育，工资会迅速地降到极低，只有当最低的工资不足以维持物质生活时，它才不会继续下降。同时，他又强调，资本主义条件下工资下降的原因在于制度本身。对于利润，他分析了利润率下降的原因，一是因为随着资本积累，企业规模不断扩大，企业主越来越脱离监督管理而依赖雇佣的管理人员；而后者不会尽心尽力。二是因为企业主随着富裕程度的提高，越来越倾向于挥霍和胡闹。概言之，就是雇佣管理者的敷衍塞责、疏忽大意和所有主的挥霍浪费。

资本主义积累的实质及其一般趋势是：资产阶级一方财富的积累和劳动人民一方贫困的积累。"一方面，在英国和法国出现了几百万个富翁；另一方面，却出现了几千万个贫民。按照无限竞争的命中注定的规律，前一种人的财富必然日益增长、日益集中于越来越少的人之手，而贫民的状况则必然越来越困苦。"①

资本主义制度存在历史过渡性。"我们在历史上看到，每次获得地租的阶级或者获得利润的阶级胜利后，不可避免随之而来的就是推翻这个阶级的变革。"资本主义"雇佣劳动的形式"可能还要保持"几十

① 引自［俄］普列汉诺夫：《尼·加·车尔尼雪夫斯基》，汝信译，上海译文出版社1981年，第287页。

年",甚至几代,但它的历史命运已经注定了,社会主义将在经济生活中获得统治地位。①

要改变资本主义社会的不准确的经济核算,就必须改变私有制,实现公有制,让工人成为企业的主人,成为企业的管理者,为了使经济体制有成效,需要这样的生活习惯,让每个工人都成为主人,使得每个企业中不是只有一个主人,而是成百名主人,让所有有关的人都成为它的主人。只有当每个消费者知道消费品的真正价值、生产用的劳动力数量,才可能实现经济计算。然而只有生产的主人才可能知道这些;因此,每个产品的消费者都应该是它的主人——生产者。不仅各个人需要的全部产品,而且连其中的任何一个产品也不应该单个地成为一个人的劳动产品,而应该在其生产中经过几十双甚至几百双手(生产工序最简单的部分分得越细,生产就越有成效)。因而,也就要求用许多人的联合来取代各个产品的各个主人,而许多人应该联合起来按照人类的各种需要生产各种产品,并且在这种劳动联合中每个参加劳动的人都参与经济管理。

要改变资本主义社会中工人的悲惨境遇,也必须改变私有制,实现公有制。"只有当工业的进程不再建立在雇用工人的基础上的时候,生育才可能受到应有的节制,工资才可能提到令人满意的高度;换句话说,只有当实际上不存在雇用劳动,也即不存在工资的时候,当实际上这个要素将与利润组合在一些人的手中,当个别雇用工人阶级和劳动雇主阶级消灭了,而代之以既是工人又是主人的同一阶

---

① 引自[苏]E.波古萨耶夫:《车尔尼雪夫斯基》,钟遗、殷桑译,天津人民出版社1982年,第79,82—83页。

级的人们时,工资数量才会令人满意。"①

　　无论是资产阶级统治的西欧诸国,还是仍处在农奴制压迫下的俄国,都会通过其历史发展不可避免地走向社会主义。由于俄国特殊的历史条件,可以通过村社这种原始的旧制度残余过渡到社会主义。但是他不像赫尔岑那样过高地评价村社,也并不认为它同社会主义的本质是一样的。他之所以试图利用村社做社会主义的起点,是为了想利用村社这一形式的基础来组织农业劳动协作社,以培养未来合理经济的协作精神。通过村社使俄国绕过资本主义过渡到社会主义。他深深懂得,只有发动群众起来推翻沙皇专制的农奴主、地主的国家政权,建立起劳动人民的国家政权,并将土地归这样的国家所有,也只有在这样的国家政权的条件下,村社才能对新的社会主义制度提供合适的、广阔的基础。

第五节　民粹主义

　　从 1861 年农奴制改革起,到 19 世纪 90 年代中期,俄国社会的发展,明显地走上了资本主义的发展道路。在这样一场巨大的社会转变中,新旧社会力量的代表,都提出了他们各自的主张。俄国社会的上层,一部分留恋传统村社世界的宗法权威与等级权益,害怕自由分化冲垮等级壁垒;另一部分则痛感村社的老传统阻碍资本积累与契约关

---

　　① ［俄］尼·加·车尔尼雪夫斯基:《穆勒政治经济学概述》,季陶达、季云译,商务印书馆 1984 年,第 135 页。

系,主张仿效西方,实行市场经济与立宪政治。俄国社会的下层,一部分醉心于传统村社世界的"平均"与"集体主义",害怕资本主义与贵族沙皇的"占有"与"个人主义"破坏了宝贵的村社传统因素;另一部分则痛感村社传统成为专制与奴役之源,要求没收贵族地主的土地分配给农民,同时解散村社,把人从村社中解放出来,发展资本主义的土地私有制。这四部分人在19世纪70—90年代围绕着村社的命运问题展开了论战,形成了俄国政治思想界的四个基本营垒:官方正统派、自由派、民粹派和社会民主派,对应贵族地主(官方正统派)、资产阶级(自由派)、农民(民粹派)和工人(社会民主派)四个阶级。

1861年农奴制改革后的俄国,首先爆发的革命运动,即由民粹派所发动的民粹主义运动。由于农村中资本主义和农奴制残余的紧密结合,广大农民遭受着资本主义与封建主义的双重压迫和剥削,农村阶级矛盾日益尖锐,农民反对贵族地主土地所有制的斗争日益高涨。正是在这一斗争中,一批代表农民利益的青年知识分子走上俄国政治舞台,掀起了声势浩大的"到民间去"的运动,力图通过发动农民来推翻沙皇政府的反动统治,建立一个社会主义社会。这批青年知识分子自以为是人民的精粹和农民的代表(当时所谓"人民"一般就是指农民),他们穿着农民服装到农村去,即所谓到民间去,身体力行地做发动农民的宣传鼓动工作,因此他们被称为"民粹主义者"或"民粹派"。这种民粹主义带有浓厚的空想色彩,是俄国这样一个农民占有优势的特定历史时代的产物,曾在俄国历史上产生过举足轻重的影响。

民粹派的基本思想,就是把俄国的村社制度理想化,强调俄国的非资本主义发展道路。这种将俄国村社制度理想化的思想、理论观点,最早由俄国伟大革命民主主义者赫尔岑和车尔尼雪夫斯基提出。因此,民粹派把赫尔岑和车尔尼雪夫斯基当作他们的精神领袖,并不是偶然的,尽管赫尔岑和车尔尼雪夫斯基本上不是民粹派。

民粹主义在俄国经历了一个产生、发展和衰落的过程(从 19 世纪 60 年代至 20 世纪初)。在这半个世纪发展、演化中的民粹主义运动,大体上可以划分为以下两个阶段。

第一个阶段表现为革命民粹主义即旧民粹主义(19 世纪 60—70 年代)。70 年代是俄国解放运动的高涨时期,革命民粹派思想得到最广泛的传播。这个阶段,民粹派思想家的主要代表人物是拉甫罗夫、巴枯宁①和特卡乔夫。

一、拉甫罗夫与特卡乔夫

彼·拉·拉甫罗夫(П. Л. Лавоpов,1823—1900),出生于俄国陆军上校军官家庭,曾任彼得堡炮兵学校教员。他于 1862 年参加秘密革命团体"土地和自由社",1866 年被捕,次年被流放到沃洛格达省。在那里,他匿名撰写了对俄国民粹主义知识界有很大影响的《历史信札》。该名著成为 19 世纪 70 年代俄国进步知识分子的圣经。1870 年,他从流放地逃到巴黎,加入第一国际,积极参加了巴黎公社的活动。1871 年 5 月,他受公社的委托赴伦敦与马克思、恩格斯相识。1873 年,他在巴黎创办了民粹主义运动的主要理论刊物《前进》杂志。他把人类的进步视为"具有批判头脑的个人"活动的结果,因此,他被认为是民粹主义"英雄"和"群氓"理论的精神始祖。

---

① 由于巴枯宁主要是一个无政府主义者,所以他的活动和思想将放到本章第六节介绍。

　　拉甫罗夫始终认为农民是俄国的革命阶级。他同其他民粹主义者一样,认为俄国农民村社的传统足以使它成为俄国直接过渡到社会主义的基础。但他同时又认为,由于俄国农民仍然相信并期待沙皇来改善他们的经济状况,因此,俄国人民起义的时机尚未成熟,革命需要一个较长时间的准备,以便将来经过人民革命实现社会主义。由于他的这种"长期宣传"的主张,而被视为"宣传派"的代表人物。

　　尤为值得注意的是拉甫罗夫反对那种指望依靠少数精英人物实现革命的奢想,因为他对于由少数人进行的革命并进而掌控权力抱有深深的忧虑,历史证明了,而且心理学也告诉我们,任何无限的权力、任何专政都能把最优秀的人败坏,甚至天才的人们在想着以命令造福人民的时候也是不能做到这一点的。任何专政必须拥有强制的力量,拥有使人盲从的工具。任何专政都必须以暴力镇压反动派,而且也镇压那些只是单纯不同意它的行为方式的人们;凡是争夺来的专政用在为维持政权而同它的政敌斗争上面的时间、努力、精力,必定比用在借助这一政权实现自己的纲领的时间、努力、精力为多。说到某一政党用暴力实现专政以后会放弃专政,这只有在夺取政权以前才这样梦想;在各政党为夺取政权的斗争中,在各种明显的和秘密的阴谋互相激荡中,每一分钟都唤起保持政权的新的必要、重新表现出丢掉政权的不可能。只有新的革命才能从专政者的手中夺取专政的权力。这些专政者即使最愿意忘我牺牲,也只能成为社会灾难的新的源泉,何况他们多半还不是忘我牺牲的狂信者,而只是热情洋溢的野心家,为政权本身而渴求政权,为自己而渴求政权呢!

　　彼·尼·特卡乔夫(П. Н. Ткачев,1844—1886),既不同意拉甫罗夫"准备革命"方略,也不同意巴枯宁反对一切国家的主张,他是民粹派中主张由少数革命者组织密谋团体和采取恐怖手段去夺取政权的代表人物。他认为,资本主义的火焰已经燃烧到俄国的社会制度,正在毁灭着未来社会主义社会基石的村社原则。因此,他主张现在必须立即"敲起警钟",毫不迟延地实行变革。他大声疾呼:"任何犹豫不决、任何拖延耽搁都是犯罪!"他针对拉甫罗夫派"准备革命"的方针说:"你们总是说准备,准备,这已经够了!""革命家不是准备革命,而是干革命。"①同时,他还针对巴枯宁派到民间去发动农民起来暴动的主张,指出群众的特点是惰性。因此,革命应当由职业革命家组成的、集中的、有战斗性的组织来进行。他主张由知识分子组成的密谋团体,来摧毁沙皇专制国家,建立人民的新国家和以自治村为基石的新社会。他的这种主张,是从沙皇政府在俄国没有牢固基础,与各个阶级的利益没有联系这一错误认识推测而来的。在他看来,俄罗斯国家是悬在空中的,只要组织训练少数几个密谋恐怖分子就可摧毁它。他的这种观点,曾遭到恩格斯的尖锐批判。恩格斯在《流亡者文献》中指出:"既然特卡乔夫……硬要我们相信,俄罗斯国家'在人民的经济生活里没有任何根基,它自身并不体现任何阶层的利益',它是'悬在空中'的,那就不禁使我们开始觉得,悬在空中的与其是俄罗斯国家,倒不如说是特卡乔夫先生自己。"②

在民粹主义运动兴起时,拉甫罗夫派在知识青年中影响很大;但在革命高涨的形势下,组织农民暴动的巴枯宁派对革命青年来说,比长期准备起义的拉甫罗夫派更能引起共鸣,尤其是特卡乔夫派的主张

---

① 《俄国民粹派文选》,中共中央马克思恩格斯列宁斯大林编译局国际共运史研究室编译,人民出版社1983年,第376页。

② 《马克思恩格斯全集》第18卷,中共中央马克思恩格斯列宁斯大林编译局国际共运史研究室编译,人民出版社1964年,第614页。

在一部分激进的民粹主义者中具有较大的影响。但这两派在实践中都没有取得成功。这说明民粹派发动"到民间去"的运动,并没有把农民真正发动起来,反而遭到了沙皇政府的镇压。这一运动的失败,证明民粹派关于俄国村社农民具有"社会主义本能"的认识是幼稚的。

1875—1876 年,民粹派采取了比较实际的最低纲领,即争取土地和自由,并建立了"土地和自由社",拟定了《土地和自由纲领》,出版了《土地和自由》杂志。该社提出的要求是:"土地成为耕者的共同财产;自由成为人人能管理自己事务的普遍权利。"①该社的建立,标志着民粹主义运动由分散进入集中领导的阶段。同时,这个团体的名称也表明,它要继承并发扬 60 年代革命民主主义者车尔尼雪夫斯基所领导的"土地与自由协会"的革命传统。

在"土地和自由社"成立时,仅仅把采取个人恐怖行动作为次要的自卫手段,但随着沙皇的镇压以及由此产生的憎恨情绪的增长,恐怖行动愈来愈显得突出,尤其是在 1878—1879 年,民粹派的谋杀行动接连不断,这在"土地和自由社"内引起了关于斗争策略的严重分歧,从而引起了民粹派的分化和蜕化。有些人因此离开"土地和自由社",另外组成"土地平分社",走上了马克思主义道路;大多数民粹派革命家则组成了"民意党",他们活动的重心很快就转到个人恐怖行动方面。1881 年 3 月 1 日,沙皇亚历山大二世被民意党人炸死,沙皇政府出动全部军警进行镇压。于是民粹主义运动一度趋于沉寂。至此,60—70 年代的革命民粹主义阶段就宣告结束。

———————

① 《俄国民粹派文选》,中共中央马克思恩格斯列宁斯大林编译局国际共运史研究室编译,人民出版社 1983 年,第 447 页。

二、自由民粹主义

到 19 世纪 80—90 年代，民粹主义运动进入了第二个发展阶段。这个阶段的特点是自由民粹主义占了上风，从而革命民粹派也就演化成自由主义民粹派，即新民粹主义。旧的革命民粹主义以发动农民进行反对现代社会基础的社会主义革命为目标的政治纲领，已经变成以在保存现代社会基础的条件下去补缀和改善农民状况为目标的纲领了。他们的纲领有落后的一面，如他们提出的一些措施旨在把农民束缚在土地上，束缚在旧的生产方式上面，如禁止转让份地等等。但也有进步的一面，如他们要求实行自治，使"人民"能自由而广泛地取得知识，用发放低利息贷款、改良技术、调整销路等方法振兴"人民"经济（即小经济）等等。

19 世纪 80—90 年代的自由主义民粹派的主要代表有尼·康·米海洛夫斯基（Н. К. Михайловский，1842—1904）、瓦·巴·沃龙佐夫（В. П. Ворондов，1847—1918）、谢·尼·尤沙柯夫（С. Н. Южаков，1849—1910）和尼·弗·丹尼尔逊（Н. Ф. Даниелъсон，1844—1918）。他们仍坚持俄国村社可以作为向社会主义过渡的基础，否认资本主义在俄国的发展，断言剩余价值因找不到国外市场来实现，因而资本主义会自动垮台，因此鼓吹改良主义。90 年代他们宣扬的这种自由民粹主义是马克思主义在俄国传播的严重阻碍。

尽管各个阶段的民粹主义有着不同的代表人物，他们具有各种不同的观点和主张，但一般可概括为三点：第一，"认为资本主义在俄国是一种衰落,退步";第二,"相信俄国的独特性,把农民和村社理想化等";第三,"忽视'知识分子'和全国法律政治制度与一定社会阶级的物质利益的联系"。具有这三种特点的民粹主义,既有社会主义的空想成分,同时又表达了农民的革命民主要求。

第六节　巴枯宁和克鲁泡特金的无政府主义

一、巴枯宁

米哈伊尔·亚历山大·巴枯宁(Mihael Alexandrovitch Bakunin,1814—1876),生于俄国特维尔省一个贵族家庭。由于父亲希望他将来从事军事职业,他在 14 岁时被送到圣彼得堡炮兵学校。但他很快就对军营失去了兴趣,并试图用各种办法摆脱。不懈坚持几年后,他如愿以偿。他从父亲那儿继承了对法国百科全书派和卢梭思想的兴趣,深受别林斯基的影响。他决定就读莫斯科大学,并在那里认识了赫尔岑与奥加辽夫。这两个人当时从圣彼得堡被流放到莫斯科。

巴枯宁并非课堂里的好学生,他热衷于德国哲学,决心离开俄国,到德国去学习黑格尔理论。最后赫尔岑解囊帮助他实现了这个计划。在柏林,他是维尔德课堂上的常客。维尔德是当时黑格尔学派的主要代表人。就像那个时代包括马克思和恩格斯在内的许多年轻哲学爱好者一样,黑格尔理论对巴枯宁的影响是深刻的,它引导巴枯宁走上了革命的道路。就在那时,他决定不再返回俄国。

巴枯宁开始经常与民主圈子的人士密切来往,此时沙皇的秘密警察注意上了他。他只能选择离开德国。他先后辗转瑞士和比利时,最后于1844年来到法国巴黎,结识了许多社会主义者,包括马克思和恩格斯。他结识并常常与德国和波兰的流放人士在一起。更重要的是他后来认识了蒲鲁东,两人很快就成了朋友。他被蒲鲁东的理念深深吸引,逐步成为社会主义者和革命家,提出了一整套无政府主义的思想观点和行动纲领。

在后来的几年中,巴枯宁唯一的活动似乎仅仅是广泛地与巴黎各界民主人士讨论。有一次他受波兰年轻人的邀请,在一个纪念波兰革命的会议上发表讲话。这是他的首次演说。俄国大使对此马上做出反应,法国政府在压力下将他驱逐出境。于是,他来到了比利时。

巴枯宁不满足于提供思想,更热衷于从事革命行动,到处宣传游说,组织秘密团体,支持他那个时代的每次政治暴动,无论其大小和能否成功。

1848年初,"二月革命"在巴黎爆发。巴枯宁闻讯立即回到巴黎,并热情投入激昂的运动中。集会、游行、街垒抗争中都有他的影子。在一篇刊登在"改良"杂志上的文章中,他写道:欧洲大陆只要还有皇室的一点残余,革命就会枯竭死亡。在他看来,所有国家都应该除去暴君。这番话显然特别指向斯拉夫国家而言。接下来波兰发生起义,他匆匆动身前往;起义被镇压下去时,他还在德国。于是他改变行程来到布拉格,参加那里的一个奥地利斯拉夫人代表大会。大会期间布拉格市出现了持续五日的骚乱,最后大会代表们不得不撤离奥地利(当时布拉格位于奥匈帝国内)。

巴枯宁随后来到德国的德雷斯顿,这里也出现了革命风潮。巴枯宁自然加入并成为这个革命运动的主要成员。对此,恩格斯曾评论他是"一个能干的、头脑冷静的指挥者"①。可是各地的运动都以反动势力的凯旋而收场。他被投入监狱,当局对他的审判拖了又拖,直到 1850 年,他被判处死刑,稍后被改判终身强制劳动。奥地利和俄国都要求将他引渡。最后德国人把他交给奥地利,后者在 1851 年 5 月又将他引渡回俄国。

巴枯宁回到了他曾不愿再次见到的俄国,被关在圣彼得堡的一座城堡中。在狱中他写了一份著名的对沙皇尼古拉一世的《忏悔书》,恭维沙皇是"慈父",承认自己"是个十恶不赦的罪犯!"表示向沙皇"伏地求恩"。对此举动,他自己多年以后承认是一个大错误。② 他因此而得到连续减刑。八年以后,他被减刑为终身放逐西伯利亚。在西伯利亚流放期间,因总督是他的舅父,他被委托到各地去巡视。1861 年,他从西伯利亚成功逃脱,并辗转横滨、旧金山、纽约,终于在 1861 年底来到伦敦。

巴枯宁很快就和 1848 年以前认识的革命人士重新取得联系。这时起义在波兰再次爆发。很多志愿者组织起来,试图经过俄国水道输送支持力量。他也加入了这一行动,历经惊险曲折,两次赴瑞典。

1866 年,巴枯宁赴日内瓦参加"和平与自由联盟"代表大会,被推选为常务委员会成员,负责策划行动计划。在这里,他结识了后来成为他思想传人的詹姆士·吉约姆(J. Guillaume,1844—1916),并写下

---

① 《马克思恩格斯选集》第一卷,人民出版社 1972 年,第 590 页。

② [英]G. D. H. 柯尔:《社会主义思想史》第二卷,何瑞丰译,俞大畏校,商务印书馆 1977 年,第 215—216 页。

了论著《国际革命协会的原则和组织》(1866)、《国际革命协会的纲领》(1866)、《联邦主义、社会主义与反神学主义》(1867),它们标志其无政府主义思想已逐渐形成。

1868年,巴枯宁先以个人身份加入"国际劳工联合会"(后来的第一国际),进而要求将"社会民主国际联盟"纳入"国际劳工联合会"。该要求开始受到拒绝,后来获得同意,但是以"联盟"地方分会的名义被接纳的。

在"国际劳工联合会"内部,巴枯宁很快就与马克思产生分歧。冲突原因是巴枯宁从他反对权威的基本理念出发,反对马克思在"国际劳工联合会"中的实际领袖地位,反对"国际劳工联合会"中央集权的组织方式,要求给予它的各个支部相当大的自主权。瑞士巴塞尔大会上,巴枯宁代表的力量虽然得到加强,但两派的斗争在以后的日子里非但没有中断,而且将以各种形式愈演愈烈。虽然与马克思不和,甚至发生严重冲突,但巴枯宁还是把《资本论》翻译为俄文。

1871年,法国军队被普鲁士军队打败,共和国呼之欲出。巴枯宁来到里昂,在法国革命人士的帮助下成功占领市政府以向市民"宣告取缔国家压迫"。但是民众没有响应这群人士的行动。在意大利民主党人士马志尼发表对巴黎公社的严厉批评后,正在意大利的巴枯宁立即在当地报章上对此提出一系列反对意见,为公社辩护。

1872年,第一国际海牙代表大会上,巴枯宁及其追随者被开除出"国际劳工联合会"(总部已经转到纽约)。接下来不到两年时间,这个组织也自动解散了。

一直到1873年,巴枯宁留在当时的意大利汝拉地区同盟会。由于后来年纪、体力的关系,他退出该会。1874年,他又参与意大利波伦亚一次市民起义的发动工作。事实上他对起义的成功并不乐观,但"死在街垒战地"是他一直以来的愿望。起义计划后来被警方发现,因而流产。面对强大的反动势力,他又一次出走逃亡。

巴枯宁一生的最后两年在远离政治的环境中度过,有时在意大利,有时在瑞士。1876 年 7 月 1 日,巴枯宁在瑞士伯尔尼去世。①

克鲁泡特金对他的评价是"比起他的智力上的权威之感化力来,巴枯宁的道德的人格之感化力更大"②。

马克思、恩格斯与巴枯宁交往多年,对其有褒有贬,最终与之决裂。恩格斯指出:"巴枯宁有一种独特的理论——蒲鲁东主义和共产主义的混合物,其中最主要的东西就是:他认为应当消除的主要祸害不是资本,就是说,不是由于社会发展而产生的资本家和雇佣工人的阶级对立,而是国家。"巴枯宁"硬说国家创造了资本,资本家只是由于国家的恩赐才拥有自己的资本。因此……就必须首先废除国家,那时资本就会自行完蛋"。这一理论是巴枯宁小资产阶级无政府主义的基础,他由此得出工人阶级应当放弃一切政治活动的结论。恩格斯在驳斥这种谬论时说:"要废除国家而不预先实现社会变革,这是荒谬的;废除资本正是社会变革,其中包括对全部生产方式的改造。"巴枯宁的理论实质上是为资产阶级效劳的。它"向工人宣传在任何情况下都应当放弃政治,这就等于把他们推到传教士或资产阶级共和主义者的怀抱里去"③。

---

① [俄]赫尔岑:《往事与随想》下,项星耀译,人民文学出版社 1998 年,第 387—415 页。其中描绘了巴枯宁的个人形象与性格,并对其思想进行了评论。

② [俄]克鲁泡特金:《我的自传》,巴金译,人民文学出版社 2007 年,第 227 页。

③ 《马克思恩格斯全集》第 33 卷,人民出版社 1973 年,第 391 页。

巴枯宁对于马克思和恩格斯的态度,一方面坚决反对他们两人的权威作风,另一方面则始终肯定他们对于国际工人运动的贡献。① 他在一封信中写道:"马克思希望实现我们希望实现的东西:经济和社会的彻底平等。不过他希望在国家中通过国家力量来实现这个胜利,即通过极为强大的、也可以说是独裁的临时政府的专政来实现,这就等于否定了自由……我们同样希望实现这种经济和社会平等,但是通过消灭国家、取消一切所谓的法权以及在我们看来是始终否定人权的东西来实现……我们之间还有另一个不同之处,这完全是属于两个人气质方面的。我们仇视一切理论上和实践中的绝对主义,对那些不能被当作真正的理论来接受的理论,我们并不抱有敬意,但是,我们尊重每个人实践和宣传自己的理论的权利……然而,马克思丝毫没有这种气质。在理论上他是绝对主义者,在可能的条件下,他在实践中也是绝对主义者……他有超人的智慧,同时也有两个可恶的毛病:他既刚愎自用又嫉妒别人。"②

巴枯宁主义的最主要之处是国家理论和对于政治活动的态度。巴枯宁被公认为是国际无政府主义的领袖,在 19 世纪 70 年代曾对俄国革命者产生过重大影响。在这个阶段的巴枯宁,除了相信俄国群众本能的社会主义之外,还提出了俄国农民生来就具有革命气质的新观念。他劝告俄国的秘密团体不要谋求与沙皇妥协,而要摧毁这个专制国家。农民始终反对国家这个最大的祸害,俄国到了任何乡村随时

---

① [德]弗·梅林:《马克思传》,樊集译,持平校,生活·读书·新知 1965 年,第 504—511 页。

② 引自[法]雅克·德罗兹:《民主社会主义 1864—1960》,时波译,上海译文出版社 1985 年,第 23—24 页。

可能发生起义的程度。因此,知识青年应当到农村去,去启发农民的潜在革命意识,唤起他们被沙皇制度压制了几十年的革命本能,立即组织起义,推翻沙皇专制国家。"你们这些年轻人,赶快抛弃这个注定要灭亡的世界吧,抛弃这些大学、学院和学校吧……到民间去吧!你们的战场,你们的生活和你们的科学就在那里。"①那时的一些革命民粹派相信巴枯宁关于农民在任何时候都无条件地准备起来反对沙皇专制的观念。巴枯宁及其追随者宣称,为了人民得到政治解放,首先要彻底摧毁国家,废除一切国家制度,包括它的一切宗教的、政治的、军事官僚的和非军事官僚的、法律的、学术的、财政经济的设施。由于他的这种"立即组织起义"的主张,而被称为"暴动派"的代表人物。

巴枯宁的主要著作还有:《革命问答》(1869)、《上帝与国家》(1870—1871,有中译本)、《巴黎公社和国家概念》(1871)、《国家制度和无政府状态》(1873,有中译本)。该些作品集中表达了他的无政府主义思想。

与马克思不同,巴枯宁的一生风暴迭起。任何反抗政府的行动总能得到他的同情,在支持这些行动时他从来不计较个人安危。他的影响是巨大的,这种影响主要是通过其个人魅力而产生的。他的著述也与马克思的著述大不相同。他写的东西没有什么条理,大都是即兴而作,除了一些谈论当时的政治情况的篇章外,更受制于当时的国际政治形势。他赞扬马克思的经济学说,可他仍然主要从国家的角度思考问题。他的篇幅最大的著作《鞭笞统治的日尔曼帝国和社会革命》,主

───────────────

① 引自《俄国民粹派文选》,中共中央马克思恩格斯列宁斯大林编译局国际共运史研究室编译,人民出版社 1983 年,第 52 页。

要就是谈论普法战争后期法国的形势以及抵抗日尔曼帝国主义的措施。他的多数著作都是在起义之间的间隔期内仓促写成的。他的文字杂乱无序,一般是抽象的,倒也真有点无政府主义的味道。

巴枯宁的代表作是《上帝与国家》。在这部著作中,他认为有三种要素构成历史上一切集体的或是个人的发展的根本条件:(1)人的动物性;(2)思想;(3)反叛。他认为这三个要素分别对应经济、科学和自由。"自由是一切人类发展的最高目的。"①不过他所主张的自由并非个人的绝对自由,"只有所有其他的人都自由的时候,个人才能自由。自由……是相互亲善的产物;不是排斥的原则,而是包容的原则,每一个人的自由只是他的个性或他作为一个人的人权在一切自由人即他的同胞和同辈的内心的反映。"②"只有在我周围的人,不论男人或女人也自由的时候,我才能获得真正的自由。别人的自由决不会限制或否定我的自由,相反地,它是后者的必要条件和保证。"③

对上帝和对国家的信仰是人类自由的两大障碍。他从唯物论立场出发反对上帝的观念。上帝的观念蕴含着人类理性和正义的扬弃;它是人类自由的最坚决的否定,在理论上和实际上都必然要归结到人类沦为奴隶。人民大众之所以有宗教信仰,是因为生活的贫困和痛苦。因此消除人民的宗教信仰,就必须来一场社会革命。

巴枯宁在书中谈到了个人自由与服从权威的关系。他指出有两

---

① 转引自[法]夏尔·季德、夏尔·利斯特:《经济学说史》下册,徐卓项、李炳焕、李履端译,商务印书馆 1986 年,第 717 页。

② 转引自[法]夏尔·季德、夏尔·利斯特:《经济学说史》下册,徐卓英、李炳焕、李履端译,商务印书馆 1986 年,第 717—718 页。

③ 转引自[法]夏尔·季德、夏尔·利斯特:《经济学说史》下册,徐卓英、李炳焕、李履端译,商务印书馆 1986 年,第 736 页。

种权威：一种权威是由于自然法则所形成的"强权"，对于它，个人只有一种自由是可能的——那就是为了他的集体的、个别的解放或者人性化的目标渐渐认识它们，应用它们。即个人自由仅仅在于服从自然法则。对于这种权威，他并不反对。同时他也指出，这种权威是分散分布的，因为不可能有哪个人能够全面掌握各方面的自然法则，从而成为全面的权威。因此在社会中，应当是每人轮流领导和被领导。所以并没有固定和永久的权威和从属，只有互相的、暂时的，特别是自愿的权威和从属的不断替换。

另一种权威则是由所谓的权威机构所形成的外来的强权，他以科学院为例，认为它的权威同样是靠不住的，这首先是因为科学尤其是人文科学还非常不完善，同时还因为组成科学院的科学家也可能在长期中谋求私利和特权；同样的道理也适用于议会，即便是普选出来的议会。"不要外来的立法，不要强权……两者都要奴役社会，都要使立法者自己堕落。"①他承认科学的绝对权威，但否定科学家的无谬性；同时也否定了主张由科学家进行统治的观点，认为这种统治不可避免地会滑向贵族统治，即科学贵族的统治。这种意见表明，他是历史上较早提醒人们注意唯科学论观点危害性的人。

"我们承认科学的绝对权威，因为科学的整个目标就是周到地尽可能有系统地使隐含物理世界和社会世界……的自然法则再现。除了这个唯一的合法权威之外……我们宣告其他一切权威都是虚假的、

---

① ［俄］巴枯宁：《上帝与国家》，朴英译，华东师范大学出版社 2005 年，第 27 页。

专横的、独断的、致人死命的。"①"总之，我们否认一切立法，一切强权，一切有特权的、特许的、官方的、法律的影响，即使它是从普选中产生的，我们明白这只有利于少数支配剥削者去违反那屈服于他们之下的广大人民的利益。'我们是真正的无政府主义者'就是这种意思。"②从这一认识出发，他认为要保护人民的利益，就必须废止任何式样的少数人对多数人的有组织的政治剥削。这就等于是在政治上、经济上完全清除资产阶级的存在，或者废除国家。对人的尊敬是人性的最高原则，是历史伟大而真实的目的，它的唯一合法的目的就是社会里每个人的人性化和解放，真正的自由、繁荣和快乐。

由此可知，巴枯宁所反对的权威只是那种独断的、外部强加于人民头上的权威，而并非所有权威。他对于任何国家政府都怀有警觉和反对的态度。

如果说《上帝与国家》主要是批判宗教和国家，那么《国家制度和无政府状态》一书，则谈到了理想中的社会组织。

巴枯宁首先谈了自己对国家性质的看法，认为国家按其性质来说，必然是对外实行侵略，对内庇护特权阶级，剥削人民劳动的暴政独裁工具。有国家必然有统治，有统治必然有奴役，有奴役即无自由。"现代国家的唯一目的就是集中在极少数人手中的资本的利益组织对人民劳动进行最广泛的剥削。"③同时，国家也就是暴力，就是借助于在

---

① ［俄］巴枯宁：《上帝与国家》，朴英译，华东师范大学出版社 2005 年，第 28 页。

② ［俄］巴枯宁：《上帝与国家》，朴英译，华东师范大学出版社 2005 年，第 30 页。

③ ［俄］巴枯宁：《国家制度和无政府状态》，马骧聪、任允正、韩延龙译，商务印书馆 2013 年，第 14 页。

可能的情况下伪装起来的,而在万不得已的情况下撕下伪装、真相毕露的暴力的统治。国家就是否定社会成员自由的总体,是牺牲和埋葬个性的坟墓,是对人性的粗暴否定。

不论哪种类型的国家,其实质都是如此,君主国和最民主的共和国之间,只存在一个重大区别:在君主国里,官吏集团压迫和掠夺人民,为享有特权的有产阶级谋取丰厚的利益,并且中饱私囊,用的是君主的名义;而在共和国里,官吏集团压迫和掠夺人民,同样是为了那些人的私囊和那些阶级的利益,只不过用的是人民意志的名义。因此,"任何一种国家,哪怕用最自由最民主的形式装饰起来,都必然是建立在控制、统治、暴力,即专制的基础上的,专制可以是隐蔽的,但那就更加危险了"①。国家,即使叫它十遍人民国家,哪怕用最民主的形式把它装扮起来,对于无产阶级来说也必然是监狱。同时他还认为,现代国家必然是军事的国家,而军事的国家也就必然会成为侵略性的国家。

对于他心目中的理想社会,巴枯宁写道:"由下而上的工人协作社、联社、公社、乡直至区域和民族的联合组织,是争取真正的而不是虚假的自由的唯一条件,这种联合组织同国家集权制的本质是如此对立,如同任何经济自治都同它们不相容一样。"②他认为这种联盟必须是全球性的,是以人人参加劳动为特征的,这种自由的人民经济联盟不顾一切旧的国界和一切民族差别,是建立在全人类的既千差

① ［俄］巴枯宁:《国家制度和无政府状态》,马骧聪、任允正、韩延龙译,商务印书馆 2013 年,第 42 页。

② ［俄］巴枯宁:《国家制度和无政府状态》,马骧聪、任允正、韩延龙译,商务印书馆 2013 年,第 14—15 页。

万别而又完全团结一致的生产劳动共同基础之上的。在这种自由联合组织中,通过一切人必须参加的和对一切人都是平等的集体劳动的途径,充分满足一切人的物质需要。他的这种自下而上联合组织的具体形式,就是当时已经存在着的各种各样的工人合作社。但是这各种合作社在存在私人资本和国家的情况下,是不可能完成解救工人阶级的使命的;只有在消灭了私有制和国家之后,合作社才能成为解放工人阶级的可行途径。各种形式的合作社无疑是一种合理的、公正的未来生产形式。但是,为了使全体劳动群众得到解放,使他们得到完全的报酬和满足,必须使土地和各种形式的资本成为集体财产。在此之前,合作社在大多数情况下,由于大资本和大土地所有制的强力竞争而被压倒。所以,在现存社会经济条件下,合作制是不能使工人群众获得解放的。尽管如此,它还是有好处的,即使在目前,它也可以训练工人联合起来,组织起来,独立地管理自身的事务。

至于如何建立理想社会,"国家是不会自行垮台的,只有全民性的和全部族性的、国际性的社会革命才能够推翻它"①。无产阶级在存在任何一种国家的条件下是根本不可能得到解放的,无产阶级获得解放的首要条件就是破坏一切国家;而只有在全世界无产阶级齐心协力的情况下,这种破坏才是可能的。他反对各种形式的非暴力的政治斗争,主张通过暴动和不间断的破坏立即消灭国家,然后建立一个自下而上的由各自由公社组成的联邦。联邦中的所有个人和团体都是绝对自由的,不受任何权力的支配。"自由只有用自由即全民暴动和工

---

① [俄]巴枯宁:《国家制度和无政府状态》,马骧聪、任允正、韩延龙译,商务印书馆 2013 年,第 55 页。

人群众自下而上的自由组织才能创造出来。"①

那么如何实现全民暴动呢？巴枯宁主张建立一份广泛传播的报纸，传播、宣传和鼓动人民暴动。这种报纸要把一切局部性人民暴动、农民暴动和工厂暴动，以及西欧无产阶级进行的重大革命运动，立即告知全国各个角落、各省、各乡和各村。要使农民和工人不觉得自己是孤立的，而是知道，恰恰相反，在他们的背后，存在着一个极广大的、人数众多的、受着同样的压迫、为了同样的目的、有着同样的争取解放的激情和意志、正在准备总暴动的普通工人群众世界。

巴枯宁的思想在19世纪的瑞士、意大利、西班牙等国广泛传播，对现代西方无政府主义思潮也有一定影响。虽然他反对一切国家、政府的见解有一定问题，但他对于政府即便是最民主的政府和社会主义的政府所可能给社会带来的问题的分析，还是有先见之明的。他对于自下而上联合自治模式的推崇，使他自然成为当代那些主张通过社会组织解决市场失灵和政府失灵问题的学者的先驱。

二、克鲁泡特金

克鲁泡特金（P. A. Kropotkin, 1842—1921），出生于俄国贵族家庭，青少年时代接受宫廷的封建教育。20多岁以后在西伯利亚总督府工作，多次游走西伯利亚东部，曾到过中国东北，从而拥有了丰富的地理知识。后来他辞职回到莫斯科，积极参加地理协会的工作，很快被

---

① ［俄］巴枯宁：《国家制度和无政府状态》，马骧聪、任允正、韩延龙译，商务印书馆2013年，第218页。

派往芬兰和瑞典考察，又增加了许多考古学和生物学知识。1872年，他去瑞士旅行，受到西欧革命运动和俄国流亡革命者的影响，从此投身于革命运动，参加了第一国际，很快受到巴枯宁的影响，成为无政府主义者。回国后投入民粹派运动。1874年被沙皇政府逮捕，1876年越狱逃往国外，流亡40年，1917年方返回俄国。流亡期间，最初几年多从事无政府主义的组织活动，1882年被法国政府逮捕，1886年获释后移居英国，从事无政府主义的理论工作。其主要论著有：《告青年书》(1881)、《一个反抗者的话》(1884)、《面包与自由》(1886，有中译本)、《在俄国和法国的监狱中》(1887)、《无政府主义的共产主义》(1887)、《面包的掠夺》(1888)、《法国大革命》(1893)、《无政府主义：它的哲学和理想》(1896)、《国家，它在历史上的地位》(1898)、《田园、工厂、手工场》(1899)、《我的自传》(1899，有中译本)、《互助论》(1902，有中译本)、《现代科学与无政府主义》(1913)。

　　克鲁泡特金在其自传中，表达了强烈和严厉的反对俄国农奴制和专制政体的态度。他虽然出身于拥有农奴的贵族地主家庭，曾经就读于为沙皇培养侍从的军官学校，一段时间中也做过亚历山大二世的侍从，并且愿意为保护沙皇而做出牺牲——他是抱着一种服务于国家和公众的意念进入社会的——但是后来的生活履历却使他的思想发生了巨大的变化，成为一个追求人人平等，反对一切专制政治的无政府主义者，并且还为了这一转变而受到监禁，这是非常难能可贵的。他的这种转变，首先与他同俄国农民的接触有关。他年轻时，曾经为了一项市场调查而与农贸市场里的农民展开过交流。他从自己与俄国没有文化的农民打交道的经历中领悟到了平等精神，"我少年时从这种工作中还得到一个到后来才能表达出来的印象……这就是平等精神，这种精神在俄国农民中间非常发达，而且我相信在全世界农村居民中也是很发达的。俄国农民对于地主和警官可以异常奴性地服从，他会卑躬屈膝地服从他们的意志，然而他并不以为他们和自己比是优等人。"①其次，他的转变还与他在西伯利亚从事公务的经历有关。这段经历使他认识到，在一个金字塔形的中央集权的专制政体中，一个小官员想为民众做事是非常困难的，而且这种体制也是低效的。凡是由地方上发起的为国家谋福利的事总是受人猜忌，马上会遇到许多困难——这些困难并不全是出于行政人员的恶意，而是只因为这些人是隶属于一个金字塔式的、集权的行政机关。隶属于一个远在首都发号施令的政府这一事实，就足以使一般行政人员万事都从政府工作人员的角度来观察，因此首先想的是他的上司们会说些什么，以及行政机关对某事有何看法；至于国家的利益，那是次要的事。他很快就明白了，要利用行政机关来做一点真正有利于民众的事，是绝对不可能的。而且西伯利亚的经历还使他明白了集权体制的低效与无能，根据命令与纪律的原则行事与根据互相了解的原则行事之间的差别是多大了。命令与纪律用于军队的检阅十分合适，然而涉及现实生活时，它就不值一文；那时，只有由许多集合意志的严重努力才能达到目的。"我在西伯利亚丧失了我以前所具有的对国家纪律的信仰。我已经准备做一个无政府主义者了。"②追求平等和效率，使他走上了反对农奴制和中央集权专制的无政府主义的道路。

如果说西伯利亚之行使克鲁泡特金产生了无政府主义的倾向，那

① ［俄］克鲁泡特金：《我的自传》，巴金译，人民文学出版社 2007 年，第 86—87 页。

② ［俄］克鲁泡特金：《我的自传》，巴金译，人民文学出版社 2007 年，第 172 页。

么他后来的汝拉山区之行，便坚定了他的无政府主义信念。他说，他在汝拉同盟的工人们那里听到"他们对国家社会主义的批评（他们惧怕经济的专制远甚于政治的专制）……在那里的工人中间所看见的平等的关系，思想与意见的独立性以及对于事业之绝对的忠诚，更深切地打动了我的心……那时候，我对于社会主义的见解已经确定了。我是一个无政府主义者"①。并认为，"不管其起源如何民主，任何政府总有其坏处。这是无政府主义的最初火花"②。

这种无政府主义信念，不仅使他反对任何政府，也使他接受巴枯宁的无政府主义，并且在第一国际内部反对他所谓的以马克思和恩格斯为代表的中央集体主义，因为以马克思和恩格斯为中心人物的总委员会不肯仅仅以做一个通信机关为满足；它竭力想统治这个运动，赞许或批评各地方同盟与各地方支部的行动，它甚至还有支配会员的个人行为的野心。而汝拉同盟便是反对总委员会的中心。

《面包与自由》批判了资本主义，考虑了推翻资本主义的革命的有关策略和措施，设想了革命成功后建立的理想社会。该书可以看作是无政府共产主义的理论宣言。

"我们是富裕的。然而，在现实世界，为何还存在那么多穷人？……在那弱肉强食的漫漫历史过程中，土地、矿山、道路、机械、食物、住所、教育、学识等生产必需品，尽被少数人强占。这些人凭借以前获得的假定的权利，垄断着如今社会劳动产物的 2/3，然后极愚笨、

_____

① ［俄］克鲁泡特金：《我的自传》，巴金译，人民文学出版社 2007 年，第 226 页。

② ［俄］克鲁泡特金：《我的自传》，巴金译，人民文学出版社 2007 年，第 222 页。

极可耻地浪费着这些强占而来的东西,从而使多数民众陷于困苦——他们在无法维持一个月甚至一星期生活的情况下工作,却不得不让少数人获得大部分生产产品……这就是资本主义的本质。"①导致这种不公正现象的是私有制——罪恶的根源。针对一些经济学家认为私有财产源于先见和节俭的观点,他指出,积蓄起来的金钱若不用于掠夺平民,是绝不会生利的。因此,他提出了消灭私有制的理由和口号,生产资料既然是人类协同工作的结果,生产产品就应该是全人类的共同财产,即万物属于万人,万物为万人所用,个人的占有是不当而且有害的。

至于如何实现这一点,"万人的安乐是目的,充公是方法"②。对于充公的范围,则凡是使人垄断他人劳动产物的一切东西都应该公有。其范围要涵盖工业生产资料、土地等,甚至相当部分作为必需品的消费资料。克鲁泡特金清醒意识到这种充公一定会遭遇有产者的反抗,因此革命不可避免。同时,他承认欧洲各国革命在形式上的多样性,欧洲各国的革命性质各不相同,即使是关于财富的社会化,也不会千篇一律。革命会到处爆发,总是以不同的面目出现——这个国家实行国家社会主义,那个国家实行联合制,细节虽不一致,但社会主义思想会被大体采用。革命若要发生并取得成功,条件之一就是原来的特权阶级必须在一定程度上了解新的理想,起码是要把特权阶级中最好最新派的知识分子吸引过来。这里他已经考虑到革命的策略问

---

① [俄]克鲁泡特金:《面包与自由》,单蓓君编译,人民日报出版社 2005年,第 4—5 页。

② [俄]克鲁泡特金:《面包与自由》,单蓓君编译,人民日报出版社 2005年,第 15 页。

题。同时,一旦社会主义理想被越来越多的特权阶级成员所理解,社会主义运动在特权阶级那里所遭到的抵抗不大可能顽固到冥顽不灵的程度,因而也不大可能使革命带有暴力的性质。

克鲁泡特金思考了使革命成功的重要措施,强调革命后首先应当解决广大民众的衣、食、住等迫切的必需品问题。社会中所有的衣、食、住等维持生存的必需品,都应该无差别地分配给众人,不论他在旧社会中的等级,也不论他的强、弱、巧、拙。根据 1789 年、1848 年和 1871 年历次革命的经验,革命以后若不能尽快解决民众的生活必需品,尤其是食物面包问题,革命就有可能失败。只有"以'万人的面包'为奋斗目标的革命,才能得着最终的胜利"①。而具体的做法就是由人民直接把革命所在地的食物收归自己管理,并对所有物品精密计算、合理分配,从而帮助所有人安然渡过难关。为了解决食品问题,革命后的城市应当放弃生产供富人享用的奢侈品,改为生产农民需要的必需品,以换取农民生产的食品。他还要求实行城市住房的公有制,供劳动者免费居住,劳动者必须居者有其屋;并且认为房屋的公有包含着社会革命的全部萌芽。除了上面这些短期的措施,从长远来看,如果要使社会主义成功,一定要在宣传社会化所有制和社会化生产以外,同时宣传废除政府,自力更生,个人的自由主动精神的思想——一言以蔽之,无政府主义的思想。

革命成功后建立的社会,叫作无政府共产主义。"任何废止了私有财产的社会,都不得不按照共产的无政府方向前进。由无政府主义生出共产制,由共产制达到无政府主义……追求平等这一近代社会的

---

① [俄]克鲁泡特金:《面包与自由》,单蓓君编译,人民日报出版社 2005年,第 51 页。

主要倾向,催生了共产制和无政府主义。"①"我们所要的,是不存在任何强权,承认个人充分自由,无强迫人劳动之必要的无政府共产主义的社会。"②"无政府主义者的共产主义,即自由的共产主义,是人类长久追求的两大理想之综合——经济自由和政治自由的综合。"③这个社会为所有的人获得最大可能的福利,同时为每一个人的主动精神的发挥提供了充分的、自由的天地。思想和行动的自由也许会引起一些问题,但是医治自由的一时的弊害,最明智的方法还是自由。因为人类中有一个社会习惯的核心,这些习惯不是靠强制来维持的,它们超乎强制之上。人类的进步正是以这个核心为基础的。而这种进步决不能是一个伟大的天才的臆测的产物,这也不是一个人的发现。这一变化必须是民众的建设性工作的结果,是由民众自己创造出来的。

至于未来社会的具体结构,是由许多团体联合组成的这些团体的联合是为了达到一切必须联合起来才能达到的目的:工会联合是为了从事各种农业、工业、智力方面的以及艺术方面的生产;合作社联合起来是为了消费,提供住房、煤气、食物、卫生设施等;然后是合作社彼此之间的联合,合作社与工会之间的联合;最后是包括一个或好几个国家的更为广大的组织,它们由合力以求满足不限于某一特定区域的经济、智力、艺术和道德方面的需要的人所组成。所有这些团体,都用自由协议的方法,直接联合起来,恰与现在各国铁路公司和邮政局一样,

---

①　[俄]克鲁泡特金:《面包与自由》,单蓓君编译,人民日报出版社 2005年,第 24 页。

②　[俄]克鲁泡特金:《面包与自由》,单蓓君编译,人民日报出版社 2005年,第 146 页。

③　[俄]克鲁泡特金:《面包与自由》,单蓓君编译,人民日报出版社 2005年,第 27 页。

用不着一个中央铁路政府,或一个中央邮务政府,也能一起合作——纵然铁路公司仅以自私的营利为目的,而邮政局属于许多不同的而且时常彼此敌对的国家,但仍无碍于他们的合作。这个社会鼓励个人的主动精神,而对于一切倾向于一致与集中的趋势,则加以劝阻。而且这个社会还会继续不断地修改它的形式,而不会集中成为某种固定不变的模式,因为它将是一个活生生的、进化的机体。它不会感到需要有个政府,一则因为现在各国政府所认为的它们的种种职能,那时全都能用自由协议和自由联合去执行;二则因为冲突的根由在数量上将会减少,即使还有冲突发生,也可以提交仲裁解决。

克鲁泡特金认为在这种无政府共产主义社会中,将实行分工和社会化大生产,并且收入分配不是按劳动贡献而是按照需要各取所需。理由是任何产品都是共同生产的结果,要精确计算每个人在其中的劳动贡献是做不到的,因此人人都有权享有。"不能依照人民的工作结果来估量他们的工作,那不合理;也不能把他们的工作分成若干部分,以劳动的钟点来算分数,那也不合理。只有一件事情是应该做的,那就是:把需要或者说欲求置于工作之上,不谈工作怎样,只说需要如何,一要承认一切参与生产的人,都有生活的权利;二要承认他们拥有安乐的权利。"①当然他并没有天真到不区分不同的物品,不考虑物品的丰缺,他写道"如果社会所有的物品都很丰富,则不设定额和限制,各人可以自由取用,然而对于那些稀少的和常常缺乏的物品,则要平

---

① [俄]克鲁泡特金:《面包与自由》,单蓓君编译,人民日报出版社 2005年,第175页。

均分配"①。当然这种平均分配并非没有区别，而是要优先考虑病人、儿童和老人。他反对欧文等一些社会主义者提倡的"劳动券"，也反对包括马克思在内的他所谓的集产主义者所主张的按劳分配，认为如果在简单劳动和复杂劳动之间保持收入差别，就必然会维持现有社会的一切不平等。工人与管理者中间将存在一条预先划出的界限，从而把社会分成两个区别显著的、等级清晰的阶级——下是胼手胝足的贱民，上是衣冠楚楚的贵族。

关于未来社会的政治制度，以农奴制为基础的社会，必不能脱离君主专制政体；建筑在工资制度和资本家掠夺民众之上的社会，必不能脱离议会政治；恢复了共同财产的自由社会，必定要在自由的团体和各团体的自由联合中，找到与历史的新经济现象相和谐的新组织来。现实社会中的国家或者政府，都是为资本家服务的。而在新型社会里，公共事务如何处理，则要依靠人们自由合意建立的各种社团组织，现在的许多集团都是在未受法律干涉的前提下，自由组合而成的，其运作结果，却比那些在政府监督之下的团体更为优越。对此，他列举了荷兰的船夫联合会、英国的救生艇协会和红十字会。"在世界各地，国家正不断向私人出让着自己的神圣职权，各处的自由组织侵入了国家的各个领域，或多或少地为我们展示了，当国家消灭后，自由合意所能发出的推动社会巨大发展的力量。"②

在未来的社会里，将要消除城乡差别和工农差别，大都市和乡村

---

① ［俄］克鲁泡特金：《面包与自由》，单蓓君编译，人民日报出版社2005年，第59，88—89页。

② ［俄］克鲁泡特金：《面包与自由》，单蓓君编译，人民日报出版社2005年，第143页。

一样,都应该着手耕种土地。将农业和工业联合,使一个人既做农民又做工人——倘若无政府共产主义的革命之初便以公有为出发点,定会把我们引上这条道路。此外,还要消除脑力劳动和体力劳动的差别,只有这样,劳动才不会成为命运的诅咒,才能恢复其本来的面目,即施展人类全部才能的自由平台。

在未来社会中,劳动者的工作环境将得到极大改善,无论是工厂,还是钢铁工场,或是矿坑,都能改造成如现代大学的实验室那样卫生而漂亮。社会将普遍缩短工时,每天只要劳动四五小时,每个人将有充分的闲暇。从而每个人的高层次的需求得到将充分发展并得以满足,衣、食、住并非人类终其一生的目的,这样的生理需要一经满足,安全需要、社交需要、尊重需要、自我实现需要便会接踵而至。个人需要因人而异,因社会文明的不同而不同,人的个性愈发达,社会文明程度愈高,需要的层次就越高。社会将不仅满足人们的物质需要,还将满足精神需要,科学和艺术将得到充分发展。[1] 通过机器,将把妇女从繁重的家务劳动中解放出来,实现男女平等。

《互助论》是一本论述互助法则的书,它把互助作为进化的一个主要要素来考察。它通过列举大量例子,包括动物界和人类社会,从原始部落、中世纪的村落公社和城市里的行会,到现代的工会和各种各样的民间社团组织等,归纳出一个重要结论:"互助在进化中是一个重要的进步的因素"[2],"互助为一个自然法则和进化的要素"[3]。这个观

---

① [俄]克鲁泡特金:《面包与自由》,单蓓君编译,人民日报出版社 2005 年,第 108 页。

② [俄]克鲁泡特金:《互助论》,李平沤译,商务印书馆 1997 年,第 4 页。

③ [俄]克鲁泡特金:《互助论》,李平沤译,商务印书馆 1997 年,第 12 页。

点的提出,为他的无政府共产主义主张提供了理论依据。因为这种主义是以平等的自由人的联合为基础,以各种互助的社团来替代政府,承担政府的各种职能的。

　　克鲁泡特金提出这个观点的大背景,是在达尔文提出"物竞天择,适者生存"的进化论之后,竞争被普遍看作是生物进化的进步要素。而社会达尔文主义者则更是以此为根据,论证社会中的贫富差异是竞争的结果,是社会进化的必要条件,为各国工业化和城市化过程中严重的贫富悬殊喝彩叫好。

　　针对这种过度颂扬竞争的思潮,要区分两种竞争:物种对不利的自然条件与敌对物种的外部斗争和为争夺生活资料而进行的内部斗争。内部斗争在进化中的重要性被夸大,而物种内部的互助性、社会性在进化中的作用被低估了。"我在……这些动物生活情景中所看到的互助和互援竟达到这样的程度,使我认为它在生命的维护和每一个物种的保存并进一步进化中,是最重要的特征。"[1]"在动物界中进步的发展和互助是齐头并进的,而物种内部的竞争则是和倒退的发展相伴随的。"[2]

　　其实在发表《互助论》之前,约 1880 年前后,俄国的一些自然科学家,如凯斯勒尔教授和谢韦尔措先生,就已经指出,单纯用生存竞争不能完全解释生物的进化,还必须考虑到动物界所具有的共同生活和相互依存。

　　克鲁泡特金认为这种互助的根源在于动物的一种天性:合群性。这种合群性不能单纯以爱和同情心来加以解释,"把动物的合群性降

---

① ［俄］克鲁泡特金:《互助论》,李平沤译,商务印书馆 1997 年,第 8 页。
② ［俄］克鲁泡特金:《互助论》,李平沤译,商务印书馆 1997 年,第 262 页。

低为爱和同情,就等于是降低它的普遍性和重要性……社会在人类中的基础,不是爱,甚至也不是同情,它的基础是人类休戚与共的良知——即使只是处于本能阶段的良知。它是无意识地承认一个人从互助的实践中获得了力量,承认每一个人的幸福都紧密依赖一切人的幸福,承认使个人把别人的权利看成等于自己的权利的正义感或公正感。更高的道德感就是在这个广泛而必要的基础上发展起来的"①。虽然在各种动物(特别是在各纲动物)之间进行着极多的斗争和残杀,但在同种的,或至少是在同一个群的动物之间,也存在着同样多的(甚至还要更多)的互相维护、互相帮助和互相防御。合群如同互争一样也是一项自然法则。互助作为进化的一个因素来说,它也许重要得多,因为它促进了这些保证了"种"的维持和进一步发达,以及用最少的精力来保证个体的生活的最大幸福和享受的习惯和特性的发展。

在人类的天性中,生来就具有合群以及互相帮助和支援的需要。以互助倾向为基础的制度获得最大发展的时期,也就是艺术、工业和科学获得最大进步的时期。"在人类道德的进步中,起主导作用的是互助而不是互争……扩展互助的范围,就是我们人类更高尚的进化的最好保证。"②

克鲁泡特金是以人的合群性天性为基础,以平等和效率为伦理目标,推论出了他的无政府主义理想社会的。

---

① 〔俄〕克鲁泡特金:《互助论》,李平沤译,商务印书馆1997年,第11—12页。

② 〔俄〕克鲁泡特金:《互助论》,李平沤译,商务印书馆1997年,第265页。

附　录　英法德俄四国的基督教社会主义

基督教与社会主义的联姻，早在17世纪就已经开始了。1619年，德国主教安德里亚发表的《基督城》一书，就是一个标志。进入18世纪以后，由于当时法国天主教会的腐败，基督教受到社会主义者尤其是梅叶的强烈排斥和严厉批判。进入19世纪以后，在英法德三国，把基督教与社会主义嫁接在一起的思潮，有了广泛的发展。

19世纪的基督教社会主义肇始于法国，其代表人物是F.拉梅耐（Félicité Robert de Lamennais，1782—1854）、P.毕舍（Philippe Joseph Benjamin Buchez，1796—1865）、康斯坦丁·佩克欧尔（Constantin Pecqueur，1801—1887）和勒·普累（Le Play，1806—1882）。

拉梅耐出生于法国一位商船主家庭，曾经是一位维护教皇极权主义的神父。其主要论著有《论忽视宗教的态度》（1817—1823）、《一个信徒的话》（1834）、《F.拉梅耐言论集》（1837）、《人民书》（1837）、《现代奴隶制》（1839）、《为民所用的政治》（1839）、《国家与政府》（1840）、《哲学初稿》（1840）、《人民的过去和未来》（1841）和《论劳动问题》（1848）。他在论著中多次表达对社会贫富不均的不满，认为当时的劳资关系依然是一种奴隶制。他从基督教人人平等的观念出发，要求在教会的领导下，工人自由成立工会，制定包括工作日、周休日、学徒制、女工童工保障、工厂卫生、工资率、养老金等一系列保障穷人基本权利的措施，来改善劳动者的贫困状态，实现人人平等。而做到这一点的办法，并非实行公有制,而是让每个家庭都成为有产者。而实现这一目标的主要措施,是落实普选权。投票范围之增加通过把政治权力授予人民,也会无可避免地造成他们在经济上的解放。他反对共产主义公有制的理由是它不会带来自由和博爱,而将导致"等级的重建"——统治等级支配着受奴役的人民。

毕舍是法国历史学家,曾经是圣西门的信徒,后来脱离了圣西门主义派别,成为法国合作运动之父。其主要论著有《历史科学导论》(1833)、《法国大革命议会史》(1833—1838)、《天主教观点与进步观点哲学概论》(1838—1840)、《社会科学政治论文》(1866)。在《天主教观点与进步观点哲学概论》一书中,他竭力把天主教教义与进步论调和起来。他对合作社运动的主要贡献是建议每个合作社都把纯利润的20％作为公积金,并用这笔基金去赎回资本家的企业,从而摆脱剥削。他相信只有以基督教的博爱精神为基础,才能够有效地建立起能够发挥宗旨作用的工人合作社。

康斯坦丁·佩克欧尔曾经是圣西门的信徒,后因主张工业民主而离开圣西门派。他的社会哲学以基督教为基础。1848年,他应路易·勃朗之邀参加了卢森堡委员会的工作,在起草委员会报告中起了领导作用。他的主要论著:《社会经济学——论应用蒸汽以后工农商业及整个文明的利弊得失》(1839),书中强调了经济条件对阶级结构及整个社会制度和社会关系的决定性影响,这使得它在许多方面成为马克思历史发展学说的先声。1842年,在他发表的《社会和政治经济学的新理论》中,提出了民主集体主义学说。此外他还发表了《论和平》(1842)、《人民的获救之道》(1849)。

勒·普累在工艺学校受教育,是采矿工程师,后来担任采矿学院教授和参议院议员。其主要论著有《欧洲的工人阶级》(1855)、《社会改革论》(1864)、《社会经济学解说》(1867)。他认为社会科学的主要目的是实现社会安宁。他作为一个采矿工程师,足迹遍布欧洲,观察了许多家庭的情况,得出的结论是,只有团聚在家长权力下并且笃信基督教的家庭才是幸福的。从这一结论出发,他认为如果有仁慈心的工厂主能够像家长那样把工人都团聚在自己周围,就能够达到社会安宁这个目的。可见,他寄希望于笃信基督教的有仁慈心的工厂主来解决工人的贫困问题。

在毕舍的影响下,出生于印度、少年时在巴黎受教育的 J. 勒德罗(John Malcolm Forbes Ludlow,1821—1911)律师于 1848 年革命期间,把基督教社会主义带回了英国,把它介绍给了英国国教会牧师、英国著名神学家 J. 莫里斯(John Frederick Dennison Maurice,1805—1872)及莫里斯的朋友和信徒 C. 金斯莱(Charles Kingsley,1819—1875),从而在英国大宪章运动的第三次高潮中,掀起了英国的基督教社会主义运动。他们认为基督教就是社会主义,而社会主义也就是基督教。从而强调工人在互爱的基础上,而不是通过政府的作用,自愿建立各种各样的合作社。莫里斯宣称,"社会主义者的箴言是合作,反社会主义者的箴言是竞争"①。他们于 1850 年发表《基督教社会主义短论集》。他们的实践,就是联合 A. 尼尔(A. Neale,1810—1892)、L. 琼斯(Lloyd Jones,1811—1886)和 T. 休斯(Thomas Hughes,1822—1896)等人,以基督教为共同信念,广泛成立工人合作社和合作商店。除了上述这些人物,当时的英国还有一个相对独立的基督教社会主义者拉斯金(Ruskin,1819—1900)。他提出了一整套社会改革方案:

---

① [法]夏尔·季德、夏尔·利斯特:《经济学说史》下册,徐卓英、李炳焕、李履端译,商务印书馆 1986 年,第 593 页。

（1）人人参加体力劳动，不允许有懒汉和失业，不过劳动要艺术化；（2）劳动报酬不取决于供求关系，而是按照正义原则、按照惯例；（3）自然资源——土地、矿山等——以及交通工具都国有化；（4）建立按照每人所提供的劳动的性质分等的社会等级制度；（5）重视教育，组建工人大学；（6）建立花园城，改善工人的居住环境。他们的活动到 1854 年以后逐渐消退。稍晚一点，又有一位基督教社会主义者斯图尔特·达克沃思·赫德兰姆（1847—1924）牧师，于 1877 年建立了圣马太基尔特，一个具有明确社会主义观点的僧俗团体，主张不仅土地而且资本都应当国有。

在德国，1848 年革命以后，基督教社会主义在 V. 胡布尔（Victor Aimé Huber，1800—1869）和 W. 凯特勒（Wilhelm Emmanuel Ketteler，1811—1877）的推动下，逐渐兴起。

胡布尔是一位医生，曾广泛游历英法两国，著有《通过经济联合和内部移民来实现工人阶级的自助》（1848）、《1854 年夏比利时、法国和英国旅行书信》（1855）。他致力于推动德国工人自治自助的合作社运动。

凯特勒是一位神父和主教，其论著为《劳工问题与基督教》（1864）、《自由主义、社会主义和基督教》（1871）。他和胡布尔一起，创建由教会领导的完全独立于政府之外的基督教社会主义运动，以一方面与俾斯麦为领导的政府相抗衡，一方面回应 F. 拉萨尔所建立的无神论的社会主义运动。他们的基本主张是以基督教的正义观和平等观为指导，建立不受政府干预的基督教工人合作社，同时为失业工人和丧失劳动能力者提供社会保障。

除上述两人之外，还有一些基督教社会主义者，如约翰·道林杰（1799—1890）、坎农·莫方（1817—1890）、弗兰克·希茨（1851—

1921)、H.瓦盖纳(1815—1889)、格奥尔格·拉钦格(1844—1899)。

在他们的影响下,基督教社会主义思潮蔓延到了奥地利和比利时。奥地利的主要代表人物是卡尔·冯·福格耳臧(1818—1890)、鲁道夫·梅耶。梅耶的著作《第四等级的解放斗争》(1874—1875)发挥了很大的影响。比利时的主要代表是昂利·萨维埃·沙尔·贝朗(1815—1905),作为鲁汶大学的政治经济学教授,有两本主要著作:《基督教社会的财富》(1861)、《基督教社会的法律》(1875)。

在俄国,基督教社会主义的主要代表当属大文豪列夫·托尔斯泰(Tolstoy,Lev Nikolayevich,1828—1910)。他要求建立一个人人从事体力劳动,消费上实行平均主义的、村社式的、重伦理的社会。

第九章

19 世纪非马克思主义
社会主义小结

19世纪是社会主义蓬勃崛起、广泛扩散的世纪,也是各种社会主义思潮和派别大分化的世纪。

19世纪社会主义思潮的崛起与扩散,与欧洲各国相继进入工业化(同时也是城市化)社会高度相关。

从世界范围来看,几乎所有农业大国在工业化和城市化进程中的某个特定阶段上,都出现过类似现象。其最重要特征就是一方面经济高速增长,整个社会财富迅速增加;但另一方面则伴随着社会收入分配差距扩大,财产贫富悬殊,阶级矛盾日趋尖锐,阶级斗争日益白热化。这一切,可以称作工业化之殇。何以如此?

首先,假设一个理念型的市场经济,其中任何产业的企业最优规模相对于整个社会需求都很小,因此所有市场都是完全竞争的市场;假设各种稀缺资源生产要素都可以完全没有障碍地跨行业自由流动;假设整个社会的技术和偏好长期稳定,没有技术进步和偏好变化,从而使得各种要素的相对稀缺性也保持稳定,由以上假设可以推论整个经济规模报酬不变。

在这样一种充满小业主的市场经济中,完全竞争导致的均衡状态,使得各种生产要素按照其边际生产力获得收入,并确保每个家庭都能够获得差别不大的收益。这是因为:首先,不同劳动者之间收入差距不会太大,不会超过他们人力资本的差距,因为他们可以跨行业自由流动;其次,资本所有者之间收入差距也不会很大,因为资本也可以跨行业无阻碍自由流动,且企业最优规模普遍很小;再次,资本所有者与劳动所有者之间的收入差距也不会太大,因为企业最优规模普遍很小,不可能出现大量资本集聚于一人手中的现象。当然所有人也不会收入完全相等,而是存在一种纯粹与稳定的要素相对稀缺性和人力资本差距相对应的收入差距。模仿斯密的自然工资、维克赛尔的自然利息、弗里德曼的自然失业率等概念,可以称之为自然收入差距。

假设在这种虚构的理念型市场经济中,出现了重大技术进步,它具有两个特点:一是极大地改变了各种要素的相对稀缺性,二是使得一些行业的企业最优规模大大扩张——即这种技术进步是要素偏向型、规模递增型的。所谓要素偏向型是指新技术改变了各种要素的相对稀缺性;所谓规模递增型是指新技术对于采用新技术的企业来说具有规模报酬递增的性质。

重大技术进步一定会刺激经济的高速增长,同时要素偏向型、规模递增型技术进步必然扩大整个社会收入分配的差距。它会提高相对稀缺性增加的要素所有者的收入,降低相对稀缺性减少的要素所有者的收入;它会提高规模扩大的企业主收入,降低没有及时扩大规模的小业主收入,甚至令其破产。

这种收入分配差距的扩大,在长期中会引起社会重视积累相对稀缺性增大的要素。如果这种要素是数量可增的,那么这种反馈机制将使得要素的相对稀缺性又趋向减少;如果这种要素数量固定甚至递减,那么待它价格升至某个临界点,替代要素将会出现。于是随着时间的推移,由要素市场价格所决定的收入分配差距又会趋于缩小。这也许就是库兹涅茨倒 U 型曲线最终会出现下降阶段的深层原因。

但是收入分配差距的缩小不会无限持续,它会趋向一个新的自然收入差距。而一旦出现新一轮要素偏向型、规模递增型技术进步,将再次引起收入分配差距开始扩大,尔后再由于同样的反馈机制而再缩小。可以说,要素偏向型、规模递增型技术进步总是会导致新一轮收入分配的库兹涅茨过程。

以蒸汽机为代表的工业革命,就是一种要素偏向型、规模递增型技术进步。

工业革命引起的工业化和城市化导致产业结构和产品种类的巨大变化。工业替代农业成为社会的支柱产业。工业化过程中的技术进步往往意味着掌握旧技术的劳动者人力资本贬值、岗位丢失、收入下降,而掌握新技术和新技术所需资源的人则可能迅速致富。

工业化和城市化导致大量的农村剩余劳动力,引起原有的大批手工工匠和小业主的破产贫困。这一方面使得劳动的边际生产力大幅度降低;另一方面也使得劳动市场上劳资双方力量悬殊,资本家有可能利用其强大的市场势力把工人的工资压低到其边际生产力以下,至维持基本生存水平,甚至低于这一水平。

工业化和城市化用工厂和公司这种新型的生产组织替代以往的家庭生产和小型手工作坊。家庭功能的弱化导致许多以往不会发生的问题,而失去家庭温馨往往成为许多人心灵扭曲和创伤的直接诱因。

虽然工业工资要优越于农业工资(否则无法解释人口从农村向城市的大规模迁移),但是工人的工作条件极其恶劣,每天要在毫无安全和卫生可言的车间工作 $12 \sim 16$ 小时。与资本家的利润相比较,工人的工资极其低廉。工人们得到的仅仅是勉强维持生存的工资,一旦遇到经济衰退,就连这点菲薄的工资也会由于失业而丧失。

工业化和城市化导致城乡在收入分配上差距的扩大,以及由于贫富悬殊和经济波动而引起的大量劳资纠纷。苦难的经历以各种形式压在公众身上,对农民来说是失去土地;对工匠来说是失去手艺人的社会地位;对儿童来说是失去双亲的疼爱和童年的欢乐。对实际收入略有提高的工厂工人来说,失去的是安全保障和闲暇生活,以及老板的暴富给心灵的强烈刺激和创伤。当时许多有良心的学者、工厂视察员,甚至企业家都对此有大量文字记载。

技术、经济、社会诸方面的巨大变化,引起经济资源在城乡和不同阶级中的重新分配,原有的收入和财富的均衡差距被打破,新的令人难以容忍的分配差距到处显现。心灵扭曲的创伤者、心怀不满者比比皆是,都是工业化和城市化进程中某一阶段上社会下层对工业化之殇的反抗。

这个工业化之殇,在英国大致是18世纪末到19世纪中期,出现了大量密谋暴动;法国大致是从拿破仑战争到普法战争,从大革命到巴黎公社,中间发生了多次起义和革命;德国大致从19世纪30年代到20世纪初,当时的德国掀起了波澜壮阔的社会主义运动;美国大致从19世纪中期南北战争结束到20世纪初,爆发了平民党运动;俄国大致从19世纪中期到20世纪,出现了高涨的共产主义运动;日本大致从明治维新到20世纪中期。

每当上述国家进入工业化和城市化,很快就会激发起反对贫富差距扩大,追求社会平等的一定类型的社会主义。广义的社会主义在世界范围中逐步扩散,是与工业化和城市化在世界范围中的逐步扩散高度一致的。

面对19世纪欧美主要国家出现的这种状况,一方面社会财富高速增长,另一方面则是社会贫富分化严重、阶级矛盾尖锐。许多思想家做出了不同的解释和评价。

19世纪上半期,英、法、德三国依次率先展开工业化和城市化进程。三国的经济学家纷纷对社会的贫富分化表示了自己的看法。

英国的马尔萨斯用他的《人口原理》来解释这种现象,并在其早期的版本中认为这是一种自然法则,并无什么不妥,当然这种冷酷的态度在其后来的版本中有所收敛。

英国的李嘉图用类似于马尔萨斯的维生工资论来解释工人阶级的苦难,也把它认为是一种自然法则。虽然他没有像早期的马尔萨斯那样冷酷,只是表达了一种无可奈何的态度。

法国的萨伊虽然提出了市场经济中关于收入分配的三位一体法则,认为土地、劳动和资本都是依据自己对于生产的贡献而获取报酬的,但仍然对当时的贫富分化提出了严厉的批评。只是他以为这种现象是重商主义施虐的结果,指望通过经济自由来消除它。

法国的西斯蒙第对这种现象提出了严厉批评,甚至怀疑亚当·斯密的经济自由主义,主张通过建立社会保障体制来缓解问题,以及通过恢复小生产体制来彻底解决问题。

德国的杜能对工人阶级抱有同情心,希望通过利润分成和保障制度缓解工人的痛苦。

19世纪中期英国的古典经济学集大成者、具有一定社会主义倾向的约翰·穆勒希望通过利润分成和工人合作社来解决工人的贫困问题。

概括地讲,19世纪上半期的英国古典经济学家对于贫富差距扩大问题的态度大体可以分为两类:一类认为这种现象乃是自然法则,从而表现出冷酷(早期的马尔萨斯)或无奈(李嘉图),因此并未提出什么解决方案。到19世纪后半期,这种思想在英国的社会达尔文主义者斯宾塞和美国的社会达尔文主义者、耶鲁大学教授格雷厄姆·威廉·萨姆纳那里,得到了进一步的发展。他们把达尔文的不同物种之间竞争中的适者生存法则,应用于人类社会本身,认为按照达尔文的生存竞争说,穷人是竞争中的弱者、不适应者,他们不能生存、不能繁荣兴旺,而这正是人类这个物种的改善之道。因此他们甚至赞成贫富差距扩大现象的出现。

另一类则是谴责这种现象,同情工人所遭受的痛苦,不过解决方案多有不同。

19世纪出现的各种社会主义思想家或同情工人、反对社会贫富分化的经济学家普遍谴责这种现象,但是给出的解决方案则大相径庭。

德国的戈森、法国的瓦尔拉斯和美国的乔治·亨利都主张通过税收或通过赎买实现土地国有化。

英国的欧文、法国的傅立叶、蒲鲁东和德国的拉萨尔主张通过工人合作社使工人摆脱贫困。不同的是,欧文主张工人自发组织合作社,傅立叶主张富人与穷人联合建立股份合作制,蒲鲁东主张无政府的合作社,而拉萨尔主张工人首先要取得普选权,然后利用普选权控制政府,再在政府的支持下建立普遍的合作社。

英美两国的工联主义主张工人阶级远离政治活动,也不改变企业的所有制,主要是依托工会开展争取提高工资、缩短工时和改善工作条件的经济斗争。

法国的布朗基、德萨米,以及在一定程度上的卡贝,还有德国的魏特林主张通过暴力革命建立为工人谋利的政权,然而对于工人政权所应当做的事情,则大多语焉不详。

法国的蒲鲁东和俄国的巴枯宁、克鲁泡特金,主张无政府主义,其实质就是把工人合作社的方案推广至整个社会。

与广义社会主义思潮在各国的逐步扩散相伴随,各种社会主义思潮和派别也出现了大分化。从19世纪中期开始,社会主义就分化为两大派别,一派是一直到20世纪初为止内部还算统一的马克思主义,二是观点各异的各种非马克思主义的社会主义（以下简称非马社会主义）。本章将主要小结各种非马社会主义。

19世纪的非马社会主义，与马克思主义的共同目标都是渴望改善工人阶级和其他下层群众弱势群体的生存生活条件，为他们争取平等和尊严。他们与马克思主义的分歧是在如何达到上述目标的方法路径上。虽然以今天的眼光来看，这些不同的方法路径效果确有不同之处，但马克思主义的方法路径也并非完全正确，它所带来的问题并不比它所解决的问题少。虽然在它指导下的党能够夺取政权，但是离实现社会真正平等的目标依然距离遥远。而那些非马社会主义者，并不像我们以往所认为的那样人格低下，而是都具有崇高品格的改革家或革命家。所以我们今天最好还是不要简单地用贴标签的方法指责他们是资产阶级自由派，是小资产阶级社会主义等，而应当尽可能客观地分析他们的特征和是非对错。

第一，19世纪的非马社会主义者也都像马克思一样愤怒声讨、批判当时的资本主义社会，批判的现象除了18世纪的社会主义者所批判的贫富不均，更增加了伴随着工业化和城市化而兴起的商业社会的不正当竞争，以及生产过剩的经济危机。同时，他们中的大多数人也都反对他们所认为的导致贫富不均、无良竞争和生产过剩的私有制。他们批判资本主义的另一个共同之处就是除少数人之外，大都否定竞争性市场和货币经济。这种批判在英法两国有所不同。

英国社会主义者的批判往往以边沁的功利主义和李嘉图的劳动价值论为理论依据，指责资本家掠夺了工人劳动所生产的产品，并认为工人应当享有自己生产的全部产品，同时要求消灭使这种掠夺得以实现的私有制。德国的洛贝尔图斯和拉萨尔也同样以李嘉图的劳动价值论为依据，反对李嘉图的维生工资论。

而法国社会主义者的批判往往侧重指向资本主义社会的各种丑恶现象,但并不一定坚决要求完全消灭私有制,如圣西门、傅立叶等。

对于资本主义的政治体制,他们往往倾向于否定当时存在的各种政体,认为它们都是维护资本家利益的。

对于宗教的态度,他们之间分歧非常大。英国的欧文坚决反对宗教,把宗教列为阻碍社会进步的三大障碍之一;法国的圣西门及其弟子在肯定基督教的同时,又希望建立新的宗教组织;德国的魏特林则认为基督教的基本教义与共产主义是并行不悖的。

第二,19世纪的非马社会主义者进一步从理论上论证社会主义的合理性、应然性和可行性。他们所论证的社会主义,包括经济方面的所有制和资源配置机制、政治体制,以及家庭和教育体制。这种论证一般从三个方向展开:一是从历史发展规律出发,论证社会主义的必然性。这种论证在法国尤为盛行,如圣西门及其弟子和傅立叶,还有德国的魏特林。二是强调遵从自然法,从自然法推论出一些抽象的规范性原则如平等、正义,从这些抽象的规范性原则出发,论证社会主义的应然性。如英国的葛德文从抽象的社会正义原则出发,论证了理想社会的所有权和政体。三是从对于人性的判断出发,论证社会主义的可行性。

对于未来的社会主义的所有制,他们中间有的人要求实行公有制,如欧文等。英国的欧文、法国的德萨米等人从人性中立论和可塑论出发,美国的贝拉米从性善论出发,论证公有制的可行性。霍吉斯金从自然法出发,认为劳动产品应当归劳动者本人所有,但由于分工和集体生产,劳动产品归劳动者个人所有已经不再可能,因此就应当归劳动者集体所有。

关于公有制的具体形式,许多人主张工人合作社,过去经常被称作行会(基特尔)社会主义;也有人主张由国家建立国有工厂,属于国家社会主义;也有人主张土地和资产公有,但由工人合作社分散经营。它们被熊彼特称作"协会主义的社会主义……协会主义这个名词用来表示所有各种各样采用下列原则的社会主义计划:由工人协会来管理生产,并通过生产者合作社来进行社会改造"①。他们包括英国的欧文、法国的路易·勃朗、蒲鲁东等人。

有的人认为可以保留一定性质的私有制,尤其是股份合作制,如傅立叶。

对于资源配置机制,19世纪的非马社会主义者中间,有人强调合作,反对竞争,如欧文就从人的差异论出发,论证合作的必要性和竞争的不可行性。这些人中的大多数主张建立工人合作社,内部实行公平分配。合作社之间的分工交换,则由一个机构统一安排,以避免竞争防止过剩。如英国的约翰·格雷和约翰·弗兰西斯·勃雷就有此类主张。但在主张工人合作社的人中间,也有人不反对市场竞争,如英国的约翰·穆勒和法国的蒲鲁东。这类主张其实就是后来兰格的市场社会主义模式的先驱。至于货币,他们一般都反对当时流行的货币,同时他们也都认识到分工的存在需要交换,从而需要交换媒介,因此主张用以劳动时间为单位的劳动券来代替货币,作为交换媒介。还有一些人则主张通过计划体制配置资源,并且取消商品和货币,如法国的卡贝、德国的魏特林、美国的贝拉米等。

对于收入分配制度,他们尤其是法国的非马社会主义者,开始抛弃18世纪社会主义者的平均分配和按需分配观点,初步提出和论证了

---

① [美]约瑟夫·熊彼特:《经济分析史》第二卷,杨敬年译,朱泱校,商务印书馆1992年,第116—117页。

比较系统的按劳分配原则。一些不完全反对私有制的人也主张资本与劳动都可以根据各自的贡献取得报酬,主要是傅立叶及其弟子孔西得朗。同时也有人认为劳动贡献难以衡量和比较,从而坚持按需分配或平均分配。

19世纪的非马社会主义者普遍重视理想社会中的教育普及。关于家庭制度,他们中大多数强调男女平等,如傅立叶等;但也有个别人如蒲鲁东鄙视妇女。

德国的魏特林强调了理想社会的国际性,是社会主义者中间国际主义的首倡者。他之后的巴枯宁继承了这种国际主义,强调只有各国无产阶级的联合行动才能取得成功。

关于社会主义的政治体制,19世纪的非马社会主义者比较一致的是一般都主张领导人民选。至于政体的具体形式则分歧较大,英国的汤普逊主张代议制;莫里斯主张直接民主制;圣西门主张领导人选举制度;孔西得朗主张建立自上而下控制的等级体系,但领导人必须通过选举产生;卡贝主张领导人选举制、一院制,要求行政权隶属于立法权,而不主张两者相互制衡。

而以法国的蒲鲁东、俄国的巴枯宁和克鲁泡特金为代表的无政府主义者则要求在未来的理想社会中废除政府,由自由人的自愿联合社团来履行一切政府职责,但对于具体细节则语焉不详。在熊彼特看来,"无政府主义,如果我们把协会主义的原则推广到政治领域,并想象不仅工业企业已分解成为工人合作社,而且民族国家也已分解成为自愿组成的'公社',那么,我们就得到了无政府主义"[1],即无政府主义实际上是把

---

[1] [美]约瑟夫·熊彼特:《经济分析史》第二卷,杨敬年译,朱泱校,商务印书馆1992年,第120页。

工人合作社原则推广至政治领域的结果。

第三,19 世纪的非马社会主义者大多都探讨了各自心目中理想社会的实现方式,大体上可以分为三派。

一派希望以非暴力方式实现理想社会,如英国的葛德文、欧文、约翰·穆勒。他们中间的一部分人(以英国人为主)往往主张通过利润分享,工人合作社向私人资本进行赎买来实现公有制;而另一部分人(以法国人、德国人为主)常常希望通过劝说统治者和资产阶级赞成自己的主张,然后通过小范围试验,成功之后再大规模推广,如圣西门、傅立叶等。

另一派(主要是法国人)则希望通过暴力革命来实现理想社会,如英国的莫里斯,法国的卡贝、布朗基、德萨米,德国的魏特林,俄国的巴枯宁等等。这些主张暴力革命的人,都对如何开展暴力革命进行了初步的探索。有的要求建立能够从事密谋暴动的严密组织;有的要求开展广泛宣传,教育群众,待时机成熟举行全民大暴动;有的则进一步分析了革命取得成功和巩固所需要采取的各种措施,如克鲁泡特金。

还有一派以拉萨尔为代表,提出了一条通过普选权和平取得政权,进而彻底改善工人阶级不幸状况的道路。历史最终证明,这才是欧洲大部分国家工人阶级获得改善的成功道路。

无论是反对非暴力革命主张渐进式改良的人,还是主张暴力革命的人,他们大多数都认为在实现最终的理想社会之前,会或者应当有一个过渡时期。

第四,19 世纪的非马社会主义者从多个方面以多种方式展开社会主义的实践活动,不仅仅把社会主义的实践局限为通过密谋暴动来夺取政权。除了主张暴力革命的那些人,如法国的布朗基、俄国的巴枯宁等不断组织和参与密谋暴动,那些主张渐进改良的人也从事了大量的实践活动。尤其是英国的欧文不追求立刻夺取全国政权,全面推行公有制,而是从局部小范围做起,建立公有制的合作社和以劳动券作为媒介的劳动交换市场,希望以此作为楷模,推广至全社会。此外,他还积极推动保护工人权益的工厂立法,积极推动全民教育,作为短期内的补救措施。